王国平　李峰　主编

苏州历史与江南文化

苏州历史文化研究会·编

苏州大学出版社
Soochow University Press

图书在版编目(CIP)数据

苏州历史与江南文化 / 苏州历史文化研究会编；王国平,李峰主编． —苏州：苏州大学出版社,2020.12
ISBN 978-7-5672-3449-9

Ⅰ.①苏… Ⅱ.①苏… ②王… ③李… Ⅲ.①文化史-研究-苏州 Ⅳ.①K295.33

中国版本图书馆 CIP 数据核字(2020)第 266108 号

书　　名：	苏州历史与江南文化
	SUZHOU LISHI YU JIANGNAN WENHUA
编　　者：	苏州历史文化研究会
主　　编：	王国平　李　峰
责任编辑：	李寿春
助理编辑：	张　晨
装帧设计：	吴　钰
出版发行：	苏州大学出版社 Soochow University Press
社　　址：	苏州市十梓街1号　邮编：215006
网　　址：	www.sudapress.com
邮　　箱：	sdcbs@suda.edu.cn
印　　装：	苏州市深广印刷有限公司
邮购热线：	0512-67480030
销售热线：	0512-67481020
网店地址：	https://szdxcbs.tmall.com/（天猫旗舰店）
开　　本：	700 mm×1 000 mm　1/16　印张：20.5　字数：336 千
版　　次：	2020 年 12 月第 1 版
印　　次：	2020 年 12 月第 1 次印刷
书　　号：	ISBN 978-7-5672-3449-9
定　　价：	68.00 元

凡购本社图书发现印装错误，请与本社联系调换。服务热线：0512-67481020

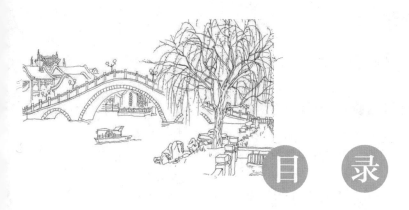

目 录

苏州通史编纂与出版

苏州城市重要的历史文化名片
——《苏州通史》序　　　　　　　　戴　逸/003
十年打磨：为一部高水平的苏州通史
　　　　　　　　　　　　　　　　王国平/005
历史当回归其本来面貌　　　　　　吴恩培/010
发展与嬗变：秦汉至隋唐的苏州　　孙中旺/014
苏州经济人文的"天堂炼成记"　　戈春源/018
繁华姑苏：明代苏州的发展历程　　吴建华/021
繁华与转型：清代苏州的变迁脉络
　　　　　　　　　　　唐力行　王国平/025
民国世界的苏州书写
　　　　　　　　　　　汪湛穹　朱小田/030
艰辛探索谱成苏州崛起序章
　　　　　　　　　　　王玉贵　吴晨潮/034
阔步前行开辟苏州辉煌新篇章　　　姚福年/039
细数姑苏史卷璀璨星光
——《苏州通史·人物卷》的编纂体例与特点
　　　　　　　　　　　　　　　　李　峰/044

《苏州通史·志表卷》的创新探索
　　　　　　　　　　　　　林锡旦　叶文宪／049
定格岁月瞬间　感悟历史变迁
　　——《苏州通史·图录卷》简介　徐刚毅／053
润物无声，化作春泥更护花
　　——《苏州通史》编辑出版琐记
　　　　　苏州大学出版社《苏州通史》项目组／059
《苏州通史》的学术价值和现实意义
　　　　　　　　　　　　　　　　刘　爽／063
江南最忆是苏州
　　——评16卷本《苏州通史》　　姜　涛／066
《苏州通史·明代卷》的学术价值　王日根／080
地方通史的经典之作
　　——关于《苏州通史·中华人民共和国卷》
　　　　　　　　　　　　　　　　李良玉／087

江南文化与苏州研究

城市比较优势与江南文化中心转移　熊月之／095
超越地域的疆界：从江南到长三角　唐力行／106
两晋之际江东大族之"接引诸伧"
　　与华夏文明之承传
　　——以顾荣为中心的考察　　　王永平／113
诗里苏州最江南
　　——以白居易咏苏诗为例　　　徐　静／129
江南文人精神与园林文化的关系
　　——以玉峰山中园林与相关诗词为例　康　梦／139
虞山派藏书与藏书江南　　　　　　曹培根／148
刻工穆大展本名、字号、籍贯及生卒年考
　　——兼议乾隆本《两汉策要》刊刻年代
　　　　　　　　　　　　　王晋玲　李　峰／156

梁辰鱼家世新考　　　　　　　马一平／166
运河望族——苏州瓜泾徐氏考　　施晓平／175
沈德潜与地方志编修
　　——纪念沈德潜逝世250周年　李嘉球／184
民国时期苏州评弹的新趋势
　　　　　　　　　　　李寅君　张笑川／194
东吴大学音乐社团活动述评（1901—1952）
　　　　　　　　　　　朱小屏　缪舒舒／219
试论民国时期苏州电影市场
　　　　　　　　　　　霍晓芝　袁成亮／232
大运河精神简论　　　　　　　戈春源／238
大运河苏州段文化带的基本内涵及建设举措研究
　　　　　　　　　　　　　　　陈　璇／249
试论太浦河工程建设的历史启示和精神价值
　　　　　　　　　　　　　　　王林弟／263
草鞋山良渚文化遗址的活化利用　林锡旦／272
建设孙策运河公园　打造具有吴文化特色的
　　大运河精彩景点　　　陈来生　王国平／278
基于文化价值挖掘与利用的苏州老字号品牌
　　振兴路径研究
　　　　　　　邢　璐　马婉婷　王　芹／283
苏州葑门横街历史文化街区保护与文化传承
　　研究　　　　房艳茹　魏丽红　王　芹／293

附　录

1. 苏州，从"史纲"到"通史"的路程
　　　　　　　　《现代苏州》记者　刘　微／303

2. 《苏州通史》诞生记：50余人历时10年
   撰写811万字
   　　　　　　　　名城苏州网记者　王子琦/307
3. 首部完全意义上的苏州通史研究巨作亮相
   　　　　　　　　《苏州日报》记者　朱　琦/309
4. 811万字《苏州通史》记录吴地灿烂文明
   　　　　　　　　《姑苏晚报》记者　姜　锋/310
5. 苏州第一部"史记"《苏州通史》出版
   　　　　　　　　　　　《中华读书报》/313
6. 《苏州通史》填补历史研究空白
   　　　　　　　　《苏州日报》记者　朱　琦/314
7. 苏州最能体现江南文化特质
   　　　　　　　　《苏州日报》记者　朱　琦/315
8. 历史文化名城不可缺少的"文化名片"
   《苏州日报》记者　马玉林　王嘉言　方乔杉/318

后　记/321

苏州通史编纂与出版

苏州城市重要的历史文化名片
——《苏州通史》序

戴 逸

在苏州市委、市政府领导和市委宣传部的组织实施下，经过长达十年的努力，皇皇16卷本的《苏州通史》即将出版，实在可喜可贺。

盛世修史，是中华民族的优良传统。伴随着经济的发展和社会的进步，2002年8月，党中央、国务院郑重做出了启动国家清史纂修工程的重大决定。在国家清史工程的成功示范下，不少地方政府也开始组织力量，对本地区的历史文化进行深入挖掘和梳理，编纂区域性通史即是其中的重要途径。

苏州是我国重要的历史文化名城，在2500多年的发展史上，苏州先民创造了光辉灿烂的地方文化，成为中华文化的重要组成部分。宋代以来，苏州就有"人间天堂"的美誉。明清时期的苏州，在很多方面都达到了中国封建社会发展的顶峰。当今的苏州，作为改革开放的前沿，在经济、社会和文化诸方面都取得了令人瞩目的成就，综合实力位居全国前列。深入挖掘苏州的历史文化内涵，总结苏州发展的得失成败，是历史赋予当今苏州人的光荣使命。《苏州通史》在这种背景下应运而生。

十年来，在中共苏州市委、市政府和市委宣传部的大力支持下，总主编王国平教授带领课题组的数十位专家学者，心怀高度的历史责任感，反复切磋，努力钻研，通力合作，高质量地完成了《苏州通史》的撰写，堪称"十年磨一剑"。可以说，这部《苏州通史》系统地厘清了苏州发展的历史脉络，全面展现了苏州丰厚的文化积淀，是第一部完全意义上的苏州通史。我认为，这部《苏州通史》不但可以作为苏州城市的文化名片，也可以作为爱国主义教育的乡土教材。

古人云："鉴于往事，有资于治道。"对于一个国家如此，对于一个地区何尝不是如此。相信《苏州通史》的出版,必将会为苏州的进一步发展提供强大精神力量。

  苏州是我魂牵梦萦的家乡。八年前,我曾为《苏州史纲》作序;八年后的今天,又躬逢《苏州通史》出版的盛事,何其幸哉!对于家乡学术界在苏州历史文化研究方面取得的历史性跨越,我感到由衷的喜悦,故赘述如上,谨以为序。

  (戴逸 中国人民大学清史研究所教授,国家清史编纂委员会主任,中国历史学会原会长,《苏州通史》学术总顾问)

十年打磨:为一部高水平的苏州通史

王国平

苏州是中国著名的历史文化名城。早在一万多年前,太湖的三山岛就已出现了光辉灿烂的旧石器文化,成为中华民族的摇篮之一。商代末年,泰伯奔吴,带来了先进的中原文化。此后,吴国在此立国。吴王阖闾时期,兴建了吴大城,吴国也渐臻强盛,最终北上称霸。秦汉时期,今苏州地区纳入统一王朝的治理,经过孙吴政权的经营和东晋南朝的发展,到唐代中叶,苏州已经成为中国的经济中心之一。宋元时期,苏州的经济文化得到长足发展。到明清时期,苏州的发展水平已臻历史巅峰,成为全国著名的经济和文化中心,影响直至今日。晚清至民国时期,苏州逐渐从传统走向现代。中华人民共和国成立后,特别是改革开放以来,苏州再度强势崛起,成为当今中国发展最快、率先基本建成高水平全面小康社会的城市之一,创造了新的奇迹。这是苏州历史进程的主要脉络,构成了《苏州通史》的主线。

作为第一部完全意义上的《苏州通史》,我们希望本书能够以16卷的体量,系统完整地厘清苏州历史发展的脉络,全方位地展现苏州政治、军事、经济、社会、文化各方面的历史风貌。《苏州通史》撰写所涉及的主要内容与问题说明如下。

一、《苏州通史》的时空界定

1. 时间界定:苏州的历史包括这一区域的史前史。今日苏州所辖吴中区的太湖三山岛,早在一万年前就出现了旧石器文化,这就成了《苏州通史》的起点。本书内容的时间下限为公元2000年。

2. 政区空间界定:兼顾政区空间的现状与历史,以现行行政区域为基准,详写;历史行政区域超越现行行政区域部分,在相关历史时期中略写。

二、《苏州通史》的体例

参照中国传统史书编撰体例，借鉴国家清史纂修工程的《清史》主体设计，《苏州通史》主体部分为导论以及从先秦至中华人民共和国时期的历史（分为若干阶段的断代史），另设人物、志表、图录等三部分。人物、志表、图录中的内容是对通史部分相关内容的补白与补强。

《苏州通史》共分16卷。第1卷为导论卷，第2卷为先秦卷，第3卷为秦汉至隋唐卷，第4卷为五代宋元卷，第5卷为明代卷，第6卷为清代卷，第7卷为中华民国卷，第8卷为中华人民共和国卷（1949—1978），第9卷为中华人民共和国卷（1978—2000），第10卷为人物卷（上），第11卷为人物卷（中），第12卷为人物卷（下），第13卷为志表卷（上），第14卷为志表卷（下），第15卷为图录卷（上），第16卷为图录卷（下）。

三、导论卷的结构与内容

导论卷为本书首卷，包括苏州历史地理概要、苏州史研究概述，以及苏州史论三个部分。

导论卷上篇为苏州历史地理概要。在对苏州各历史时期地理环境要素演变做分期分类的基础上，重点对苏州历史沿革地理和苏州历史自然地理演变做概要性叙述，主要包括苏州历史气候与生态变迁、苏州地质与地貌变迁、苏州古城水道变迁、苏州历史建置沿革，以及苏州城池防务沿革。

导论卷中篇为苏州史研究概述。《苏州通史》是学术界业已取得的研究成果的集中体现。对于苏州各个时期历史的研究，学术界已有或多或少的成果，并以著作、论文等为载体展现世间。《苏州通史》的作者们充分关注和汲取了这些宝贵的学术营养。导论卷的苏州史研究概述，分别列举并适当评述了先秦、秦汉至隋唐、五代宋元、明代、清代、中华民国、中华人民共和国等历史时期苏州史的研究成果。

导论卷下篇为苏州史论。按照通史的体例，正文中不可能就论题展开详细的专题性的论述，这些相关论述即构成了导论卷下篇的苏州史论。这些专题论述有：《春秋吴国国号及苏州城市符号的"吴"及其溯源》《秦汉至隋唐时期吴城所辖行政区域及政治地位的变迁》《五代宋元时期来苏移民问题》《明代苏州地位论纲》《晚清苏州的现代演进》《民国以降苏州经济社会发展的传统规定性》《人民公社时期苏州农村社队工业的兴起与发展》《改革开放时期苏州经济发展的三次跨越》，大体上覆盖了苏州历史发展进程中的一些重要节点。

四、自先秦至中华人民共和国各卷的章节体系

自先秦至中华人民共和国各卷是通史的主体，分为8卷断代史。各卷采用纵横结合的结构，根据本卷所跨时段的政治经济发展状况，划分若干客观发展阶段为若干章，主要写政治、军事、经济状况；另设社会一章，主要写整个时段苏州人口家族、宗教信仰、民风节俗等；另设文化一章，主要写科学技术、教育、文化艺术等。这样，以X+2模式架构和贯通8卷断代史。

自先秦至中华人民共和国共8卷的章节体系，展示了苏州历史进程的主要脉络，体现了《苏州通史》的主线。各卷设章如下。

先秦卷：第一章远古文明，第二章泰伯南奔与立国勾吴（泰伯至寿梦），第三章从徙吴至强盛（诸樊至吴王僚时期），第四章"兴霸成王"与吴大城建筑（阖闾时期），第五章从称霸到失国（夫差时期），第六章战国时期的吴地，第七章吴国社会状况，第八章吴国的文化。

秦汉至隋唐卷：第一章秦汉时期的苏州，第二章六朝时期的苏州，第三章隋唐时期的苏州，第四章秦汉至隋唐时期的苏州社会，第五章秦汉至隋唐时期的苏州文化。

五代宋元卷：第一章五代苏州从混战走向稳定，第二章北宋苏州的稳固与发展，第三章南宋苏州的复兴与繁华，第四章元代苏州的持续发展，第五章五代宋元时期苏州的社会组织与社会生活风俗，第六章五代宋元时期苏州的文化。

明代卷：第一章洪武时期苏州社会恢复性发展，第二章建文到弘治时期苏州社会持续性发展，第三章正德到崇祯时期苏州社会转型性发展，第四章明代苏州社会生活，第五章明代苏州文化。

清代卷：第一章恢复、发展与繁荣（顺治至乾隆年间），第二章衰退与剧变（嘉庆至同治初年），第三章变革与转型（同治初年至宣统年间），第四章社会风貌，第五章文化成就。

中华民国卷：第一章民初情势，第二章革命洗礼，第三章近代气象，

第四章战争浴火，第五章社会生活，第六章文化教育。

中华人民共和国卷（1949—1978）：第一章向社会主义过渡，第二章全面探索的十年，第三章"文化大革命"的十年内乱，第四章在徘徊中前进的两年，第五章社会变迁，第六章文教卫生事业的曲折发展。

中华人民共和国卷（1978—2000）：第一章全面拨乱反正和改革开放启动时期，第二章推进改革开放和加快发展时期，第三章深入改革开放和现代化建设勃兴时期，第四章和谐多彩的社会生活，第五章与时俱进的文化建设。

五、人物、志表、图录各卷的编排

人物卷：本书第10—12卷为人物卷（上）（中）（下），所录人物共1 600余人（含附传），包括苏州籍人士、寓居苏州的有影响的非苏州籍人士，以及主要活动在外地的有影响的苏州籍人士。所录人物主要按人物生卒年排序。

志表卷：本书第13—14卷为志表卷（上）（下），志表合一，分为建置、山川、水利、城市、街巷桥梁、园林、乡镇、人口、财政、职官、教育、藏书、文学、新闻出版、绘画、书法篆刻、音乐、昆曲、评弹、工艺美术、宗教、物产、风俗、古建筑、会馆公所、古迹等共26章。

图录卷：本书第15—16卷为图录卷（上）（下），所录历史图片按政区舆图、军政纪略、衙署会所、城池胜迹、乡镇名景、水陆交通、市政设施、农林水利、工矿企业、店铺商社、苏工苏作、园林园艺、科学技术、科举教育、文学艺术、报纸杂志、书法绘画、文献藏书、文化设施、文娱体育、医疗卫生、风俗民情、宗教信仰、慈善救济、人物图像、故居祠墓等共26类编排。各类图片基本按图片内容发生时间排序。图录卷共收录图片2 000余幅，每幅图片均附扼要的文字说明。

《苏州通史》的人物、志表、图录等卷与其他相关的人物传记、方志、专业志、老照片等著作体裁有别，详略不同，其内容取舍取决于本书的学术需求。

六、苏州元素的体现

苏州通史，所以能区别于其他地区的通史，在于其展现了苏州在悠久的历史发展过程中形成的历史文化特色,这些特色又是通过其独特的元素来体现的。为此,《苏州通史》的撰写,对历史进程中的苏州元素予以重点关注与剖析。诸如三山旧石器文化、太湖与苏州水系、伍子胥建城、三国东吴、范仲淹与"先天下之忧而忧,后天下之乐而乐"、苏州府学、"苏湖熟天下足"、"上有天堂,下有苏杭"、吴门画派、吴门医派、昆曲、评弹、园林、丝绸、顾炎武与"天下兴亡,匹夫有责"、姑苏繁华、明清苏州状元、苏福省、冯桂芬与"中学为体、西学为用"、苏州洋炮局、东吴大学、社队企业、"苏南模式"、苏州工业园区等,都会在相关各卷进行重点论述。

从 2007 年撰写《苏州史纲》算起,至 2010 年《苏州通史》立项,再至 2019 年《苏州通史》付梓,若谓"十年磨一剑",绝非虚语。

十余年之中,我们怀抱美好的愿望,希望这部《苏州通史》能够成为第一部完全意义上的苏州通史,系统完整地厘清苏州历史发展的脉络,全方位地展现苏州政治、军事、经济、社会、文化各方面的历史风貌。希望这部《苏州通史》能够成为一张苏州城市的靓丽名片,展现苏州历史文化的丰厚积淀,展现当今苏州发展的辉煌成就,也在一定程度上展现苏州社会科学界在本土历史文化研究方面的学术成就。希望这部《苏州通史》能够成为苏州历史文化资源开发利用的一个坚实基础。

为此,本书作者力求城市通史体系创新,力求新史料应用及史实考证的创新,力求观点提炼与论述创新,力求《苏州通史》能够达到同类通史的最高水平。

(王国平 苏州大学江南文化研究院院长、教授,《苏州通史》总主编)

历史当回归其本来面貌

吴恩培

《苏州通史》先秦卷,叙述的是苏州最早历史时期——先于秦代以前的苏州历史文化。

今吴中区三山岛为代表的旧石器时代文化

三山岛位于苏州市吴中区东山镇东南太湖中。1985年5月,南京博物院、苏州博物馆和当时吴县文管会等,在三山岛西北端清风岭下一溶洞前的湖滩沙砾石层中,发现一处面积约500平方米的旧石器地点。同年12月,上述单位等对三山岛旧石器地点进行了发掘,出土石制品5 000余件。对苏州来说,其重要意义在于:它将苏州文化的上限,推至一万多年前的旧石器时代。因此,三山先民可说是苏州最早的原始先民;而旧石器时代的"三山文化",不但是苏州最早的原始文化,同时也是目前已知太湖地区远古文化的源头。

新石器时代苏州周边太湖流域的马家浜文化、崧泽文化及良渚文化

太湖流域的新石器文化序列,经过多年工作,已确定为马家浜、崧泽及良渚三项相承袭的文化。其分期为:马家浜文化、崧泽文化属新石器时代晚期文化;而良渚文化则属新石器时代末期文化。苏州境内的新石器文化,至今已发掘多处。其中上述文化的代表性遗址为:马家浜文化以被列入全国重点文物保护单位的苏州工业园区唯亭街道的"草鞋山遗址"等为代表;崧泽文化以被列入全国重点文物保护单位的苏州张家港"东山村遗址"等为代表;良渚文化以被列入苏州市文物保护单位的常熟尚湖镇罗墩村的"罗墩遗址"及被列入全国重点文物保护单位的昆山张浦赵陵村的"赵陵山遗址"等为代表。

夏商时期太湖流域的马桥文化及商末泰伯南奔、立国勾吴以及吴五世周章受封

泰伯，《论语·泰伯》篇作此，而《诗经》及《左传》作"大伯"，《史记》作"太伯"。泰伯为周族部族始祖后稷的后代。商末，因部族首领继承权问题，泰伯与其弟仲雍（又作虞仲）南奔至太湖流域并立国勾吴（《史记·吴太伯世家》记为"句吴"）。泰伯去世，君位传于其弟仲雍，后传至五世周章时，"周武王克殷，求太伯、仲雍之后，得周章。周章已君吴，因而封之"（《史记·吴太伯世家》）。即周武王克殷灭商后，寻找泰伯、仲雍后人，找到已为吴国国君的吴五世周章，故因而封之。显然，周初对周章的分封乃是西周分封政策的一个组成部分。西周初的重大历史事件，首为分封——"封建亲戚"。这是一个对后世中国产生深远影响的历史事件。钱穆《国史大纲》予以高度评价说："西周三百年历史，最重要者为封建政体之创兴。"五世吴王受到西周朝廷"封之"表明：是时吴国作为与西周王室有着血缘关系的姬姓诸侯国已为西周中央王权承认，从而具有行政和宗法的双重意义。行政上，它表明是时吴国已被纳入了西周朝廷的行政范畴；宗法上，它表明周人奔至江南这一支脉的归宗。

吴国世系的传承、延续与吴国国家战略的制定、调整

春秋早、中期时的霸主政治，其标志事件即为齐桓公称霸。其后，晋文公、楚庄王相继成为霸主。而晋、楚两霸组织起的政治、军事集团为争夺主导权不断交恶，既成为学者们所说的"晋楚两国的历史是一部《春秋》的中坚"（童书业《春秋史》），也构成了那一时期列国制定生存原则即国家战略的主要依据。在第十九世吴王寿梦前，因地缘因素，吴国为楚国属国，并以"附楚自保"为国家战略。

公元前 585 年，第十九世吴王寿梦执政。时值晋、楚争霸处于战略对峙之时。逃晋楚臣申公巫臣因个人恩怨而请求出使吴国，成为晋国"联吴制楚"战略成形的助推动力。对晋国的"联吴制楚"战略，吴王寿梦从中觉察到吴国崛起的机遇，故欣然接受并制定相应的"联晋抗楚"战略。至此，吴、楚反目，而在与楚国的战争中，吴国崛起于东南。

寿梦去世后，第二十世吴王诸樊、第二十一世吴王馀祭继承并守成于

寿梦制定的"联晋抗楚"。这两位吴王为此分别死于楚人箭下和越人刀下。正是在这一时期,吴王诸樊做出了对其后苏州城屹立于东南有着重大影响的决策——"诸樊南徙吴",从而使"吴"之地域,成为后世苏州城的历史先声及最早雏形。

第二十二世吴王馀眛、第二十三世吴王僚父子时,对"联晋抗楚"即呈现出战略调整迹象。它表现为:其一,这一时期吴国在与楚国的争夺中继承寿梦制定的"抗楚"战略,且在对楚战争中几无败绩。其二,在与晋国集团的中原列国关系中,吴国表现出"拒盟"的调整态势。其标志性事件即为吴馀眛十五年(前529年),晋国拟重建集团并召集列国诸侯会面,并告之于吴国。为此,晋昭公纡尊降贵到良地打算会见吴王,但吴王馀眛以水路不通婉辞而拒,从而反映出吴国"联晋"战略已处于相应的调整期。正是这一战略调整,使吴国拒绝参加晋国试图恢复集团而召开的平丘盟会。

诸樊之子公子光以"专诸刺王僚"的暴力方式夺取王权并成为第二十四世吴王阖闾后,在历代吴王经略且国家综合实力持续增长的基础上,吴国完成了从一个有地区性影响力的诸侯国向春秋后期崛起国转变的过程。其时,吴王阖闾适时提出"强国霸王"即"兴霸成王"的国家战略,既意味着吴国"联晋抗楚"战略调整的结束,也意味着吴国"兴霸成王"战略的转型与开始。正是在吴国"兴霸成王"战略转型过程中,阖闾采纳伍子胥的"立城郭"建议,并"委计"伍子胥筑城——苏州城应运而生(赵晔《吴越春秋》)。

吴阖闾十九年(前496年)吴王阖闾伐越战死,第二十五世吴王夫差为阖闾复仇而伐越时,《史记·楚世家》记载的吴国"不西伐楚"与《国语·吴语》记载夫差"有大志于齐",即已表明吴王夫差将吴国"兴霸成王"战略调整并落实、定位于"北进争霸"上。在强盛国力推动下,"北进争霸"成为吴王夫差视野更为宽广的霸业追求,也使得吴国在淮河以北的中原地区首次也是唯一地构筑起了吴国的势力范围。吴王夫差的"北进争霸"乃是为争夺中原地区的主导权,但这一并不成功的举动,却凸显出了其文化上的意义,并使其成为春秋时期中国南北文化交融之滥觞,并留下诸多丰富的史料。吴夫差十四年(前482年),当吴王夫差在黄池企图以春秋早、中期霸主政治的规范样式——以盟会形式将其在中原地区主导权的霸主地位予以固化时,发生吴都被越军攻入事件,从而使得黄池盟会成为吴国由强转弱并断崖式衰退的转折点。而吴国北进,为这一时期越国"韬光养晦,卧薪尝胆"的国家战略留下了运作空间。当吴王夫差黄池返归后,遭受重创的吴国,其国家战略本应顺时转变为生存第一。尽管吴王夫差在利用熊胜作乱楚国等方面也为吴国生存做过努力,但其不谙变通的个性导致其诛杀庆忌,从而丧失转圜空间。再者,被掏空了的吴国经济,使得历史也不再给它任何转圜时间了。因此,吴、越争霸的对抗结果,是在两国国家战略的体系对抗中,吴国输给了越国。

吴灭国后的吴地入越、入楚、入秦及秦置"会稽郡"与秦置"吴县"

吴灭国后,尽管作为政治实体的吴国已不复存在,但苏州城却依然向后世延续。经吴地入越后,又相继入楚。战国时春申君黄歇治吴,修复因战火而成"故吴墟"的苏州古城。其间,黄歇造"楚门"(袁康、吴平《越绝书》)及"改破楚门为昌门"(张守节《史记正义》)。所有这些,也构成"苏州城墙春秋时建、战国时重修"的历史命题。而这一文献记载的命题,亦经考古印证。这些考古活动是:其一,1957年南京博物院主持的平门考古(南京博物院:《苏州市和吴县新石器时代遗址调查》,《考古》1961年第3期);其二,2005年苏州博物馆主持的平四路考古(王霞、金怡、姚晨辰、周官清:《平四路垃圾中转站抢救性发掘简报》,刊于苏州博物馆编:《苏州文物考古新发现——苏州考古发掘报告专辑(2001—2006)》,古吴轩出版社2007年版);其三,2011年苏州市考古研究所对阊门北码头等古城墙的考古勘探,发现战国时期堆积层(2011年6月17日《苏州日报》刊《苏州阊门北码头古城墙下发现战国时堆积层》一文及同日《姑苏晚报》刊《阊门北码头城墙遗址发现战国堆积层》一文)。

因此,文献记载与考古发掘表明:苏州古城历经1957年"平门考古"及随着该考古报告《苏州市和吴县新石器时代遗址调查》在《考古》1961年第3期上发表,"二重证据法"下的苏州古城,实已完成其文献与考古相契合的学术论证。其后的考古,仅不过再次证明并形成考古学上的证据链而已。苏州古城建于春秋,这一认识其实并无创新,只是延续历史的传统观点而已。所谓存国粹、正人心,历史当回归其本来面貌。

(吴恩培 苏州市职业大学原吴文化研究所所长、现吴文化研究院总顾问,教授)

发展与嬗变：秦汉至隋唐的苏州

孙中旺

《苏州通史·秦汉至隋唐卷》论述的是秦汉至隋唐时期以今苏州市行政区域为主要地域范围的发展历史，上起秦王嬴政二十六年（前221年）秦统一六国，下至唐哀帝天祐四年（907年）唐朝灭亡，共计1128年。

对于苏州区域史研究而言，秦汉至隋唐时期不仅时间跨度长，占了苏州建城以来历史的将近一半，更重要的是，在这一历史阶段，今苏州一带在政治、经济、社会、文化诸方面均有十分清晰的发展脉络，甚至可以说是天翻地覆的变化，为宋元以后苏州的发展奠定了基调，其影响至今未绝。

首先是政治地位的渐趋下降，苏州城由秦至东汉中期江东地区的行政中心，降为唐代末年的普通州郡。

秦至东汉中期，在幅员辽阔的江南吴越故地，仅设了会稽一郡，最大管辖范围大致相当于今江苏长江以南、安徽东南、上海及浙江全部、福建中北部的广大地区，苏州城作为会稽郡的治所，可以说是当时江东地区的行政中心。东汉中期以后，吴郡和会稽郡分治，以苏州城为治所的吴郡管辖范围退到今钱塘江以西。六朝时期，伴随着江东政治经济形势的变化，在东汉时原吴郡辖区内，先后分立出吴兴郡、毗陵郡、信义郡、钱塘郡等，吴郡的辖区越来越小。在唐代中后期，苏州仅辖吴、长洲、嘉兴、海盐、常熟、昆山、华亭七县，大体相当于今苏州市域、嘉兴市域和上海市域，在管辖范围上和秦汉时期已不可同日而语。

当然，苏州城政治地位的下降也是个动态的过程，其中也有过反复。如东汉末期的建安四年（199年）至建安十四年（209年），孙策及孙权驻扎于吴郡城经略四方，在这里渐渐从弱小走向强大，在此十余年间，吴郡城是孙吴政权实际上的首都，其政治地位在江南城市中是首屈一指的。唐代中叶的开元二十一年（733年）至建中二年（781年），苏州城先后作为江南东道、浙江西道及浙江东西道的治所，在这四十余年间，又重新成为江南地区首要的行政中心。但这些短时期政治地位的上升，并不能挽回苏州城市政治地位渐趋下降的历史趋势。

其次是经济地位的渐趋上升，苏州由秦及西汉时期地广人稀、"火耕水耨"的落后之地，一跃成为唐代中晚期江南地区的经济中心和唐王朝赖以生存的财赋重地之一，成为中国经济重心南移过程中的典型城市。

秦汉时期，今苏州一带所在的扬州区域生产力发展水平极为低下，班固在《汉书》卷二十八《地理志》中对当时全国各地的田与赋均有九个等级的详细评价，把扬州的田列入最末等，赋列入倒数第三等，其经济发展状况可以想见。而唐代末年苏州户数已突破十四万，居江南诸州首位，赋税收入在全国范围内已经非常突出，成为江南唯一的雄州。和秦汉时期相比，可谓天壤之别。

秦汉至隋唐时期苏州一带经济由落后走向繁荣的原因很多，其中最重要的是和战乱频仍的北方相比，相对安定的社会环境吸引了大量南迁人口。

从秦统一后项梁、项羽等人流亡今苏州一带开始，到两汉之际及东汉末年的战乱，西晋八王之乱后的永嘉南渡，一直到唐代的安史之乱，这些战乱均造成大量北方人民迁居苏州，不仅为苏州兴修水利、开展屯田等方面提供了充足的劳动力，而且带来了北方先进的生产经验和技术，促进了苏州经济的飞速发展。

秦汉至隋唐时期苏州经济的发展有几个重要的历史节点。一是西汉吴王刘濞时期，在此开山铸铜，煮海为盐，减免赋税，与民休息，促进了地方发展，故司马迁认为刘濞对吴城发展的贡献可以和春秋时期阖闾都吴、战国时期春申君治吴相提并论。二是孙吴时期，作为龙兴之地和前期的都城，孙吴政权在此悉心经营，除了吸引流民外，对北方及山越战争掠夺的人口不少都安置于吴郡，先后多次在吴郡一带进行大规模的屯田，在开拓太湖流域水网、围垦湖田、兴修水利等方面，做出了开创性的努力，尤其是破冈渎的开通，使吴郡渐趋成为太湖流域的交通中心，奠定了六朝时期发展的基础。三是唐代中后期，尤其是大历年间的浙西屯田，主要在苏州境内实施，使大量荒地变为良田，苏州的田亩数量由此激增，一跃成为江南唯一的雄州。

应该指出的是，秦汉至隋唐时期今苏州一带虽然局势相对比较稳定，但经济发展进程也曾多次遭到战乱的破坏。一是东晋末年的孙恩之乱。当时孙恩屡次进攻以今苏州为中心的三吴地区,"所在多被破亡。诸贼皆烧仓廪,焚邑屋,刊木埋井,虏掠财货",一些领兵进剿的东晋将领也"放纵其下,虏暴纵横",再加上天灾不断,三吴地区一时满目疮痍,"浙江东饿死流亡十六七,吴郡、吴兴户口减半",甚至出现了"人相食"的惨状。二是南朝梁末的侯景之乱。侯景叛军攻占吴郡后,纵兵大掠,"掠金帛既尽,乃掠人而食之,或卖于北境,遗民殆尽矣"。又逢旱、蝗之灾,"百姓流亡,死者涂地,父子携手共入江湖,或弟兄相要俱缘山岳,芰实荇花,所在皆馨,草根木叶,为之凋残。虽假命须臾,亦终死山泽"。经过侯景叛军短短几年的蹂躏,富庶的三吴地区就变成了"千里绝烟,人迹罕见,白骨成聚如丘陇焉"的萧条之区,社会经济遭到严重破坏。三是唐朝末年三十余年的战乱。当时藩镇之间相互攻杀,唐王朝已经名存实亡,经济富庶并且战略地位重要的苏州,成为江东各势力争夺的重要目标,控制权多次在浙西道内部各势力及北方军阀之间易手,遭到了极大的破坏,正如《吴郡图经续记》卷下所云:"民困于兵火,焚掠赤地,唐世遗迹殆尽。"

再次是社会风俗由秦汉时期的好勇尚武,转变为隋唐时期的敦礼崇文。秦汉时期今苏州一带延续了先秦时期好勇尚武的民风,秦末项羽在吴中招募了八千江东子弟起兵,最终埋葬了秦王朝,汉高祖刘邦也曾"患吴、会稽轻悍"。六朝初期,从今苏州一带起家的孙吴政权仍旧以兵卒精勇闻名于世,以至于有"欲以十卒,当东一人"的说法。西晋灭吴后,晋武帝仍认为"吴人轻锐,难安易动"。可见在西晋以前,今苏州一带民风的强悍。但东晋南朝以后,伴随着经济的发展,血亲复仇等风俗在今苏州一带失去了存在的土壤,再加上占社会主流的侨姓士族鄙薄武事、广泛流行的佛教提倡非暴力,以及社会环境的相对安定等因素影响,吴人的尚武精神逐渐消靡,而向崇文重教方面转化。东晋末年孙恩之乱时,就有"吴人不习战"的评价出现,刘宋时期的吴郡士族顾觊之还被侨姓士族袁淑以"卿南人怯懦,岂办作贼"之语嘲笑。隋唐时期,敦礼崇文的民风在今苏州一带已大体定型,故《隋书》记载云:"其人君子尚礼,庸庶敦庞,故风俗澄清,而道教隆洽,亦其风气所尚也。"与秦汉及孙吴、西晋时期相比,社会风俗已有了根本性的变化。

最后是文化由秦汉时期的落后走向隋唐时期的繁荣。

秦汉时期，和中原地区相比，今苏州地区的文化发展相对落后，除了偶尔流寓的北方文士外，本土文士寥寥无几。六朝时期，伴随着经济的发展以及以吴郡四姓为代表的世家大族的崛起，今苏州地区的文士不断涌现，在经学、玄学、地志以及文学艺术等方面都取得了突出成就。隋唐时期，苏州已经形成了敦礼崇文的民风，官学和私学教育发达，成为全国的文化中心之一，在很多文化领域中大家辈出，成果丰硕，对中国文化史影响深远，也为后世苏州文化的繁荣奠定了坚实的基础。

（孙中旺　苏州图书馆古籍部主任、研究馆员）

苏州经济人文的"天堂炼成记"

戈春源

《苏州通史·五代宋元卷》反映了从五代至元朝461年的苏州历史事实。全书分成六章,前四章分别论述五代、北宋、南宋与元四个时期苏州的政治、经济;后两章论述当时的社会与文化。这一时期是苏州发展史上的一个重要阶段,可以说政局较稳、经济繁荣、文化发达,此时苏州具有"天堂"的美誉,为明清全国首富地位打下了坚实的基础。

苏州在五代为吴越国所辖,初称中吴府,为吴越统治地区的重镇。同光二年(924年)改称中吴军,设节度使以治。北宋时,苏州为两浙路所属,号称"紧州",位列"上州"之前。北宋末政和三年(1113年)苏州升平江府。南宋绍兴年间,平江府节制浒浦,成为军府,是南宋的"陪都"。元称平江路,为江浙行省所属。元末,张士诚起事,以苏州为中心,一度称隆平府。自吴越钱氏统治以来苏州虽有一些战事,特别是南宋建炎年间遭到短暂破坏,但长期政局较为稳定。这为苏州这一时期的经济、文化发展创造了前提。

苏州土地肥沃,山川秀丽,加上人民的辛勤劳动,创造了丰硕的物质财富。苏州由于地处水乡,因而苏州的治理者特别重视水利农田的建设。五代宋元时期,继续改造疏浚大运河水道,加固坝防、驳岸,提高大运河的通航灌溉能力。为了解决太湖水的下泄问题,苏州疏通了吴淞江等多条水道与茜泾、白茆等五浦,开挖至和塘等人工水渠,使"田无污潴,民不病涉"。与河渠开挖相配套,建设了横塘纵浦的大片农田,形成完整的水利农田网络。加上农具与耕作方法的改进、良种的引进与推广,使农业常获丰收,产量大幅提高,有亩产多至三石以上的良田,可弥补全国粮食缺口,因而有"苏湖熟,天下足"的谚语。

苏州地方当局特别注意保持苏州城的原有格局,维护三横四直的城内水道，加强城市建设。五代吴越时改苏州城土墙为砖砌。当时治苏的钱元璙、钱文奉父子建设南园与东圃的园林式活动场所。南宋初年，苏州知府王晚，利用城市劫后残渣作建筑材料，铺平街道，重建府署，筑百花洲与射圃。以后苏州历代地方政府还修筑衙署、宾馆与寺观等公共设施。

这一时期，在农业支撑下的手工业，也有长足的进步。苏州所产丝绸，质量上乘，外形美观，宋锦与缂丝成为重要品牌。至元朝，由于沿江地区的大量植棉，苏州也是棉织业的重要城市。其他如造船、造纸、印刷、冶铸及金属加工等也堪称发达。除苏州城之外，在一些交通要地，特别是运河沿岸，如一串珍珠似的，从望亭至平望兴起一大批小城镇。吴江丝绸质地优良，行销全省。不论城市与乡镇，甚至村野都相继开放夜市、草市；市面喧闹，人物纷聚，销售纺织、文具、纸张、鱼类、紫莼、珍茗、织席等苏州特色产品。宋元时苏州对外贸易特别发达，"舟航往来，给用四方"，太仓刘家港成为与世界相通的"六国码头"，是海上丝绸之路的起点之一。无疑，苏州是江南重要商业中心。

五代宋元时期苏州的社会组织，从厢坊到里甲制度，日趋严密。包括衣食住行在内的社会生活与民间习尚，多体现了水乡特色。苏州民间信仰多有对治水人物与水神的崇拜。由于土沃物阜与受儒家思想的熏陶，苏州设有居养、安济院等多种慈善机构。尤其是范仲淹以周济族人为主的"义庄"设立，成为榜样，蓬勃发展，推行全国。这一时期，一些传统的世家大族，如陆氏等继续延沿。由于朝廷更替，世事变化，也出现了范家、韩家等新的名门。

宋元时期，社会稳定，经济繁荣，促进了苏州文化教育的发达。北宋范仲淹捐出自家私地，兴办州学，延请名师胡瑗教授，创苏湖教学法，推向全国。以后，苏州还创办了多所书院，兴办了众多的社学，从而培养了不少人才，为明清的科举大盛，开了先路。教育的发达、科举的渐兴，带来了学术的进展。苏州经学流派纷呈，各显其善。震泽学派更为本地人所创。以《吴郡志》为代表的地方志编写，是最突出的史学成就之一，其体例完备，旁征博引，在中国方志编纂史上占有重要地位。这一时期的文学作品以诗词、散文见长。本土作家大量涌现，北宋范仲淹的边塞诗词，雄浑清丽，胸襟扩大，在豪放中具有委婉细致的特点。贺铸善于用地方风物抒发自己的心情，把怀人的愁绪比作"梅子黄时雨"，而获得"贺梅子"的雅号。南宋四大家之一的范成大所作田园诗，以清新的笔调，反映了农村的自然风光与农民生活情景，富有泥土气息。这一时期的散文创作亦很突出，范仲淹善于在景物描写中表露自己的人生哲理，《岳阳楼记》描绘了洞庭湖的浩渺景色，表达了"先忧后乐"的思想而脍炙人口，成为千古名篇。苏舜钦的《沧浪亭记》，记叙了沧浪亭"崇阜广水，竹茂林稠"的景致，表达了淡泊名利的意境。此时外地的一些杰出诗人或来苏任官从政，或长期寓居，或赏景漫游，吸收了江南艺术养分，留下了优美的诗作。如柳永、苏轼、马致远等都有描写苏州风物的篇章。

这一时期苏州绘画、书法逐渐成熟。北宋时，苏州朱象先之画，获苏东坡的赏识。宋末元初郑思肖的画作体现了爱国情操。元时黄公望为元四大家之一，他所作山水，笔势雄健，其《富春山居图》名震海内外。一些著名书画家米芾、王蒙、倪瓒等长期在苏州活动，也为苏州留下了一些优秀书画之作。苏州也是一个书法重地，宋时出现了范仲淹、朱长文、苏舜钦、范成大等名家。此外，雷潮夫妇、袁遇昌的泥塑，神态生动，富有性格特征，被广大人民所欣赏。此时被称作百戏之祖的昆腔已在形成之中。

苏州经济、文化的发展，促进了科学技术的进步。沈括对隙积术与光学都有研究成果。今存文庙的《天文图》《地理图》《平江图》反映了当时天文地理学及其绘制技术的成就，是今天研究古代天文、历史地理及苏州城市史的重要材料。建筑技艺亦有很大的提高，宋时建造了林木荫翳、高墩出亭的沧浪亭，元时又建怪石嶙峋、状如狮子的狮子林。它们成为那个时代的代表作。苏州一些有名的古塔，不论是后来成为著名斜塔的虎丘塔，还是巍峨壮观的北寺塔、玲珑精巧的双塔几乎都是在那时形成，使苏州成为名副其实的"宝塔之城"。也修建了一些著名桥梁，如吴门桥、垂虹桥、觅渡桥等。由于苏州山水相映，桥塔互辉，形成了一幅幅美丽的图画。宋元时，还出现了一些农业、果木、园艺与医药之作。苏州医学，集南北之长，著名医生有沈良惠、葛应雷、葛乾孙、王履等，为吴门医派形成之先声。

《苏州通史·五代宋元卷》尤其注意苏州文化的介绍，占了该书相当的篇幅，原因是从南北朝苏州转向尚文以来，不管是文学艺术还是科学技术，皆日臻发达，已积下厚重的沉淀，值得一书。该书还对社会组织与民众生活状况做了较多的反映，是因为这些都是历史的重要组成部分，却被历代的正史所忽略，故而详述以防止历史的缺失。

（戈春源　苏州科技大学社会发展与公共管理学院教授）

繁华姑苏：明代苏州的发展历程

吴建华

秉持求真求是的原则，我们将从事明清史学习与研究37年以来，对于明代中国包括江南历史在内所积累的资料和学识倾注到明代苏州史的探索与《苏州通史·明代卷》的写作之中，在完成《苏州史纲》明朝一章之后，又花费10年的时间继续搜集、研读浩瀚的资料与研究成果，经专家审阅指点及与同仁共同研讨，写出篇幅极其有限的明代苏州研究综述，将明清（1368—1840）时期的苏州定位在传统社会发展的黄金时期。这一时期无论是在人口、经济还是社会、文化方面苏州都处于中心地位，引领全国发展。经过几番修改，最终写成75万余字《苏州通史·明代卷》。具体而言，我们力图在以下几个方面做些尝试性探索，揭示明代苏州发展历程。

一、把握明代苏州发展的总体体系

在遵从《苏州通史》整体写作X+2体例的前提下，全卷把明代苏州历史分成绪论与五章，除了绪论勾勒的明代苏州历史发生的自然环境、行政设置和城市格局与管理之外，重点放在经济上面，包含有政治、军事、外交等内容在内的三章，以及狭义的社会、文化的两章，写出明代苏州发展的历程。

书写明代苏州这样的区域断代史，最大的挑战在于，表象上易于得出资料翔实和貌似研究成果之丰富、足以支撑写作的结论。事实上，在丰富的明代江南研究中，作为处于核心地位的苏州的研究往往是作为例证而出现的。而一旦欲将苏州进行整体完整又独立的对象来研究与写作，几乎没有现成的成果可以利用，何况现存明代苏州资料繁多与零散的特点共存，必须系统阅读，条块分类，编年排比，才能立体描画苏州繁华的全景。这可能也是目前区域断代史编纂面临的共同难题，也是亟须建立在基础研究先行之后才能较好实现初衷的。

二、挖掘利用明代苏州史料

现存的明代苏州史料汗牛充栋，本着实证研究的原则，以史料为根基，大凡如《明实录》《明会典》及档案、碑刻、方志、文集、笔记、家谱、文艺资料以及《明史》等类别的多种资料都尽量开发利用，认真考订版本，反复核实原始资料，纠正讹误，给予合理解释。笔者曾任《明清以来苏州社会史碑刻集》副主编并参与大量工作，熟谙明代苏州碑刻资料，还整理校点过《王鏊集》，精细阅读过众多珍贵资料，因而随时可以将相关资料应用到具体史实的分析之中。利用地利，又实地察访了相关遗址，印证历史事实。至于民间传说如有可取之处，结合文献，经过鉴别，也合理加以利用。

三、开拓研探明代苏州史内容

海内外学者在明代江南经济方面研究最多、最深，尤其是罗仑主编，范金民、夏维中撰写的《苏州地区社会经济史（明清卷）》及他们的研究论文，开启了明清苏州断代史的研究，并初成体系，其偏重但不限于经济方面，为本卷写作奠定了坚实基础。然而，仍有深挖与扩展的必要。当然，同期政治、军事、外交等方面的内容也需充实，像明代重大政治事件中的苏州人、"靖难之役"与苏州义士、郑和从太仓刘家港"开洋"下西洋、抗倭战争、抗暴斗争中知府善后与士人殴逐知府主考等。

"明代苏州社会生活"一章，增加或增重了人口、社会风尚、宗教、民间信仰、宗族的篇目，如佛教与道教发展概况、家族与社会，完全属于初创和试探性研究。

"明代苏州文化"一章，全面概括明代苏州文化的成就与地位。明清（1840年之前）中国文化的发展进入传统时代的盛期，以江南文化为龙头，被称为中国文化的江南时代。与从先秦至隋唐，以北方为中国文化中心的时代相比，明清时期中国文化中心发生了南北的位移。这与人口、经济、社会中心的南北轴线移动是一致的方向。其中最主要的原因是中原战乱引起人口三次南移，而江南发展又积累了长期开发而奠定的厚实基础。明代苏州文化进入其历史发展的黄金时代，涌现一大批杰出人才，取得卓越的成就，具体体现在文学的巅峰，艺术的黄金时代，科技的新辉煌，思想学术的开新，丰富的藏书与精湛的刻书，广泛活跃的书画文物鉴藏等方面。

它们在前代基础上传承，绚丽多彩，群芳满园，硕果累累，特色鲜明，影响深远。在中国文化史上，这笔优秀的文化遗产值得认真系统地总结与传播。因而书中设置了教育、科举与人才以及学术等全新的内容，并对研究较多的文学艺术、科学技术、藏书与刻书等内容，在各专门史的线索之下加以综合梳理与史实补充，甚至史实辨正，譬如针对长洲朱良栋缂丝名作《瑶池献寿图》，就解决了其著录上的歧义。

四、把明代苏州发展客观地分为三个阶段，找出苏州区域发展的特色，探索本土社会发展历程

首先，在全面掌握明代苏州研究现状的基础上，汲取众多优秀研究成果，依据历史事实，除了指出苏州朱明政权的实际统治是在1367年农历九月到1645年农历五月，比明朝的存在时间（从1368年农历正月到1644年农历三月）要长之外，把明代苏州历史划为三个阶段，即明初洪武时期（1368—1398）的31年苏州社会恢复性发展阶段，明初中期从建文到弘治时期（1399—1505）的107年苏州社会持续性发展阶段，明中后期从正德到崇祯时期（1506—1644）的139年苏州社会转型性发展阶段。其中尤其注意到，在明代苏州区域史的时段划分上，与明代史的按照大事件划分，存在了一些差异，这是实事求是的结果。

其次，概括明代苏州发展的特点，判断它在当时的地位，认为它是当时的人口、经济、文化中心和社会先导之区。

最后，试图对明代苏州史给予恰当认识与评估。

总体观点上，认为明清苏州传统社会发展到了它的鼎盛期，明代是苏州本土发展最为辉煌的开始，且时间上是完整的朝代（不像清代苏州，由于晚清受到了外力影响，本土发展在时间上不完整），自身发生着转型，走着自我发展的路子。这是自我走出来的本土道路，尤其具有现实借鉴意义。

经过明初社会经济的恢复与发展，明代苏州社会在中后期既有传承又发生了很大变化，这就是传统社会的变与不变，新旧交织，两者俱存，错综复杂，主要体现在明政府赋役政策与措施的变化，导致土地关系变化，引发商品经济繁盛，包括农村商品经济发达、手工业商品经济兴旺与资本主义生产关系的孕育、商业经济繁盛、市镇经济繁荣。这一经济基础的新趋势传导到社会各个方面，在思想观念、社会思潮、社会风尚、人口流动与职业结构变动、社会秩序与社会矛盾、日常生活与文化学术等，发生着连锁反应，呈现社会全方位变化的景象，在全国范围以至早期全球化的世界秩序内都有不可忽视的影响。

以上对明代苏州社会发展的主线勾勒、历史图景的描画，通过苏州元素呈现，犹如靓丽的玫瑰，在由吴文化、江南文化体现的五彩斑斓的古典中华文明花丛之中绽放，它对于构建较为完整的明代苏州历史体系，评判其历史地位，总结本土社会发展走到巅峰时期的内在规律和创造的辉煌成就，触摸传统中国社会蕴含的"现代性"，以便对接社会现代化，都将有着一定的价值。

具体观点上，随时注意继承、综合与创新。本着绝不盲从、绝不轻信的态度，经过收集资料，整理研究，做出独立判断。其他学者创获一得之见，只要论据充分，言之有理，都有汲取，像蒯祥之父为"蒯福能"而非一直指认的"蒯福"，就是书稿付梓之前及时增补进去的一例。

将《苏州通史·明代卷》努力写成一部实证的信史，是为写作宗旨，而全书完竣，究竟达成几何，有待于学界与读者的客观评判。全书肯定存在一些不足与疏漏之处，需要继续研讨。例如，全书力求整体与部分的前后呼应、互相参照、浑然一体，虽多着意，还远远不够；资料繁多，研读仍旧很不全面，需要继续研读与开拓，估计再读十年，也不会穷得其半；海内外优秀研究成果较多，难免挂一漏万，应当扩大加强交流；文字表述上，试图统一写作，规范学术，一般是史料与叙述并用，而有的内容论著性过强，史料原文引用过重，倘能通俗叙述，精简史料，必将增加可读性；部分史料有释读，文字有疏通，利于普及性阅读，却不是全书的统一做法；图文当并茂，却由于篇幅与已有专门图录卷的关系，不宜多加插图；有的议题可以扩展深挖，如明代苏州的国内联系与影响，明代苏州全球性的定位与联系、影响，明代苏州社会转型的程度与限制转型的因素，苏州普通人的日常生活样态以及哲学思想、海洋交流、外贸等领域，必待日后深入研究之后方得充实。

明代苏州研究与写作的学术之路，路漫漫其修远，热忱企盼同好朋友赐教，并共同丰富、推进这一领域的研究，为苏州社会现代化发展提供有益的历史经验与文化驱动力，丰富人民美好生活，使社会生活、精神生活更加多姿多彩。

（吴建华　苏州大学社会学院教授）

繁华与转型：清代苏州的变迁脉络

唐力行　王国平

明清两代在苏州历史中占有重要的地位，它们上承传统时代二千余年深厚累积，而臻于经济繁荣、文化昌盛之极致，成为中国经济、文化之中心。清代《苏州通史》宏大而复杂，又处在历史发展的转捩点，所以著述有着极大的难度。数十年来治清史者以 1840 年为界，将前清归入古代史，此后则为近代史。然而历史的变迁既有阶段性，也有延续性。人为地把清史割裂开来，是与历史实际相抵牾的。有必要重新思考，将清代苏州的历史前后贯通起来，做到叙事客观，分析深入。

正确定位：中国与外部世界的交通，当是清代苏州历史的题中应有之义

清代前期苏州经济的发展，乃至资本主义萌芽的生长，主要是中国社会经济内在变迁的结果，是明清之际断裂后的延续，在内力为主、内外力交叉推动下，苏州始终保持着经济文化中心的地位。清代后期资本主义的发展则主要是外部的输入。而在外力强大冲击下江南的中心却逐渐转移至上海。内力、外力抑或内外力交叉对苏州经济社会发展的影响，是我们需要在叙事过程中加以思考的。

中国与外部世界的交通，当是清代苏州历史的题中应有之义。16 世纪世界市场的开拓，对中国沿海地区，尤其是长三角地区的影响十分深远。明代嘉靖、万历年间市镇的繁兴，农业、手工业、商业的资本主义萌芽都离不开世界市场。清初的迁海令和闭关锁国，一度割断了海外交通。但是"剪不断，理还乱"，苏州在中西经济文化交会中，仍是得风气之先。18 世纪传统中国社会经济达到巅峰状态，苏州则是其最为辉煌的标志。18 世纪对于中国，对于苏州都是重要的转捩点。一方面是"夕阳无限好"；另一方面却是中国、苏州在世界上由领先转为落后的一百年。怎样从横向之通的角度恰当地把握苏州的盛衰消长,也是我们不能回避的。

通史之谓也,更有纵向之通,探索清代苏州名物制度流变之渊源,揭示其对后世苏州社会变迁的影响,做到上承明代,下启民国。如是才能恰当地揭示清代苏州的特点,做出历史的定位。

立体呈现:从重大事件的纵向梳理到城市变迁的细微考察

有鉴于此,我们以前三章从纵向梳理了清代历史演变的脉络,揭示了《苏州通史·清代卷》的整体性,由清初的恢复、发展与繁荣(顺治至乾隆年间),到中期的衰退与剧变(嘉庆到同治初年),最后是变革与转型(同治初年到宣统年间)。清代苏州社会生活极其丰富,史料浩瀚繁赜。纵向主导线索线为我们盘点史料、选择史事、取舍整合提供了基础。史事入选的原则,一为清代历史上之大事,涉及苏州者。二为苏州所特有,能反映苏州特色者。本卷力求在叙述名物制度、历史事件、人物等的过程中,贯注对苏州通史的整体思考,体现清代苏州的整体性。

在叙述具体的重大历史事件时,既要考虑其与整体的关系,也要将局部视为相对的整体。例如,太平天国运动是苏州历史上的重大事件,深刻地影响了苏州历史的走向。在前人研究的基础上,我们对太平天国与苏州的历史做了进一步的整体的研究。在第二章第二节《危机四伏的政局》中,论述了太平天国运动兴起的国内、国际原因,介绍了清政府应对太平天国的举措。第三节则全面介绍了太平天国时期的苏福省与苏州郡的政治、军事、经济。兵燹将苏州阊门外商业中心化为灰烬;苏州的财富随着富人向上海租界逃亡而集聚;田地荒芜,人口凋零;苏州从此由盛转衰。此后,苏州虽然逐渐丧失中心城市的地位,但在外力的冲击下,终于开始变革与转型。从农村租佃关系的变化到苏州洋炮局的创立、开埠,海关的设立和对外贸易,直到维新新政与地方自治活动,最后以辛亥革命与和平光复作结。由此揭示了一个上承太平天国的剧变、下启民国新纪元的晚清苏州。

除了重大的历史事件外,我们还从细微处考察清代苏州城市的变迁。在城市空间的现代演进这一节中,为读者展示了盘门—胥门—阊门商贸区的开发;沪宁铁路通车与城北商贸区的成型;观前街区的初步形成;教会小区的出现等城市史的细部,回应了当前国际学术前沿问题。例如对观前街区的研究，苏州人总是生活在一个个具体的街区，研究苏州人的社会生活，自然离不开街区。街区研究最为重要的有两点，一是将某个街区视为一个整体，要着力于揭示其整体特征；二是街区是城市的一个组成部分，要研究部分在整体中的位置，以及部分与整体的互动关系。观前街区得益于西晋咸宁二年（276年）玄妙观的建立。玄妙观的兴盛带来了人群和商机，由观内而观外，逐渐形成了商市。传统时代的观前虽然得到了一定程度的发展，但始终没有形成独立完整的功能区。近代以来，由于战争对阊门外商业区的毁坏，由于城市中心的区位优势和自身求变等多方面因素的影响，观前街区由经济、文化的边缘走向中心，从而使中心的区位与经济文化和社会中心的地位重合，成为苏州的中心街区。观前街区的其他特征是由其中心地位派生出来的，观前成为商业与金融业的中心、休闲饮食业的中心、中西文化交融的中心。这些因素的交融，推动了观前市民意识的觉醒，观前市民公社随之成立，具有很强的示范性。观前街区的整体特征的形成是在与苏州城市的互动中实现的。有了这些生动的细部描述，苏州城市才能立体地呈现出来。

值得一提的是，我们在《苏州商业的繁荣》一节中，借用了社会史与艺术的对话。乾隆二十四年（1759年）苏州人徐扬创作的写实画卷《姑苏繁华图》非常直观而细致地展示了当年苏州城市商业繁华的盛况：画面有熙来攘往的各色人物12 000多人，各色房屋建筑2 140余栋，河道中的官船、货船、客船、杂货船、画船、木簰竹筏等约400条，街道店肆林立，市招高扬，有260余家，各式桥梁50余座，文化场景10余处。在纷繁错杂的店铺中，丝绸店铺14家，棉花棉布业23家，染料染业4家，蜡烛业5家，酒业4家，凉席业6家，油漆漆器业5家，铜铁锡器业5家，金银首饰珠宝玉器业8家，衣服鞋帽手巾业14家，图书字画文化用品业10家，灯笼业5家，竹器业4家，窑器瓷器业7家，粮食业16家，钱庄典当业14家，酒店饭馆小吃等饮食副食业31家，医药业13家，烟草业7家，南货业5家，洋货业2家，油盐糖杂货业17家，酱菜业5家，柴炭行3家，皮货行1家，麻行1家，猪行1家，果品业2家，乐器业1家，扇子铺2家，船行3家，茶室6家，澡堂1家，花木业2家，客栈3家，其他行业11家。苏州之繁华尽显其中。

横向管窥:色彩斑斓的社会生活与丰富辉煌的文化艺术

《苏州通史·清代卷》还以两章的篇幅,横向介绍苏州的社会风貌与文化艺术。如果说前三章所呈现的是清代苏州历史舞台上显面的事件与人物,那么,后二章则是隐藏于历史深层的文化与社会。深层的文化与社会其实制约并决定着表层历史的面貌与走向。苏州文化与社会生活极其丰富,在选材与撰写过程中,我们借用了社会史与社会文化史的理论和方法。

在社会面貌方面,我们首重人文荟萃的世家望族。在全国各地的家族中,苏州是一个特色鲜明的地区,明清苏州经济文化中心地位的确立,与那些著名的家族之间有着不可分割的关系。清代苏州有进士600多名,状元26名(占清代状元的22.8%),他们正是从世家望族中走出,或是他们造就了新的世家望族。官宦富绅和众多文人引领着苏州文化,使苏州弥漫着文人气息,并渗透到了社会生活、文化艺术的每一个细胞。

苏州社会有着严密的多层次的社会保障系统。在商品经济的冲击下,苏州贫富分化严重。为缓和社会矛盾与冲突,形成了世家望族的宗族保障以及行业保障和一般意义上的市民社会合作。苏州的行业保障主要由商业组织会馆、公所来承担,市民社会合作主要是官府与商人共同举办的善堂。商人在社会生活中的主导作用日益明显。

商业发展的需要,造成了苏州社会信仰的多元化,而商业的繁兴,也为社会信仰的多元化提供了物质基础。社会心态是与社会信仰相联系的。社会信仰的多元化,形成一种开放的心态,并由此而造成苏州人心态多元、变通、求实的特征。苏州人信佛道者甚多,民间往往佛道兼敬。佛教的出世、轮回、因果报应,道教的遁世绝俗、幽隐山林及求长生富贵、"一人得道,泽及家人"的教义,与苏州人长期以来在政治经济重压之下求生存、求发展的境遇,相互渗透并浸淫累积为苏州人强烈的功名心态和市隐心态。苏州人在重压下,并不采取极端的行动,而是重理性,求变通,善于在夹缝中找到舒展才能的天地。

从社会史的视野,我们还研究了苏州社会生活的基本细胞——清代的家庭、人口;苏州人的衣食住行、人生礼仪和岁时节令,呈现了苏州下层民众色彩斑斓的社会生活。

在文化艺术方面,清代苏州的成就是极其丰富而辉煌的,可谓披沙拣金,掇撷甚难。海内外所稔知的吴门经学、史学、诗词、小说、书画、园林、藏书、科技、教育等成就,在这一章中得到充分展示。苏州还有着原不见于正史的昆曲、评弹、吴歌、工艺美术等文化艺术的瑰宝,如何"拾得遗珠月下归"?取舍之间,颇费踌躇。苏州经济与文化的交互作用催生了评弹与昆曲这对姐妹花,以至有状元、优伶为苏州土产之说。昆曲曲高和寡,主要流行于士大夫的圈子里。而评弹有着雅俗共赏的特点,其受众遍及士农工商乃至贩夫走卒。相应于苏州人的性格,昆曲被称为"水磨腔",评弹弦索叮咚则如同江南的水。如果说评话有太湖般开阔澎湃,弹词则如穿街越巷的小桥流水。水是最柔和的,也是最坚韧的。似水长流的评弹,深藏着苏州人的心态,流淌着苏州人的心曲,叙说着苏州人的机敏、睿智、沉稳和变通。进茶馆品茗听书成为苏州市民的一种生活方式,而绅商官宦则把评弹艺人请进家门举办堂会。评弹艺术深刻影响着江南人的性格、社会风尚、价值伦理。苏州的大街小巷到处都可以听到悠悠的评弹音乐和声如金石的评话,与小桥流水、枕河粉墙融合成一幅有声有色的苏州图景。

十年辛苦不寻常,《苏州通史·清代卷》得以完成,得力于曾国藩所云有志、有识、有恒也。作为本卷的主编,我们二十年前便通力合作主编了《明清以来苏州社会史碑刻集》。本书的参与者,与我们志同道合,都是相关专题研究的一时之选。谨以本书献给我们深爱的古城苏州。

(唐力行 上海师范大学人文学院教授,中国社会史学会副会长;王国平 苏州大学江南文化研究院院长、教授)

民国世界的苏州书写

汪湛穹　朱小田

近些年来，以城市为单元编撰地方通史成为地方政府着力推进的一项文化工程。这样的城市史如何书写？进而言之，作为地方通史的城市史，是中国通史的具体而微，还是别有特质？我们倾向于后者；在此以《苏州通史·中华民国卷》的撰写为例，略陈孔见。

地方眼光

民国苏州史首先是一部地方史，这里的地方不仅仅是一个地理空间，更重要的，是与此地理空间紧密联系的人文环境、历史传统和时代变迁，地方史应该重点关注与这样的环境和传统关系密切的内容。既作如是观，苏州史就不是中华民国史的局部演变过程，而应该是中华民国史的特殊地方体现，质言之，两者不是局部与全部的关系，而是特殊与一般的关系。

叶圣陶与民国苏州的相关度很高。比如，他的名作《倪焕之》，他编辑出版的《妇女评论》杂志，他支持创刊的《苏州评论》，他的苏州散文，他在苏州的社会活动等都跟地方紧密相连，他是苏州叶圣陶。而既有的叶圣陶研究，绝大多数关注的是其文学思想、出版思想、教育思想，这些思想与其说是苏州叶圣陶的，不如说是中国叶圣陶的。我们着力呈现的是前者。对于像李根源这样的苏州寓公，在民国苏州不少，但苏州史特别关注李根源，不是因为他曾经有过的辉煌经历，而是因为他在苏州的抗日救亡、西山考古和善人桥乡村改造等活动外，在地方社会中扮演着独特的角色，我们所展示的是这种意义上的苏州缙绅。总之，按照地方眼光，我们加强了对某些重要历史人物和事件的地方角色和作用的探讨。

与此同时，地方眼光下的民国苏州史还应该凸显地域特色。透过相关学术史，不难发现，苏州一般都是作为江南史的一个组成部分受到关注的。

就历史的发展和其在全国的地位看，苏州完全可以作为江南的代表，但苏州并不是江南的全部，也就是说，江南还有很大的一部分地域与苏州相比具有明显不同的地理和人文环境。比如，江南的周边有山丘，江南的东边有海岛，而苏州是典型的水乡，江南则包括了上述各种类型。地理环境不同，人文意趣自然有所差异；地域江南的整体观照无法代替对于苏州的专门考察。于是，我们常常从民国江南史中将苏州剥离出来，而剥离的过程其实是凸显水乡苏州特色的过程。

世界视野

个别的地方必须置于整体环境当中，才能被清楚地认识。这样的视角对于民国苏州的书写尤为重要。一般而论，近代中国始于 1840 年，不过，这样的"转折点"，更多地体现在宏观的政治-外交意义上。揆诸实际情形，显著的近代变化发生在数十年之后的民国时期，民国苏州因此而置身于广阔的整体世界中，其近代变迁与当时资本主义世界的整体变化以及中国近代化紧密相关，无论是在变迁的方式还是在变化的速率上。

晚清以来，资本-帝国主义破坏了传统中国的自然经济结构，处于东南沿海、背倚上海的苏州市场经济在民国时期更为发达，客观上为近代经济的发展创造了条件，为社会文化生活的近代成长提供了动力和机遇，从而导致了苏州传统经济和文化结构的变异。一部分研究成果已经呈现了这种结构与传统的一脉相承及其韧性，但我们还需要知道，这种貌似传统的东西在性质上发生了怎样的变化？清末民初苏州城乡的资本主义工场手工业和机器大工业出现后，小手工业时代就已存在的家庭劳动，变成了近代工厂（场）的分支和从属机构。也就是说，这种劳作被赋予了近代性，即具有资本主义性质。从实际情况看，民国苏州经济的近代转型非常有限。为此我们将经济内容进行合理的分割，以体现多层次的地域经济结构，即小农经济、现代工业、资本主义家庭劳动；从各经济成分与市场的密切关系体现时代特征；从经济成长中出现的死结说明近代中国民主革命的必要性。

由于历史发展阶段的不同，世界各地的城市呈现出不同面貌，在世界视野中，某个城市的面貌便会在与其他城市的比较中获得其时代定位，这便是时代气息。一些城市史之所以缺少时代气息，其实缘于叙事方式。与许多传统史学论著一样，一些民国苏州史的叙述非常平面，人们只了解几条抽象的结论，那不啻一个离我们远去的"死了的"世界。事实上，真正的民国苏州是生活立体的苏州，而非一维概念的苏州。于是，透过苏州的抗日烽火，人们可以发现苏南东路不灭的芦荡火种；从庙会、茶馆、昆曲、评弹和宝卷等苏式生活元素中，可以感受到传统文化的旺盛生命力，所谓"苏式生活的变异""近代生活方式的成长""传统艺术的生活坚守"等。也许作为专题论文，不便过多地进行动态的生活呈现，但作为通史的民国苏州史给了我们这样的呈现空间。

通体观照

既然写民国苏州通史，即当有整体的铨贯。民国时期，外力冲击下的苏州经济和社会生活变迁是结构性的，离开对地方经济和社会结构的总体解剖，就不是一部地方整体史。

首先，不能缺少对各种相关要素的全面关注。从空间上说，民国苏州历史的基本涉及区域包括吴县、常熟、昆山、吴江和太仓等县的城乡社会。演绎于此空间中的民国历史，既留下了城乡各自的演变轨迹，也包括了它们的互动过程，并以此区别于苏州城市史。从内容上说，民国苏州无疑地应该包括政治、经济、社会和文教诸方面，其中，革命洗礼和经济发展是传统史学重点关注的内容，苏州通史自然不能付之阙如，占整个篇幅的三分之二弱；另有三分之一强则着墨于社会生活和文化教育，其间包含了我们有意强化的用心。在此，根据政治和经济演变的阶段性，我们将之划分为民国初期（1912—1927）、南京国民政府前期（1927—1937）和战争时期（1937—1949）三个阶段，既显示了中国革命的节奏，又反映了反帝反专制斗争中的地方发展主题，体现了半殖民地中国经济发展的特殊样态。

其次，地方史更多地与民众日常生活相牵连。中国通史可以是各种地方史的一般和抽象，而地方史应该着重说明特殊和具体；特殊和具体的地方人物和事件，更多、更明显地体现在苏州生活中，即使革命和战争史也不例外。比如，抗日战争时期苏州不但有军民与日本侵略者的英勇斗争，也有那个特殊年代沦陷区百姓的日常生活，这些生活的常态与某些畸形状态同样是一种历史存在，是战时地方社会的另一切面。

最后，作为地方整体史，更重要的，是不能割裂各种历史要素的结构关联。这里所谓的结构关联，就是指社会结构的关联；苏州地方史就是社会结构史。在这样的思路之下，我们注意了政治、经济和文化等要素之间的联系，也注意了各要素内部的联系，如经济结构的形态、城乡之间的关联、群体之间的关联、地域内外的关联等。不过，这仍然是传统意义上的抽象要素的关联。事实上，在地方整体史中，结构性关联的真正实现不是在苏州中观范围中，而在苏州社会中更具体的共同体世界。就整体结构史的书写方法，法国史学年鉴学派提醒我们，必须尽可能地注意"最小的文化单位"。社会史的结构性联系就这样在具体的地方世界中与传统史学重视的抽象的制度性联系区别开来。于是，我们的考察常常是以中心结点（乡镇）为依托，从中心到辐射点（村庄）为半径所构成的完整社区。总之，地方通史的书写既要求在抽象的意义上融贯地方社会的诸种要素，更须在具象的生活共同体中呈现地方社会结构。

民国时期的苏州态势既彰显了地方社会特色，也刻上了外部影响的时代烙印，是内外彼此互动的状态和过程。纵观民国苏州历史，政治上的沉沦与反抗所呈现的战斗性，经济上的发展与落后所体现的层次性，社会文化上的近代与传统所反映的庞杂性，共同存在于苏州社会。如何清晰、从容地展现这一色彩斑斓的近代地域历史画卷，颇费思量。在我们看来，作为地方通史的苏州史，非中国通史的具体而微，而别具专属的时空和体例特征。民国世界的苏州书写，实际是赋予一项专门史的固有特征。

（汪湛穹　厦门大学人文学院博士研究生；朱小田　苏州大学社会学院教授）

艰辛探索谱成苏州崛起序章

王玉贵　吴晨潮

从 1949 年 4 月苏州解放到 1978 年 12 月中共十一届三中全会的召开，是苏州人民在党和政府的领导下，进行社会主义革命和探索社会主义建设道路的历史。与明清时期的高度繁荣相比，这一时期的苏州因不是国家投资的重点地区，重化工业资源缺乏，在全国的地位不是很突出。但从历史发展的角度来看，不断冲破计划经济层层阻力的社队企业，不仅是在新的时代条件下对历史传统的继承和创新，而且在人才积累和经济发展模式的探索等方面，都为改革开放后苏州地区的强势崛起做好了必要的准备，可以看成当代苏州全面崛起和日益繁荣的先导和前奏。《苏州通史·中华人民共和国卷（1949—1978）》（以下简称"本书"）就是紧紧围绕"探索"这一主题而编撰的。

爬梳档案资料，力争写出特色

本书编写人员花了大量时间和精力在苏州市档案馆里查阅原始档案资料。这是由当代史研究的特点所决定的：一方面资料十分丰富，另一方面却又很缺乏。丰富自不待言，既有大量的报纸杂志，又有大量的已经公之于世的政策文件，还有众多历史亲历者的口述或回忆材料，更有大量史志资料或各种专题资料集；缺乏似也很好理解，已经公开的材料或由于当事人（整理者）的认识水平或角度的不同，或受到多种条件的限制，均或多或少地存在着数量和质量方面的局限。因此，对于本书的编写来说，尽可能地查阅原始档案资料就显得特别重要。

本书主要编写人员前后花了十多年时间，连续到市档案馆查阅原始资料。同时，也尽可能地从方志、市统计局历年发布的材料以及少数专题资料集中采用了部分资料，有一份材料说一份话。

本书写作过程中所下功夫最大、所花精力最多的就是档案资料的查阅。尽管如此，由于档案资料十分宏富，已经查阅和利用的仍只占其中的很少一部分——当然是比较重要的部分。可以负责任地说，尽管本书的叙述或许还不尽如人意，但所有叙述都是有原始资料做支撑的。

大量原始档案资料的使用，为本书彰显苏州特色提供了有利条件。众所周知，新中国成立后，随着国家政权体系的建立和迅速巩固，地方史和国家史、区域史和整体史呈现出高度同构的特征。因此，本书在写作中对苏州历史分期的界定、具体史实的呈现基本是按照国家历史的叙述体例来展开的。在这一前提下，尽可能地依据档案材料对苏州的特点和特色予以客观的揭示。

比如，在农业社会主义改造高潮中，毛泽东曾对昆山西宿乡的合作化经验予以高度肯定，并收录到由他审定的《中国农村的社会主义高潮》一书中去，加了一段近600字的按语，向全国进行推介；资本主义工商业社会主义改造中，毛泽东在听取相关领导人的汇报后，明确肯定了苏州的做法。完全可以这样说，苏州的探索实践丰富了党对社会主义改造的思想认识。

20世纪60年代初，为渡过因"大跃进"失误而造成的严重困难时期，中共中央副主席陈云专程到老家青浦以及苏州的农村地区进行了详细的调查研究，为一系列重大政策的出台提供了重要依据。他对苏州评弹的重视，使得这一古老剧种即便在"样板戏"盛行的特殊年代中仍得以保存和延续下来。陈云还以苏州评弹为例，对保护和发展传统民族文艺提出了不少重要意见。本书也没回避林彪集团在苏州地区的胡作非为，以及在探索过程中所发生的失误。

像这样的特色之处还有很多。完全可以说，一部当代苏州史，就是苏州人民在党和政府的领导下探索符合地域情况的社会主义革命和建设的历史。

立足探索主线，再现历史原貌

在指导思想上，本书以《关于建国以来党的若干历史问题的决议》和习近平"不能用改革开放后的历史时期否定改革开放前的历史时期，也不能用改革开放前的历史时期否定改革开放后的历史时期"的论述为理论指导，同时参考了相关权威研究成果，按照历史发展的自身逻辑，对1949年

4月至1978年年底之间的苏州历史进行全方位客观阐述，呈现真实的历史样态，突破一般史书主要侧重政治、经济等内容的不足。

解放后，苏州各级中共组织、政府相继建立，平稳有序地完成了对国民党政权机构的接管和改造，重点开展了平抑物价、镇压反革命、支援抗美援朝、发动土地改革、开展"三反""五反"等一系列工作，有步骤、有计划地实现了政治秩序的重建、社会秩序的稳定以及国民经济的恢复。自1953年起，根据过渡时期总路线的要求，苏州进入社会主义改造和有计划地大规模经济建设时期，到1956年年底，较为顺利地完成了对农业、手工业和资本主义工商业的社会主义改造。三大改造的完成，标志着社会主义基本制度的确立，苏州进入了社会主义初级阶段。在广大干部群众的共同努力下，苏州提前完成了国民经济第一个五年计划的主要指标，经济和社会事业得到较快发展。

十年探索时期，正确或比较正确的思想和路线逐渐受到"左"倾思想的影响，工作中相继出现了一系列严重失误和挫折。尽管如此，苏州在"大跃进"时期开办的、后在调整中保留下来的机械、冶金、无线电、化工等行业的一些工厂和一批社队工业，为苏州工业开辟了新的生产门类，且为进一步系统地发展打下了基础，初步奠定了苏州工业经济体系的基础。

1966年5月，苏州全面开展"文化大革命"，引发了一系列十分尖锐的社会冲突，政治和社会秩序遭到严重破坏，国民经济的发展遭受到严重阻碍。

在极端困难的条件下，广大干部和群众运用多种方式抵制林彪、江青两个反革命集团的错误路线、主张，涌现出以陆兰秀等为代表的一批优秀儿女。正是由于广大干部群众对"文革"错误所做的力所能及的抵制，不仅在很大程度上减轻了损失的严重程度，而且为"文革"失误的最终被纠正，并在较短的时间内把党和国家的工作转移到"以经济建设为中心"上来奠定了群众和社会基础。在这期间，苏州各级党政组织以"抓革命"的名义来"促生产"，国内生产总值增长133.21%，农业总产值增长18.68%，工业总产值增长182.29%。

1976年"文化大革命"结束后，苏州随即开始了初步拨乱反正工作。地委和专署、市委和市政府领导深入揭批、清查江青反革命集团及其在苏州的帮派体系，稳定政治秩序，平反冤假错案，落实各项政策，通过开展真理标准问题的讨论，拉开了思想解放的帷幕。苏州人民抛开思想包袱，以极大的生产积极性投入社会主义建设中，工农业生产得到了迅速恢复和发展。社队工业进入新一轮的高速发展期，为日后苏州经济的腾飞提供了强大的动力。

29年来，苏州人民以极大热情投入社会主义革命和建设中，虽然前进的道路是曲折的，但取得了不少成就。政治上，各级党委和人民政权得到建设和发展，即使遇到某些阻碍和破坏，也经受住了考验。经济上，完成了社会主义改造，建立起生产资料公有制的社会主义国民经济体系，农业生产有所发展，工业体系和国民经济体系得以建立并不断完善，发展了具有苏州特色的社队工业，虽然在急功近利的心态下出现了"大跃进"等错误，但通过对国民经济适时、适当的调整，在一定程度上纠正了错误，最终闯过了难关。文化艺术上，苏州园林经过细致整修，恢复了往日的风采，迎接海内外的游客；评弹、昆曲等地方曲艺，在曲目数量和艺术水平等方面都上了一个台阶；苏绣、丝绸等民间手工艺有所发展，产品远销海内外；文学、书法、绘画等多种艺术形式，也在原有基础上得到发展。在社会生活和教育、卫生事业方面，开展禁娼肃毒运动，推行《婚姻法》，清新了社会风气，保护了妇女权益；努力发展教育事业，普及义务教育，扫除文盲，提高了全民文化素质；初步建立起了城乡医疗卫生体系，有效地预防和控制并逐步消灭血吸虫病等地方性疫疾。此外，城市建设也得到了不断的发展。这是1949—1978年间苏州历史发展的基本方面。完全可以说，没有改革开放前29年艰苦不懈的实践探索，就没有改革开放后苏州的快速崛起和日益繁荣。

以通史编撰带动、促进学术研究和人才培养

学术研究是一项薪火相传、不断发展的事业。应该说，关于当代苏州历史的深度学术研究，因核心资料的缺乏，以往学术界是做得不够的。因此，就需要先进行个案的专题研究，然后再进行贯通研究。

参加本书撰写工作的先后有20多人，其中绝大多数是中青年学者。他们中的不少人曾参加过《苏州史纲》《中国共产党苏州历史》（第二卷）等的编写工作，出版过《当代中国农村社会经济变迁研究——以苏南地区为中心的考察》等专著，先后在《中国社会科学》《当代中国史研究》等权威

刊物发表了《新中国成立前后苏州地区企业年奖制度的演变》《20世纪60年代初农村人民公社退赔研究——以苏州地区为考察对象》《农村人民公社的制度绩效研究》《江苏省苏州市1953年"人力车夫事件"研究》《私有出租房屋的社会主义改造——以苏州市为个案的考察》等在学术界具有较好反响的高质量专题研究论文。

此外，在本书编写过程中，编写者曾有意识地指导研究生以苏州地区解放初期的城市接管与改造、劳资关系变化、"三反""五反"及肃反运动、苏纶纺织染厂的社会主义改造、"一五"时期企业职工的社会保障、工商界反右派斗争、"大跃进"时期的"技术革命"、20世纪60年代初的城市"五反"及农村社教运动等为研究对象，撰写毕业论文并通过答辩。通过这些论著的撰写，不仅保证了本书的质量，也培养了一批人才。以通史的编撰带动、促进学术研究和人才培养，是本书编著过程中的一个成功探索和有益尝试。

当然，由于这段历史毕竟距离现今还很近，缺乏足够的积淀，编写者的认识水平和研修能力肯定也存在这样或那样的局限性，有些内容还不便予以全面揭示。所有这些，或许都是读者所能够理解的，期待在修订再版时予以弥补。

（王玉贵　苏州大学社会学院教授；吴晨潮　政协苏州市委员会副秘书长）

阔步前行开辟苏州辉煌新篇章

姚福年

《苏州通史》第9卷，作为中华人民共和国卷的下卷和全书8卷断代史的收官之卷，专门记述1978年中共十一届三中全会后至2000年苏州发展变革的历史。

这20余年，在苏州上万年的发展史中虽只是短暂的一段，却堪称苏州历史上经济、政治、文化、社会等各方面变革最大、发展最为显著的一个时期。在这一时期，苏州各级各部门和广大干部群众以建设中国特色社会主义理论为指引，紧密结合本地实际，进行了许多史无前例的创举和革新，谱写了苏州在改革开放大潮中迅速崛起、跨越发展的历史新篇章，使昔日一个无足轻重的中小城市演变成为国内外瞩目的经济强市、开放大市、国际新兴科技城市、国际港口城市和国际著名旅游城市。这是一段值得大书特书并载入史册的辉煌历史。

然而，要编撰好这部改革开放新时期苏州史的"开山之作"，打破"当代人不写当代史"的史学界惯例，实现全书"贯通古今"的编纂宗旨，给读者留下一部经得起亲力亲为者检验、经得起历史检验、可资借鉴利用的信史，作者面临的挑战也着实不小。有鉴于此，在历经10年的编修过程中，作者在充分掌握史料的基础上，对这段历史进行了较为系统、深入的研究，多方考证史实，条分缕析史迹，科学总结史律，并在编写方法上进行了一些探索和创新，力图客观、全面、准确地展现这段历史。

厘清发展脉络：全面、精准记述新时期初期20余年间苏州改革开放发展的历史进程和重大变革

遵从《苏州通史》断代史各卷编纂 X+2 体系规范，本卷第一、第二、第三章依序记述了这20余年间苏州改革开放与社会主义现代化建设波澜壮阔的历史进程,即1978年中共十一届三中全会后至1982年9月中共十二大前的全面拨乱反正和改革开放启动时期,中共十二大后至1992年春邓小平南方谈话发表前的推进改革开放和加快发展时期,邓小平南方谈话发表后至2000年年末的深入改革开放和现代化建设全面勃兴时期。这样的历史分段,符合国内史学界关于改革开放新时期我国历史分段的通行方法,又与苏州的实际情况基本吻合。

本卷第四、第五章,分别记述了和谐多彩的社会生活和与时俱进的文化建设。这两章虽属于横写,但具体展开仍主要以时间为轴,历史再现了这20余年间苏州城乡社会结构与形态的巨大变迁过程、科技教育文化卫生体育等各项事业的发展进步之路。如果说前三章展现的是苏州这一时期历史发展的主轴,那么后两章则为副轴,主副结合,相辅相成,共同构成了一幅壮阔、斑斓的历史画卷。

本卷所记述的内容,突出改革开放这一新时期的时代主旋律,以发展为主线,以全市经济结构实现20世纪80年代"农转工"、90年代"内转外"两大历史性跨越、逐步构建"全方位、多层次、宽领域"的对外开放格局和逐步形成"古城居中、东园西区、一体两翼"苏州中心城市和6座中小城市的现代化城市群为主脉,以重大决策过程、重大历史事件、重要历史人物为主干,以彰显苏州地方特色为主旨,着重记录和展现三方面的内容:一是全市各项改革与对外开放从试点启动到面上展开,再逐步深化完善的不断推进过程和所发生的历史性变革;二是地方党委、政府组织推进经济、政治、文化、社会、生态文明"五位一体"中国特色社会主义建设以及党的建设的重大决策部署、重要历史节点和所取得的主要发展成果;三是苏州在推进改革开放和现代化建设中所实施的率先于全省、全国的重大探索实践、创新举措和所创造的在全省、全国有着重大影响的成功经验。

拓展研究视角:多维度、多层次展现苏州改革开放历史的厚重感与鲜活性

与苏州以往同类史学成果相比,本卷作者注重在以下四个方面加以开掘、拓展与探索、创新,力求所记述的事件更具开阔感和纵深感,平添历史的维度和厚度。

一是注重地区与市区、城市与农村的有机结合。新时期之初,苏州正经历由地市分治，到地市合并的行政管理体制变迁。由于"苏州"作为一个历代延续、享誉中外的地域名称，在人们的心目中历来包含工商业为主的城市与农业为主的农村在内，苏州地区的区域范围、人口规模、经济总量都比苏州市区大得多，苏州地区的改革开放、经济发展和各项现代化建设波澜壮阔、成果非凡；同时也是为了实现全书在时间、空间、内容"三个维度"上的全覆盖，因而本卷的编纂以地市一统、城乡一体的苏州全域为研究对象与记述范畴，以较大的篇幅叙写了1983年3月地市合并前苏州地区的重大历史事件、地市合并后苏州广袤农村改革开放和各项现代化建设的历史进程，以及其对苏州全市经济社会发展所产生的广泛而深远的影响。

二是注重宏观与微观、内因与外因的有机结合。在记述改革开放时期苏州地、市党委政府制定出台一系列重大决策部署时，对当时的国际、国内宏观背景以及苏州自身面临的状况、发展趋向进行了系统梳理和精要分析，以彰显其历史的必然性与地方抉择的正确性，昭示苏州改革开放与现代化建设所取得的巨大成就当是顺应国际大势、贯彻中央路线方针政策和坚持从苏州本地实际出发相结合的成功实践。

三是注重决策层与实践层、记事与记人的有机结合。在记述各级党委、政府贯彻中央路线方针政策、推进苏州改革开放和各项现代化建设的重大决策部署的同时，以大量生动典型的实例，叙写了广大基层干部群众在其中所做出的艰辛探索、大胆创新和所取得的成功经验。

四是注重事物之间的相互联系、揭示"一果多因"的内在逻辑关系。如在叙写苏州20世纪80年代实现改革开放以来经济发展第一次跨越、完成"农转工"的工业化演变中，不仅着重记述了乡镇工业异军突起的突出作用，而且记述了家电工业"四大名旦"领衔市区新兴产业逐步崛起、市区传统产业在改造优化中提升发展、县属工业在形成特色中长足发展、区属和校办工业在配套补缺中逐步兴起、外资工业崭露头角等，以全面展现苏州工业20世纪80年代快速突起、逐步成为全国重要工业基地的历史过程。又如在记述20余年间苏州小城镇建设快速崛起和繁荣时，不仅记述了乡镇工业异军突起在其中所起到的关键性作用和"碧溪之路"的引领示范效应，还从这一时期农村经济、社会发展变革的全局视野进行多维度的观察和分析，增写了农村第三产业尤其是大型专业批发市场繁荣发展这又一重要的经济推动因素、不断推进小城镇户籍制度改革的政策推动因素和大力推行撤乡建镇、乡镇合并的行政推动因素，从而比较客观、完整地揭示了事物的本来面目。

坚守学术质量：史料运用、史实记述力求具有较强的权威性和原创性

编纂过程中，作者收集和参考了数百部（本）地方史志年鉴和专业著书，查阅、摘录、复印了上万页馆藏档案文献资料和同期《苏州日报》相关新闻报道稿件，以此为第一手资料和基本素材，并对所采用的史料进行了细致甄别和多方考证，基本做到非权威性、存疑性、无佐证的史料尽可能不用。

同时，发掘和采用了在苏州众多已出版史志成果中从未使用的新史料，使得本卷记述的一些重要事件更加丰满且接近历史的真相，并补述了一批这一时期的重大事件。如关于苏州农村家庭联产承包责任制的推行过程，苏州以往的史志类书籍中大多只简单记述了1982年苏州农村开始全面实行家庭联产承包责任制的情况，而本卷则对1978年年初至1982年秋冬这5年间，苏州围绕这项农村和农业生产经营体制的重大改革所经历的四个阶段的发展演进过程，以及党政决策层与基层干部群众之间对此存在的思想矛盾冲突进行了系统、详尽的记述，从而既反映了这项农村重大改革的艰巨性和复杂性，又体现了苏州农村情况的特殊性。

又如，关于1986年首部《苏州市城市总体规划》及"全面保护古城风貌、加快建设现代化新区"这一城市建设方针的制定过程，苏州以往的史志类书籍都只记述了1981年11月吴亮平、匡亚明来苏调研后向中央呈报材料、引起4位中央主要领导高度重视并迅即做出批示和1986年6月国务院批复、正式确定苏州今后的城市建设方针这两大历史节点，而本卷则对吴亮平、匡亚明调研报告之前3年间国家有关领导和部门、省委和省政府、其他专家学者对苏州古城保护问题的关心、呼吁和国务院对苏州城市性质和建设方针的酝酿、确定过程，苏州自身在认真总结历史经验教训的同时积极进行探索和实践的过程，都做了详尽的叙述，增补了许多鲜为人知的历史真相。

本卷编纂中还对以往相关史志类书籍中的一些存疑之处做出了基于多方严谨考证和深入研究基础之上的新结论。一是对一些以往存有多种不同结论的问题提出了可信的新见解。如关于1983年苏州推行农村人民公社

"政社分设"改革后,人民公社究竟在何时、以何种方式从苏州完全退出历史舞台的问题,作者依据新发现的史料并进行多重考证后,在本卷中对这一长期悬而未决的历史问题得出"随着1991年上半年全市各乡(镇)的人民公社经济联合委员会(简称"经联会")改建为乡(镇)农工商总公司工作的结束,人民公社在苏州才正式取消"的新结论。二是对发现的一些重要地方史志书籍中与史实不符的诸多讹误之处进行了修订匡正。如,苏州知识青年上山下乡运动的高潮时间、苏州第一家中外合资企业的创办时间、苏州提出"科技兴市"战略的起始时间、苏州提出"率先基本实现现代化"目标的起始时间、苏州全市消灭血吸虫病的时间、昆山"自费开发区"名称的由来等。

秉持唯物史观:客观记述、科学总结苏州改革开放和现代化建设进程中积累的正反两方面宝贵经验

改革开放和社会主义现代化建设是一项前无古人的伟大创造性实践。同全国一样,苏州自改革开放以来短短数十年间所取得的翻天覆地的变化和引人注目的成就,也并不是一帆风顺、一蹴而就的,其间也充满着风险与挑战。苏州各级党委、政府和广大干部群众,在改革开放的大潮中,勇立潮头,锐意进取,敢想敢试,敢干敢闯,在改革、开放、发展的许多方面走在了全省乃至全国的前列,因而苏州在争先、率先发展的征途上所经历的坎坷与曲折也更多。

有鉴于此,作者在编著中秉承历史唯物主义史学观,践行科学治史精神,"不溢美、不隐丑",不仅记述和总结了苏州在新时期初期20余年间经济快速崛起、跻身全省全国发展前列和经济社会协调发展、城乡协调发展、两个文明建设协调发展的成功经验,记述和总结了"张家港精神""昆山之路""园区经验"苏州发展"三大法宝"的产生历史和丰富内涵,同时也客观记述和总结了苏州这一时期发展中所走过的一些弯路和付出的不少"学费"。

囿于作者的能力与水平,并受制于这一时期苏州的许多探索和实践的影响尚未能全部呈现,还有待更长时间的检验,因而本卷的所记所述权当是抛砖引玉,留待更多学者同仁补正、深究。

(姚福年 中共苏州市委党史工作办公室原主任,苏州市政协文史委员会原主任)

细数姑苏史卷璀璨星光

——《苏州通史·人物卷》的编纂体例与特点

李 峰

苏州是享誉世界的中国历史文化名城。自远古先民开辟洪荒，商末泰伯、仲雍建号勾吴以来，在古代、近代走向现当代的历史时期，苏州勇立潮头，在各个阶段呈现出不同的发展轨迹和特点，长期成为中国最发达的中心地区之一，经济繁盛，礼仪端雅，人文荟萃，在政治、军事、经济、文化、教育、科技、体育、艺术、宗教等各个领域涌现出众多代表性人物，极大地丰富了苏州历史的内涵。民国《吴县志·列传》小序曾谓："吴中人物盛于三国六朝，自有唐至宋元而少衰，又大盛于明清。其盛也，山川之灵秀为之固也。要其人之可传，或以德，或以功，或以言，此三不朽者。……地以人重，岂虚语哉！"这些杰出人物源脉传承，嘉惠后世，作为第一部完全意义上的苏州通史，《苏州通史·人物卷》就是他们提供的又一亮丽名片。

人是人类社会的主体，也是历史活动的主体。马克思认为："人们的社会历史始终只是他们的个体发展的历史，而不管他们是否意识到这一点。"（《马克思致巴·瓦·安年柯夫》）"人们自己创造自己的历史，但是他们并不是随心所欲地创造，并不是在他们自己选定的条件下创造，而是在直接碰到的、既定的、从过去承继下来的条件下创造。"（马克思：《路易·波拿巴的雾月十八日》）恩格斯也说："人们通过每一个人追求他自己的、自觉期望的目的而创造自己的历史，却不管这种历史的结局如何，而这许多按不同方向活动的愿望及其对外部世界的各种各样影响所产生的结果，就是历史。"（恩格斯：《路德维希·费尔巴哈和德国古典哲学的终结》）历史人物是形象的历史，是历史的镜子，这种特性使它成为人们认识历史和社会的最便捷的途径。所以，历史人物的传记具有其独特的重要性，能够生动地、形象地反映传主的那个时代的人类社会生活的历史面貌，对于苏州历史的研究而言，自然也无例外。

清代著名史学家钱大昕认为"史家之例，以立传为重"。而"传记"作为专有名词，章学诚在《文史通义·内篇·传记》中解释说："至于近代，始以录人物者，区以为传；叙事迹者，区为之记。"中国古代史书叙事的突出特点，就是善于描写历史上的个人与群体，呈现人与人、人与社会之间的相互关系，并进而揭示人在历史进程中所起到的关键作用。汉代史学家司马迁综合先秦时期各种历史撰述形式，在《史记》这第一部"中国通史"中，以帝王本纪为纲，以臣民列传为目，多维度地展示历史的进程和特点，正式确立了以人物为主体的纪传体这一历史著述体裁和史学传统，并成为历代官方认可并遵循的正史体例，至清代官修《明史》已形成了"二十四史"，其中人物传占总卷数近三分之二。正史体例也成为众多官修方志体例之模楷。随着苏州的历史发展进程，地方志中人物的分量越来越重，占比愈益扩大，表明以人物为中心的历史撰述形式在不断地焕发出生命力。王国平教授为总主编的16卷本《苏州通史》总体纂修，即参照了中国传统史书的编撰体例，并借鉴了国家清史纂修工程的主体设计，其中人物传3卷由我主编，共收录人物1 628人（含附传，以下各卷同）：上卷（第10卷）为"先秦至宋元时期"，收录人物582人，37.7万字；中卷（第11卷）为"明清时期"，收录人物559人，47.6万字；下卷（第12卷）为"中华民国至中华人民共和国时期"，收录人物487人，58.8万字。总计144.1万字，占《苏州通史》811.4万字的17.76%。总体上古稀近密的态势与布局安排，与断代史各卷详今略古的叙事方式完全协调。就其具体内容而言，可与断代史以及志表各卷参见互补，而其体例形态则是其他各卷所不能替代的。

古今史志之所以重视对人物的记载，最主要的是以人为鉴，以史为鉴，有其独到的教化作用和现实意义。《苏州通史》人物各卷是历史时期长、政治要求高、学术性强、社会影响面广、撰写难度大的部分，编纂的总体要求是立足于整个苏州大市范围，勇于探索，破除界限，通合古今。坚持以正面人物为主，注重总体把握历史评价与知名程度，即该人物是否品行尚正、利国利民、富于进取精神和重要实绩，真正具有代表性、影响力，"信而可征"，为历史所公论。从唯物史观的立场来看，"志则有褒无贬"，这倒是传统方志的缺陷。《苏州通史·人物卷》注意选收一些不同政治立场、主张乃至对社会发生过重要负面影响的历史人物，包括毁誉兼具的两面人物等。例如北宋徽宗时"六贼"之一朱勔；汪伪江苏省省长陈则民、司法行政部部长张一鹏；赴台的国民党军政人物钱大钧、严家淦、徐谟、陈庆瑜、沈昌焕，专家学者钱昌祚、陈霆锐；等等。对于涉及党史、军史以及政治性背景的问题，要根据中共六届七中全会通过的《关于若干历史问题的决议》和中共十一届六中全会通过的《关于建国以来党的若干历史问题决议》的精神，实事求是，严肃对待。秉持"略小而存大"的准则，对于人物评价均据详确史料，不加臆断。

在具体编纂工作上，主要把握以下几个方面。

一、总体把握各个历史时期各类人物收录范围

以今苏州市姑苏区、吴中区、相城区、虎丘区、吴江区等5区，及下辖常熟、昆山、太仓、张家港市籍人物为主。同时关注具有代表性的外籍仕宦、流寓以及来华的外国人士的情况。注意名门望族及各学派、门派、工艺世家和不同行业、领域等杰出人物的传承与发展。历史上，如苏州知府宋如林《(道光)苏州府志序》所言："苏州府为江南一大都会，周秦迄今，由国而郡而州而军而路而府。"加之民国以来，政区又多有变动。本人物卷注意正确处理历史上政区与现今政区的变动情况所涉及的人物取舍问题，对于某些确需选收而现已不在今苏州政区内的著名历史人物，据史说明其郡望、族系，充分尊重历史与现实。审慎选收人物，不"昧无疆域滥收"。因此，充分参考苏州历代郡志、府志及所辖州县志以及新修方志的人物传，以及私家所撰如《吴中人物志》及《昆山人物传》等著述，体会苏州沧浪亭吴郡五百名贤祠等文物之意义。同时关注历代编纂史书、碑传集、家族谱和其他地方志的有关人物传，并注意参考现当代已出版的相关各类辞典、传记著作和专门著作。经过专家多方论证，在研读史料和学习参考学术界相关研究成果的基础上，审慎取舍，不泥古拘今。对名宦、流寓等外籍人物和外国人士严格限收，对具有浓厚封建色彩的孝子、列女等一般不取。同时注意创立新的人物传目，如传统史志无传之唐配祀武成王庙名将、朔方节度使张齐丘，宋"名执政"陈贵谊，元开辟新航线之殷明略，明名将杜桐之子杜文焕，清刻书家穆大展，《红楼梦》程甲本整理刊刻者程伟元，

为五百名贤祠绘像、刻石的孔继尧、谭松坡，象棋谱学家张乔栋，等等。民国以来绝大多数为新立人物传，包括截稿时已故之全部两院院士，也有鲜为人知的集邮家卢赋梅、张景盂，中国童子军创始人唐昌言、薛之龙，中国现代宪兵创始人申振纲，连环画家"四大名旦"之一周云舫，"雕塑界泰斗"江小鹣，中小学教科书编辑家朱翱新，左联戏剧家朱穰丞，民族制笔业代表人物汤蒂因，"月季夫人"蒋恩钿，当代"痴人"学者朱季海，等等。

二、摒弃旧志不尽科学的分类体例

苏州旧志"人物"，如南宋范成大《（绍定）吴郡志》即不分县、不分类，其后明卢熊《（洪武）苏州府志》、王鏊《（正德）姑苏志》，清《（康熙）苏州府志》《（乾隆）苏州府志》《（道光）苏州府志》在分县分类与否体例不尽一致，冯桂芬主纂《（同治）苏州府志》之体例谓："道光志人物分为十类，虽本通志，而所分实难尽允，而于诸人中别出名贤则尤不允。兹从乾隆志，但分县不分类。"钱大昕曾批评旧志强分人物类目，主张传主不立标目，而"总题之曰人物，但以时代为次，不分优劣，既遵古式，又息事端，有识见者，自然据其叙述，知其贤否"《苏州通史·人物卷》。摒弃旧志不尽科学的分类体例，因为现代社会全面发展，政区变动频繁，所收人物行业不一，所属各区、市不均，不少人物多才多能，还有政治上多面人物、两面人物等，皆难以如古代史志简单归类，因此既不分区市，也不分类。同一历史时期的人物按照人物出生年份先后排序，对不明确出生时间的，按去世先后排序。生卒时间皆不明确者，按其生平活动的时代特征大致排序，俾阅者按历史时期可稽，便于参照断代史以及志表各卷，把握同一时期历史人物总体情况。

三、注重史料辨别及史实考证，考核力求精当

钱大昕《潜研堂集·卢氏群书拾补序》谓："通儒之学必自实事求是始，毋徒执村书数箧自矜奥博也。"章学诚《文史通义·修志十议·议征信》亦谓："邑志尤重人物，取舍贵辨真伪。"人物卷收录人物众多，涉及方面颇广，故编纂要求作者稿附参考文献以便查核，引文及考证则以脚注规范注明，注重订讹补缺。对于因资料来源不同而出现的学术及口径上的

分歧，努力通过科学的深入比较研究得出准确的结论，对于难以确证者，可多说并举，以待将来。生卒年是历史人物一生终始的重要坐标。但在传统史志著作人物传记中，大多简而化之，或者语焉不详，由于传闻抄刻之误，以及公历与夏历、虚岁与实岁之差异等，生卒年错讹比比皆是。因此，人物卷要求正传人物生卒力求到日，并做了不少考订核正工作。如太仓许泰为民国知名文学家，有关著述只记其抗日战争时期居乡，具体情况和卒年不详。经访问其孙常熟理工学院原党委书记许霆教授，得知许泰先生逝世于1948年10月20日，并获得了许泰的详细材料，补充和丰富了人物生平内容。

四、对人物史事增补删削要坚持科学态度，反对剽袭抄撮等学术不端行为

切忌"网漏吞舟过为迂阔者"之"滥书"，以及"贤良可记而简牍无闻"的"阙书"之失。人物生平与重要历史活动、成就反映较全面，力求史实主要脉络清楚，信息丰富，以便读者。例如，清长洲藏书家汪士锺生平，以往著述语焉不详，以至有据藏书印"民部尚书郎"谓其官至户部侍郎者。本传据中国第一历史档案馆藏汪士锺《奏为奉旨发往山东以道员试用谢恩事》（道光十一年六月二十二日）之朱批奏折，查知汪士锺生于乾隆五十一年（1786年），贡生，报捐员外郎，嘉庆十年（1805年）签分户部广西司学习行走，加捐道员，道光朝先后分发广东、山东试用。这些信息对研究其人当有价值。

谨此对《苏州通史》人物卷各位作者，总主编王国平教授，崔之清、熊月之、唐力行、周新国、王健等教授以及《苏州通史》各卷同仁的指教表示感谢。

（李峰　苏州大学图书馆教授）

《苏州通史·志表卷》的创新探索

林锡旦　叶文宪

志表之由来

自司马迁《史记》创造编撰史书纪传体体裁后,志与表就成了各类史书中常见的组成部分。

何谓"志"?《周礼·春官》载:"小史掌邦国之志。"郑玄注曰:"志,谓记也。"司马迁《史记》首创八书,班固《汉书》将其改为十志。颜师古注曰:"志,记也。积记其事也。"明张自烈《正字通》释曰:"凡史传记事之文,曰'志'。"特指史书中述食货、职官、礼乐、地理、兵刑等的篇章。

司马迁首创八书,为礼、乐、律、历、天官、封禅、河渠、平准,班固在八书基础上增加五行、地理、艺文三志,后历代史书志目在此基础上有所损益。

南宋郑樵写《通志》,把其中"志"改为"略"。二十略是《通志》精华,也是郑樵用力最勤之处。其礼略与谥略是对礼志的细化,职官略与选举略是对百官志的细化,艺文略下增校雠、图谱、金石,亦有郑樵的独创:氏族、刑法、六书、七音、草木昆虫。志的类目并无定规,不同的作者会根据不同时期特点设计不同志目,有增有减、可分可合,不断有人创造出新志目。郑樵对志目的创新启发了后人编排志目的思路。

苏州地方志最早可追溯到东汉草创时期的《越绝书》和《吴越春秋》,还没有形成后世方志的结构形式与篇章布局。汉魏六朝时期出现的"地记"都已经佚失无闻,现存只有唐代陆广微的《吴地记》。《吴地记》正文一卷,后集一卷,附录佚文,其中经宋人采缀增补;不设目,内容大致分为史地沿革、山川、各县、城门、坊巷、桥梁、台阁、寺观、税钱、坟墓十类,这是最早的方志志目格局。苏州人文荟萃,宋代以后各种方志层出不穷,不断有精品问世，而志目的设计编排也屡有创新，例如北宋朱长文《吴郡图经续记》分为封域、城邑、户口、坊市等28类；南宋范成大《吴郡志》自沿革、分野、户口租税、土贡至杂志共39门，另有3个附录。《四库全书总目提要》称其"征引浩博，而叙述简核，为地志之善本"。明、清两代修志均与范成大《吴郡志》有渊源，志目的编排不尽相同，修志者的设计意图各异。

1995年版《苏州市志》是一部集大成志书，共设置52个志目，既保持历代方志传统，又符合现代要求，尤其是根据社会发展的现实对政治、经济方面的类目予以特别细化。《苏州市志》（1995年版）荣获"全国地方志奖一等奖"（全国共51部）。

史书中的表，始创于《史记》，是纪传体史书的一种体裁，用"表"统系年代、世系及人物，以列表的方式陈列大事件。《史记》列表十篇，为三代世表、十二诸侯年表、六国年表、秦楚之际月表、汉兴以来诸侯王年表、高祖功臣侯者年表、惠景间侯者年表、建元以来侯者年表、建元以来王子侯者年表、汉兴以来将相名臣年表。以表递传前后世代纪年、帝王世国号、诸侯乃至将相名臣年表，至秦楚之际群雄竞逐，道悠运速，则以月系年。

这是按朝代的顺序，把历史分成若干阶段，再分别按世代、年、月写成简明的大事记，也是全书叙事的联络和补充。《史记》中专列的表，为《汉书》等后世编史中常用的一种体裁。表可用来简略归纳错综复杂的社会情况和无法一一写入列传的众多人物、事件，全面地反映某一方面的概况。传统正史，须有志表才堪称完备。近代史志中则增加了简明扼要的数据表，以一目了然地对比统计。

苏州通史志表卷

2011年1月《苏州通史》经中共苏州市委、苏州市人民政府批准正式立项，全书由导论1卷、断代史8卷、人物传3卷、志表2卷、图录2卷共16卷组成，其中志表卷由我们负责主编。

著名学者梁启超说："最古之史，实为方志。"本次《苏州通史》总主编王国平考虑周详，论、史、志、表、图、录俱全。以导论开篇，各时期专史为主体一贯而成，继以志表专题分类补记，各有体例不同，各有载体展现，以至相辅相成。"志为史之积，史为志之成。"

《苏州通史》中的"志"应该是关于苏州地方某一专项内容的系统记载，是一方、一类、一门之全书对《苏州通史》的必要补充，但是应该收录哪些内容呢？因为志表卷涉及门类众多，除了我们主编，还特别邀请了相关领域的十余位专家学者，各扬其长，共襄其成。

　　在《苏州通史》中设立哪些志表章，以及如何处理好卷中志与表的关系，是一种创新；实现志表卷与通史各卷的互补则是一种探索。

　　一是按惯例通史各卷都是断代史，前后承接成为一部通史。各卷都有自己横向铺开的记述评说，限于字数有些内容不可能写深、写细，而志表体例与通史不同，是不加评论以资料事实说理，均按类设志表专章，从古至今纵向详细记载。从这点来讲，志表卷是通史的资料库，也是通史的补充。把准两者关系，才能使志表卷与通史各卷互相呼应，相得益彰。

　　二是如何合理取舍设置志目。我们在比较、分析、研究历代纪传体史书与新旧方志志目的基础上对志目进行定题选择。现根据苏州的地方特色，共设26章。鉴于《苏州通史》有8卷断代史，而且政治、经济又是断代史的主要内容，因此大幅度删减政治、经济方面的志目，并根据通史各卷可能的缺项，充实了建置中的城市志、乡镇志，将城市沿革细化到区级；在城市化进程中，乡镇撤并变化甚大，因而补乡镇的演变至2012年。山川、水利、人口、财政、会馆公所、物产等，通史各卷虽会涉及，但不可能展开细述，志表卷做了专志详尽记载。人口志，全面记载了历代人口的变化，在多次战争和灾荒中，苏州城乡都是外地人避难迁徙的福地，由此也给苏州带来了各类人才资源，共同使苏州繁华起来。苏州曾为东南一大都会，经济繁荣，财政志记载了苏州财政的历史和选年统计数据，做了充分说明。志表卷特设职官志，列出从秦汉以来到2010年苏州主政的职官表，包括郡守、知府、巡抚、县令、市委书记、市长等，并列出从苏州走出的宰相、大学士宰辅。志表卷既与通史各卷相错开，又能反映苏州的基本状况，为历史留下大量宝贵资料，使通史底蕴更为深厚。

　　三是根据苏州历史文化特色，列专志以彰显。如园林、古建筑、古迹、街巷桥梁、工艺美术等，也是中外人士所关注的苏州特色，志表卷对此分类做了专志记载，苏州显然是名副其实的园林城市、文物古迹名城、工艺美术之都。教育志记载了苏州教育曾为天下先，因而苏州状元甲天下，两院院士也在同类城市中位居前列，状元表、院士表呈现出苏州独占鳌头的景象。我们把文化艺术类的志目加以细化，安排教育、藏书、文学、新闻、绘画、书法篆刻、音乐、昆曲、评弹，宗教类的佛教、道教、基督教（天主教）、伊斯兰教，民俗和古迹都有专门记载，承前启后，各具特色，力求以此系统地来展现苏州的文化风貌。其中弹词传承唱腔流派25种，1821年至2010年间书场竟有445家。从志表中列出的各类文化艺术人物众多，使人们看到了苏州名不虚传的人文荟萃。志表卷使通史格外丰富多彩。

四是"志"与"表"的融合一体。我们在志中穿插表格以简化记述，以表式承载更多资料；在以表为主的类目中，仍以志统表，表前有无题序以解释引领，而表中还加入了必要的说明文字，增强了表的叙述功能，使表这种体裁不再是乏味的资料堆积或名录，而是变得有血有肉了。志与表的融合一体，同时发挥了志与表的特长，更有可读性。志表卷不是志、表各一卷，而是融为上、下两卷，以更好地与通史整体保持一致。

五是我们在创新中探索，在探索中创新。作为《苏州通史》中的志表卷，不是一部市志，只能有所为，有所不为；至于其中具体内容，亦有详有略。在编写中则因事而记，因篇幅制宜，未及周全，特予说明，谅能体察。正如总主编王国平在《绪言》中所说，志表是对通史部分相关内容的"补白与补强"。

（林锡旦　苏州市地方志编纂委员会办公室研究员；叶文宪　苏州科技大学社会发展与公共管理学院教授）

定格岁月瞬间　感悟历史变迁
——《苏州通史·图录卷》简介

徐刚毅

《苏州通史》，从吴地开天辟地，出现人类活动开始，历经史前、先秦、秦汉、隋唐、宋元、明清各个时期，直到民国时期和中华人民共和国成立之后，共计16卷，叙述上下数千年乃至上万年的历史，堪称史无前例。图录卷中的内容则是对通史部分相关内容的补白与补强。

《苏州通史·图录卷》，与文字卷按年代顺序进行分类的体例不同，它是按照门类来划分的，二十六个篇章，共有图片2 000余张，基本上涵盖了政治、军事、经济、文化和社会生活等方面的内容。除了大量历史照片之外，还采用了文化遗存、文物古迹、碑刻古物、地图书影、书法绘画、文化场馆、人物图像等资料。

书写历史，可以大气磅礴，去追述沧海桑田，朝代兴亡；书写历史，也可以体察入微，来描写人生境遇，世间冷暖。而今编著《苏州通史》，特地设置的这两卷图录，则是想让人们能够近距离观察那一张张定格了岁月瞬间的图片。这众多镜头所捕捉到的，其实就是历史的形象。

《苏州通史·图录卷》，是一次对于苏州地方历史文化的梳理，是千百年来苏州社会活动和百姓生活的掠影，同时也是《苏州通史》文字卷内容的丰富和延伸。换一个角度来观察苏州悠久的岁月，或许会有一种新的感觉！

第一章　政区舆图

自春秋吴国建立以来，历秦汉隋唐宋元明清苏州各时期的郡、州、路、府地图；苏州所属吴县、长洲、元和、昆山、新阳、常熟、昭文、吴江、震泽、太仓、镇洋等县地图和各县城区图；中华人民共和国成立以来的苏州地区地图、苏州行政区图、苏州城区图和吴县及太湖行政区地图；民国时期吴县所属的木渎、横泾、蠡墅、善人桥、香山、光福、西华、洞庭东山、洞庭西山、浒关、陆墓、湘城、黄埭、南北桥、东桥、金墅、五众泾、泗泾、郭巷、尹山、唯亭、甪直、车坊、斜塘、章练塘、周庄、陈墓等乡镇区图。

第二章　军政纪略

有史以来苏州地区发生的重要战事和政治事件，中华人民共和国成立以来各个时期的社会活动和历次政治运动，以及改革开放以来社会生活、经济发展、城乡面貌的变化。

第三章　衙署会所

历代苏州衙署与所属各县的县衙平面图和图片，新中国成立以来各级党政机关驻地照片；明清以来苏州和吴江等地的商业会馆和公所。

第四章　城池胜迹

古代画作和老照片中苏州古城胜景和郊外风光的彩色图片；所属郊县城区消失了的历史遗迹。

第五章　乡镇名景

苏州郊县唯亭、黎里、震泽、平望、盛泽，以及洞庭东山和光福等古镇的知名景观和湖山风光。

第六章　水陆交通

近现代以来苏州地区的水运、公路、铁路、海运、地铁、高铁等各种交通运输系统；轿子、马车、帆船、轮船、火车、小轿车、三轮运输车、载重汽车、客运汽车等交通工具；火车站、汽车站、轮船码头、货运码头、摆渡口、河闸、轮渡、港口等交通设施。

第七章　市政设施

近现代以来苏州城区电力、电报电话、邮政、消防、自来水、环境卫生、公共交通、道路拓宽、环境监测、街巷改造、河道整治、居民住宅建设、房地产开发、人民防空等城市公用事业的发展和各县市区和新城区的开发建设。

第八章　农林水利

苏州鱼米之乡农田基本建设和农业劳动，农林牧副渔等项目的劳动场景，其中有耙田、育秧、插秧、挑粪、积肥、施肥、打药水、收割、掼稻、甩麦等环节；水稻、小麦、油菜、棉花、茶花等品种的种植；蚕桑、鸡、鸭、猪、蟹、兔等的养殖和太湖撒网与海洋捕捞等场景；土地整治、水利建设、改造山地、围垦湖荡、退田还湖、引水上山、植树造林、抗洪排涝等农林水利建设项目。

第九章　工场厂矿

清末以来百年之间，苏州城市工业发展的过程，以及苏州地区乡镇工业成长和工业产业集团壮大的场景。

第十章　店铺商社

清末民国以来，苏州的街头摊贩、店堂铺位、银行银楼、商业市场、商会组织等；新中国成立以来城市的各种商业设施，逐步发展起来的城乡合作社、供销社、商店、商场、商城等商业设施。

第十一章　苏工苏作

苏州地区自新石器时代的崧泽、良渚文化的陶器、玉器和吴越春秋时期的青铜器，以及唐宋以来的唐塑、砚台、苏绣、缂丝、彩织、锦缎、玉雕、金器、银作、家具、泥人、年画、木雕、石雕、砖雕、核雕等手工艺品。

第十二章　园林园艺

苏州和吴县、吴江、太仓、昆山等地的古代知名园林和园林花石，其中不少园林今已不存。

第十三章　科学技术

自春秋吴国干将铸剑以来，苏州历代在天文、地理、农业、医药、水利、建筑等领域里的科技成果和人物；民国和中华人民共和国成立以来在农业、工业、医学、核物理、机械、光学等领域里的科研成果和人物，以及苏州和所属县市建立的国际科技园、科技城和科技创业园区。

第十四章　科举教育

自北宋范仲淹倡导办学之后，苏州蔚然成为东南文教之邦。鸦片战争后，教会学校进入，仁人志士也提倡新学。本章展示了苏州地区在古代所办的州学、府学、县学、文庙、学宫、贡院、书院、社学、义学和中西学堂；近现代以来所办的教会学校，省立、县立、公立、私立的中小学校，以及女校、专科学校、职业学校、农业中学和各种大学；中外合作创办的学校以及相关的教育园和高教区。

第十五章　文学艺术

苏州历代在文学艺术方面的知名人物和著作，中华人民共和国成立以来文化艺术工作者认真创作，深入基层开展文化普及的业绩，并展示了当代苏州在电影、评弹、滑稽戏、昆曲、苏剧、舞蹈等方面的成果。

第十六章　报纸杂志

清末民国以来，苏州地区出版的报纸杂志、画报学刊。中华人民共和国成立以来出版的各种报纸杂志，新闻界人士的工作场景，以及苏州当地的出版机构。

第十七章　书法绘画

历史上"吴门书派"和"吴门画派"的传世作品和著名人物。其中书法界有陆机、王珣、张旭、孙过庭、文徵明、祝允明等；绘画界有"明四家"、陈道复、陆治、周文冕等，清"四王"和徐扬，民国时的吴昌硕、张善孖、张大千、吕凤子等，以及苏州美术专科学校的创立，对继承中国书画传统做出的贡献。

第十八章　文献藏书

苏州历代文献、志书、藏书和著名藏书楼以及寺庙藏经楼，近现代苏州和各县市的公共图书馆。

第十九章　文化设施

苏州各地的文昌阁、文星阁、古物馆，近现代以来苏州城乡各地的公园、剧场、电影院、文化宫、文化馆、博物馆、美术馆、纪念馆、陈列馆、名人馆和文化艺术中心、会展中心等。

第二十章　文娱体育

近代苏州的群众文娱体育活动起源于教会学校，其中有东吴大学成立的各种弦乐队、军乐队，民国年间苏州本地学校的音乐舞蹈组织和活动，新中国建立后群众歌舞活动和文娱组织，改革开放以来群众文娱活动以及大型文娱专场演出。

第二十一章　医疗卫生

自唐以来苏州的医疗机构和著名中医，清末以来现代西方医学传入之后苏州开办的教会医院和政府公立医院，中华人民共和国成立以来苏州城乡医疗机构的建设发展，建立完整的医疗卫生体系和卫生预防体系，以满足人民群众防病治病的需要。

第二十二章　风俗民情

近现代以来苏州城乡瑰丽多姿、情调殊异的民俗活动，其中有祭祖、祭孔、轧神仙、石湖串月、划龙舟、庙会、对山歌、舞龙队、打连厢、花灯、娄东之春等，以及城乡居民生活习俗、农家内房和民舍灶间等家庭陈设。

第二十三章　宗教信仰

苏州城乡近现代以来佛教、道教、天主教、基督教、伊斯兰教的寺观教堂和宗教生活；各宗教界人士、诸山长老参加民主爱国活动与参政议政的情况,以及各宗教团体发扬良好传统,在服务人群,服务社会方面所做出的贡献。

第二十四章　慈善救济

吴地慈善风气延续千年,宋代范仲淹捐资置办义田,建立义庄,开天下风气之先。明清民国以来,地方建立的众多善堂义局举办发救济款、施粥、施衣、施药、施棺、平粜等许多救济赈灾活动,还有许多慈善团体参与了城乡的修桥铺路凿井救火等公益事业。中华人民共和国成立后,各地建立了综合性的社会保障福利事业单位,收养无依婴幼、贫苦孤寡、残疾人员。改革开放以来,政府加大了对民政福利事业的投入,乡镇福利院得到普及,各县(市)福利工厂的兴办,也保障了残疾人的就业和生活。

第二十五章　人物图像

苏州自古人聪物华,士民俊秀,历代不乏文臣武士、名儒良医、能工巧匠。六朝、盛唐以来,出现了许多名彪史册的思想家、经学家、史学家、文学家、书画家、藏书家,还有一些封疆大吏、地方官员、社会名流,有贡献于社会的苏州人,或外地人有功苏地而为后人所推崇者。近现代不少人在发展科学技术、反对外来侵略、进行国内革命和建设等方面也做出了卓越的贡献。

第二十六章　故居祠墓

苏州自古人文荟萃,人才辈出,千百年来,他们的品格和遗迹为名城添彩生辉。苏州所辖常熟、昆山、太仓、吴江、沙洲等县(市)以及一些水乡古镇的历史同样源远流长,物华天宝,人杰地灵,也留下了众多名人胜迹。这些名人的故居、祠庙、冢墓、遗迹保留至今。中华人民共和国成立前,不少地方贤达为那些为国捐躯的志士仁人建立了英雄冢或纪念场所;中华人民共和国成立后,为了褒扬历次战争中牺牲的革命先烈,苏州市和各县(市)政府建立了烈士墓或陵园,每年清明节前后,各界人士都前往悼念祭扫。

(徐刚毅　苏州市地方志编纂委员会办公室原主任)

润物无声,化作春泥更护花
——《苏州通史》编辑出版琐记

苏州大学出版社《苏州通史》项目组

拆开包装,把厚厚一摞还散发着油墨余香的《苏州通史》摆上桌时,一种如释重负、云淡风轻的感觉油然而生。

16卷,470多个印张,800余万字,约2 000幅图片,难以计数的文献资料,50多位作者,近20位资深编辑,长达27个月的编辑出版时间……

对他人,这是一组枯燥乏味甚至了无意义的数字;而于我们,却是浸润心血、有苦有乐且意蕴绵长的难忘记录。苏州文明史从遥远的三山文化蜿蜒而来,流淌万年,潮起浪涌,精彩纷呈,我们得以参与其历史梳理和文化传承的宏大工程,可谓与有荣焉。

一、全力以赴,精心准备

纂修《苏州通史》是中共苏州市委、苏州市人民政府组织实施的重大文化工程,在市委宣传部、市社科联的具体指导下,总主编王国平教授率领课题组数十位专家学者,历经十年筚路蓝缕,完成了被认为是苏州历史上第一部融贯古今、覆盖全域,淹通政治、经济、军事及社会文化各主要领域的完全意义上的地方通史皇皇巨著,也是出版界不可多得的学术研究和地方历史文化兼备的"双料"出版选题。

苏州大学出版社作为苏南地区唯一的综合性出版机构,繁荣学术研究、传承优秀文化是其天职和使命。经过多年的开拓和积累,服务苏州经济文化建设、弘扬吴地优秀历史文化的特色选题板块已成为业界亮点且蔚成规模,产生了良好的社会效益。这为承担苏州历史文化重大出版项目打下了扎实的基础。而且,争取《苏州通史》的出版,无疑将助推自身选题结构的优化,提升吴文化图书板块在业界的品牌和高地效应。因此,在有关部门发出《苏州通史》出版项目招标公告后，苏州大学出版社全力以赴，精心准备，颇有志在必得的意味。经公开规范的招投标流程，拿下了《苏州通史》出版项目。

凡事预则立。完成这样一个政治性、学术性、文化性强，著者众多、卷帙浩繁，内容质量、编校质量及装帧印制质量要求都很高的出版工程，需要切实可行的工作方案和全社层面的统筹协调。为此，苏州大学出版社专门成立了由社长、总编辑挂帅的项目工作组，吃透《苏州通史》的价值定位，明确总体工作要求，制定全程运作路线图和分阶段进度表，层层分解，步步衔接，把每个环节的责任落实到各具体部门、具体人员，并在人力、物力等方面全面倾斜保障，目标是把《苏州通史》打造成对标国家级出版精品的标志性地方文化名片。作为预热，编辑项目组讨论、拟定了《〈苏州通史〉编辑加工规范》，并组织培训消化；责任编辑全面对接各卷作者，介入后期统稿，初步感知书稿内容，把脉编辑加工的重点难点……

二、细节决定成败

从2017年3月《苏州通史》基本完稿交付出版社，进入编辑出版流程，至2019年6月正式付梓面世，赶上向共和国70周年献礼，历时两年有余。苏州市立意高远、决策擘画，几十位专家学者燕子衔泥、十年筑梦，而今要在我们的手中完成蜕变、化蛹成蝶，自然是一场容不得一点疏忽的大仗、硬仗。

相比于其他一般书稿，文史类著作有其特殊性，《苏州通史》这样的大项目尤其如此：团队创作，不同卷册的文风须尽量协调，体例层次须进一步优化；内容浩博，征引繁复的资料须做细致查考核对；注释文献来源广、版本多、格式异，须逐个规范统一；数以千计的图表从形式到内容须一一审核修正、拼接排版；按出版管理要求，各卷涉及宗教和重大历史问题等内容须做专门审定处理；部分书稿在编辑审稿同时继续做大幅修改完善，编辑加工只能一次次从头再来；从版式、装帧设计到用纸、印制工艺的选择也须反复磨合、调整，使载体与内容形神贯通、协调和谐……整个编辑出版运作的复杂性远非一般出版项目可比。为保证质量，除了图书生产通常的三审三校流程，通史书稿都大幅度增加了审次校次，改样次数难以精确统计。

细节决定成败。如果说作者更善于所创作品的谋篇布局、纵横千年的宏大叙事以及海量资料的甄别筛选，那么编辑除了对书稿的价值判断和对出版规范的把握驾驭外，更多专注于一砖一瓦的严丝合缝、细枝末节的精雕细琢。要说通史出版过程里最让编辑费心烧脑的，莫过于书稿资料的查核勘误了。文献资料是著书立说的基本原料，规范、准确使用文献资料既是著作权法和国家图书出版质量管理的基本要求，也是图书出版后项目结项和参评各类奖项必须过的门槛。而且，文献资料的准确性得不到保证，这部通史的科学性和权威性将因之逊色。而《苏州通史》的文献资料可谓浩繁庞杂、汗牛充栋，且古代文献居多，来源芜杂，版本不一。各卷责任编辑须会同作者对书稿进行拉网式爬梳剔抉，稽考订误，常常是为一个文句、一个数据、一个文献名称、一个地名人名钻进资料堆苦苦寻觅而不可得……作者写作时更注重史料的可用性而易疏于文字细节的核对，这常常使得所用资料差错高发，成为成品图书质量检查的雷区。编辑无不感慨：做这样的图书唯日孜孜、无敢懈怠，如履薄冰、步步惊心，就怕一个疏忽留下硬伤、铸成遗憾，落得个一票否决、前功尽弃……

细节的打磨同样见于装帧设计。封面是书的五官脸面，是给读者的第一视觉冲击。一部厚重的史学著作要为读者认可，离不开封面设计的衬扶张扬和相得益彰。为凸显苏州地方特色和璀璨历史文化两大基本元素，设计师与主编、编辑充分沟通，反复推敲，从整体格局到各分卷的个性显现，从表征不同历史时代图片的选择到局部色块、线条的运用，无不斟酌再三，屡易其稿，使整部通史的历史性和文化性得以完美呈现：以清代徐扬的《姑苏繁华图》为基底，按卷册逐卷铺展，单册看是图卷局部，总起来看又是图卷的连续延展。同时，巧妙借助底色变化，将 16 卷通史的主体以及人物卷、志表卷、图录卷四大部分加以区分，使整部史书的通体性与四个功能板块有机统一，总体效果庄重大方，历史厚重感和地方文化气息呼之欲出。

三、放大溢出效应，追求社会效益最大化

放大溢出效应，追求社会效益最大化，是《苏州通史》编辑出版工作的题中应有之义。苏州大学出版社着眼整体和长远，力求《苏州通史》在业界的地位与苏州在全国的地位并行相侔，在编辑加工紧锣密鼓展开的同

时，一手积极组织申报国家级、省级重大出版项目，一手又为通史的出版亮相造势赋能。

2017年、2018年，经严格的审核程序和严苛的专家评审，《苏州通史》被列入在学术界和出版界具有标杆意义的"十三五"国家重点图书出版规划项目和国家基金资助出版项目。这些成果的取得，为《苏州通史》在出版后冲击国家级、省级各类图书大奖积蓄了能量，做了基础铺垫。

2019年6月，我们在编辑工作进入最后冲刺之际，赶制了全套样书，提前亮相第九届江苏书展，并在书展期间策划多项宣传活动，先声夺人，反响出乎预期。接着又在全国新闻出版权威媒体及本地主要媒体刊发系列推介信息和中国社会科学院、黑龙江省社会科学院等单位的专家学者的书评文章，营造渲染气氛。9月底，再举全社之力承办了"苏州历史与江南文化学术研讨会"，隆重举办《苏州通史》编纂出版工作总结座谈会。金秋时节，我们站在当今苏州，见证了一场回望过去、启迪未来的文化盛事。

《苏州通史》是苏州大学出版社建社以来单体容量最大、编辑加工周期最长的出版项目。参与这样的地方重大文化工程，我们受惠于苏州市委、市政府及各相关部门的信任、理解和倾力相助，感佩于作者团队孜孜不倦、务实求新的治学风范，并追随他们的思绪和步履，徜徉历史，浸淫文化。洋洋800余万言，是我们首先从你的全世界走过。

身为编辑出版工作者，"园丁""绿叶"是我们的职业属性，幕后是我们的职业位置，默默付出、润物无声是我们的职业特征，尽管我们不在"C位"，却从不缺位。套用时下一句网红语就是：须在坚守和寂寞中走出繁华的风景来。

"天空没有翅膀的痕迹，而我已然飞过……"

《苏州通史》的学术价值和现实意义

刘 爽

苏州历史文化研究会会长、苏州大学教授王国平为总主编的《苏州通史》计16卷,历经十载终于由苏州大学出版社出版面世,这是苏州历史上第一部融通古今、卷帙浩繁、完全意义上的通史著作,达到了新的学术高度和研究深度。

习近平总书记指出,"历史研究是一切社会科学的基础",希望我国广大历史研究工作者继承优良传统,着力提高研究水平和创新能力,推动相关历史学科融合发展,总结历史经验,揭示历史规律,把握历史趋势,加快构建中国特色历史学学科体系、学术体系、话语体系。《苏州通史》正是贯彻总书记重要指示精神所取得的区域历史研究的重要成果。

苏州作为我国江南核心地区的古老都市,历史悠久,文化灿烂,风光旖旎,人杰地灵。在5 000年的历史变迁中,苏州人民励精图治,奋发有为,为地区的经济发展、社会进步和文化繁荣做出了巨大贡献,功绩可鉴,彪炳史册。《苏州通史》系统完整地厘清了苏州历史发展脉络,描绘了自远古时代到当代苏州地区漫长的历史画卷,全书以史分卷,以事分类,结构清晰,详略得当。概览全书主要有以下特点。

一是坚持唯物史观的基本原则,用习近平总书记关于历史研究的重要讲话精神作为全书的理论指南,即"坚持历史唯物主义立场、观点、方法,立足中国、放眼世界,立时代之潮头,通古今之变化,发思想之先声"。正是强调了唯物史观的基本原则和理论指导,作者才能在处理古代苏州地区的传统文化特色、政治制度的形成及特点、不同时代的文化交流融合、长三角地区经济中心的形成、改革开放与现代化进程等方面,坚持正确的立场、观点、方法,得出正确的历史结论。

二是组织工作得力到位,作者队伍人才荟萃。《苏州通史》的编撰工作被列为苏州市的重大文化建设工程和哲学社会科学重大项目,得到了中共苏州市委宣传部、市社科联和苏州大学出版社的高度重视,并被列入"十三五"国家重点图书出版规划项目。强大的领导团队、周密的组织工作、有力的资金支持,是这部通史能够顺利完成的重要保障。《苏州通史》在总主编王国平教授的率领下,汇集了苏州大学以及苏州市相关领域的知名专家学者 50 多人,所有的分卷主编都是该学术领域具有代表性的专家学者,高水平的作者队伍保证了这部通史编撰的质量和水平。

三是大量挖掘和使用了最新的档案资料,力求在史料运用上实现突破和创新。苏州历史文化光辉灿烂,物质文明和精神文明极为丰富,积累传承的文献典籍浩如烟海。作者集体在撰写中,遵循史料先行、史论结合的基本方针,深入田野调查,精心钩沉索引,尽量使用近些年挖掘的新档案、新史料,从而突出了史料的权威性和真实性,确保了《苏州通史》的体例严谨,考证缜密,网罗丰富,论有所据,为该领域的进一步深入研究打下了坚实基础。

四是借鉴使用多种史学方法,力求研究方式方法创新。16 卷本《苏州通史》是在 21 世纪科技革命进入新时代的历史条件下编撰的,许多科技成果的应用,为学者撰写历史提供了新的方法与手段。在一些分卷中,使用了计量分析方法、比较史学方法、人类学分析方法、社会学研究方法等,通过使用大量图表数据,处理纷繁复杂历史的可操作性有了极大提高,提升了总结历史经验、探索历史规律的总体水平。

五是该书图文并茂,文字质朴,可读性强。《苏州通史》利用了大量历史老照片等影像资料,增强了历史叙述的可靠性和可信度。同时也大大提高了历史学术著作的可读性,扩大了读者范围,使该书的社会效益得到充分发挥,为促进城市的文化建设,提升群众的文化自信,增强爱国主义教育,打牢城市经济社会发展的文化根基发挥了积极作用。

总之,《苏州通史》的编写出版,实现了苏州几代史学工作者的长期夙愿。为完成盛世修史的光荣任务,作者集体筚路蓝缕,殚精竭虑,呕心沥血,青丝白发,体现了苏州大学以钱仲联先生为代表的治学精细、术业专攻的优秀学术传统的光大。该书创作及编修的不平凡历程,不仅积累了丰富的治史经验,也培养了一批优秀人才,造就了一支可持续发展的学者队伍。

习近平总书记在致中国社会科学院中国历史研究院成立的贺信中指出："历史是一面镜子，鉴古知今，学史明智。重视历史、研究历史、借鉴历史是中华民族5 000多年文明史的一个优良传统。当代中国是历史中国的延续和发展。新时代坚持和发展中国特色社会主义，更加需要系统研究中国历史和文化，更加需要深刻把握人类发展历史规律，在对历史的深入思考中汲取智慧、走向未来。"《苏州通史》的正式出版，无疑对苏州在新时代实现新发展具有重要的历史借鉴意义和实践指导意义。所以，《苏州通史》不仅是一部学术价值极高的通史著作，也必将为苏州的社会主义文化建设事业发挥重要的理论支撑作用，知古鉴今，资政育人，志存高远，以启未来。

（刘爽　黑龙江省社会科学院原院长、研究员）

江南最忆是苏州
——评 16 卷本《苏州通史》

姜 涛

江南忆，最忆是苏州

由王国平教授为总主编，数十位作者通力协作的《苏州通史》，终于正式出版发行了。[1]《苏州通史》（以下如无特别需要，一般均简称为《通史》）是在对苏州的历史文化进行深入梳理和发掘的基础上纂修而成的大型区域性通史。正如著名历史学家戴逸教授在本书《序》中所指出的：

> 这部《苏州通史》系统地厘清了苏州发展的历史脉络，全面展现了苏州丰厚的文化积淀，是第一部完全意义上的苏州通史。

《苏州通史》是苏州的文化名片，其影响之巨，已远远超出省界；而作为一个伟大历史时代的见证，它亦将留传后世，有其"存史"的不朽功能。本书明代卷主编吴建华教授在该卷《后记》中说：

> 本卷之所以历经有年，终于竣工，完全得了天时地利人和之便，我们聊以拾掇检校、尽点绵薄之力而已。

文中所提及的"天时地利人和"，用来概括《苏州通史》全书的问世，同样是非常适宜的。

《苏州通史》之问世，首先是得天时。苏州城市，素称发达。早在唐宋时即已有"天上天堂，地下苏杭"的熟谚。[2] 苏州有着修纂地方史志的优良传统。自宋明以来，曾先后多次修纂。其中最早且颇具代表性的是宋人

---

[1]《苏州通史》，王国平总主编，计 16 卷 811 万余字，苏州大学出版社 2019 年 3 月出版。

[2] 参见范成大：《（绍定）吴郡志》卷五十《杂志》。

范成大的《吴郡志》。1949年中华人民共和国成立后，特别是1978年改革开放以来，苏州再度强势崛起。在苏州几千年的发展史中，这只是很短的时间，却是政治、经济、文化、社会等各方面变革最大、发展最为显著的时期。盛世修史，适逢其时。

苏州山川秀丽，颇得地利。自吴王阖闾2 500多年前在此建立吴大城以来，苏州的行政中心始终在今苏州城，这就为修纂以苏州城市为中心的苏州地方史客观上创造了极为有利的条件。苏州在政区设置方面也有着明显的优势。政区设置，分分合合，多所变化。但明清两代的苏州，政区已相当稳定。20世纪80年代实行市管县以来，苏州市政区的范围，大体维系了明清两代苏州府的规模。这一有利的政区地理条件，也是其他不少地方所不具备的。[1]

伴随经济与人文的发达，是学术的空前繁荣，地方史志的研究和编纂人才也得以积聚和培育。《苏州通史》各卷的主编或主要撰写者，都是富有学养的资深学者，有些还拥有训练有素的学术团队；担任各卷主编的高校教授们，也有意培养锻炼自己的学生参与进来。《苏州通史》乃苏州市属重大社会科学研究项目，苏州市党政领导对此高度重视，而对于担纲修纂的学者队伍则给予完全的信任和宽松的写作空间。正如本书先秦卷撰写者吴恩培教授所说：

> 从《苏州史纲》到《苏州通史》，前后十年，其间苏州相继更迭了五位宣传部部长。在这过程中，历任领导不焦不躁不催，更不求在本届任内出此业绩成果。这实在是为撰者留下了宽松、从容的撰写空间和时间。而在这从容环境下的撰写，心境也会从容起来。

《苏州史纲》的撰写始于2007年，其正式出版是在2009年[2]，规模大约为《苏州通史》的十分之一。《苏州史纲》各章的撰写者后来大体都担任了《苏州通史》各卷的主编或主要撰写者。可以说，《苏州史纲》为《苏

---

[1] 相比较而言，西安（长安）的历史当更为悠久，且长时间为中央统一王朝的首都所在，但其城址多所变动。即以当下的西安与咸阳而论，两地相距咫尺，却分属不同政区。这于修纂地方史志显然是不利因素。

[2]《苏州史纲》，王国平主编，吴恩培、朱小田、李峰副主编，计88万字，古吴轩出版社2009年12月出版。

州通史》积累了经验，汇聚了人才，锻炼了队伍。

从《苏州史纲》到《苏州通史》，堪称十年磨一剑，功到自然成。

茂苑人文千载纪[1]

《苏州通史》的纂修，参照了中国传统史书的编撰体例，尤其是借鉴了国家清史纂修工程的主体设计。新修《清史》分为通纪、典志、传记、史表和图录等五个大的部类。作为国家级的文化工程项目，这是不可多得的示范和表率。《苏州通史》的体例仿此而有所变通。其主体部分为导论以及从先秦至中华人民共和国时期的历史（分为若干阶段的断代史），计9卷；另设人物、志表、图录等三部分，计7卷。人物、志表、图录中的内容与通史（断代史）部分的相关内容形成互补关系，用《苏州通史》总主编王国平教授的话说，人物、志表、图录，是对通史相关部分的"补白与补强"。[2]

导论卷

《苏州通史》第1卷为导论卷。设立导论卷乃《苏州通史》的重要特色。皇皇巨著，需要有一提纲挈领的导论。所谓导论，又作引论，乃是阐明全书或全文中心思想的概括性论述。分而言之，导者，引导或入门介绍之谓也；论者，分析或说明事理也。《苏州通史》之导论独立成卷，足以彰显其导引全书乃至分析说明事理的特色。对于一般读者，入门性的概括介绍自然是完全必要的；而于专家学者，导论卷颇具匠心的结构安排，亦可满足其进一步探赜索隐的需求。

导论卷计分为上中下三篇：上篇为苏州历史地理概要；中篇为苏州史研究概述；下篇为苏州史论。

上篇苏州历史地理概要，又分为历史气候与生态变迁、地质与地貌变迁、古城水道变迁、历史建置沿革和城池防务等五部分。

历史气候与生态变迁、地质与地貌变迁这两部分，乃是由宏观入手，

---

[1] 茂苑：古苑名，晋、唐之时已用作苏州的别称。唐人白居易《初到郡斋寄钱湖州李苏州》："雪川殊冷僻，茂苑太繁雄。惟有钱塘郡，闲忙正适中。"诗中雪川、茂苑、钱塘，分别指代湖州、苏州、杭州。

[2] 参见王国平：《苏州通史·绪言》。

置于导论卷自是最为合适；而古城水道变迁与城池防务，具体且微，与前两者并非居于同一层次或"量级"，似以整合到志表卷为宜。

至于苏州历史建置沿革，一是断代史各卷，或多或少均有所述及；二是志表卷，首列即建置专章。如何把握导论卷中的建置沿革与这两者之间的相互关系？愚以为，导论卷之建置沿革，似应立足于全局，突出苏州在各历史阶段中的地理权重，交代其相对于全国乃至上一级政区中的具体地位，而不是像现在这样仅就目前苏州政区范围述及历史上苏州一地的政区沿革。

中篇苏州史研究概述，乃是由断代史各卷主编或撰稿人根据自身所掌握的研究动态，所做出的较为系统的概括。

各卷主编或撰写人亲自操刀，对相关研究的把握，自是他人无法企及。中篇各章，爬梳纲目，辨析史实，理清源流，分辨得失，从容不迫，娓娓道来。这对于需要了解相关研究的学人与其他有兴趣的读者来说，无疑是一种学术史的美的享受。

如五代宋元时期苏州史研究一章中，对于意大利的著名旅行家马可·波罗是否来过中国的争论立有专节。然而限于体例，只是略叙争论之所在，而不能做过多展开。有心的读者可以在《苏州通史》之五代宋元卷有关元代苏州的叙事中予以进一步关注。而在该卷中，著者多处引用马可·波罗对苏州的记叙，从而表明了自己对于《马可·波罗游记》真实性的肯定。

下篇苏州史论，是为专题论述的汇集，以补通史（断代史）对相关问题无法展开叙述之憾。

如《春秋吴国国号及苏州城市符号的"吴"及其溯源》一文，即有三万余字，下又分为"文献记载的苏州城市符号'吴'""'吴'字溯源""文献记载的吴国号与吴器吴国号铭文的文化背离""文献记载的吴国号'吴'与阖闾、夫差时期吴器铭文中吴国号'吴'的重合"等四节。相关内容若在断代史部分出现，未免显得冗长拖沓，且有违体例；而移至导论卷后，即可从容论叙，爬梳抉剔，渐次展开，内中识见，愈探愈出。

导论卷之后的断代史，从先秦到当代，计分为8卷。叙事各有其时代特色，亦彰显了各卷主编或撰写者的不同风格。《苏州通史》于此采用了 X+2 的模式。

所谓 X+2，系指各卷采用纵横结合的结构，根据本卷所跨时段的政治经济发展状况,划分其客观发展阶段为若干章,主要写政治、军事、经济状况;具体怎样分章及如何撰写,《苏州通史》并不做硬性规定。但必须另外设有两章:一为社会,主要写整个时段苏州人口家族、宗教信仰、民风节俗等;一为文化,主要写科学技术、教育、文化艺术等。

鉴于各历史时期苏州政区的变化,《苏州通史》兼顾政区空间的现状与历史,以现行行政区域为基准,详写;历史行政区域超越现行行政区域部分,在相关历史时期中略写。

先秦卷

《苏州通史》第 2 卷(断代史第 1 卷)为先秦卷,包括苏州地区的史前史。值得庆幸的是,今日苏州所辖吴中区的太湖三山岛,早在一万多年前就出现了旧石器文化,这成了《苏州通史》的起点。但讲述苏州地区的远古文明,仅有三山岛的旧石器文化一例显然远远不够。苏州历史的童年,同样也是中国历史的童年。童年的记忆多是片断的朦胧的。中国各地的旧石器文化,其显著的特点,即是留存至今的例证资料甚少;然而将各地的资料集中起来,却也蔚为大观。读者于此可以对中国旧石器时代的共性有所认识感悟。本卷著者为此跑了全国多家博物馆,书中很多图片资料均为著者本人亲自拍摄。

苏州有文字记载的历史自泰伯南奔迄今约三千年。其后人立国勾吴,兴筑吴大城(公元前 514 年),渐趋强盛,甚至北上称霸。春秋时期的吴国历史,可圈可点。本卷著者以一人之力而治苏州先秦史,在考据上颇下功夫。著者坚持以《春秋》《左传》经传体系构建勾吴历史。这种学术上的坚持难能可贵。

万事起头难。先秦卷于此开了个很好的头。草蛇灰线,伏笔千里。苏州文化之种种,诸如苏州园林,吴方言起源,戏说历史的"西施化"现象,等等,在本卷业已滥觞。

秦汉至隋唐卷

《苏州通史》第 3 卷(断代史第 2 卷)为秦汉至隋唐卷。

从秦汉到隋唐,时间跨度长达 1 100 年。这正是中原王朝的强盛时期,也是正史中大书特书的中华文明光辉灿烂的时期。但在这一千年中,包括苏州在内的整个南方经济文化相对落后，相关史料也较为贫乏，不可能予以重点叙述；而这一时期，却也正是苏州及整个江南地区从落后到先进，从量变到质变转换的关键时期。正如本卷著者在《前言》中所指出的：此时的苏州"由秦汉时期偏处一隅的落后之区一跃而成为安史之乱后唐王朝赖以立足的财赋重地，为以后苏州的进一步发展奠定了坚实的基础"。

苏州建城伊始即为吴国都城，其重要性自是题中应有之意。吴灭国后，苏州依然是东南之大都会，秦统一后设会稽郡，囊括今苏浙闽广大地区，郡治即在苏州。其后，由汉及唐的上千年间，南方人口不断增长（北方人口南迁是首要因素），政区设置愈益细密。苏州政治地位貌似有所下降，却是江南整体政治经济地位上升的结果。而在此期间，苏州作为南方政治经济都会的重要性始终未予改变。

一个有趣而很能说明问题的变化，乃是苏州由"江东"之地变为"浙西"之地（或由"江左"改称"浙右"）。[1] 秦末失政，天下诸侯逐鹿中原，楚之贵族后裔项梁、项羽叔侄即起兵于"江东"之地的苏州；而在千年之后，宋人范成大纂修的《吴郡志》中，苏州已被明确指称为"浙右第一"。地域名称的变化应是一渐进的过程；但其戏剧性的变化，竟然发生于唐代中叶从开元二十一年（733年）至建中二年（781年）的短短四十余年间。此时的苏州城，作为唐代一级政区"道"的治所，前后即历经了从"江南东道""浙江西道"直到"浙江东西道"的变化。

这一时期社会风习方面的明显变化，是由秦汉时期的好勇尚武转变为六朝以后的敦礼崇文。

五代宋元卷

《苏州通史》第4卷（断代史第3卷）为五代宋元卷。

从五代到宋元（907—1368），前后460年。时间的跨度，已明显较前两卷小得多。如果说，唐代的苏州已开始有了根本性的转变，到了五代宋元，苏州的农业、手工业、商业更是相继得到长足发展，开始成为全国的

---

[1] 江东，指今长江下游以南地区。江左，古人叙地理以东为左，以西为右，江左即江东。同理，浙右即浙西，指浙江西北之地。这与今人面向河流下游分别左右，以左手一侧为左岸，右手一侧为右岸不同。又《文选》卷四三孔稚珪《北山移文》："张英风于海甸，驰妙誉于浙右。"原注："《字书》云，'江水东至会稽山阴为浙右'。"可见"浙右"之称起源甚早。

经济中心。这也预示了它在明清两代的极度繁盛即将到来。正如本卷《前言》中所概括的：

> 这一时期，苏州经五代初期与南宋建炎年间的短暂破坏，均迅速恢复。由于水利的兴修，塘浦圩田的兴建，农具与耕作方法的创新与改进，良种的培育与引入，肥料的开发与多样化，农业产量大幅提高，满足了全国的粮食供应，故而有"苏湖熟，天下足"的谚语。由于农副业的支撑，苏州的手工业产品增多，技术日精，其中以纺织、造船、造纸等最为著名，苏州是丝绸的重要产地之一。商业繁荣，商品丰富，街市喧阗，海运发达，苏州不仅为"浙西第一"，而且有"人间天堂"的美誉。苏州之文化教育亦随之发展。

这一时期苏州教育文化在全国之领先地位已不容置疑，其可圈可点之处甚多：范仲淹倡导的官方办学起了示范作用，范成大修纂的《吴郡志》为突出的史学成就，昆曲的前身昆山腔亦在此期间形成，常熟人黄公望创作的《富春山居图》，乃至《天文图》《地理图》的绘制，等等，也都是这一时期的标志性事件。本卷为此花了极重的篇幅。经统计，本卷正文六章计350页，讲社会和文化的第五、第六两章即有222页，占全书正文的63%强。苏州作为文化都市的特质于此已凸显。而社会生活的各方面，诸如基层组织、社会团体、世家大族、慈善事业、宗教信仰等，也逐一展现在读者面前。

明代卷与清代卷

《苏州通史》第5、第6卷（断代史第4、第5卷），分别为明代卷和清代卷。时间跨度各为270年左右。

苏州在明清两代的发展轨迹有着许多相似之处：初期，都经历了王朝鼎革之际的动乱和社会经济的破坏与萧条，甚至于文字狱以及重赋重税的打压和盘剥；中期，都迎来了不可抑制的经济繁荣与文化昌盛，其发展已臻历史的巅峰，成为或重新成为全国最著名的经济和文化中心；后期，又因社会动乱或外来侵略势力的影响而趋于停滞衰败。与此相应的是，苏州在明清两代的历史资料亦极为宏富。对于这些大量涌现的资料，需要进行深入的研究才能切实加以把握。为此，明代卷的主编邀请了自己的3位学生参与相关章节的写作。清代卷除两位主编外，更有其他 16 位学者参与，分工协作，通力完成。明清两代的苏州历史，正因有健笔多支，浓墨重彩而又协调一致地予以描画，方才以绚丽多姿的形态，展现在读者面前。

明代卷的叙事，乃是从洪武时期的初步恢复，到建文至弘治时期的持续性发展，再到正德至崇祯年间的社会转型。而于明代苏州的自然环境与行政格局，苏州富户的"洪武赶散"，繁重的漕粮与漕运及其改革，苏州与"靖难之役"乃至郑和从刘家港"开洋"下西洋，苏州的抗倭战争与市民的抗暴斗争等，也都各有相当精到的描画。

清代卷的叙事，从清初苏州的政治大动荡，到康熙、乾隆两帝的各 6 次南巡，苏州手工业与商业的繁荣兴盛，再到嘉庆直至同治年间的衰退与剧变，也都有着详尽的记叙。甚至于太平天国对以苏州为中心的苏福省的短暂统治，也设有专节予以叙述。据记载，清军重新占领苏州后，时任江苏巡抚李鸿章对阊门外所建题为"民不能忘"的汉白玉牌坊耿耿于怀，责问："阊门外白石牌坊何以建于伪忠王[1]耶？"他得到的答复是：牌坊为担任乡官者所捐建，建牌坊的原因乃是太平天国的"减粮"政策。这无疑使他深受刺激。正是在李鸿章主政期间，苏州等地终于成功减赋，解决了数百年积重难返的一大弊政。

值得注意的是，明、清两卷都述及资本主义萌芽问题。这是史学界曾长期争论的重要话题之一，源于毛泽东在《中国革命与中国共产党》一书中提出的如下著名论断：

> 中国封建社会内的商品经济的发展，已经孕育着资本主义的萌芽，如果没有外国资本主义的影响，中国也将缓慢地发展到资本主义社会。外国资本主义的侵入，促进了这种发展。[2]

就全国范围讲，也许不太可能"自发"地发展到资本主义；但仅就苏州而言，"资本主义"却不是什么可能而是不争的事实。或可不用"资本主义萌芽"的概念。现居美国的华人历史学家余英时即认为：至迟在明代后

---

[1] 忠王李秀成，为太平天国后期的杰出军事统帅，太平天国苏福省的最高负责人。
[2] 毛泽东：《毛泽东选集》第 2 卷，北京：人民出版社，1991 年，第 626 页。

期，中国的社会结构和价值意识都已发生了变化，一是提倡"私"，二是肯定"富"。[1] 这一实质性的转型变化，在《苏州通史》明清两卷中，也都以"如何""怎样"的叙事模式，启发着读者自己的思考。

明、清两卷的社会、文化部分亦极具分量。明代卷的社会、文化两章，也已超出全书正文的一半，占63%强。

中华民国卷

《苏州通史》第7卷（断代史第6卷），为中华民国卷。从1912年推翻清王朝，建立中华民国，到1949年中华人民共和国建立，前后只有短短的38年，却是中国近代史不可或缺的重要环节。它是由传统王朝向现代国家的必要过渡，近代社会的各种矛盾斗争在此期间均得以充分地暴露与展开。

苏州地方之迈向近代，是在鸦片战争之后的晚清时期。《苏州通史》清代卷中，曾以整整一章的篇幅叙述同治初年至宣统年间的变革与转型。而民国时期的相关变化更加巨大且深入。民国时期的苏州，和全国其他许多地方一样，经历了战争与革命的洗礼，中西文化的碰撞，传统与现代的交融，城市与乡村的互动……本卷主编在《后记》中为此总结道：

> 政治上的沉沦与反抗所呈现的战斗性，经济上的发展与落后所体现的层次性，文化上的现代与传统所反映的庞杂性，共同存在于民国苏州社会，由此展现了一幅色彩斑斓的近代地域历史画卷。

随着近在咫尺的上海的崛起，并迅速成为带有明显半殖民地色彩的经济文化中心，作为传统时代典型象征的苏州已无可避免地走向了没落。基于这种变化，本书著者将目光更多地投向了苏州特有的人文-社会结构：

> 最得太湖生态之利的苏州社会成就了颇为发达的乡土经济，奠定了地域发展的经济基础，催生出特定的人文-社会结构，充溢着温婉休闲的生活情调。时至民国，这样的经济社会环境并没有发生根本的改变，无论是外来的寓公还是土著的地主，依然重复着传统苏州人的生

---

[1] 参见《余英时回忆录》，台北：允晨文化实业有限公司，2018年，第52-53页。按，儒家士大夫的价值理念，一向都是强调"公"是善，而"私"是恶。

活模式。匠心独运的古典园林、品位高雅的昆曲、古色古香的书业、遍布城乡的茶馆、雅俗共赏的评弹等，在在以其顽强的生命力始终给世人昭示着承平世道的光景和希望，成为地域生活情调的基本元素。从经济——社会结构、人文景观、文化环境和大众心态等侧面反映出的乡土特质，在深层的文化意义上，整体上体现为自然与人文关系的高度协调，所谓"天人合一"的古老原则在这里表现得淋漓尽致。[1]

这种对于民国时代苏州城乡生活田园诗式的描画，可能更多地融入了著者自身的认知。但无论如何，它已成为一种隽永的历史记忆。

中华人民共和国卷

《苏州通史》第8、第9卷（断代史第7、第8卷），为中华人民共和国卷（1949—1978）和中华人民共和国卷（1978—2000）（以下简称卷上和卷下）。1978年召开的中共十一届三中全会，是一划时代的历史事件。共和国史上、下两卷的划分，无疑是以此为节点。

相较而言，中华人民共和国卷上的学术难度更大些。其关键不在于档案和其他相关资料的掌握（《苏州通史》既然要写国史之部，相关部门肯定会为档案资料的利用开放通行"绿灯"），而在于如何把握写作的具体尺度，这需要学术上的胆识和气度。中共中央《关于建国以来党的若干历史问题的决议》固然是把握历史问题的依据，但具体到苏州地方，尤其是政治、经济部分，事绪繁多，有些还相当敏感。哪些写，哪些不写；哪些详写，哪些略写；如何写，怎么说，其间分寸，颇费斟酌。本卷主编有意安排苏州大学中国近现代史专业的硕士研究生选择苏州当代史为研究对象，不仅培养锻炼了研究队伍，也为本卷的写作积累了资料和经验，使得相关内容得到更为严格准确的把握，叙事品位也有了相应的提高。

卷上的《结语》中，对1949—1978年间的苏州政治与经济做了如下的总结：

29年间，苏州人民以极大的热情投身于社会主义革命和建设中，虽然前进的道路是曲折的，前进的途中出现了极大的困难，也

---

[1] 见《苏州通史·中华民国卷》后记。

走了不少弯路，但取得的成就却是有目共睹的。政治上，苏州各级党委和人民政权得到不断的建设和发展，党的领导坚强有力，干部和群众紧密团结、上下一心，即使遇到某些阻碍和破坏，也经受住了考验。经济上，苏州顺利完成了社会主义三大改造，建立起实行生产资料公有制的社会主义国民经济体系，促进农业生产，建设和完善工业体系，发展了具有苏州地方特色的社队工业，虽然在急功近利的心态下出现了"大跃进"等错误，但通过对国民经济适时、适当的调整，及时纠正了错误，闯过了难关，推动苏州的经济建设进程不断向前发展。

本卷主编在《后记》中说："对于本书，我们没有过多的奢望，只是希望能给读者多提供些第一手资料。"

这是著者自己过谦了。"筚路蓝缕，以启山林。"卷上之于人民共和国史的开创之功不可埋没；其在《苏州通史》各卷中的地位，也值得尊崇。

卷下所重点描画的，是1978年改革开放以后的苏州。时间跨度甚小，但发展变化极大。这一大发展、大转变的时期，确实值得大书特书。正如本书著者在《后记》中所说：

> 从1978年到2000年的20余年，在苏州几千年的发展史中虽只是短暂的一段，然而这20余年堪称苏州历史上政治、经济、文化、社会等各方面变革最大、发展最为显著的一个时期。在这一时期，苏州各级各部门及广大干部群众以建设中国特色社会主义为指引，结合苏州的实际，进行了许多史无前例的创举和革新，谱写了苏州在改革开放大潮中迅速崛起、跨越发展的历史新篇章。这是一段值得大书特书并载入史册的辉煌历史。

本卷是《苏州通史》断代史各卷中所占篇幅最大的一卷。这一时期苏州的许多探索和实践的影响尚未全部呈现，还有待更长时间的积淀；但这是当代苏州人的骄傲，值得用较多笔墨留住这一伟大的历史瞬间。

卷下与卷上一样，同是人民共和国史中苏州专史的"开山之作"。

具区化泽四方流[1]

《苏州通史》之人物、志表、图录等三部分，共 7 卷（第 10—16 卷）。这三部分，就其具体内容来说，可与断代史互见互补，互为呼应；而其体例形态，也是断代史所无法取代的。如果说，断代史主要是在时间轴上的"纵"向叙事，人物、志表、图录则是其"横"向断面的不可或缺的补充。其所蕴含乃至发散出的以苏州为代表的江南文化的信息，甚或超出了断代史。

人物卷

《苏州通史》第 10—12 卷，为人物卷（上）（中）（下），所录人物共 1 628 人（含附传），包括苏州籍人士、寓居苏州有影响的非苏州籍人士，以及主要活动在外地的有影响的苏州籍人士。所录人物主要按人物生卒年排序。

从《史记》开始的传统正史，人物传记始终占有相当大的比重。《史记》的最大特色就是写活了人。但《汉书》以下，已多所不逮。《苏州通史》的人物卷，虽能略补断代史各卷纪事而不纪人的缺憾，但也不可能多写。一是数千年岁月所残存下来的信息，尤其上古人物的信息十分有限，无法多写；二是以 3 卷的容量写 1 600 余人，也不允许多写。每人数百字的篇幅，亦足差强人意。

从入传人物的分布看，卷上为先秦至宋元，计 580 人；卷中为明清，计 556 人；卷下为民国至人民共和国，计 487 人。总体上呈古稀近密的态势。这样的布局安排，与《苏州通史》断代史各卷略古详今的叙事方式，是协调一致的。

但人物卷多少也有遗憾。比如有这么一位当代人物：华林森（1926—1987）。华氏为"文革"中苏州的风云人物。他作为工厂造反派的代表，曾先后当选为中共第九届候补中央委员、第十届中央委员，并曾担任苏州市革委会主任、副主任，工代会主任，苏州市委副书记乃至江苏省革委会副

---

[1] 具区：太湖之古名。《周礼·夏官·职方氏》："东南曰扬州，其山镇曰会稽，其泽薮曰具区。"《尔雅·释地》："吴越之间有具区。"

主任等要职。尽管此人后来被全盘否定,且被开除党籍和判刑,但入选人物卷应无可非议。何况此人在《苏州通史》第8卷即中华人民共和国卷上中即已多处出现(计55次)。而在人物卷中,即使是反面人物也有入选之例,如民国时期曾任汪伪江苏省省长的陈则民(1881—1953)(见人物卷下)。愚以为,对于这类有争议的人物,只需客观叙其生平,而不作评论,应该还是可行的。因为《苏州通史》的一个十分重要的功能即是"存史"。

志表卷

《通史》第13—14卷,为志表卷(上)(下)。

传统正史,须有志表才堪称完备。志乃详记各种典章制度及重要事物状态的篇章。尽管各志本身均须叙其源流,贯通始末,但相对于断代史各卷按时间轴"纵"向的论叙,却又彰显其"横"向的补充、补足的功能。而表之特有的二维平面构造,其所含信息量无疑较单纯文字的线性描述要大得多。志表的功用,主要是便于查考。

《苏州通史》的志表卷,将志表合一,这是其编著者的创获。本卷的两位主编在《序》中特意提及:

> 还有一个问题是"志"与"表"怎样分卷?如果像传统史书那样把"志"与"表"分开各编为一卷,体例固然是整齐了,但是同一类别的内容就会被分散在不同的卷帙,让读者产生支离破碎的感觉。我们经过反复摸索,最后决定突破传统的体例,采取志表合一、以志统表、以表补志、表前有序的形式……

志表卷颇具苏州的地方特色,计分为建置、山川、水利、城市、街巷桥梁、园林、乡镇、人口、财政、职官、教育、藏书、文学、新闻出版、绘画、书法篆刻、音乐、昆曲、评弹、工艺美术、宗教、物产、风俗、古建筑、会馆公所、古迹等共26章。可大体满足各方面读者查考的需求。

图录卷

《苏州通史》第15—16卷,为图录卷(上)(下)。

设置《图录》部类,是国家新修《清史》的首创,而为《苏州通史》所吸收。如果说,志表卷已是对《苏州通史》的补白补强,图录卷的相关功能则更为强大。品质优良的图幅，其所包含的信息是文字叙述无可企及，也根本无法予以替代的。细心的读者可以从中捕捉到若干有趣的细节，甚至从而破解出"苏州-江南"这一地方文化的"密码"。

图录卷所收录的历史图片共2000余幅。按政区舆图、军政纪略、衙署会所、城池胜迹、乡镇名景、水陆交通、市政设施、农林水利、工矿企业、店铺商社、苏工苏作、园林园艺、科学技术、科举教育、文学艺术、报纸杂志、书法绘画、文献藏书、文化设施、文娱体育、医疗卫生、风俗民情、宗教信仰、慈善救济、人物图像、故居祠墓等共26类编排。各类图片基本按图片内容发生时间排序。每幅图片均附扼要的文字说明。

健笔写春秋

展现在人们眼前的《苏州通史》既是厚重敦实的，也是色彩缤纷的。它倾注了作者们的心血和智慧。

总主编王国平教授在本书《绪言》中说：

> 希望这部《苏州通史》能够成为第一部完全意义上的苏州通史，系统完整地厘清苏州历史发展的脉络，全方位地展现苏州政治、军事、经济、社会、文化各方面的历史风貌。希望这部《苏州通史》能够成为苏州城市的一张靓丽名片，展现苏州历史文化的丰厚积淀，展现当今苏州发展的辉煌成就，也在一定程度上展现苏州社会科学界在本土历史文化研究方面的学术成就。希望这部《苏州通史》能够成为苏州历史文化资源开发利用的一个坚实基础。

应该说，总主编和《通史》各位著者的这一愿望已相当圆满地实现了。

历史是人自己创造的。当代的苏州人还在以自己的实践继续书写着苏州的历史。《苏州通史》于此开了个好头。它也有着自己的更好未来。

2019年6月17日完稿
2019年8月23日修订

（姜涛　中国社会科学院近代史研究所研究员）

《苏州通史·明代卷》的学术价值

王日根

明代的苏州是当时中国经济文化最发达的地区，也是引领当时时代潮流的地区，这方面的研究成果也汗牛充栋，苏州大学、南京大学、复旦大学、华东师范大学、浙江大学等地的众多学者已经奉献了大量的研究著作和论文，尤其是洪焕椿先生主编了《明清苏州农村经济资料》，罗仑主编，范金民、夏维中著《苏州地区社会经济史（明清卷）》更是聚焦明代苏州的历史，可以说已为苏州通史明代部分奠定了一个坚实的基础，构筑了较高的学术平台。吴建华教授受邀主编这部书，也是奠定在其长期耕耘于以苏州为中心的江南史研究的深厚积累的基础上的。举凡明代苏州人口、苏州土地制度、赋役制度、苏州科举、苏州文化、苏州董宦事件等，吴建华教授都有精深的研究，发表过若干研究成果。因此，这部由吴建华教授主编，由他指导的三位研究生的辅助编写、洋洋75.4万字的《苏州通史·明代卷》就具有了较强的学术价值，主要体现在以下三个方面。

一、对奠基于实证研究基础上的明代苏州史的阶段性把握具有新意

全书将明代苏州的发展分为三个阶段，分别是洪武时期苏州社会经济的恢复性发展阶段、建文到弘治时期苏州社会持续性发展阶段、正德到崇祯时期苏州社会转型性发展阶段。揭示了明代苏州社会经济发展的演变趋势，这一演变趋势与全国的大趋势既存在一致性，也因为苏州特定的自然环境与行政格局、苏州富户的"洪武赶散"、繁重的漕粮与漕运及其改革、苏州与"靖难之乱"的关系、郑和从刘家港"开洋"下西洋以及苏州的抗倭斗争与市民的抗暴斗争等，使苏州社会经济的发展进程产生了自己的特点。

如果说恢复性发展、持续性发展和转型性发展是明代苏州发展的一般状况的话，那可能主要是从政治角度所做的判断，也与修史者的思维惯性有着直接的联系。

自然环境尤其是气候变化往往也是在历史中发挥作用的长时段因素，据已有研究显示，大体是以正德、嘉靖为界，前期寒冷，而后期有所回暖，这对苏州农业、工商业和服务业等经济活动及城市生活，以及对人口社会管理，包括乡村与城市管理、生活习尚，均可能有直接的影响。如明代苏州时常发生自然灾害，景泰六年（1455年）五月初六日、十一月十一日，前后发生两次地震，并引发瘟疫，死者众多。《明英宗实录》中记载的简短文字，虽然没有记明地震的烈度，但应该承认这样的灾害势必对苏州产生或大或小的影响，如果烈度较大的话，不仅有人口的死亡，势必还会有房屋的倒塌，乃至一些著名建筑物的倾颓。再如正德十三年（1518年），"大雨弥月，漂溺室庐，人畜无算"。万历十六年（1588年）、十七年（1589年），"连大旱，太湖为陆地"，这对以渔业为生计的人们的影响势必是巨大的。十九年（1591年）六月，大水"溺人数万"，这条出现在同治《苏州府志》卷一四三《祥异》中的记载，反映出大旱之后的大水灾，水旱频仍往往是传统社会时常出现的现象，它势必直接影响到人们的职业选择、家庭生计乃至人口规模的变化。

事实上，明初洪武时期，苏州的局面是较为复杂的。一方面，朱元璋试图改变以苏州为中心的江南地区世家大族控制地方的局面，因为此前他在统一江南的过程中，曾经遭遇到江南世家大族的强烈抵制，从培植新王朝的统治根基而言，消除掉这些世家大族在地方上的根系是必要的举措，此前王朝的统治者也采取过类似的"徙豪"政策；另一方面，在整顿吏治的政策下，确有诸多因怠政、无为、朘削百姓而被革职者，也有因政治原因而被严办的。朱元璋试图以严酷治吏的办法树立起中央的权威，苏州自然是他重点用力所在。

说到"洪武赶散"，这是洪武年间强迫实施的全国性人口大迁徙，试图用人口政策改变全国人口分布格局，这一政策一直延续到永乐时期，"徙苏州富民实濠州"是明建立前一年就开始了的举措，就是要使苏松杭嘉湖一带的富民离开原有的根基，削弱他们的实力，消除他们反明的意志。本书作者从零散的资料中，看到"比比皆是"的迁居濠州、苏北的事例，足见洪武这一政策牵涉的范围之广，力度之大。作者还发现"苏松杭嘉湖"都可以以"苏州"来代指。大"苏州"移民被强制迁往苏北、凤阳等地。在安徽，主要是临濠、凤阳、滁州、和州等地。在广袤的苏北地区，则分布在当时的扬州府、淮安府，主要是今天的扬州、淮安、盐城一带以及连云港，西部以京杭大运河为界，东部南通地区则几乎没有。已有研究估计明初苏北大约接收了共45万"苏州"移民，这对苏北经济文化发展无疑是有利的。

因此，明初苏州社会经济结构处于剧烈变动时期，明统治者抄没世家大族的田产使之转化为公田，方便征收赋税，充实明王朝的粮仓。官田重赋往往被解释为朱元璋发泄对张士诚势力的敌意和不满，本书作者认为是因为苏州地区具有承受重赋的能力。这一认识是较有说服力的。作者还认为：苏州被朱元璋当成了可以无偿榨取的肥硕羔羊，课以重赋重漕和额外加征，并通过明初建立的强大的国家机器确保这种重赋重漕和重征的实现。通过土地清查、户口调查、粮长制度、里甲制度，洪武国家威势渗入苏州基层社会，同时积极开展水利兴修，为农业生产提供切实的保障，培植小农阶层，使其成为明王朝统治的稳固根基。

到明朝苏州发展的第二阶段，重赋政策下，社会矛盾积累，人民不堪重负，政府也时有蠲免、减负等措施，周忱、况钟等的改革一定程度上消除了重赋政策下积累的社会矛盾，另一方面则通过一系列的改革，理顺各种关系，实现经济的有序发展。到弘治时期，农业的发展已经为城市商品经济的发展和繁荣创造了良好的条件。

这一时期，靖难之役、郑和下西洋等国家行为对苏州也产生了不同的影响，前者造成了苏州与中央的芥蒂与隔膜，后者则是苏州腹地经济繁荣为郑和下西洋提供了丰富的物质储备，尤其是官营手工业的发达为明王朝对外显示经济的繁庶提供了强大的后盾。

正德到崇祯时期，商品经济进一步繁荣，苏州经济进入了一个高潮期，苏州社会也出现了若干转型期的特征。官田民田化，土地日益向少数人集中，官府不断推进着各种官田制度改革，仍然无法扭转这一趋势的发展。官田制度逐渐瓦解，赋役合一成为以苏州为中心的江南各地改革的大趋势。万历时期政府力图均田均役，但并不能如愿，因为社会经济已经呈现出两极化倾向，商业化趋势加速发展。苏州周围城镇蓬勃发展，为海外贸易和跨区域贸易创造了深厚的物质基础，苏州融入了全国性乃至世界性的大市场。苏州城市内手工业作坊规模扩大，产品充盈，生产关系中也逐渐显示出人身依附关系的削弱和劳动力自由化的倾向。工商阶层队伍壮大，商帮抱团维护自己的权利，抗税斗争时常能减轻官府苛刻的税额要求。奴仆阶层虽然仍存在，但奴仆反抗斗争、市民抗暴斗争都成为城市社会中时常出现的现象。文人结社成为苏州城市中的风尚，他们有自己独立的人格，追求思想自由，或表现出对政治的呼应，也多有与政治的背离，有的甚至隐居山林，成为"山人"，成为晚明较有影响的名士阶层。

由于苏州的自然条件相对较好，人文环境也相对优越，进入正常发展阶段之后，苏州经济便呈现出良好的状态。苏州的行政级别也在逐渐提升，吴县、长洲县与府城相互支撑，苏州城内还设置卫指挥使司，后有苏松常兵备道，城西北有浒墅关，所有这些其实为苏州的发展积蓄了条件。

作者敏锐地认识到：苏州城市的灵魂在水，水道的通畅往往可以成为苏州城市繁荣的前提，官府的有效管理、及时疏浚均是很重要的选项，效果如何取决于时局、经济状况和地方官员的个人能力等复杂的因素。

明代苏州城市建设，包括修城（指修建府城之城垣、增筑防御设施、修桥、补路、浚河）、交通设施建设（改善人口的出行与外来人口的进入）、通信工具设置（健全驿传制度，确保信息畅通）和生活休闲环境建设（营建宅第园亭，绿化城市环境）等。在明代苏州城市管理中，既有政治管理，还有经济管理、军事管理、社会管理，经济管理包括赋役管理、市场管理、商户管理，军事管理包括驻扎兵员、设置警铺，社会管理则包括编制户籍、申明教化、赡养孤老等方面，这些方面，明代苏州往往都走在全国的前列，发挥了带头和示范的作用。

绪论部分对主旨能有更明确、内容更精练的概括或许能更好一些。

二、在若干学术问题上探幽索隐、体大思精，具有深化苏州史研究的价值

有关苏州历史的诸多方面都是学界已经深耕、精耘了的，但是本书作者往往并不止步于此，而是继续深化研究。

譬如，本书有关"明代苏州家族"，从355页到448页，共花了近100页的篇幅进行了讨论。从类型上，有的家族是经过前代漫长的时间逐渐积

累成长而成为当地土著大族，有的则是新近迁入的姓氏家族成为新的名门望族。这显示土著家族和迁入家族都可在苏州这个平台上发展壮大。其发展壮大的途径，既有通过科举这一正途形成世代科第连绵、成为科举世家的家族，也有经由商业发展而成长起来的新兴家族，世代仕宦有依靠正途与异途参用的办法，经商致富的家族有时也兼有科第辅助的色彩。

不过，苏州历史上显示的特殊性在于：明初"洪武赶散"曾极大地消除了前代累世积累而成的大家族，也给家族的再度生长制造了若干制度的和心理的障碍，人们普遍心有余悸，担心再度成为被打击的对象。而且朝廷的重赋也往往给大家族以巨大的负担，另外还有社会风尚、地方信仰等因素也让人们产生对家族活动的冷落情绪。但是，家族建设的意识在士大夫阶层中仍受到重视，他们注重修谱，乃至形成一系列的修谱理论，产生出一大批有分量的族谱。尤其是在基层社会，家谱、族规等都能发挥稳定社会秩序的作用。典型的表现是江南家族普遍设置家族内义田，官绅、商民等都加入捐助家族内义田的行列中，乃至形成较大的规模。有时也超越家族界限，成为乡里社会保障的重要依赖因素。

本书作者区分官宦家族、富裕家族和庶民家族，认为他们都注重家族建设，但显然风格各不相同。官宦家族特别注重凸显本家族的科举业绩，对全社会较易产生示范性作用。富裕家族修谱主要建立在家族富足的财富基础之上，尽管他们的科举业绩不那么显赫，但或许追溯过往，也能找到少数有功名者，他们也可利用手上富余的财力与士大夫交游往还，有时还可以邀请读书人进入家族开办私塾，为家族子弟创造进入仕途的条件，因此，他们往往是官宦家族的潜在生成力量，推动着明清社会阶层的频繁流动。庶民家族无论从社会地位还是经济实力上都远逊于前二者，但是他们也可以凭借自己掌握的粗浅的文化知识，依靠自己的力量，较简略地记录家族的发展演变历史，因此，这些家谱编修的实践者也成为明代苏州家谱编修大军中的一支力量。

本书作者对商人家族的论述较为精彩。苏州在明代出现洞庭东西山商人，人们习惯称"钻天洞庭"，形容洞庭商人能够远走他乡，开拓商业发展的路径，不管他们走多远，但在家乡依然维持着聚族而居的传统，以家族为主，以姻亲为辅，形成了相对固定的社会关系网络。这种较为稳固的血缘和姻亲关系对洞庭商人的商业经营十分有利。这些洞庭商人往往从小开始被迫外出经商谋生，或兄弟一起，或父子相继，许多家族更是数代人从事商业活动，商路商事相对固定，商人家族得以延续发展。

本书认为：东洞庭商人主要在以临清为中心的运河沿线，西洞庭商人主要在以汉口为中心的长江流域，分别以棉布、米粮及丝绸的贩运为主，这显示了苏州作为运河和长江沿线城市的优越性。

洞庭商人的经营方式包括独资经营、领本经营、合资经营等三种基本模式，其中领本经营是最具特色的一种。富家巨室将他们的资本分给贫穷无资本的人，无疑能进一步扩大商业经营规模，形成更大的集团力量。

凡翁氏、叶氏、席氏家族都将商业经营的经验代代相传，既作行商，又作坐贾，既传承血亲，又扩及姻亲，且随机应变、顾客至上、礼貌待客、重视信誉、薄利多销、稳中求成，这些都是洞庭商业家族树立的基本理念。

譬如"明代苏州文化"一章，占据全书约三分之一篇幅，也可以说是明代苏州历史上最辉煌的篇章，也是确立苏州在中国文化版图上处于领先地位的前提。无论是科举的鼎盛，还是文学、艺术的勃兴；无论是人文精神的探索，还是科学技术的创造；无论是传统的小学，还是体国经野的地理方技之学，还要加上藏书、刻书，苏州都堪称"渊薮"。久有"上有天堂，下有苏杭"之说，其实苏州在明代的地位是远远超过杭州的。苏州地处运河交通线的中端，又有广阔的苏松杭嘉湖从旁烘托，特别是这里是南来北往官绅世家、商贾行者、应试士子们的必经之道，文化繁荣的苏州一定程度上是明代全国文化的汇聚之地、交融之地、升华之地。苏州文化体现了整个明代文化发展的最高水平。当然，本书作者也敏锐地觉察到：明代苏州文化还未发展到思想、哲学等较深层次。明代苏州各不同阶段文化发展也存在差异，若干文化成就较集中于中后期，商品经济的支撑，南北人员的往来或许是重要的推动因素。当然，明初"吴中四杰"具有前代遗存的色彩，这或许可以理解为文学与时代确实存在密切的关联。

再譬如"明代苏州宗教"和"明代苏州民间信仰"两个部分，将明代苏州佛教、道教、伊斯兰教乃至天主教都做了细致入微的资料搜集和条理分析，对苏州错综复杂的民间信仰的数量与分布、类型与特点、兴盛的原因与社会影响也进行了深入细致的剖析。两个部分的篇幅也是巨大的，从280 页到354 页，计75 页。本书作者认识到：苏州是一个士绅文化为主导的地区，儒家文化占据着绝对的统治地位，这是导致苏州儒风鼎盛、科第繁荣的社会基础，但是这并不排除各种宗教及民间信仰大行其道。尤其是中国的老百姓往往遵循中庸思想，兼收并蓄，况且进入明代中后期，社会变迁加快，每个人的命运都可能迅即发生巨大的变化，这些都促使人们在笃信儒家学说之外，不免要寻求其他的精神支柱，各行各业的人们在自己具体的职业生涯中又会遭遇各种实际的风险和考验，因而需要借助更多的超自然力量，来克服障碍，树立信心，开拓前行。

三、集既往明代苏州研究之大成，汇明代苏州各类史料于一炉

本书主编吴建华教授长期耕耘于以苏州为中心的江南社会经济史和文化史研究领域，对苏州的方志、碑刻早已深谙于心，近些年来又辛勤搜集各类碑刻资料、口述资料，对明代苏州相关史料有清晰的把握。凡《四库全书》《四库禁毁书丛刊》《四库全书存目丛书》《四库未收书辑刊》《续修四库全书》《明实录》《明清史料》《明史》《明史纪事本末》《明通鉴》《明经世文编》及苏州各地方志、苏州各类文集、当代中日韩及西文研究成果，几乎完全囊括其中。

我的兴趣在海洋史，总觉得苏州与海洋存在一定的关系，尤其是苏州社会风尚的趋新与海外产品的进入有关，苏州与福建、广东、浙江的经济联系有许多与海洋贸易相关。当然这些因素可能在清代表现得更加明显。苏州文化与水的关系密切，也可留意。另外或可进一步提升的是对有关近年来西方学者对苏州的更具体研究成果的借鉴。

（王日根　厦门大学人文学院副院长、教授）

地方通史的经典之作

——关于《苏州通史·中华人民共和国卷》

李良玉

我想对《苏州通史·中华人民共和国卷》（以下简称"苏州当代史"）发表三点意见。

第一，从地方志到地方通史，是一个重大的学术转型，也是一个重要的学术进步。中国是一个有编写地方志丰富传统的国家，据有关专家统计，截至民国时代大约有7 000多部地方志，另外一个统计数字说有8 500多部地方志。苏州是一个文化发达的地方，从宋代开始就有《苏州府志》，明代、清代也都有类似的志书，最晚的大约是1933年李根源先生主编的《吴县志》，这是一部分量比较大的书。但直到《吴县志》都是志书，而现在这部"苏州当代史"与传统地方志不同。它是一部通史性质的著作，它的立意、体裁、文风、叙事的方式与地方志都是不一样的。它的许多学术优势是传统地方志书所不具备的。从分量上看，《苏州通史》全书16卷，合计811万余字，而其"苏州当代史"（上下卷），合计近120万字，占《苏州通史》总字数近15%。苏州建城史大约2 500余年，而"苏州当代史"记录的当代时间只有1949—2000年的52年。这个分量彰显了厚今薄古的特色，刷新了宋代以来的所有苏州地方史著作对当代的记录。在目前已经出版的地方通史著作中，恐怕也是颇具特色的，堪称是一部"地方通史的经典之作"。"苏州当代史"之所以能够实现地方史著作的转型，根本原因在于它的作者队伍是一些学养深厚的历史学家和一批接受了严格的学术训练的年轻学者组成的，它从一个侧面反映了当代历史学学院化教育的成果。

第二，"苏州当代史"的重要价值，体现在以下四个方面。

它有重要的现实意义。当代史是一个非常敏感的领域。现在，研究当代史的专家，已经感觉越来越难做，因为社会对当代史研究的要求越来越高，要求越来越严。当代史的项目很难申请，当代史的论文也很难发表。最大的问题是不知道怎么才能准确地把握分寸，符合有关要求。这部"苏州当代史"以客观平实的论述、坚实可靠的证据，证明了当代苏州所走过的历程。它用事实说话，给人们奉献了一部非常好的有借鉴意义的作品，这是一件很了不起的事情。在当前当代史研究十分困难的情况之下，它的特别重要的意义还在于，它告诉我们，只有坚持实事求是的原则，才能把当代史研究得很好。

它有重要的文化意义。当代苏州的文化建设有很多项目，编撰地方通史是其中非常重要的一项，某种程度上可以说是标志性的项目之一。这部"苏州当代史"，包括其他断代的各卷，我以为在今后是可以长久地流传下去的。

它有重要的政治意义。2019年是中华人民共和国成立70周年，现在各地已经启动庆祝活动了。我认为这一部"苏州当代史"完全可以作为苏州人民向共和国的献礼。它完全够档次，有这样的品位。

它有重要的学术意义。它对当代以来苏州地区历史发展过程的划分是相对准确的（1949—1956；1956—1966；1966—1976；1976—1978；1978—1982；1982—1991；1992—2000）。我比较赞成这样一种划分方法。它使用的材料是相当可靠的。到目前为止，还很少看到地方通史的著作使用这么多的档案材料。档案材料的使用，可以说是衡量当代史研究水平的一个非常重要的指标。当代史著作不使用档案，我认为是不达标的。档案当然不能迷信，但是它的重要性毕竟不能取代。也许可以说，对当代历史的研究不可迷信档案，但不用档案的当代史研究一定不可信。"苏州当代史"上卷的主编之一王玉贵教授是我的好朋友，我几次到苏州来，他都是从档案馆里赶出来的。他在档案馆待的时间非常惊人，下了很大的功夫。姚福年先生编撰的下卷，同样使用了大量档案材料。从材料方面考察，毫无疑问它是当代地方通史研究中最优秀的著作之一。

它的写作遵循了中国史学秉笔直书的传统。当代人写当代史，秉笔直书是一个重要原则。我读了"苏州当代史"感到非常有启发。比如，共和国成立以后的重大的历史事件，书里没有回避一件，而且把事情说得很透，同时又处理得非常有技巧。它告诉我们，秉笔直书的原则必须坚持，但怎样坚持又是很有讲究的。

举几个简单的例子。

比如，关于三年困难时期。从上午到刚才发言的范金民教授，所有专家都充分肯定苏州地区历来经济、政治、文化发达。这么一个鱼米之乡，1958年以后居然也饿死了很多人。这样的问题怎么表述？一不小心就可能写出问题，但写得好，读者读了会在不经意中受到启发。这就是技巧。史学著作不仅要讲思想，而且要讲技巧。没有思想的史学著作不是好著作，不讲技巧的史学著作也容易出问题。

比如，关于"文革"的评价。尽管几十年之前就有《关于建国以来党的若干历史问题的决议》白纸黑字摆在那里，但具体到一个地区的"文革"史如何写，还是颇费思量的。作者用不争论、不讨论、不评论的方法，让数字说话，留给后人去思考，这是一个非常高超的办法。

比如，20世纪80年代初期的"严打"。这场"严打"在我看来有其必要性，但问题也非常之大。它是当代历久不衰的运动式执法的继续，带来了很大的后遗症。"严打"本身具有的执法偏差，导致了20世纪90年代大量罪犯刑满被释放以后报复社会。90年代初治安状况那么差，这是一个很重要的因素。"苏州当代史"在讨论这些问题的时候，不展开、不讨论、不争论、不评论，只把数字摆了出来。读者读了这些数字自然就能明白其中存在的问题，不需要作者多讲。

比如，社队企业。苏州的乡村工业的发展是比较超前的。苏南地区的社队企业曾经被称为"苏南模式"，和浙江的"温州模式"双星并辉，受到学界高度评价。20世纪90年代以来，我看到的许多讨论"苏南模式"的文章，都说这是党的十一届三中全会以后的巨大成就。"苏州当代史"明确记载，截至1978年，苏州地区社队企业总数已经超万家，社队工业总产值17.65亿元，占全区人民公社农副工总收入的51.67%，全区农村工业产值超过农业产值的时间，比全国整整提前了10年。它告诉我们，苏州社队企业在十一届三中全会之前就相当发达了。这是一个实事求是的看法。我对70年代苏南地区以及扬州地区的社队企业是有所了解的。1974年我去过苏州东山，在那里做社会调查写毕业论文。当地水果丰富，有一个果酱厂，还有其他厂，农民收入不错。1975年我作为中共江苏省委工作队的成员到过扬州地区江都县的二姜公社，那里的社办厂也很兴旺。有的大队还从社队企业的盈余里拿钱出来补贴农业，集体种田用的电、化肥、农药都从这里出,减轻了农业的负担,提高了农民的收入。把这些情况忽略掉,历史记载的真实性就不够。

当然,"苏州当代史"作为一种探索,一种地方通史转型化的作品,不可避免地还存在一些将来再版时可以考虑修改的地方。比如,它包括上下两卷,上卷到1978年,下卷从1978年开始,上下卷的衔接部分就存在少量交叉的内容。这是本书分期方法带来的缺陷。比如,还有一些语言文字方面的小毛病。但是,这些问题瑕不掩瑜,读者是可以理解的。

第三,关于当代地方通史研究的一点思考。我读了"苏州当代史",感觉这套书做了很好的探索,积累了很好的经验,这些成功的经验具有规范性意义。今后,我们在编撰地方当代史的时候,应该注意什么?我认为,主要就是要像"苏州当代史"这样突出地方特色。这是一个很重要的标准。虽然中国是一个大一统国家,国家的法律政策是统一的,各地的政治进程是基本一致的,但是应该承认,由于各地地理、物产、人文、风俗的不同,各地的社会风貌、文化传统、发展水平,还是有很大差异的。这种差异常常就是地方特色。地方通史不仅要写出与全国的一致性,还要写出与全国的不一致性,也就是要写出地方特色。如果全国那么多省、市、县写出来的通史,都和国家通史的面貌差不多,我认为这就是失败。要突出地方特色,就需要处理好地方与国家的关系,地方与当地传统的关系,地方与其他地方的关系。叙国家之有,彰国家之无;叙传统之常,彰传统之变;叙本地之有,彰他地之无。

我对苏州是很有感情的。我第一次到苏州是1974年,当时有两位老乡分别在苏州大学(时为江苏师范学院)政教系和苏州电力中专读书,我来找他们玩。我们到观前街去,那里早点店的馄饨有将近20种。当时就感叹,苏州人真幸福啊!(笑声)小的时候我在家乡,早点只吃过烧饼,店里有阳春面,可是没有馄饨,更谈不上那么多种。由于穷,烧饼都很少吃,更没去店里吃过阳春面。1973年到南京读书,吃得最多的还是烧饼、油条,现在南京市民的早点主打还是烧饼、油条、馒头、鸭血粉丝汤,不过也有一些早点的高档店了。1975年我再次来苏州,住在东山,也常到市里来。那时苏州市内还没有大马路,没有这么多高楼,还是小庭院、小巷子、石板街、梧桐树。到了下午四五点钟的时候,家家户户门口摆着矮桌子、竹躺椅、小凳子,桌子上放着酒盅、酒瓶,还有花生米之类的小菜。我真羡慕他们的小日子。（笑声）那时候"文革"还没有结束，这种日常生活就是苏州市民生活的历史传统的体现，应该也是我所看到的苏州小市民的快乐生活。

从这个例子我就想到一个问题。中国当代是从1949年开始的，1949年以来，中国社会经历了天翻地覆的变化，毫无疑问，苏州也经历了天翻地覆的变化。以1949年为分界，之前是1912年以后的一个连续的过程，之后是1949年之后的一个连续的过程。在这两个过程中间，究竟是如何变化的？有过哪些裂变？有过哪些衔接？2004年我到苏州，走在那段所谓"两路夹一河"的地方，看到的是小桥流水不见了。现在来苏州，我相信苏州的早点还是一流的，但是观前街上还有一二十种馄饨吗？社会在发展，生活在变化，它在带给我们无比兴奋的同时，肯定也会给我们带来种种遗憾。也许这些兴奋和遗憾就是我们历史学家的兴趣点，就是我们要通过千辛万苦的研究去寻找的历史的密码。我相信，沿着"苏州当代史"的方向继续前进，以后各个地方的当代通史会越修越好；"苏州当代史"的作者，会在现有成就的基础上，为繁荣苏州历史文化做出更大的贡献；读者也会从所读到的地方历史文化著作中汲取到更丰富的智慧。

谢谢大家！（热烈掌声）

（李良玉　南京大学历史学院教授。本文为2019年9月20日下午作者在"苏州历史与江南文化学术研讨会"上的发言，苏州大学社会学院研究生王浩、任惠英根据录音整理，经本人审定）

江南文化与苏州研究

城市比较优势与江南文化中心转移

熊月之

从较长时段来看，江南地区文化中心存在着随政治地位与经济地位的变化而转移的两种倾向。南京与杭州均因政治地位提升而成为江南文化中心，苏州与上海则主要因经济地位提升而成为江南文化中心。

一

南京是江南地区第一个堪称文化中心的城市，也是第一个因政治地位提升而成为文化中心的城市。

先秦时期，江南属中国经济欠发达地区。在司马迁、班固等史家笔下，这里土壤卑湿，丈夫早夭，地广人稀，火耕水耨，在全国数得出的城市与文化名人，均寥若晨星。西汉以后，这里经济有所发展，农业、渔业均有明显进步。三国孙吴对这里的经营，使这一带面貌大变，进入"谷帛如山、民无饥岁"阶段。西晋末年的"永嘉之乱"，导致中原人口大量南迁，极大地促进了江南地区的发展。南朝时的江南，已是"良畴美柘，畦畎相望，连宇高甍，阡陌如绣"[1]。孙吴、东晋与南朝的宋、齐、梁、陈，均定都建康（建业、金陵、江宁、南京）。经过三百多年的经营，建康已是超过百万人口的特大城市，是全国政治、经济、军事与文化中心。这里街道宽敞，宫殿巍峨，寺庙庄严，儒学、玄学、文学等机构林立，文化名人荟萃。其时江南，尽管还有京口（镇江）、毗陵（常州）、吴郡（苏州）、会稽（绍兴）、余杭、东阳（金华）等城市，但它们的繁盛程度与文化影响，均不能望建康之项背。

杭州是江南第二个因政治地位提升而崛起的文化中心。杭州历史虽然

---

[1] 姚思廉：《陈书》第1册卷五《本纪第五·宣帝》，北京：中华书局，1972年，第82页。

可以追溯到秦代，但其文化中心地位的确立，则始于五代时吴越国定都这里。正如宋人所言："杭州在唐，繁雄不及姑苏、会稽二郡，因钱氏建国始盛。"[1] 以军功起家的钱镠，颇懂安邦治国之道，保境安民，不轻用兵，兴修水利，发展生产，鼓励贸易。钱氏祖孙三代统治吴越国仅七十多年，但对杭州城市影响极大。他们在原杭州城治所的基础上，建设了包括子城、夹城、罗城三重环绕的新的都城，并修筑钱塘江堤，治理西湖，开辟道路，兴建宫殿，奠定了杭州作为伟大都城的物质基础。北宋时，杭州已是全国性大城市。南宋定都杭州，更有力地促进了杭州的发展，成为人口超过百万的世界著名大都市，经济发达，文化繁荣。南宋时期，尽管江南地区还有一批颇有影响的城市，如苏州、扬州、江宁（南京）、明州（宁波）、秀州（嘉兴）、温州、江阴等，但其规模与影响都远不及杭州，苏州、扬州都因遭受兵燹而有不同程度的衰落。

二

古代中国大城市，均为国家行政体系中的关键节点，都城是一国行政中心，郡城（省会）是一郡（一省）行政中心，没有脱离行政系统之外的独立城市。这是中国城市与欧洲城市的关键不同。合政治中心与文化中心为一体，是中国首都功能的常态。南京、杭州如此，长安、开封、成都等曾经作为都城的城市亦如此。在这种格局与传统下，明清苏州，作为非首都城市成为江南地区文化中心，就显得相当特殊了。

关于明清苏州作为江南文化中心问题，学界已有很多很好的研究成果，这里仅撮其要者，做一概括。

明清苏州作为江南文化中心，有以下三个方面突出表现。

其一，文化人才荟萃，作品繁盛而卓越

明清苏州普遍重视文化，重视教育，书院多，文人众。苏州府考取进士，明代1 055名，占江南考取总数27.3%；清代827名，占江南考取总数

---

[1] 王明清：《玉照新志》卷五，转引自本书编委会编，翁卫军主编：《杭州简史》，杭州：杭州出版社，2016年，第59页。

20.6%。其中状元数量，明清江南共 79 名，苏州府 34 名，占了 43%。[1] 苏州因此获得"状元之乡"的美誉。

科举之外，凡与文相关的方面，文赋诗词、书法绘画、戏曲音乐、雕刻园林、科学技术与思想文化方面，苏州均很发达，人才荟萃，作品繁盛。

明代文学史上有重要影响的"前七子""后七子"中，徐祯卿、王世贞都是苏州人；明代归有光是崇尚唐宋古文的著名作家，画坛"吴门四家"（沈周、唐寅、文徵明、仇英）风靡一时，成为中国传统绘画的主流画家；清代钱谦益、沈德潜、吴伟业均为文坛领袖，徐釚所著《词苑丛谈》是当时词学经典。至于通俗小说、戏曲、说唱文学等，更是名著众多，脍炙人口，许多代表性、巅峰性作品都出自苏州作家之手。冯梦龙编著的短篇小说集"三言"（《喻世明言》《警世通言》《醒世恒言》）等，是那一时期言情小说的代表；魏良辅变革昆山腔，使昆腔传奇成为明清戏曲主流剧种，被后人奉为昆曲始祖；梁辰鱼创作的《浣纱记》、李玉创作的《清忠谱》、朱佐朝创作的《渔家乐》、朱㿟创作的《十五贯》，都是清代戏曲经典。

数学、天文学方面，最杰出的是王锡阐与李锐。王锡阐既勇于接受西洋数学、天文知识，又不迷信，努力会通中西，自成一番气象。李锐整理、疏解大量中国传统天文学、数学典籍，同时吸收西方数学知识，会通中西数学，成就极高。

医学方面，吴有性在研究各色传染病方面，唐大烈在集会讲学、切磋医学、编辑《吴医汇讲》杂志、开创吴门医派方面，叶天士在研究温病学方面，均领异标新，独步一时，影响甚广。

至于顾炎武在经学、史学、地理学等多方面的巨大成就，三惠（即惠周惕、惠士奇、惠栋）祖孙三代，以及惠栋学生江声在考据学方面的非凡业绩，钱大昕、王鸣盛在经学、史学方面的杰出成就，唐甄、冯桂芬在思想史上的杰出地位，造园家计成造园名著《园冶》的历史地位，蒯祥领导建造紫禁城的非凡成就，早已为世所熟知。

其二，分工细密，精益求精

明清科举考试并不是完全实行分数面前人人平等的录取制度，而是实

---

[1] 郑彩娟、傅蓉蓉：《明清苏州府进士数量及分布特征探析》，《文史月刊》2012 年第 8 期。

行分省取士制，即根据各地的文化发展水平的不同，对录取名额进行有差别的定额分配。[1] 这么一来，应试者众的江南地区，录取率就大大降低。据研究，清代江浙等省应试士子与中举名额之比，通常超过100∶1，高的可达145∶1，而北方顺天府和商籍的录取比例则在20∶1至50∶1之间。[2] 其结果，99%以上的江南读书人，在由学而仕的道路上走不通，有相当一些人便去从事专门的学术研究。即使在没有明确知识产权规定的时代，知识产品也存在着原创性、独占性品质。一个问题前人研究过了，出了成果，后人就不能再重复一遍，如果重复也没有价值。这样，从事学术研究的人数与学术专业内部的分工细化，必然存在着一定比例关系。某一领域从业人员少，则分工粗疏，从业人员多，则分工细密。分工细密会促使学术趋于系统、精细、实在。学术如此，技术、艺术也如此。康熙雍正年间，苏州加工布匹、丝绸的踹坊，就有450多家，那么多家相互竞争，相互学习，布匹、丝绸质量自然非同寻常。苏作工艺种类多达五十余种，且分工专业，加工精细，制作讲究，所以水平格外高超。[3]

同行众多，必然带来竞争。苏绣，苏玉，苏雕，竹刻，"四王"的绘画，顾炎武、钱大昕的考据，各种顶尖的学术、艺术，都是沿着精益求精路子，获得成功的。苏作雕工玉器以小、巧、灵、精出彩，无论圆雕、平雕，都优美别致，图案线条刚柔结合，不留碾琢痕迹。史称"良玉虽集京师，工巧则推吴郡"。[4]

其三，引领时尚，影响广远

明代江西人章潢曾如此称赞苏州地区文化："且夫吴者，四方之所观赴也。吴有服而华，四方慕而服之，非是则以为弗文也；吴有器而美，四方慕而御之，非是则以为弗珍也。服之用弥博，而吴益工于服；器之用弥广，而吴益精于器。是天下之俗，皆以吴侈，而天下之财皆以吴啬也。"[5] 在

---

[1] 这一制度的形成有个历史过程，详见刘海峰、李兵：《中国科举史》，上海：东方出版中心，2004年，第297-299页。

[2] 夏卫东：《论清代分省取士制》，《史林》2002年第3期。

[3] 漆跃文、王振：《工心匠艺——"苏·宫——故宫博物院藏明清苏作文物展"侧记》，《文物天地》2016年第9期。

[4] 宋应星：《天工开物》卷下珠玉第十八卷"玉"条，明崇祯初刻本。

[5] 章潢：《图书编》卷三六"三吴风俗"条，清文渊阁四库全书本。

审美情趣方面，苏州已独立潮头。

类似的评论，还有很多。张瀚记述："自昔吴俗习奢华、乐奇异，人情皆观赴焉。吴制服而华，以为非是弗文也；吴制器而美，以为非是弗珍也。四方重吴服，而吴益工于服；四方贵吴器，而吴益工于器。是吴俗之侈者愈侈，而四方之观赴于吴者，又安能挽之而俭也。"[1] 张岱也说："且吾浙人极无主见，苏人所尚，极力摹仿。如一巾帻，忽高忽低；如一袍袖，忽大忽小。苏人巾高袖大，浙人效之；俗尚未遍，而苏人巾又变低，袖又变小矣。故苏人常笑吾浙人为'赶不着'，诚哉其赶不着也！"[2] "赶不着"三字，生动地描绘出苏州在服饰方面引领角色。王士性曾在多处为官，见多识广，他说：苏州人聪慧，喜欢艺术，"又善操海内上下进退之权，苏人以为雅者，则四方随而雅之，俗者，则随而俗之，其赏识品第本精，故物莫能违"[3]。

苏州作为时尚中心与审美高地，最有说服力的例证，是清朝宫廷对苏州艺术的欣赏与垂青。学术界研究成果表明，明清两代的紫禁城，从自然景观到人文环境，都浸润着苏州文化元素。紫禁城是苏州工匠蒯祥领导建造的；皇家建筑用苏州金砖、玲珑的太湖石、精美的玉雕山景；宫廷殿堂使用苏造家具，墙壁贴着吴门画派的山水画，屋顶挂着苏州花灯，桌上摆着苏州钟表，衣饰、床帐、铺垫为苏州刺绣、吴罗、宋锦等织绣；皇室享用的绣品，几乎全出于苏绣名艺人之手；苏式南味食品成为宫廷饮食的重要组成部分；连皇帝、后妃生病，也会请苏州名医施诊。康熙、乾隆皇帝十二次南巡，前后在苏州驻留114天，占整个南巡时间十分之一以上。乾隆皇帝对苏州景致百看不厌，特命画师徐扬将苏州美景永远留存，以便回宫后随时展阅。这导致名画《姑苏繁华图》的诞生。乾隆皇帝对苏州厨师所做菜肴特别喜欢，于是将其带回宫中，以便不时品尝。故宫博物院所藏一百八十多万件套藏品，很大部分与苏州有关。[4] 乾隆皇帝对于苏州文化，已经到了痴迷的地步。

孔飞力说，江南是让清朝皇帝既高度欣赏又满怀妒忌的地方。如果有

---

[1] 张瀚：《松窗梦语》卷四《百工纪》，清钞本。
[2] 张岱：《又与毅儒八弟》，《琅嬛文集》，长沙：岳麓书社，2016年，第106页。
[3] 王士性：《广志绎》卷二，吕景琳点校，北京：中华书局，1981年，第33页。
[4] 苑洪琪：《清代皇帝的苏州情结》，《紫禁城》2014年第4期。

什么人能让一个满族人感到自己像粗鲁的外乡人,那就是江南文人。如果有什么地方让清朝统治者既羡慕又恼怒,那就是江南,"凡在满族人眼里最具汉人特征的东西均以江南文化为中心:这里的文化最奢侈,最学究气,也最讲究艺术品位,但从满人古板严谨的观点来看,这里的文化也最腐败。正是因为江南文化有着种种非常吸引人的地方,它才对满人的价值观念——那种弘历喜欢想象的价值观念——构成了威胁。如果满人在中国文化面前失去自我的话,那么,正是江南文化对他们造成了最大的损害"[1]。

明清五百多年间,苏州只是在清代的一段时间里做过江苏省省会,是与江宁并列的两个省会之一,其余时间并不是一省政治中心,其行政地位不及江宁,也不及杭州。但是,它是名副其实的江南文化中心。

明清苏州文化中心的地位,主要是经济因素促成的。

交通便捷、贸易发达是关键因素。京杭大运河开通以后,其不同河段,包括苏北的里运河、连通苏鲁的中运河、山东的鲁运河、连通津鲁的南运河、连接通州与北京的通惠河,由于自然与人为种种因素,时常淤塞,难以通行,只有连通扬州、镇江至杭州的江南运河,一直畅通无阻。江南运河打通了太湖、钱塘江、吴淞江、娄江(今浏河)与长江的联系,经过桐乡、嘉兴、无锡、常州等城市,苏州,恰好处于江南运河的中心点,成为江(长江)、河(运河)、湖(太湖)、海(东海)的交接点,既可贯通南北,又可串通东西,四通八达,将富庶的杭嘉湖平原编织成纵横交错的网络。据张海英研究,明代苏州府通往嘉兴、上海、通州、芜湖、湖北孝丰、安徽广德、徽州等处的水陆商贸路线至少有12条。[2] 这得天独厚的位置,使得苏州稳稳地居于江南经济与社会中心。清初人称苏州为天下四聚之一。所谓"四聚","北则京师、南则佛山、东则苏州、西则汉口"。乾隆时期学者称:苏州"控三江,跨五湖而通海。阊门内外,居货山积,行人水流;列肆招牌,灿若云锦。语其繁华,都门不逮"[3]。

---

[1] [美]孔飞力:《叫魂:1768年中国妖术大恐慌》,陈兼、刘昶译,上海:上海三联书店,1999年,第94页。

[2] 张海英:《浅析明清江南商路的经济与人文内涵》,载梅新林、陈国灿主编:《江南城市化进程与文化转型研究》,杭州:浙江大学出版社,2005年,第58页。

[3] 孙嘉淦:《南游苏州记》,载张振雄:《苏州山水志》,扬州:广陵书社,2010年,第258页。

贸易发达包括与海外贸易。明清苏州与东亚的日本、朝鲜，东南亚的菲律宾马尼拉、交趾、占城、暹罗等地，并通过马尼拉与拉美各地发生贸易关系，输出丝绸和各色丝织品，输入白银等。福建、广东等出口的丝绸，也多由江南转运。明代苏州已是一外贸兴旺的大都市，诗云："蛮商识吴路，岁入几千艘。"时人记述："苏州为东南一大都会，商贾辐辏，百货骈阗。上自帝京，远连交广，以及海外诸洋，梯航毕至。"[1] 意大利传教士利玛窦称赞苏州外贸盛况："它是这个地区的最重要的城市之一，以它的繁华富饶，以它的人口众多和以使一个城市变得壮丽所需的一切事物而闻名……经由澳门的大量葡萄牙商品以及其他国家的商品都经过这个河港。商人一年到头和国内其他贸易中心在这里进行大量的贸易，结果是在这个市场上样样东西都能买到。"[2] 苏州没有出海口，浏河、上海便是它的外港。[3]

同样地处江南的南京、杭州，同样地处太湖之滨的常州、湖州，尽管自然禀赋、经济发展也相当了得，但是，比起苏州来还是稍逊一筹。乾隆时期人刘大观评论："杭州以湖山胜，苏州以市肆胜，扬州以园林胜。"[4] 所谓"以市肆胜"，即指苏州商业较杭州、扬州更为繁荣。清中期人就苏杭二城进行比较：

> 苏州为水陆冲要之区，凡南北舟车，外洋商贩，莫不毕集于此……其各省大贾，自为居停，亦曰会馆，极壮丽之观。近人以苏杭并称为繁华之都，而不知杭人不善营运，又僻在东隅。凡自四远贩运至者，抵杭停泊，必卸而运苏，开封出售，转发于杭。即如嘉、湖产丝，而绸缎纱绮，于苏大备。[5]

---

[1]《陕西会馆碑记》，苏州历史博物馆等编：《明清苏州工商业碑刻集》，南京：江苏人民出版社，1981年，第331页。

[2][意]利玛窦：《利玛窦中国札记》，何高济等译，桂林：广西师范大学出版社，2001年，第238页。

[3] 关于苏州对外贸易内容，参见范金民：《衣被天下：明清江南丝绸史研究》，南京：江苏人民出版社，2016年，第318页；敬森春：《宏观视野下明清时期苏州丝绸的国际辐射圈》，《浙江理工大学学报（社会科学版）》2017年第3期。

[4] 李斗：《扬州画舫录》卷六，北京：中国画报出版社，2014年，第103页。

[5] 纳蓝常安：《宦游笔记》卷一八，转引自范金民：《明清江南商业的发展》，南京：南京大学出版社，1998年，第146页。原书的"纳蓝常安"应为"纳兰常安"。

所论至为允当。

三

近代上海是第二个因经济地位提升而成为江南文化中心的城市。

上海在1843年开埠以前，是普通的沿海城市，其政治、经济、文化地位均远不及南京、杭州与苏州。开埠以后，上海文化地位迅速崛起，至迟到20世纪初，就已经成为江南文化中心。其标志性因素有三。

一是文化人才集聚。朱熊、张熊、任熊、胡远、虚谷、朱傅、赵之谦、蒲华、钱慧安、任薰、任伯年、吴友如等众多并非上海籍画家，由于多种因素而移居上海，从而形成"海上画派"。王韬、李善兰、徐寿、华蘅芳、沈毓桂、袁祖志、李伯元等众多文化人，或长于科学技术，或长于文学，或长于诗词，从苏州、常州、杭州等地汇集上海。

二是引领新学说、新思想潮流。19世纪下半叶，中国引进西学的机构主要有9家，其中7家设在上海，包括墨海书馆、江南制造局翻译馆、广学会、益智书会等，各类西书七成以上出自上海，西方新学说、新思想的传入，无论是数学、物理学、化学、天文学、地理学、地质学、生物学，还是哲学、经济学、法学、社会学、新闻学，无论是进化论，还是民约论，几乎都是先传入上海，然后扩散开去。

三是引领新闻业、出版业潮流。近代江南之有报纸如《申报》《新闻报》，之有新式出版业，包括引进石印技术、铅印技术，均从上海开始。即使中国古籍出版，19世纪中后期上海，也远远超过苏州、杭州等地，《康熙字典》《佩文韵府》等古籍大量重印，均由上海完成。

上海在开埠以前，其文化方面在江南地位并不高，科举考试不及苏州、杭州、常州等处兴旺，所出文化名人尽管有陆深、徐光启等极具光彩的人物，但终不及苏州、杭州、常州那样群星闪耀。即使在松江府内，上海县文化氛围也常遭士大夫鄙视。明正德《松江府志》称："诸州外县多朴质，附郭多繁华，吾松则反是。盖东北五乡，故为海商驰骛之地，而其南纯事耕织，故所习不同如此。大率府城之俗，谨绳墨，畏清议，而其流也失之隘；上海之俗喜事功，尚意气，而其流也失之夸。"[1] 所谓"东北五乡"

---

[1] 明正德《松江府志》卷四。

即指上海。意思是说，上海县人不如松江府城人那么简约、质朴、守规矩，府城重文，上海重商。

上海在开埠以后，快速成为江南文化中心，主要在于上海城市性质的变化，在于上海快速成为中国最大城市，也在于上海与江南其他城市关系的变化。

上海开埠以后，由于多种错综复杂的因素影响，很快跃升为江南地区首位城市，19世纪60年代以后，其经济、文化地位已超过苏州、南京、杭州。1900年，上海人口超过100万，已是中国最大城市。1919年，上海人口245万，杭州65万，苏州60万，宁波、绍兴各45万，南京40万，上海城市人口，几乎相当于上述江南其他几个城市人口的总和。[1] 1947年，上海人口430万，南京103万，杭州61万，苏州39万，无锡27万，宁波25万，镇江22万，金华21万，绍兴18万，永嘉15万，常州13万，青浦、常熟、嘉兴各10万，松江、嘉定各7万，江阴5万。这些除了上海以外的城市人口加起来是393万。[2] 换句话说，上海以外的上述这些江南城市人口的总和，才是上海的90%。

集聚到上海的那么多人口，绝大多数是江南人。据统计，1930年，江苏、浙江两省籍人占公共租界人口的88.4%，占华界人口的85.5%。1950年1月，江苏、浙江与上海本地籍人，占上海总人口的88.9%。[3] 由此可见，近代上海人中，江南人占了八成以上。

产业方面，近代江南外资企业，几乎全部集中在上海。华资企业，也主要集中在上海。据统计，1912年以前，上海有华资企业48家，苏州、无锡、南京、杭州共有15家；1912年至1918年，上海新增94家华资企业，苏州、无锡、南京、杭州共增加43家；1919年至1923年，上海新增华资企业170家，苏州、无锡、南京、杭州共增加48家。到1923年累计，上海有华资企业312家，苏州、无锡、南京、杭州共106家。[4] 由此可见企业

---

[1] 此处数据引自何一民：《中国城市史》，武汉：武汉大学出版社，2012年，第572-573页。其中上海人口数字有修正。

[2] 此处数据引自何一民：《中国城市史》，武汉：武汉大学出版社，2012年，第606-607页。

[3] 邹依仁：《旧上海人口变迁的研究》，上海：上海人民出版社，1980年，第114-117页。

[4] 此处数据来源于国民政府经济部档案，1930年工商部关于工厂成立统计表，转引自何一民：《中国城市史》，武汉：武汉大学出版社，2012年，第570页。

向上海集聚的趋势与比重。

上海快速成为江南经济中心，与江南城市格局突然发生重大变化有关。1860年至1864年，太平军与清军在江南广大地区激战，南京、苏州、常州、杭州、宁波、绍兴均曾被太平军攻占，江南地区遭受空前破坏，大量人口涌入上海。战争结束以后，尽管有不少人返回原籍，但是，还有相当多的人成了上海居民。

上海快速成为江南经济中心，更与上海特别的政治环境有关。由于有租界的存在，由于上海自1860年以后，便成为中外利益共同体，无论发生什么战争，包括中国国内战争（太平天国战争、辛亥革命战争、江浙军阀战争）、中外战争（中法战争、中日甲午战争、八国联军侵略中国的战争），以及发生在中国领土上的外国战争（日俄战争），上海均保持中立地位，置身战争之外。这种战时中立地位，是得到包括中国历届政府、西方列强认可的。[1]

上海快速成为江南经济中心，与租界的营商环境有关。与战时中立同步，上海租界禁止中国军队进驻与通过，禁止中国警察入内执法，禁止中国政府对租界内华人征税，这些都是对中国主权的侵夺，也没有法律依据。但是，如此一来，租界之内的华商，倒是避免了被租界以外各种势力（包括清政府、北洋政府、军阀与土匪等）的侵害。租界内的能源供应、融资环境、人才集聚等，也为华商提供了较为良好的营商环境。

在人的各种需求当中，安全是最根本、最重要的需求。1860年以后，安全是上海城市集聚的最重要因素，于是，人口集聚、人才集聚、财富集聚，中国最富庶区域江南的人口、人才、财富，以令人难以想象的方式与速度集聚到上海，江南文化中心自然也就转移到上海。

明清苏州与近代上海，都是合经济中心与文化中心为一体的城市。它们出现在不同的历史阶段，苏州鼎盛处于中国对外封闭时期，也是河运发达时期，上海鼎盛则处于中国被动对外开放时期，是海运发达时期。大运河畅通，河运发达，运河沿线城市便发达。大运河淤塞，海运发达，沿海城市便发达，运河沿线城市便衰落。

但是，作为合经济中心与文化中心为一体的城市，上海与苏州的形成

---

[1] 参见熊月之:《论近代上海作为中外利益共同体的意义》,《学术月刊》2018年第6期。

机理与社会背景却高度一致。它们都处于交通枢纽位置,都处于对海外联系比较便利的位置(尽管苏州不及上海便利),所依托的都是广阔的江南腹地。两者之间,此起彼伏、一脉相承的关系相当清晰。

上海开埠以后,其营商环境优越之处,早为敏感的苏州商人所知晓,特别是1860年以后,苏州危险、上海安全的信息,已成社会常识。于是,苏州商人、文人竞相涌入上海。诚如包天笑所说:"其实上海自开埠以来,最先到的便是苏州商家,当时的大商业,如珠宝业、绸缎业、药材业、参茸业、典当业,以及钱庄、金铺,都是苏州人来创始。说句可耻的话,因为苏商的发展,妓馆也借说书为名,号称书寓,而成为苏帮了。上海在一年一年发展中,于是几个大商家,宁波人也来了,广东人也来了,各省的人都来了。但是像宁波帮、广东帮,都是从海道来的,不免带了一点洋气,而苏帮却是从内地来的,营业也就有国粹意味。不过近岁以来,苏人以近水楼台,也想分我一杯羹,因此在上海营地产事业,迁居上海的也就多起来了。"[1] 包天笑也是由苏州迁移上海的苏州人之一。他的描述,生动地展示了江南地区经济、文化的整体性特点。从小范围看,苏州是苏州,上海是上海,从大范围看,特别是沪宁铁路通行以后,长三角一体化程度加强,苏州已成为上海后花园,上海、苏州已属于同一个城市群,两城市各自的优势已逐渐成为城市群共有的优势。

(熊月之 上海社会科学院原副院长、研究员,复旦大学历史系教授,中国史学会副会长)

---

[1] 包天笑:《钏影楼回忆录》,香港:大华出版社,1971年,第367页。

超越地域的疆界：从江南到长三角

唐力行

江南地域的疆界，其历史发展阶段经历了由大而小、再由小而大的历史过程，这是有着丰富历史内涵的辩证过程，而这样一个过程跟江南经济文化的发展是同步的。

对地域疆界划分的标准有四个：行政、自然地理、市场、文化。

行政江南：由大而小

江南的行政地理在历史上有很多复杂的变迁，我只能简短地谈一下大的趋势、关键节点。唐初，把天下分为十道，江南道范围非常大，囊括了今天江南以南、南岭以北、西起四川和贵州、东到海滨将近一半的中国。但是天下十个道，江南仅占其一，北方有九个道，可见此时江南的经济社会对于中央政府来讲重要性还尚小。

但这种情况很快发生变化。随着大运河开通，到了唐朝的中后期，江南开始改变面貌，到宋朝后，今天浙江以东的苏南、上海、浙江地区设立了两浙路，其范围比原来的江南道小得多，到元朝，设立江浙行省。清朝顺治二年（1645年），成立了以江南命名的江南省，包括了今天的安徽、江苏、上海。康熙六年（1667年）又分江南省为安徽省、江苏省，一直延续到今天。这是江南行政地理范围的变迁。因此，从行政地理来讲，江南并不是一个固定的地域范围，经历了由大而小的变迁过程。

地理江南：苏州和上海始终是中心

自然地理上的江南：将太湖作为江南河川流域的中心，认为长江以南的环太湖地区，就是江南。环太湖地区有水系相连，有着共同的经济特色。其范围究竟有多大，却是有分歧的：从苏、松、嘉、湖或苏、松、常、镇四府说到苏、松、常、镇、宁、杭、嘉、湖、绍、甬十府说。其中另有五府说、六府说、七府说、八府说、九府说等，均不出此范围，仅是排列组合的不同而已。但无论是十府说还是四府说，最中心都是苏州与松江。居于松江府的上海，由吴淞江和太湖一水相连，始终居于江南的核心区域。

市场江南：一双看不见的强大的手

对于区域疆界的划分可以看到有一个市场江南。美国学者施坚雅对中国的江南地区有着深入研究，他曾经提出，河川流域可以作为自然地理划分的标准，它是传统时代人员物资交流的载体，一个河川流域就是一个区域市场的体系。江南作为一个市场的体系，以太湖为中心，太湖西部上游有荆溪、苕溪，东部入海有吴淞江、钱塘江等，加上南北走向的运河，共同构成了平原水网的区域市场。宋代中国经济文化重心南移，特别是随着京杭大运河的开通，江南内部的沟通得到了加强，今天长三角内部的一些重要城市，譬如镇江、常州、无锡、苏州、嘉兴、杭州等都分布在运河的岸边。从唐朝后期以来，江南的粮产品源源不断通过大运河往北方输送。这样的过程中，一方面加强了江南内部各城市之间的联系，另一方面，加大了江南接受北方先进文化辐射的力度，因此可以说大运河的存在第一次奠定了江南地区内部网络的基础，同时初步塑造了江南地区对外开放的性格。

16世纪以后，明代中期，江南、华南、华北和长江沿岸华中，商品经济都有了非常大的发展，形成了全国商品经济的网络。四个城市成为当时中国最重要的商业城市，北方的北京，南方的佛山，华中地区的武汉，华东地区的苏州，当时有这样的说法：天下有"四聚"，"四聚"之首在苏州。苏州作为江南中心城市的时代，对周边的城市和区域有着强大的辐射力，而周边的城市有着向中心聚集的内聚力。区域之间的整合，行政的力量固然重要，但是经济、文化的力量起决定作用，他们是一双看不见的手。

文化江南：由小到大

江南文化有其特有的内涵和张力。明代后期流行起来的苏样、苏意是苏州文化品牌的代名词，也是江南文化的象征。从生活方式到行为方式，举凡服饰穿着、器物使用、饮食起居、书画欣赏、古玩珍藏、戏曲表演、语言表达无所不包。从明代后期到清代中期绵延三个世纪之久的苏州风尚，不仅是炫耀性的风尚，而且是品位和生活、意蕴和境界风雅脱俗的象征。江南文化的扩张与各地对苏意、苏样效仿是同步的。全国各地始终对苏州保持着仰慕、崇敬以至迷信的状态，亦步亦趋仿效和追随着苏州的时尚。当时有这样的说法："苏人以为雅者，则四方随而雅之，俗者，则随而俗之……"[1]苏州文化如何传播呢？我们来看一下苏州品牌在徽州传播的情况。徽州休宁人善营典当业，苏松地区的典当基本为徽州朝奉垄断，他们把苏松的服饰带回家乡。所谓"数十年前，虽富贵家妇人，衣裘者绝少，今则比比皆是，而珠翠之饰，亦颇奢矣，大抵由商于苏、扬者启其渐也"[2]。可见文化市场的力量非常强大。苏样、苏意引领全国时尚，谁在苏样、苏意当中起引领作用？很多研究表明，起引领作用的还是在苏州、扬州经商的徽商。

而徽商为什么能够越过崇山峻岭？个中原因涉及其地区性的文化特质。徽州是理学之乡，宋代的时候，中国传统国学儒家文化到了理学的新阶段。理学就是新安理学，由徽州婺源人朱熹所创立。因此，徽州科举文化非常发达。徽州的科举在府一级的单位里，按照科举量和人口比例来说，全国苏州第一，徽州第二。且徽州人认同自己属于江南不是只在今天，而是从很早开始就把自己称作为吴人。文化的张力使得徽州被整合到江南，超越了崇山峻岭的阻隔。两地的互动促进了苏州商品经济发展，有利于资本主义萌芽，推动社会转型和近代化的进程。

徽州与江南：超越崇山峻岭

徽商在明代中期后，成为中国最强大的一支商帮，为明清中国经济发展留下了浓墨重彩的华章。这与苏州中心城市辐射力分不开，同时也跟徽州商人走出徽州，向苏州、江南的聚合力相关。

处于江南边缘的徽州，其自然地理与江南核心地区完全不一样。徽州在万山之中，地狭人稠，耕获三不赡一。徽州一年所生产的粮食只够徽州人吃一个月，那其他十一个月的粮食靠哪里？靠外面运回来。徽州山里出

---

[1] 王士性：《广志绎》卷二，北京：中华书局，1981年，第33页。
[2] 许承尧：《歙事闲谭》卷十八《歙风俗礼教考》，合肥：黄山书社，2001年，第606页。

竹、木、茶、漆和文房四宝等，把这些东西运出去，把粮食运回来。天下之民，寄命于农，徽民寄命于商。他们要生存下去，离不开商业，"吾邑之不能不贾者，时也，势也，亦情也"[1]。徽州周边是高山，只有三条河流可以跟外面相通，通过新安江到杭州，入运河到苏州；由青弋江到芜湖，入长江再经过运河到苏州，往西边通过阊江，入鄱阳湖进长江到武汉。

远古徽州是山越居住之地，为什么能够发展起来？靠移民，靠北方的先进文化。历史上北方世家大族南迁的首选之地是环太湖平原。安史之乱、黄巢起义后，江南平原的动乱增加了。南迁大族想保持宗族聚居的宁静生活已不可能，必须进一步迁徙，而最方便且距离最近的就是徽州。由于徽州在群山环抱之中，于是一个个狭小的山谷平原，就成为宗族聚居地。中国有八大语言区，徽州方言是其中之一。长期在徽州考察，我们会发现翻过一座山，语言往往会有很大的差别，这是他们的祖先来自北方不同的地区所致。明清时期徽州人口发展起来，山谷里没有办法继续容纳这么多人，所以他们大量到江南地区乃至海内外经商。这样一来，造成"无徽不成镇"的江南地区的格局。

从上海地方志里可以看到很多徽商活动的记载。徽商实力强大，掌控了江南市镇的商业、手工业，在江南地区造就了一个由坐贾、行商与海商所构成的商业网络。这一商业网络带动了江南和大海的互动。徽商将江南的瓷器、棉布、丝绸等贩运到日本、东南亚。这一互动使得江南和16世纪初形成的世界市场联系在一起。市场的扩大促使生产方式的改变，从而使江南地区滋生了资本主义萌芽。资本主义萌芽为什么能够发展？中国明代中后期商品经济为什么能繁荣？这都跟徽商分不开。

南通与江南：跨越长江天堑

太平天国战争以后江南中心移到上海，苏州已经成为上海的腹地。随着近代化的推进，机器大生产业、金融业、海运业成为上海经济的主力，上海辐射力更强，甚至超越了长江的疆界。南通地处长江以北，其发展跟上海崛起紧密联系在一起。

---

[1] 明万历《歙志·货殖》，转引自张海鹏、王廷元主编：《明清徽商资料选编》，合肥：黄山书社，1985年，第45页。

南通多沙地，宜于植棉。张謇以状元的身份，弃官从商，在南通创办大生棉纺织业现代化企业，并且加强与上海之间的联系，棉纱业产品主要到上海销售，甚至部分棉纱业直接转移到上海生产，技术骨干也来自上海。因为跟上海经营方面的联系非常密切，张謇在上海发展银行业，建立起连通南通与上海的大达轮船公司，把南通经济、南通文化和上海打成一片，当时有人把南通称为"北上海"。这样一来，江南跨越了天堑长江，进入了苏北。

多元开放的江南：从苏州到上海

以往人们对江南的认识有局限，其实以苏州为中心的江南自古以来就是多元开放的移民社会。多元开放并非自上海始。

传统时代的江南是一个开放的移民社会。传统时代，吴文化是江南文化的主体，它是由泰伯奔吴，带来中原文明，与本地文明杂交而生成的，本身就是黄河文明与长江文明的结晶，因此天然地具有一种内在的、自觉的开放意识。在先秦、秦汉时代，吴文化带有一种尚武、粗犷的个性，经过汉晋六朝唐宋时代中原移民的浸染，愈益变得精致尚文，至明清以后而臻于鼎盛。文化的吸引力是当时长三角内部整合的重要动力之一。先后融入江南文化的有浙江文化、徽州文化和海派文化等。

江南的疆界与海洋相连，有着悠久的海洋文明。江南东临大海，有着漫长的海岸线，与蓝色大洋相连相通。明代郑和下西洋就是从太仓刘家港起锚的。晚明时期，广阔的海外市场为江南经济的发展创造了条件，徽商的走私贸易，使得江南的生产与世界市场发生了联系，这是一种偷偷的开放。而近代以来，列强的坚船利炮轰开了中国的大门，上海成为近代中国最大的对外贸易中心城市，不过这样的开放还只是一种被动的开放。只有最近的一次，才是真正自主的对外开放。研究江南文化不能不注意海洋的因素。

苏州、上海，现代化的两种模式。现代与传统不可分割，苏州与上海都是从传统生长到现代的。不同的是苏州乃吴文化的中心，有着深厚的传统文化根基。近代以来苏州现代化的轨迹更多地显现了传统物质文化、非物质文化与现代价值观的整合。这与海派文化与现代价值观结合的上海现代化模式有着很大的区别。如何自觉地探索现代化的苏州模式，在江南内部实现苏州模式与上海模式自由竞争,相互补充,这是一个重要的课题。

弘扬江南文化,必将为长三角的腾飞插上翅膀

改革开放以来,尤其是今天长三角内部的整合和对外的开放进入了全新的阶段,达到了前所未有的高度。现在上海经济上的张力、文化上的张力,前所未有的强大,所以今天的发展必然会打破行政的疆界,使得长三角经济文化走向一体化。

文化的江南有着更为强大的张力,今天为什么讲江南文化,这是有道理的。

江南文化有它的特征,首先是敢为天下先的开放开拓精神。南通区域现代化在形成江南次级中心以后,逐渐向周边地区扩张和渗透,并不断加强与上海的联系,使两地经济上成为一体,文化上相互连通。张謇在南通建立了地方自治制度,形成了"乡里士夫",人人奋起,各自效力于地方,为地方做几件实事,从而建立一个"自存立,自生活,自保卫"的人民安居乐业的新村落。清朝末年苏州的市民公社,民国初上海商会的自治,由商人来管理城市的公共秩序。敢为天下先的开拓精神是江南文化的一大特点,海派文化、红色文化皆源于此。

理性和智慧。苏州的耕地只占全国的1/88不到,但所承担的赋税接近全国的1/10,其赋税在全国最高。尽管赋税很重,但是勤劳聪明的苏州人并没有被这样的压力压垮,人多地少,他们就精耕细作,创造了"苏常熟,天下足"的局面。苏州的手工业、农副业,在明清时期是领先于全国,通过发展商业、农副业,不仅应付了国家的重赋,而且使自己过上较好的生活。

江南人厚重、包容、精致。江南文化以传承两千多年的吴越文化为根基,唯其厚重,故能包容。西方文化到上海,上海人也不排斥,因此,汇集了中西优秀文化的大成。江南的精致,不仅表现在人民的日常生活上,还表现为传统时代的手工艺、园林和戏曲。中国戏曲、曲艺最为经典的昆曲和苏州评弹,都诞生于苏州。徽州与苏州的互动,在文化上促成了京剧的诞生。徽商到江南后,办了很多徽剧家班,作为他们交际的工具。在这个过程中,他们邀请昆剧艺人加盟,徽剧唱腔与昆曲相融合。徽班进京,形成了京剧。京剧号称国剧,这是江南地区对中国文化的重大贡献。当代上海的制造业、科学、文化与艺术更是充分体现了厚重、包容、精致的特点。

今天的长三角毕竟还是分属于上海、浙江、安徽、江苏不同的行政区域，虽然已经呈现了长三角经济社会一体化的趋向，但是我们还须看到经济、文化整合的过程是一个漫长的进程，还需要我们去培植和推进。研究江南文化、传承江南文化、弘扬江南文化，必将为长三角的腾飞插上翅膀。

（唐力行　上海师范大学人文学院教授，中国社会史学会副会长）

两晋之际江东大族之"接引诸伧"与华夏文明之承传

——以顾荣为中心的考察

王永平

中古时代,世家大族的形成、发展,既是一定历史阶段的产物,同时也对当时的历史进程产生了广泛而深刻的影响。钱穆先生曾指出,汉代重视儒术,并以此主导选举,推行教化,影响到社会变化,"此下门第之兴,实与提倡孝廉有甚深之关系。而门第乃为此下中国社会一新景象,一新特色。政治乱于上,而社会得安于下。若非有门第,东晋亦无以南渡,南朝亦无以支撑。五胡至于北朝,亦无以构成一胡汉合作之局面。要之,在魏晋南北朝时期,中国社会力量之贡献,乃远过于政治力量。换言之,中国历史文化大传统,寄存于下层社会,实更大于上层政府。此唯门第之功。故言中国社会,于四民社会一传统名称下,不妨增设门第社会一名称"[1]。江东士族本为一地域群体,在两晋之际民族纷争、汉族南迁的严峻历史关头,江东大族及其代表人物平定地方动乱,放弃地域私念,接引南渡北人,参与东晋之创建,为华夏民族及其文化之承传与发展,做出了不可磨灭的历史功业。对此,王夫之《读通鉴论》卷一二"晋惠帝"之七条称西晋末南方便乱,然"国有干城,虽乱而弗难定也。……其地有人,而后可以相资而理。李特之乱,蜀土风靡而从之,尽三巴之士,仅一诡僻之范长生而已。吴则贺循、华谭、周玘、顾荣皆洁身退处而为州郡所倚重,民乱而士不与俱,则民且茶然而自废,张昌、石冰之首不难馘已,而陶侃得以行其志于不疑。呜呼!此非晋能得之,其所由来者旧矣"。同书同卷"晋惠帝"

---

[1] 钱穆:《晚学盲言》,桂林:广西师范大学出版社,2004年,第178页。

之一三条又说:"孟子言保国之道,急世臣,重巨室,盖恶游士之徒乱人国也。夫游士者,即不乱人国,而抑不足以系国之重轻,民望所不归也。主其地,习其教,然后人心翕然而附之。陈敏之乱,甘卓反正,而告敏军曰:'所以戮力陈公者,正以顾丹阳、周安丰耳,今皆异矣,汝等何为?'顾荣羽扇一麾,而数万人溃散。琅邪王镇建业,荣与纪瞻拜于道左,而江东之业遂定。夫此数子者,皆孙氏有国以来所培植之世族也,率江东而定八王已乱之天下,抗五胡窥吞之雄心,立国百年而允定,孟子之言,于斯为烈矣。"

鉴于以往人们论及东晋创立等问题,多以侨姓士族为中心,本文则突出吴姓士族之地位,彰显其功业。

一、江东大族平定陈敏之乱及其影响

两晋之际,诸胡内进,西晋灭亡,北方从此进入民族纷争与融合的"十六国北朝"时期,而东晋王朝的建立及其对大量南迁人口的安置,使得江东地域成为传统华夏文化得以保存、延续、演进,进而获得发展、再现生机的新天地。在这一决定华夏民族及其文化的重大历史转折关头,江东地域社会及其士族代表发挥了重大作用。

晋武帝太康元年(280年),西晋灭吴,然江东始终局势未稳,屡生动乱。《晋书》卷三《武帝纪》载太康三年九月,"吴故将莞恭、帛奉举兵反,攻害建邺令,遂围扬州,徐州刺史嵇喜讨平之";太康八年十二月,"吴兴人蒋迪聚党反,围阳羡县,州郡捕讨,皆伏诛"。《晋书》惠帝、愍帝、元帝诸帝纪也无不载有吴人暴动之史实。《晋书》卷二八《五行志中》载:"武帝太康三年平吴后,江南童谣曰:'局缩肉,数横目,中国当败吴当复。'又曰:'宫门柱,且当朽,吴当复,在三十年后。'又曰:'鸡鸣不拊翼,吴复不用力。'于时吴人皆谓在孙氏子孙,故窃发为乱者相继。"由所谓孙吴亡国后"窃发为乱者相继"的情形看,当时江东地区的局势动荡不安,这给晋武帝等统治者带来了很大的苦恼。《晋书》卷五二《华谭传》载晋武帝亲自策问秀才广陵人华谭,论及"吴人趫雎,屡作妖寇""吴人轻锐,难安易动"等问题,并问:"今将欲绥靖新附,何以为先?"华谭答曰:"所安之计,当先筹其人士,使云翔闾阖,进其贤才,待以异礼;明选牧伯,致以威风;轻其赋敛,将顺咸悦,可以永保无穷,长为人臣者也。"

又,《晋书》卷四六《刘颂传》载其向晋武帝所上奏文指出:"孙氏为国,文武众职,数拟天朝,一旦堙替,同于编户。不识所蒙更生之恩,而灾困逼身,自谓失地,用怀不靖。"他建议对南人加以礼遇,"随才授任,文武并叙"。[1] 汉晋之间,孙吴的割据造成江东地域社会获得了长足的发展,以致西晋统一之后遇到了很多新问题,必须适当调整其统治政策,以寻求地方社会的稳定。

西晋统治者确实采取了一些招引江东大族名士的举措,而江东士族群体在相对独立的发展进程中断背景下,不得不入北求仕,踏上了与中土大族交往、合作的艰难行程。但在此过程中,他们被当成"亡国之余",往往仕途不畅,经历坎坷。及至西晋后期,政局混乱,江东名士代表陆机、陆云兄弟等命丧北土,顾荣、张翰等则返归乡里避难。面对内忧外患,对于顾荣等江东大族代表而言,其主要使命首先在于维护故土的安定,故其屡有平乱之举。两晋之际,江东成为各种军政势力的觊觎之地,所谓"自天下多难,数术者云当有帝王兴于江左"。[2] 江东士族社会平定威胁地方稳定的重大事件有三次,即所谓"三定江南":一是太安二年(303年)平定流民帅石冰之乱;二是自永兴二年(305年)至永嘉元年(307年)平定陈敏之乱;三是永嘉四年(310年)平定江东本土豪强钱璯之乱。诸乱之中,影响最大的是陈敏之乱,在此过程中,作为江东士族社会之"首望",顾荣发挥了决定性作用。

顾荣,《晋书》卷六八本传载其乃孙吴丞相顾雍孙,在吴地大族名士中,与其家世门第和才性品德,享誉士林,有"东南名士"[3]"南土秀望"[4]之誉,素以"清望"[5]著称。其返乡前,江东地方大族于太安二年(303

---

[1] 关于西晋灭吴后,吴人之遭遇及其西晋朝廷对待吴人之政策,周一良先生《魏晋南北朝史札记》(中华书局,1985年)"西晋王朝对待吴人"条有比较深入的论述,请参见。王永平《论陆机兄弟之死》(刊于《中华文史论丛》第73辑,上海古籍出版社,2003年)也有所论述,敬请参看。

[2] 房玄龄等:《晋书》卷一〇〇《张昌传》,北京:中华书局,1974年,第2612页。

[3] 陈寿:《三国志》卷五二《吴书·顾雍传》注引《晋书》,北京:中华书局,1959年,第1228页。

[4] 李昉等:《太平御览》卷二四六《晋中兴书》,四部丛刊三编影宋本。

[5] 《太平御览》卷二四六《晋中兴书》载,"时吴朝士人入洛者,唯陆机、陆云及荣三人,而机、云虽有才藻,清望不及荣也。"陆机、陆云兄弟是当时江东最具声望的才俊之士,顾荣固然"才藻"不及之,但其"清望"卓著,并以此获得士林佳誉。所谓"清望",是对其个人相对超然、幽雅的道德情操的概括,正是其家族敦厚门风长期熏陶的结果。

年）驱逐了流民帅石冰势力，而在江北负责漕运的广陵度支陈敏也参与并最终平定了石冰之乱。对于江东地域大族而言，面对当时的乱局，他们首先考虑的是如何稳定地域社会的局势及其家族利益。鉴于汉末孙吴割据自治的成功经验，他们很自然地想到了经营地方割据政权。对此，田余庆先生曾有分析指出："八王之乱后期，江南士族名士深知洛阳政权已难维持，亟需一个像孙策兄弟那样的人物来号令江东，保障他们家族的利益。他们在江东没有找到合适的人，而在江北找到了陈敏。他们起先拥护陈敏，为敏所用。"[1] 这揭示了西晋末江东地方大族人物企图寻求地方自治的真实心态。

陈敏，据《晋书》卷一○○本传，庐江人，少有干能，以郡廉吏补吏部尚书仓部令史。他以晋廷内乱，建议漕运江淮米谷以济北方之困，晋廷命其出任合肥、广陵度支，掌握一支拥有相当实力的漕运兵。晋惠帝太安二年，荆楚一带流民乱起，石冰东趋扬州，席卷江淮，企图占领江东。江东大族愤然而起，悉数举兵，陈敏也起兵响应，并以讨石冰之功而升任广陵相。他见晋室衰微，"遂有割据江东之志"。永兴二年末，陈敏自封扬州刺史，不久又称大司马、楚公。陈敏割据，其目标首在江东，其次在荆楚，从陈敏的部署看，他本人自历阳起兵，自封扬州刺史，不久又进爵大司马、楚公，坐镇建邺；以其弟陈昶、陈闳等助守历阳，又令弟陈恢与钱端等攻打江州、荆州，弟陈斌则协作控制吴、会，视之为根本所在。为此，他必须争取江东大族名士的支持，《晋书·顾荣传》载："属广陵相陈敏反，南渡江，逐扬州刺史刘机、丹杨内史王旷，阻兵据州，分置子弟为列郡，收礼豪杰，有孙氏鼎峙之计。"江东大族对陈敏割据江东的态度如何呢？查核《晋书》之顾荣、甘卓等人的传记，皆言先"伪从之"，然"素有图敏之心"，故"先受敏官，潜谋图之"。如《晋书·陈敏传》载其"并假江东首望顾荣等四十余人为将军、郡守，（顾）荣并伪从之"；《晋书》卷五二《华谭传》亦载"陈敏之乱，吴士多为其所逼。顾荣先受敏官，而潜谋图之"云云。但仔细考察，这些记载存在着明显的伪饰、回护的印迹，特别是《晋书·顾荣传》将不同时间内的事情笼统叙述，有意模糊其真相，使人看不清他们与陈敏分合的过程。实际上，江东大族与陈敏无疑曾经历了

---

[1] 田余庆：《东晋门阀政治》，北京：北京大学出版社，2012年，第19页。

短暂的合作过程，后来由于形势的变化转而放弃割据之念，从而与陈敏决裂。否则，不可想象陈敏能轻易占据江东，并能统治一年多时间而没有遭受反抗。关于顾荣诸人与陈敏之合作及其疏离，下文略做考析。

《晋书·顾荣传》载其在陈敏之乱中，曾应征为陈敏之右将军、丹杨内史，陈敏一度"欲诛诸士人"，顾荣劝陈敏曰："中国丧乱，胡夷内侮，观太傅今日不能复振华夏，百姓无复遗种。江南虽有石冰之寇，人物尚全。荣常忧无窦氏、孙、刘之策，有以存之耳。今将军怀神武之略，有孙、吴之能，功勋效于已著，勇略冠于当世，带甲数万，舳舻山积，上方虽有数州，亦可传檄而定也。若能委信君子，各得尽怀，散蒂芥之恨，塞谗谄之口，则大事可图也。"这段话很能说明江东大族人士的心态。陈敏听其言，"悉引诸豪族委任之"。很显然，顾荣等希望在中土乱局已定的大背景下，与陈敏合作，恢复孙吴割据之旧业，以维护江东的稳定。此时，陈敏实际上是被他们利用的工具。直到后来顾荣劝甘卓起兵反抗陈敏时还说："若江东之事可济，当共成之。然卿观事势当有济理不？"顾荣策反甘卓，甘卓军士皆言："本所以勠力陈公者，正以顾丹杨、周安丰耳；今皆异矣，汝等何为！"[1] 以顾荣为代表的江东大族在陈敏之乱中的心态与作用由此可见。[2]

顾荣之所以断然抛弃陈敏，一个重要原因在于东海王司马越祭酒华谭的提醒。《晋书·陈敏传》载"东海王祭酒华谭闻敏自相署置，而顾荣等并江东首望，悉受敏官爵，乃遗荣等书"，其具体内容是："石冰之乱，朝廷

---

[1] 司马光：《资治通鉴》卷八六《晋纪八》，《资治通鉴》第6册，北京：中华书局，1956年，第2 726页。

[2] 江东人物中与陈敏关系最密切的是甘卓，《晋书》卷七〇《甘卓传》载其丹杨人，吴亡后入北，"见天下大乱，弃官东归，前至历阳，与陈敏相遇。敏甚悦，共图纵横之计，遂为其子景娶卓女，共相结托"。《晋书》卷一〇〇《陈敏传》也载："敏因中国大乱，遂请东归，收兵据历阳。会吴王常侍甘卓自洛至，教卓假称皇太弟命，拜敏为扬州刺史，并假江东首望顾荣等四十余人为将军、郡守，荣并伪从之。敏为息娶卓女，遂相为表里。"《晋书》卷六八《顾荣传》称陈敏"仍遣甘卓出横江，坚甲利器，尽以委之"。可见陈敏自谋划起事便依仗甘卓，不仅相互联姻，"共相结托""相为表里"，而且起事后"坚甲利兵，尽以委之"。正因为如此，甘卓后来反陈敏时显得特别痛苦、犹疑，但惧于周玘杀陈昶，并受到顾荣的劝告，《晋书》卷七〇《甘卓传》称其"素敬服荣，且以昶死怀惧，良久乃从之"。对这一段经历，甘卓本人后来虽有意掩饰，但当时人都是心知肚明的。王敦之乱时，王敦逼其援助，有人劝其先附王敦观变，甘卓深有感触地说："昔陈敏之乱，吾亦先从后图，而论者复谓惧逼而谋之，虽吾情本不尔，而事实有似，心恒愧之。"可见当时人一致认为甘卓反陈敏是被动的，即所谓"惧逼而谋之"，在这种舆论的压力下，其"心恒愧之"。

录敏微功，故加越次之礼，授以上将之任，庶有韩卢一噬之效。而本性凶狡，素无识达，贪荣干运，逆天而动，阻兵作威，盗据吴会，内用凶弟，外委军吏，上负朝廷宠授之荣，下孤宰辅过礼之惠。天道伐恶，人神所不祐。虽阻长江，命危朝露。忠节令图，君子高行，屈节附逆，义士所耻。……况吴会仁人并受国宠，或剖符名郡，或列为近臣，而便辱身奸人之朝，降节逆叛之党，稽颡屈膝，不亦羞乎！……今以陈敏仓部令史，七第顽冗，六品下才，欲蹑桓王之高踪，蹈大皇之绝轨，远度诸贤，犹当未许也。诸君垂头，不能建翟义之谋；而顾生俛眉，已受羁绊之辱。皇舆东轩，行即紫馆，百僚垂缨，云翔凤阙，庙胜之谟，潜运帷幄。然后发荆州武旅，顺流东下；徐州锐锋，南据堂邑；征东劲卒，耀威历阳，飞桥越横江之津，泛舟涉瓜步之渚；威震丹杨，擒贼建邺，而诸贤何颜见中州之士邪！……上欲与诸贤效翼紫宸，建功帝籍。如其不尔，亦可泛舟河渭，击楫清歌。何为辱身小寇之手，以蹈逆乱之祸乎！昔为同志，今已殊域；往为一体，今成异身。瞻江长叹，非子谁思！愿图良策，以存嘉谋也。"华谭以为陈敏乃"仓部令史，七第顽冗，六品下才"，而吴、会大族名士"辱身奸人之朝，降节逆叛之党，稽颡屈膝，不亦羞乎！"这是强调江东大族名士与陈敏之间的社会阶级、地位之差异；而附逆必然导致他们与中朝士族、朝廷分离，即所谓"昔为同志，今已殊域；往为一体，今成异身"。以往南北士人之间虽有矛盾，但那只是地域之争，而吴人依附陈敏，不仅有失忠节，而且有辱清操，这在当时门第与阶级意识日益强化的社会环境下，对江东士族人物而言无疑切中要害。正由于华谭此信揭示了顾荣等江东大族名士一度依附陈敏的心态，致使顾荣颇觉难堪，因而后来在司马睿幕中极力压制华谭。《晋书·华谭传》载："谭不悟荣旨，露檄远近，极言其非，由此为荣所怨。……后为纪瞻所荐，而为顾荣所止遏，遂数年不得调。"

陈寅恪先生分析汉晋间江东地域豪族的动向指出，孙吴以来江东地方豪族势力的膨胀，对晋廷决策与方针颇多影响，然西晋绥靖政策"尚未收大效，而中州已乱，陈敏遂乘此机会据有江东，恢复孙吴故壤，此本极自然之趋势，不足为怪。所可怪者，陈敏何以不能如孙氏之创业垂统，历数十年之久，基业未定，遽尔败亡，为世所笑，斯又吾人所应研究之问题，而当日江东地域即孙吴故壤特殊情势之真相所在也"。[1] 至于江东大族与陈敏之关系,陈先生进一步指出:"陈敏之失败由于江东之豪宗大族不与之合作之故,史传所载甚明,不待详论。西晋末年孙吴旧壤内文化世族如吴郡顾氏等,武力豪宗如义兴周氏等,皆当日最强之地方势力,陈敏既不属于文化世族,又非武力豪族。故华谭一檄提醒顾、周诸人之阶级性,对症下药,所以奏效若斯之神速也。东汉末年孙氏一门约相当于义兴周氏之雄武,而政治社会地位则颇不及之,孙坚、策、权父子兄弟声望才智又远过于陈敏,此孙氏为江淮之豪家大族所拥戴,得成霸业,而陈敏则为东吴之豪宗大族所离弃,终遭失败也。"[2] 他又指出:"考司马氏之篡魏,乃东汉儒家大族势力之再起,晋之皇室及中州避乱南来之士大夫大抵为东汉末年之儒家大族拥戴司马氏集团之子孙,其与顾荣诸人虽属不同邦土,然就社会阶级言之,实为同一气类,此江东士族宁戴仇雠敌国之子孙以为君主,而羞与同属孙吴旧壤寒贱庶族之陈敏合作之故也。"[3] 在这里,陈先生一再强调决定江东大族代表顾荣等最终与陈敏决裂的根本原因在于其阶级身份与文化地位的差异,而华谭之檄文正及时地警告了顾荣等人,启发其羞耻之心,促使其断然抛弃陈敏,转而与晋廷合作。[4]

确实,顾荣等江东大族人物与陈敏合作过程中存在阶级地位、文化观念、军政举措等方面的差异与冲突。前已述及陈敏一再有意诛杀江东地区不与之合作的名士豪杰,受到顾荣的劝阻,而顾荣本人的处境也颇不妙。《通鉴》卷八六晋怀帝永嘉元年载:"敏弟处知顾荣等有贰心,劝敏杀之,敏不从。……敏单骑北走,追获之于江乘,叹曰:'诸人误我,以至今日!'

---

[1] 陈寅恪:《述东晋王导之功业》,见陈寅恪:《金明馆丛稿初编》,北京:生活·读书·新知三联书店,2001年,第57页。

[2] 陈寅恪:《述东晋王导之功业》,见陈寅恪:《金明馆丛稿初编》,北京:生活·读书·新知三联书店,2001年,第58页。

[3] 陈寅恪:《述东晋王导之功业》,见陈寅恪:《金明馆丛稿初编》,北京:生活·读书·新知三联书店,2001年,第60页。

[4] 《晋书》卷二七《五行志上》"鸡祸"条也载"其后有陈敏之事。敏虽控制江表,终无纪纲文章,……卒为(周)玘所灭"。陈敏"无纪纲文章",正是其与江东大族阶级与文化差异的集中体现。

谓弟处曰：'我负卿，卿不负我！'"[1]胡三省注此曰："谓不用处言杀顾荣等也。"可见陈敏兄弟早有杀害顾荣的图谋，陈敏最终也因为未加实施而后悔。《晋书·陈敏传》载："敏凡才无远略，一旦据有江东，刑政无章，不为英俊所服，且子弟凶暴，所在为患。周玘、顾荣之徒常惧祸败，又得谭书，皆有惭色。玘、荣等遣使密报征东大将军刘准遣兵临江，已为内应。"陈敏与江东大族的阶级差异与政治分歧，必然导致双方矛盾不断激化。

此外，华谭除了提醒江东大族代表顾荣、周玘"诸人之阶级性，对症下药"外，也明确向江东代表人物顾荣等分析、通报了北方的军事布局，所谓"发荆州武旅，顺流东下；徐州锐锋，南据堂邑；征东劲卒，耀威历阳，飞桥越横江之津，泛舟涉瓜步之渚；威震丹杨，擒贼建邺"云云，虽不无恐吓，但也非无据。陈敏割据江东之后，本欲西占荆州，但遭到荆州刺史刘弘所命之江夏太守陶侃等人的有力阻击，西征失败。征东将军在寿阳已有部署，"徐州锐锋"则指东海王司马越系统的军事力量。司马越后来以周馥代替刘准为征东将军，又以司马睿为安东将军，都与此相关。[2]北方军队的集结与协调，表明北方统治者绝对不能容忍江东的独立，而一旦战争爆发，江东必成涂炭之地，而这正是江东大族所不愿看到的。对此，田余庆先生曾指出："华谭此信，显然是受命于司马越、王衍，目的是告诫南士，如果要保障江东士族利益，只有反戈一击，消灭陈敏，与司马越合作。顾荣、甘卓、纪瞻同华谭一样，都曾居司马越幕府，遂与周玘定策灭敏。"[3]这一分析颇为中肯，符合实际。

顾荣与江东地域大族抛弃陈敏，放弃了割据之念，深刻地影响到此后南北士族社会的合作与司马氏江东政权的建立。当时，随着诸胡内进，中原地区已成为民族纷争之战场，西晋基业，摇摇欲坠，而洛京沦陷，在所

---

[1]《晋书》卷一〇〇《陈敏传》载陈敏败亡前其弟陈昶劝杀顾荣等，《资治通鉴》卷八六之《考异》据《晋春秋》，以为进言杀顾荣者当是陈处。这是从文献校勘、考证的角度立论的，但实际上，陈敏及其诸弟皆与江东大族有怨恨与冲突。

[2]许嵩《建康实录》卷五《中宗元皇帝纪》载："怀帝永嘉元年，东海王越秉政。秋七月，以琅邪王睿为安东将军、都督扬州江南诸军事，用王导计渡江，镇建邺。讨陈敏余党，廓清江表，因吴旧都城修而居之，太初宫为府舍。"北京：中华书局，1986年，第122页。

[3]田余庆：《释"王与马共天下"》，见田余庆：《东晋门阀政治》，北京：北京大学出版社，2000年，第21页。

难免，迫在眉睫。当时居于执政地位的东海王司马越与琅邪王衍等皆已有迁移逃亡之计划，而长江中游的荆楚地区则为流民聚集之地，纷乱异常，江东地域则是一个重要的迁移退守的方向。而恰好此时陈敏割据江东，这对晋廷之南迁战略显然是不利的。随着江东士族"弃邪归正"，避免南北士族社会上层的军事对抗与冲突，维护了江东的稳定，这为接纳中州士庶流民提供了前提条件。对此，诚如田余庆先生所指出，晋元帝司马睿及北方士族后来"能够实现南渡，还由于江南士族合力消灭了陈敏势力，为司马睿扫清了进入建邺的障碍"。[1] 正因为如此，永嘉六年，顾荣死后，吴郡太守殷祐上书为其争追赠封官号、谥号，主要理由就是顾荣在平定陈敏之乱中的功业。[2]

二、顾荣之接引南渡诸伧及参与创立东晋

永嘉元年（307年）七月，东海王司马越以琅邪王司马睿为安东将军，都督扬州江南诸军事，经营江东，立国东南。随着西晋在北方的崩溃，大量的北方士庶纷纷南迁，以建康为中心的江东地区不仅成为北方移民的流寓地，而且成为华夏文化传播的中心地。因此，此举不仅对司马睿个人及随之南迁的中原士族意义重大，而且深刻地影响着此后中国历史的发展趋向。毫无疑问，东晋立国，以王导为代表的北方士族社会发挥了主导作用。《晋书》卷六《元帝纪》载："永嘉初，用王导计，始镇建邺，以顾荣为军司马，贺循为参佐，王敦、王导、周𫖮、刁协并为腹心股肱，宾礼名贤，存问风俗，江东归心焉。"这里所谓司马睿"用王导计，始镇建邺"，绝不仅仅指王导以计谋使司马睿获得出镇江东的任命，更重要的是指王导帮助司马睿联络江东地域大族，促成南北士族上层的联合，从而奠定了东晋立国江东的基础。众所周知，西晋灭吴以来，南人的遭遇使他们对晋廷与北人皆怀有怨怼之情，而司马睿本人声望并不高，军府实力也很微弱。因此，江东地方豪族当初并不以之为意。《晋书》卷六五《王导传》载："及徙镇建康，吴人不附，居月余，士庶莫有至者，导患之。会敦来朝，导谓之曰：

---

[1] 田余庆：《释"王与马共天下"》，见田余庆：《东晋门阀政治》，北京：北京大学出版社，2000年，第20页。

[2] 房玄龄等：《晋书》卷六八《顾荣传》，北京：中华书局，1974年，第1814—1815页。

'琅邪王仁德虽厚,而名论犹轻。兄威风已振,宜有以匡济者。'会三月上巳,帝亲观禊,乘肩舆,具威仪,敦、导及诸名胜皆骑从。吴人纪瞻、顾荣,皆江南之望,窃觇之,见其如此,咸惊惧,乃相率拜于道左。导因进计曰:'古之王者,莫不宾礼故老,存问风俗,虚己倾心,以招俊乂。况天下丧乱,九州分裂,大业草创,急于得人者乎!顾荣、贺循,此土之望,未若引之以结人心。二子既至,则无不来矣。'帝乃使导躬造循、荣,二人皆应命而至,由是吴会风靡,百姓归心焉。自此之后,渐相崇举,君臣之礼始定。"这段记载故事情节颇具戏剧性,未必完全属实,但概括当时南北士族之融合过程,则大体无误。又,《晋书·王导传》载:"帝尝从容谓导曰:'卿,吾之萧何也。'对曰:'……愿深弘神虑,广择良能。顾荣、贺循、纪瞻、周玘,皆南土之秀,愿尽优礼,则天下安矣。'帝纳焉。"王导一再建议司马睿主动优遇以顾荣为代表的江东名门代表人士,其根本目的在于争取他们对司马睿政权及南迁北人的认同与支持,形成南北士族上层融合的局面,巩固司马氏立国江东的基础。

面对西晋崩溃、北人南迁的局势,江东地域社会中一些崇尚武力的豪族并不甘心屈服于北人,因而屡生事端,间有变乱,从而对南北士族社会的联合造成了威胁。在此过程中,顾荣作为江东文化士族之"首望",顺应大势,顾全大局,积极与侨寓士族群体合作,配合王导与司马睿创建江东政权。[1] 顾荣对王导辅助司马睿开创东南伟业,多有赞誉。《晋书》卷八三《顾和传》载顾和为顾荣族侄,王导为扬州刺史,辟之为从事。"和尝诣导,导小极,对之疲睡。和欲叩会之,因谓同坐曰:'昔每闻族叔元公叶赞中宗,保全江表。体小不安,令人喘息。'"[2] 顾荣每每在宗族内称赞王

---

[1]《晋书》卷九五《艺术·戴洋传》载:"陈畛问洋:'人言江南当有贵人,顾彦先、周宣珮当是不?'洋曰:'顾不及腊,周不见来年八月。'荣果以十二月十七日卒;玘以明年七月晦亡。"《建康实录》卷五也有大致相同的记载。这是陈敏被灭之后的事。江东民间以顾荣、周玘应所谓"贵人"之谶,绝非偶然,反映出地方社会特别是武力豪族的政治异动倾向。但作为文化士族代表,顾荣则坚定地确定了与北士合作的方针。关于东晋立国过程中义兴周氏之反对侨人,《晋书》卷五八《周处传》载周玘便以"于时中州人士佐佑王业,而玘自以为不得调,内怀怨望,复为刁协轻之,耻恚愈甚。"其死前谓诸子曰:"杀我者诸伧子,能复之,乃吾子也。"周玘子周勰,常铭记父言,"时中国亡官失守之士避乱来者,多居显官,驾御吴人,吴人颇怨。勰因之欲起兵,潜结吴兴郡功曹徐馥"。义兴周氏是吴地武力强宗,在当时南北士族联合以抗御外侮的背景下,他们的这一做法具有破坏性,自然受到遏制。

[2]《世说新语·言语篇》"顾司空未知名"条也有相同的记载。

导"叶赞中宗,保全江表"的功业,不仅表明他对此事的赞许,而且实在在于自己也参与其事。《世说新语·言语篇》所载顾荣与司马睿的一段对话也说明了这一点:"元帝始过江,谓顾骠骑曰:'寄人国土,心常怀惭。'荣跪对曰:'臣闻王者以天下为家,是以耿、亳无定处,九鼎迁洛邑。愿陛下勿以迁都为念。'"[1] 陈寅恪先生曾分析这一段对话,说:"东晋元帝者,南来北人集团之领袖。吴郡顾荣者,江东士族之代表。元帝所谓'国土'者,即孙吴之国土。所谓'人'者,即顾荣代表江东士族之诸人。当日北人南来者之心理及江东士族对此种情势之态度可于两人问答数语中窥知。顾荣之答语乃允许北人寄居江左,与之合作之默契。"[2] 由此可见,司马睿对南人是否诚心合作,原本并无绝对把握,所谓"寄人国土,心常怀惭",实际上是向南人致歉,而顾荣则从大局出发,明确表达了接受北人南迁并支持在江东建立新政权的态度。对此,有论者指出:"在这一时期中,顾荣扮演了一极重要的角色,他成为晋在丧失中原后,尚能在南方找到一立足点——王导'计'中的主角,……不仅全力为元帝谋画,更安慰他们,……王导'计'之成功,由此可见。虽由王导之'计',亦由顾荣之有此心意,始克臻此。"[3]

确实,王导、司马睿等创业东南,对顾荣等南士多有依重。《晋书·顾荣传》载:"元帝镇江东,以荣为军司,加散骑常侍,凡所谋画,皆以咨焉。荣既南州望士,躬处右职,朝野甚推敬之。"顾荣之外,当时江东其他名士代表如贺循、纪瞻、薛兼等也都受到重用。众多南士的默许与支持,是东晋立国的基础。《晋书》卷六八"史臣曰"说:"元帝树基淮海,百度权舆,梦想群材,共康庶绩。顾、纪、贺、薛等并南金东箭,世胄高门,委质霸朝,豫闻邦政;典宪资其刊辑,帷幄伫其谋猷;望重搢绅,任为元凯,官成名立,光国荣家。非为感会所钟,抑亦材能斯至。"司马睿"树基淮海,百度权舆,梦得群材,共康庶绩",顾荣等"南金东箭,世胄高门,

---

[1] 余嘉锡先生在《世说新语笺疏》此条下有按语曰:"顾荣卒于元帝未即位以前,不当称陛下。《世说》此条已为敬胤所驳,见汪藻《考异》。"确实,此条文字表达未必准确,但就顾荣接纳司马睿及与北人合作的心态言,则当无误。

[2] 陈寅恪:《述东晋王导之功业》,见陈寅恪:《金明馆丛稿初编》,北京:生活·读书·新知三联书店,2001年,第59页。

[3] 何启民:《中古南方门第——吴郡朱张顾陆四姓之比较研究》,何启民:《中古门第论集》,台北:台湾学生书局,1978年,第96—97页。

委质霸朝,豫闻邦政",成为东晋立国的基础。对于顾荣之功绩,顾荣死后,司马睿以贺循为军司,贺循以疾辞,司马睿遗书有言:"前者顾公临朝,深赖高算。元凯既登,巢许获逸。至于今日,所谓道之云亡,邦国殄瘁,群望颙颙,实在君侯"。由所谓"顾公临朝,深赖高算"云云,可见顾荣之作用。

东晋草创之际,顾荣以南士领袖身份"躬处右职",除一般的军政谋划外,一个重要使命是向司马睿举荐江东才俊,这一方面是为了进一步巩固和扩大司马睿在江南的统治基础,另一方面则为自吴亡以来沉滞乡里的江东人物拓展仕途。《晋书·顾荣传》载:"时南土之士未尽才用,荣又言:'陆士光贞正清贵,金玉其质;甘季思忠款尽诚,胆干殊快;殷庆元质略有明规,文武可施用;荣族兄公让明亮守节,困不易操;会稽杨彦明、谢行言皆服膺儒教,足为公望;贺生沈潜,青云之士;陶恭兄弟才干虽少,实事极佳。凡此诸人,皆南金也。'书奏,皆纳之。"西晋灭吴之后,南士仕进困难,顾荣所荐诸人,虽"皆南金也",然"未尽才用"。周一良先生在《魏晋南北朝史札记》"顾荣推荐吴士"条中详考诸人家世,多为江东大族子弟,以为"诸人至永嘉元年(307年)元帝镇江东后,始获仕进"。司马睿南渡之初,王导需要南人的合作,主动交结南人,顾荣乘机力荐,确实使得不少长期沉滞乡里的江东名士进入司马睿幕府。不仅如此,比之中朝,当时南人的职位也有所提高,他们的处境确实有明显改善。[1] 顾荣荐士,颇得人心,《初学记》卷一二引王隐《晋书》曰:"当时后进,尽相推谢,称荣有大才令望。"[2] 而司马睿大力启用南士,赢得了南人的支持,奠定

---

[1] 参见何启民:《永嘉前后吴姓与侨姓关系之转变》,何启民:《中古门第论集》,台北:台湾学生书局,1978年,第71-72页。当时华谭也向司马睿举荐人士,《晋书》卷五二《华谭传》载其先荐"干宝、范珧于朝",后以"晋陵朱凤、吴郡吴震并学行清修,老而未调,谭皆荐为著作郎"。可见当时沉滞南士甚多。《晋书》卷六《元帝纪》载太兴元年(318年)十二月诏曰:"其吴之高德名贤或未旌录者,具条例以闻。"可见司马睿立国之际确实比较重视起用南士。

[2] 作为南士"首望",顾荣对江东后进多有称誉,《晋书》卷七七《陆晔传》载陆晔字士光,少时得从兄陆机赏识,居丧以孝闻,顾荣与乡人书曰:"士光气息裁属,虑其性命,言之伤心矣。"《晋书》卷八八《孝友·孙晷传》载其吴郡富春人,"晷为儿童,未尝被呵怒。顾荣见而称之,谓其外祖薛兼曰:'此儿神明清审,志气贞立,非常童也。'"至于其赞誉同族子弟,《晋书》卷八三《顾和传》载:"和二岁丧父,总角便有清操,族叔荣雅重之,曰:'此吾家之麒麟,兴吾宗者,必此子也。'时宗人球亦有令闻,为州别驾,荣谓之曰:'卿速步,君迈超卿矣!'"顾荣出于乡里与宗族感情,赞誉后进,这对诸人的成长颇具影响。

了立国江东的基础,《北堂书钞》卷六三《晋中兴书·吴郡顾录》便载:"于是朝野皆服,中兴基于此焉。"

由上所论,可知顾荣作为江东文化士族之代表、地域社会之领袖,他在两晋之交巨大的历史转折关头,经过痛苦抉择,断然抛弃寻求地方割据自保的念头,接引流迁之中土士族,参与创建东晋。此举意义重大,影响深远。陈寅恪先生曾论述王导在民族与文化遭遇前所未有的巨大危机的关键时刻发挥了至关重要的作用,以为其作为"可称为民族之大功臣","王导之笼络江东士族,统一内部,结合南人北人两种实力,以抵抗外侮,民族因得以独立,文化因得以续延,不谓民族之功臣,似非平情之论。"[1]确实,在消弭南北社会矛盾,整合南北士族力量以共同抵御外侮、延续晋祚与华夏文明传统于江南的过程中,王导等北方士族领袖居于主导地位,功勋卓著。不过,以顾荣为代表的江东本土士族群体也能抛弃历史积怨、克服狭隘的地域意识,积极与北人合作,共同开创司马氏立国江东的新局面。对此,陈寅恪先生以为顾荣等南士接引北人,"此两方协定既成,南人与北人戮力同心,共御外侮,而赤县神州免于全部陆沉,东晋南朝三百年之世局因是决定矣"[2]。从这个意义上,在拯救民族与文化危机的历史关头,顾荣等江东人物的作用与贡献同样不可忽视,也应当称为"民族之大功臣"。不仅如此,两晋之际华夏文明在华北地区第一次遭遇了灭顶之灾,中原士庶的南迁与东晋的建立则使得华夏文明在江南获得延续、更新与发展,这成为此后屡遭劫难的华夏文明得以长期延续、发展的一种模式。因此,两晋之际南北士族共同导演的晋祚中兴江东的历史活剧极富启示意义,影响深远。

在这一重大历史转折关头,顾荣及其所代表的江东本土士族群体之所以能抛弃前嫌,其心态颇值得玩味。不可否认,顾荣的选择具有维护江东本土安全的考虑。我们知道,西晋崩溃,除了晋廷内乱外,一个更为重要的原因在于诸胡内进,野蛮而强大的诸胡不仅征服了中原,而且必然给江南也造成巨大的冲击与威胁。陈寅恪先生考察东晋初南北形势便指出:"在

---

[1] 陈寅恪:《述东晋王导之功业》,见陈寅恪:《金明馆丛稿初编》,北京:生活·读书·新知三联书店,2001年,第77页。

[2] 陈寅恪:《述东晋王导之功业》,见陈寅恪:《金明馆丛稿初编》,北京:生活·读书·新知三联书店,2001年,第59页。文中"戮力同心"现写作"勠力同心"。

匈奴刘渊起兵之后，南方也面临胡马凭陵的危险。南北实力对比，北强南弱，特别在东晋初年是如此。那时南方已经感到后赵石勒、石虎的严重威胁，……后赵在石勒时，曾打到南沙、海虞、娄县、武进。到石虎时，又打到历阳，兵临长江。单凭顾荣是否能以南人的力量不令胡马过江，是有问题的。为江东及本身利害计，江东士族也非与北方士族协力同心，以阻胡骑不可。南北界限比起夷夏界限，又微不足道了。南北士族如果不能协调，司马睿可能到不了南方，东晋南朝的局面也就不能成立。"[1] 作为江东地域社会的士族领袖，维护地方稳定、保全其乡里宗族利益，是顾荣等人做出选择的前提，而当时不断加剧的胡人威胁则促使顾荣必须与南渡士族合作，建立新的政权，以抵御外辱。从这个意义上说，当时接引北人以建立新政权，与维护江东本土利益是相互关联的，具有一致性。

当然，就顾荣排除各种阻力，决意与南渡北人合作的根本原因而言，还是在于他作为江东儒学旧族精英代表，其与北方士族尽管有地域歧视与利益冲突，但他们在思想文化上毕竟渊源有自，"气类"相同，因而在民族危机的背景下，"在南北士族之间，占主要地位的，是阶级和信仰的一致。这决定了他们不是分，而是合"[2]。因此，从儒家信仰的角度而言，两晋之交顾荣等江东人物之接引北人，乃是践行儒家舍生取义之举。关于江东本土儒学士族稳定江南之功绩，前引王夫之《读通鉴论》卷一二"晋惠帝"之七条、一三条所论尤为精辟，这对两晋之际顾荣等江东士族代表人物在维护地域社会稳定，有"率江东而定八王已乱之天下，抗五胡窥吞之雄心，立国百年而允定"之功的看法，这比之一般称述北人之作用而根本无视南人之功业的看法，确实更为全面而深刻，也更符合历史真相。

余论：释后人对顾荣的相关误解

对顾荣与陈敏之"先从后逆"及"接引诸伦"二事，后人皆有微词，颇值得玩味体悟。

对于顾荣与陈敏之关系，华谭致信揭示其原委，致使顾荣颇觉难堪，因而后来在司马睿幕中顾荣极力压制华谭。《晋书》卷五二《华谭传》载：

---

[1] 万绳楠整理：《陈寅恪魏晋南北朝史讲演录》，合肥：黄山书社，1987年，第150页。
[2] 万绳楠整理：《陈寅恪魏晋南北朝史讲演录》，合肥：黄山书社，1987年，第149页。

"谭不悟荣旨，露檄远近，极言其非，由此为荣所怨。……后为纪瞻所荐，而为顾荣所止遏，遂数年不得调。"但在东晋立国之初，出于南北联合的大局，侨姓人士对此非但没有斤斤计较，而且多有包容。《晋书·顾荣传》载顾荣去世后，司马睿"临丧尽哀，欲表赠荣，依齐王功臣格"。吴郡内史殷祐上书议之，以为顾荣之平陈敏，"众无一旅，任非藩翰，孤绝江外，王命不通，临危独断，以身徇国，官无一金之费，人无终朝之劳。元恶既殄，高尚成功，封闭仓廪，以俟大军，故国安物阜，以义成俗，今日匡霸事举，未必不由此而隆也。……荣首建密谋，为方面盟主，功高元帅，赏卑下佐，上亏经国纪功之班，下孤忠义授命之士。夫考绩幽明，王教所崇，况若荣者，济难宁国，应天先事，历观古今，未有立功若彼，酬报如此者也"。殷祐身为侨寓人士，为顾荣所受之赠封规格抱屈，司马睿"由是赠荣侍中、骠骑将军、开府仪同三寺，谥曰元。及帝为晋王，追封为公，开国，食邑"。然及至刘宋，侨人态度有变，《宋书》卷八一《顾觊之传》载："尝于太祖坐论江左人物，言及顾荣，袁淑谓觊之曰：'卿南人怯懦，岂办作贼。'觊之正色曰：'卿乃复以忠义笑！'淑有愧色。"袁淑在宋文帝时论及顾荣，说出"南人怯懦，岂办作贼"，显然是公然暗讽其与陈敏合作之事。东晋中后期以来，侨姓士族掌控大局，地位巩固，而对南人则有轻视之意。袁淑此语正体现了这一心态。

对于顾荣之接引北人，南朝宋齐之际丘灵鞠的看法需要略加分析。《南齐书》卷五二《文学·丘灵鞠传》载其吴兴乌程人，"少好学，善属文"，是宋齐间著名的文学之士，他曾对顾荣接引北人进行了激烈的批评："（齐）世祖即位，转通直常侍，寻领东观祭酒。灵鞠曰：'久居官不愿数迁，使我终身为祭酒，不恨也。'永明二年，领骁骑将军。灵鞠不乐武位，谓人曰：'我应还东掘顾荣冢。江南地方数千里，士子风流，皆出此中。顾荣忽引诸伧渡，妨我辈途辙，死有余罪。'"丘灵鞠固为一介散诞之文士，性格乖张，仕途偃蹇。但在南朝侨、旧关系相对固化的背景下，丘灵鞠的个人遭遇只是当时江东本土人士遭受侨人压制的一个缩影。东晋立国，虽以琅邪王氏为代表的北方士族与司马氏皇族为主导，但对顾荣等江东士族则多所依仗，当时江东人士纷纷应召入仕，南人之地位普遍有所提升。但随着东晋国势渐稳，侨姓士族逐渐把持中央与地方军政要职，而江东人士则日益边缘化，成为政治上的点缀与陪衬，从而引起南人的强烈不满。[1] 从这一角度看，丘灵鞠对顾荣的怨恨之辞，实际上表达的是江东本土人士对侨人擅位的不满，有可理解、值得同情之处。确实，东晋中期以后，侨人气势渐盛，南人则自叹屈志，这是由当时士族社会的地域分别所造成的。但以此抱怨顾荣、王导等人开创的南北联合以抗御外侮、延续民族国家统绪与文明命脉之功业，则实属现实政治牢骚的情绪化表达，对于顾荣及其同时代人物而言，这绝非客观公允之评论；从华夏文化南播与承传的角度而言，其流于地域意识，更失之狭隘与偏颇了。

（王永平　扬州大学社会发展学院原院长、教授）

---

[1] 关于东晋南朝时期，江东人物政治地位的下降及其处境，周一良先生撰有《南朝境内之各种人及政府对待之政策》，见周一良：《魏晋南北朝史论集》，北京：北京大学出版社，1997年，第127-189页。

诗里苏州最江南
——以白居易咏苏诗为例

徐 静

提到江南名城苏州,大家脑海里瞬间会涌现出一大堆诗词。杜荀鹤的"君到姑苏见,人家尽枕河",乃家喻户晓的苏州水城广告词;张继的"姑苏城外寒山寺,夜半钟声到客船",闻名遐迩,流传千古;龚自珍的"三生花草梦苏州",更使苏州成为许多人梦思神往的江南佳丽地。不能不说,名人名诗所搭建的诗词文化及其对苏州历史人文的烘托,是苏州之所以能够吸引全球目光、令人慕名而来的重要缘由。千百年来,历朝历代的文人墨客为苏州抒写了许多经典永流传的美丽诗词,为苏州这座江南名城增光添色。其中,大诗人白居易贡献不小。

白居易(772—846),字乐天,号香山居士。祖籍太原,迁居下邽(今陕西渭南)。白居易的诗歌题材广泛,形式多样,语言平易通俗,有"诗魔"和"诗王"之称,是唐代继李白、杜甫之后又一位大诗人。白居易的诗歌主张和诗歌创作,尤其是对通俗性、写实性的突出强调并全力表现,在中国诗歌史上占有重要的地位,影响深远。

白居易不是江南人,却与江南很有缘分,对其情有独钟。他在《吴郡诗石记》中写道:"贞元初,韦应物为苏州牧,房孺复为杭州牧,皆豪人也。韦嗜诗,房嗜酒,每与宾友一醉一咏,其风流雅韵,多播于吴中,或目韦、房为诗酒仙。时予始年十四五,旅二郡,以幼贱不得与游宴,尤觉其才调高而郡守尊。以当时心言,异日苏、杭苟获一郡,足矣。"[1]早在唐德宗贞元初期,少年白居易因避战乱逃至江南,投奔在杭州做县尉的堂兄,在苏、杭一带逗留五年左右。"苏杭自昔称名郡"(白居易《咏怀》),

---

[1] 严杰编选:《白居易集》,南京:凤凰出版社,2014年,第292页。

时任苏州刺史韦应物、杭州刺史房孺复都是位尊而才高之人，喜欢作诗饮酒，风流儒雅。白居易因为年少高攀不上两位"诗酒仙"，愈发觉得韦、房二人的才华格调之高和郡守的地位之尊，不禁产生异日苏、杭苟获一郡足矣的人生梦想。人生际遇竟如此奇妙，步入官场后的白居易竟有机会先后出任杭州刺史和苏州刺史，不仅美梦成真，而且超出他当年的愿景。

白居易曾自称"姑苏诗太守"。其《送刘郎中赴任苏州》诗曰："何似姑苏诗太守，吟诗相继有三人。"除了他所羡慕的韦应物是第一位姑苏诗太守外，白居易之后，其好友刘禹锡也曾担任过苏州刺史。中唐三位著名诗人先后来到苏州担任行政长官，成为苏州史上佳话。唐敬宗宝历元年（825年）春，年过半百的白居易"老除吴郡守"（白居易《除苏州刺史别洛城东花》），即被任命为苏州刺史。第二年秋，白居易因年老多病辞职离苏。虽然在苏州为官只有一年多，但诗太守与苏州结下了深厚的情缘，写下了许多描绘苏州的名篇佳作，扩大了苏州作为江南名城的影响力。本文即以白居易的咏苏诗为例，来观赏古城苏州的灵山秀水和人文景观，来体验名城苏州的悠久历史和繁华昌盛，来感受这一座江南名城的深厚底蕴和独特魅力。

一、江南水乡风景美

"江南好，风景旧曾谙。日出江花红胜火，春来江水绿如蓝。"这是白居易《忆江南词三首》中的名句。江南是梦里水乡，绿水青山，杏花春雨，小桥流水，风景秀美——地处江南水乡的苏州最为典型。

春节期间，诗太守在苏州街巷闲行漫步。虽然才是正月初三，不过，敏感的诗人已经感觉到些许春意，但见河中鸳鸯戏水，河岸杨柳飘拂，于是诗兴大发，写下了《正月三日闲行》。诗曰：

黄鹂巷口莺欲语，乌鹊河头冰欲销。
绿浪东西南北水，红栏三百九十桥。
鸳鸯荡漾双双翅，杨柳交加万万条。
借问春风来早晚，只从前日到今朝。

此诗生动描绘了唐代苏州水城风景。姑苏美，美就美在姑苏水。苏州是水做的城，城外四面环水，城内水网纵横。不同于大江大海的惊涛骇浪、气势磅礴,苏州的水是波澜不惊的,具有娴静、灵秀、温柔的气质,也因此,苏州人具有与水为邻的亲和儒雅,这是一个恬静平和、人情融洽的环境。走进苏州的诗太守白居易,远离了朝廷是非争斗,心情也变得闲适起来,可谓安详从容而身心俱适。诗人在公务之余、案牍之劳后,走出衙门,在苏州的大街小巷漫步闲行。他从黄鹂巷口穿过黄鹂坊桥,向东过锦帆路再到乌鹊桥。诗中提到的乌鹊河很古老,因春秋吴国著名的古馆乌鹊馆而得名,河上有乌鹊桥,建于吴国阖闾时,是苏州城内最古老的桥。诗太守一边闲行一边赏景,不禁为早春时节苏州水城的美丽景色所陶醉。"绿浪东西南北水,红栏三百九十桥"——此乃描述苏州水城的经典名句,具体形象地描绘出苏州古城多水复多桥的独特魅力。

苏州地处长江下游,太湖之滨,四周河流成网,湖塘连片,雨量充沛。早在公元前514年伍子胥建筑阖闾大城时,即根据水乡泽国的地理特征,因地制宜,引水入城,建造了水陆并行、河街相邻的交通系统,开创了我国历史上第一座规划周密的水城模式。因此,苏州的城市建设自古以来一如既往地以水系为脉络,河道为骨架,道路相依附,构成水陆两套相辅相成的双棋盘格局。古城内,河道纵横交错,东南西北曲折蜿蜒,绿水清澈波光粼粼,江南水城名不虚传。又由于河道多而桥梁栉比,风景愈加美丽。唐代时苏州的桥大多是木桥,漆上红颜色,故曰"红栏三百九十桥"。"三百九十"未必写实,这样一个概数也并非毫无依据,因为在宋代展示苏州城市风貌的《平江图》中,我们可以细数出苏州古城有三百多座桥梁。白居易在诗中概言"三百九十桥",是在桥梁众多的基础上,用诗笔进一步艺术地表现苏州水城的桥梁之盛,可谓星罗棋布。不难想见,在东南西北各个方向众多的河道上,一座又一座姿态各异、色彩鲜明的桥梁沟通了街巷,既方便人们的生活,更增添了诗情画意,从中越发使人感觉到苏州就像是一个用桥搭起来的水上城市。多水多桥是江南水乡名城苏州最突出、最有特色的景致,对此,白居易在诗中也屡有表现。《九日宴集醉题郡楼兼呈周殷二判官》诗曰:"远近高低寺间出,东西南北桥相望。水道脉分棹鳞次,里闾棋布城册方。"

《正月三日闲行》把春到苏州水城的景色描绘得美丽动人、生机勃勃。城市托付在水上,像一个浪漫的梦漂浮在碧波上,诗情久久,画意长长,令人陶醉不已。透过诗太守的这支彩笔,我们看到苏州在唐代就是个适合人诗意居住的江南水乡名城。自然而然地,我们从诗中也能够感受到走进苏州的诗太守白居易心情大好,很享受这样的诗意居住,精神状态愈来愈闲适安详,进入了享受生命的人生境界。

二、繁华雄州实力强

南朝诗人谢朓《入朝曲》有两句名诗云"江南佳丽地,金陵帝王州",给"江南"一词注入了经济繁荣、文化昌盛等丰富内涵。于是,江南不仅是梦里水乡、风景秀美,而且也成为物产丰富、兴旺发达的代称。

唐代大诗人白居易在苏州任上,写下不少描绘姑苏的好诗,留下许多佳作名篇。其中《登阊门闲望》颇具代表性。诗曰:

> 阊门四望郁苍苍,始觉州雄土俗强。
> 十万夫家供课税,五千子弟守封疆。
> 阊闾城碧铺秋草,乌鹊桥红带夕阳。
> 处处楼前飘管吹,家家门外泊舟航。
> 云埋虎寺山藏色,月耀娃宫水放光。
> 曾赏钱唐嫌茂苑,今来未敢苦夸张。

某天,公务之余,白居易登上雄伟的阊门城楼,凭高举目眺望,俯瞰苏城全貌,顿时改变了原先一直以为的杭州比苏州繁盛的观点。此时此刻,姑苏诗太守突然觉得苏州全城着实壮观,郁郁葱葱、生机勃勃,人口众多,物产丰饶,可谓江南地区的一座雄州。白居易先做杭州刺史,后任苏州刺史,"曾赏钱唐嫌茂苑,今来未敢苦夸张"。"钱唐"即杭州,"茂苑"代称苏州,诗人为自己曾经以为苏州不如杭州的偏见有点不好意思。其实,苏杭风光各有千秋,难分上下。当然,若论繁盛,当时苏州已超过杭州。

苏州位于江南运河的中段,南临太湖,北可出海,沿长江可到内地,因此交通便利。唐代安史之乱后,江南地区逐渐成为全国的财赋中心。在北人南迁的潮流中,苏州成为北方衣冠进入江南的首选之地。也因此,苏州经济得到进一步开发。在一般城市人口下降的情况下,苏州人口不降反升,成为江南地区的一大雄州。这也不是凭空而论。作为苏州地方的最高行政长官,白居易十分关注地方的户口、税收、军事力量以及经济状况。苏州自从大运河开通之后,经济日益繁荣,人口逐年增加。《元和郡县图志》记载苏州云:"开元户六万八千九十三。乡一百一十八。元和户十万八百八。"[1]而记载杭州云:"开元户八万四千二百五十二。乡一百八十八。元和户五万一千二百七十六。"中唐之后,苏州户数一直处于不断增长的态势,并且,其人口增长速度之快,在江南地区独一无二。古代社会,人口增长速度是与经济发展速度成正比的。"十万夫家供课税,五千子弟守封疆",十万户,五千兵,这些数字确实可以证明苏州不愧为"雄州"。

《登闾门闲望》以闾门这一著名的苏州地标建筑作为观察的窗口,高度概括了中唐时期苏州作为雄州的宏大繁荣景象。

吟咏全诗,脑海中不难浮现出唐代苏州整个城市的立体图像。姑苏雄州地繁民富,实力雄厚,经济繁荣,生机盎然。而经济的繁荣则与苏州四通八达的河道密切相关。苏州古城水网纵横,因为河道,便有了各种水榭,便有了无数船只,要知道,船是当时苏州水城最主要的交通工具。不难想象,东西南北的河道中画舫穿梭,商船如织,商业繁忙,带给苏州的是经济发展。有了经济实力,文化艺术也丰富昌盛起来。"阊阊城碧铺秋草,乌鹊桥红带夕阳。处处楼前飘管吹,家家门外泊舟航"——这几句诗表现出苏州水城的美是流动的美,艺术的美。整个城市绿意盎然,夕阳映照下的乌鹊桥红光灿烂,处处楼台盛宴常设,管箫声声悠扬动听。在水城,临河而居的人家很多,居民住宅前临街后枕河,家家后门外都有一个水码头,都可以靠岸停船。船到屋前,搭起一张跳板,就可以从后门走进家里。楼前飘乐,门外泊舟,苏州人的日子过得多么滋润。《登闾门闲望》不仅高度概括了苏州作为江南雄州的繁花似锦特色,而且形象地描绘出江南水乡名城如诗如画的迷人风情。简言之,在诗太守白居易的笔下,整个水城很美、很繁华、很艺术、很有情调。

为了体验小桥流水枕河人家的生活,白居易也经常坐船游览。他的《小舫》记录了他在姑苏水巷行舟的情景:"小舫一艘新造了,轻装梁柱庳安篷。深坊静岸游应遍,浅水低桥去尽通。黄柳影笼随棹月,白苹香起打头风。慢牵欲傍樱桃泊,借问谁家花最红。"由此可见诗太守的水城游览充满闲情逸致。白居易在离开苏州十二年后依然恋恋不忘水城的美景风情,《和梦得夏至忆苏州呈卢宾客》诗云:"水国多台榭,吴风尚管弦。每家皆

---

[1] 李吉甫:《元和郡县图志》卷二十六"苏州",北京:中华书局,1983年,第600页。

有酒,无处不过船。"晚年定居洛阳的诗人白居易十分怀念江南名城苏州天堂般的生活。

三、七里山塘到虎丘

"上有天堂,下有苏杭。杭州有西湖,苏州有山塘。两处好地方,无限好风光。"有一首歌是这么唱的。而苏州山塘的好风光与诗太守白居易密切相关。白居易担任苏州刺史虽然时间不长,也是励精图治,为地方做了一些实事、好事,其中最突出的实事工程是主持疏浚开凿从阊门到虎丘的七里山塘,可谓功在当时,利在千秋,政绩卓越。七里山塘是一条河,也是一条街,更是一首诗,此乃诗太守白居易留给苏州的经典诗歌,至今美丽鲜活。

白居易在苏州任上经常去虎丘。虎丘山有名寺,有春秋吴王阖闾墓,自古便是吴中第一名胜,一向是游人荟萃之地。经过细致考察,白居易发现虎丘在苏州城西北郊,游客往来交通十分不便,又因山塘河道不畅,经常导致水灾,影响民生。作为地方长官,白居易决定按照苏州水城的地理优势来兴修水利、发展交通,因此,他组织民工在山塘河开凿水道,清淤排涝,使河道畅通。这条山塘河道从阊门开始,长七里,直达虎丘山下,并与大运河贯通。山塘开河挖出来的泥土,顺势拓展河堤,垒石加固,堆成了堤岸,这条长长的堤岸逐渐形成山塘街。诗太守开河筑堤形成了山塘街"水陆并行,河街相邻"交通形态,因此,民间俗称的七里山塘,既指山塘街,又指山塘河。古街与长河相依相偎,并肩而行,不离不弃。如此看来,千百年前的诗太守白居易不仅精通文学艺术,而且还很懂得水利交通,还是一位良吏好官,关心民生,体察民意,发展旅游,造福于民。当然,白太守毕竟是位大诗人,更懂得美化环境、营造风景,比如在堤上栽种桃李,在河中栽植莲荷。于是,七里山塘诗意盎然。苏州人把这条诗太守所筑的长堤称为"白公堤"以志纪念。显然,白居易本人也对自己的这一杰作甚感欣喜,特意作诗《武丘寺路》(因避李渊祖父虎讳,虎丘寺改为"武丘寺",武丘寺路即指山塘街)记载此事。诗曰:

自开山寺路,水陆往来频。
银勒牵骄马,花船载丽人。

>   芰荷生欲遍，桃李种仍新。
>   好住湖堤上，长留一道春。

诗太守开河筑堤，不仅兴修水利，解除了这一带的水患，而且发展交通，开发旅游。从此，七里山塘成为连接阊门与虎丘的游览通道，东面连接红尘中最繁华的阊门，西面连接吴中第一名胜虎丘，如此大大方便了人们游览。而且无论从水路还是从陆路，无论是骑马坐车还是坐船，去虎丘游览都十分便捷，正如民间俗语说：七里山塘到虎丘。白太守的这一工程也顺应了苏州人的"亲水情结"——水是苏州的灵魂，有水则灵，苏州人喜欢依水而居，枕河而卧。悠悠七里山塘河边聚集了一户又一户的山塘人家，"好住湖堤上，长留一道春"。粉墙黛瓦的山塘水居，映照着河边的柳树桃花，春意盎然，诗情画意——这就是人间天堂的诗意栖居，特色鲜明，魅力无穷。

作为一任地方长官，白居易的开河筑堤是一个精彩的大手笔，赢得苏州百姓的拥戴。当他准备辞去刺史官职时，苏州百姓得知后殷勤挽留："州民劝使君，且莫抛官去"；而当白太守真的辞去官职离苏北上时，苏州百姓倾城而出，依依不舍地为他送行。刘禹锡在《白太守行》诗中描述道："苏州十万户，尽作婴儿啼。"

苏州百姓为纪念诗太守白居易的功绩，在山塘街街口处建有白公祠。白居易的塑像立在门厅正中。馆内有一幅大型的工艺画题为"白居易为民修山塘"，吸引了不少游客驻足观赏。梁上高挂的牌匾"济世善身"是苏州百姓对白太守的崇高评价。白居易给予苏州的是诗意盎然的美丽，而苏州回报给白居易的是永恒的纪念。

四、江南最忆吴江隈

江南不仅风景秀丽，经济发达，而且也是人文荟萃之地。江南名城苏州的山水人物名胜古迹给白居易留下深刻的印象。诗人晚年定居洛阳，远隔三千里外，仍对苏州恋恋不忘。大和六年（832 年），白居易写诗《忆旧游》寄给时任苏州刺史的好友刘禹锡，追忆自己六七年前宦游苏州的情景。诗中写道：

>   忆旧游，旧游安在哉。
>   旧游之人半白首，旧游之地多苍苔。

江南旧游凡几处，就中最忆吴江隈。
长洲苑绿柳万树，齐云楼春酒一杯。
阊门晓严旗鼓出，皋桥夕闹船舫回。
修蛾慢脸灯下醉，急管繁弦头上催。
六七年前狂烂熳，三千里外思徘徊。
李娟张态一春梦，周五殷三归夜台。
虎丘月色为谁好，娃宫花枝应自开。
赖得刘郎解吟咏，江山气色合归来。

这首诗充满了诗太守白居易江南旧游的美好回忆。

苏州古称吴，"最忆吴江隈"之"吴江"是指苏州水，包括胥江、运河、山塘河等。"江南旧游凡几处，就中最忆吴江隈"表明诗人最忆江南水乡名城苏州的山水人文风景。苏州为春秋时期吴国都城，历史悠久，风物清嘉，人文荟萃，名胜景观甚多。《忆旧游》诗中提到的长洲苑、齐云楼、阊门、皋桥、虎丘、馆娃宫等均是古迹胜景，底蕴深厚，耐人寻味。

长洲苑又名吴王苑、吴苑，位于苏州西南方向、太湖之北一带，建于春秋时期，为吴王阖闾圈养禽兽、种植林木与游猎的场所，规模宏大，为古代吴地吸引眼球的著名景点。与"长洲苑绿柳万树"意思相近的，白居易还以《长洲苑》为题有诗句云"春入长洲草又生，鹧鸪飞起少人行"。

齐云楼位于苏州郡治后子城上。原名月华楼，唐曹恭王李明建。白居易取古诗"西北有高楼，上与浮云齐"之意改称齐云楼。其《吴中好风景》有诗句记述"改号齐云楼，重开武丘路"。苏州任上，白居易多次登上齐云楼，与诗朋好友吟诗唱和，把酒言欢。其诗《和柳公权登齐云楼》首联曰"楼外春晴百鸟鸣，楼中春酒美人倾"，此情此景令人难忘。诗人辞官告别苏州前夕，还重上城楼"齐云楼北面，半日凭栏干"。

阊门是春秋时伍子胥所建的苏州西城门，是大运河入城要道，巍峨雄伟，是苏州名城的地标性建筑。春秋晚期吴楚争霸时，吴国大军曾从雄伟的阊门浩荡而出讨伐楚国，成为吴国西破强楚之象征，故而又名破楚门。阊门自古以来就是苏州的象征，历史上享有盛名，乃至于成为繁华苏州的代名词。如前所述，白居易曾登上阊门，写下咏苏佳作《登阊门闲望》，描绘出中唐时期苏州作为江南雄州的宏大繁荣景象，赞美了水乡名城如诗如画的美丽风光。

皋桥在阊门内，因东汉谏议大夫皋伯通居于桥堍而得名。皋伯通为吴中先贤，曾帮助庇护过遭遇危机的东汉名士梁鸿夫妇。梁鸿是东汉初期文学家，博学多才，品格高洁。因作讽刺统治者的《五噫歌》而得罪汉章帝，皇帝下令捉拿梁鸿。梁鸿与妻孟光隐姓埋名逃到吴中，到大户人家皋伯通家做佣工，留下举案齐眉之佳话。皋伯通得知梁鸿乃非凡之人，便邀请梁鸿在他家里食宿，并资助梁鸿闭门著书。皋桥因皋伯通的贤行而著名。

虎丘位于苏州阊门外西北方向，山势奇异，风景秀美，古迹众多，素有"吴中第一名胜"之美誉。这里有名寺名塔，有剑池、千人石、望海楼、真娘墓、陆羽井等诸多胜迹。白居易特别喜爱虎丘名胜，在苏州任上自称"闲来即一过""一年十二度"，只要一有空闲，白太守就要游览虎丘，平均每月来虎丘一次，真可谓百看不厌。前文已述，为方便游客往来，白太守还组织民工疏浚开凿了从阊门到虎丘的七里山塘，留下了一项功在当时、利在千秋的政绩工程。

馆娃宫位于苏州西南的灵岩山，是吴王夫差为宠幸西施而兴建。吴人称美女为娃，馆娃宫即美女所居之宫。宫内铜勾玉槛，饰以珠玉，楼阁玲珑，金碧辉煌。馆娃宫可谓中国历史上一座比较完备的早期诸侯王室园林。灵岩山上留存的馆娃宫遗迹众多，包括吴王井、梳妆台、玩花池、玩月池、响屧廊、琴台、西施洞等，引人探访追思。

诗太守白居易遍访古迹，饱览名胜，去长洲苑，登齐云楼，出阊门，过皋桥，游虎丘，访娃宫，充分感受到名城苏州的悠久历史和繁华昌盛，感悟到这一方文化水土的深厚底蕴，这一座江南名城的个性特征。

江南佳丽地。除了风景名胜，白居易最忆名城苏州的还有美人、美酒、美食。《忆旧游》诗中提到的"李娟张态"为苏州艺妓，"修蛾慢脸灯下醉"，诗人饮美酒，赏美人，好不舒心惬意。姑苏美人令人心醉神迷，白诗中多次称赞，诸如"吴娃美丽眉眼长""吴娃双舞醉芙蓉""茂苑绮罗佳丽地"等，吴娃秀美多姿，轻歌曼舞，让诗人享受到别样的姑苏风情。而姑苏美食也令诗太守印象深刻，多年后在写给刘禹锡的《和梦得夏至忆苏州呈卢宾客》诗中回忆道："忆在苏州日，常谙夏至筵。粽香筒竹嫩，炙脆子鹅鲜。"

《忆旧游》深情款款，诗人以美妙的诗笔，充分表达了对江南名城苏州的真切记忆。从水城风景，到名胜古迹，再到美人美酒，白居易的江南忆是清晰的，深刻的，充满诗性的，这真是一个温柔富贵之乡，这更是一个诗意栖居的人间天堂。

　　当下，"江南"一词很燃，江南文化是显学。有学者认为，江南的形象是文学作品塑造出来的。江南的美好和意义更多的是通过文学建构起来的，也是通过文学走进人心的。江南的概念体现了一种终极追求：即"天堂"情结。文学家塑造出"江南"来是为了满足人们对"天堂"的渴望，即构筑一个梦想的栖息地。笔者认同这一观点，深以为然。由此，我们从一千多年前姑苏诗太守白居易的笔下，可以感受到什么是"江南"。在诗太守白居易的彩笔下，苏州这座江南名城，充满着诗情画意，具有独特的魅力，无愧于"人间天堂"的美誉。赏读白居易的咏苏诗，可以真切体会到诗里苏州最江南，从而诗化我们平淡的人生，得到美的享受，享受"人间天堂"之乐。

（徐静　苏州市职业大学吴文化研究院原院长、副教授）

江南文人精神与园林文化的关系
——以玉峰山中园林与相关诗词为例

康 梦

引 言

  园林大家陈从周先生认为:"山水之美,天下多矣,而赖人传者,玉峰可当之矣。"[1] 此句话形象地揭示出玉峰山中园林文化与文人之间的依互关系,而这也正是本文讨论的主题。融入诗画意境的建筑,其自身也是重要的文化。玉峰山历史悠久,根据历代县志与《马鞍山志》("玉峰山"又称"马鞍山")的记载,南朝梁以至唐代以来,山中塔幢、寺观、坛庙、祠群、亭阁、私人宅第园庭达200多处,大多消失在岁月的变迁中,诸多名人士大夫在玉峰山中,辟园筑馆,寄情山水,这里曾分布着夏家园、乐彼之园、栩园、青阳溪馆、翠云居、文笔居、武陵园、附巢山园、遂园等众多秀美庭园,形成了昆山雅致宁静的园林文化景观。一座千年名山,数个古典园林,相映争辉,折射出千姿百态的自然与人文之美,吸引了无数名人雅士慕名而来,或生、或长、或宦、或游于此,他们留下的诗赋给昆山增添了神韵,同时使园林的生命力得到了进一步延伸。

  从东汉起,佛教传入中国,影响于文学思想上甚大,故晋魏之文学,多淡雅豪放,他们在园林文学上的歌咏,亦是这样的。一千多年前,唐代诗人孟郊专程来到昆山,游览了玉峰山中的慧聚寺。寺内有梁武帝题写的匾额、画家张僧繇所绘的壁画,十分壮观,漫步在宁静的山中,孟郊欣喜之至,写下了一首五言律诗《马鞍山上方》,描绘了玉峰美景:"昨日到上方,片云挂石床。锡杖莓苔青,袈裟松柏香。晴磬无短韵,画灯含永光。

---

[1] 转引自沈立新主编:《亭林园志》,西安:西安地图出版社,2006年,第1页。

有时乞鹤归，还访逍遥场。"[1] 描写玉峰的诗词有很多是以玉峰山中华藏寺、慧聚寺为主题，如宋哲宗时昆山县令李乘《慧聚杂题并序》谓："诸僧房九十余所，不能遍游，于所尝到者，往往有诗。"[2]。北宋皇祐三年（1051年）唐宋八大家之一的王安石曾到昆山考察水利。在昆期间，他曾登临马鞍山，夜游慧聚寺，秉烛读了唐代诗人孟郊的题诗，并挥笔次韵题和两首：《昆山慧聚寺次孟郊韵》《昆山慧聚寺次张祜韵》，与孟郊、张祜所写歌咏马鞍山的诗歌合称为"玉峰四绝"。寺观园林，在文学上另有一种风趣，而且风景林之保存，多赖于寺观，我们一入大丛林中，便觉意境清幽，超然于尘俗之外。加以庄严妙相的庭宇，碧瓦红墙，掩映于翠绿丛林间，顿使人有清雅超尘之感。[3]

在社会变化的影响下，文学随之改变。文学的发生，常以社会的现象为背景，而园林的建设，亦是如此。中国园林或由《诗经·魏风·园有桃》滥觞，而后有春秋战国时期吴王夫差的梧桐园、秦汉时期的上林苑、宋时的洛阳名园等。除了贵族，诗人也参与了园林意象的塑造，如白居易的草堂、陶潜的桃花源、王维的辋川园等。无论是士大夫还是诗人，通过构造园林，把个人的思想、感情融进艺术的作品中，传达给别人，成为共同美的观念。但中国园林的审美却大成于明代，因为在明代文学批评中，文人对于美的认识和欣赏都有了一定的评价体系，形成了具有文化审美标准的品位。依托玉峰山发展起来的园林文化与富有江南文人精神的诗词材料都各具特色，使得课题研究园林与文人之间的互动，考察积累与变化的因素成为可能。

在遂园千年的更迭中，可以看到园林主人身份与文学地位的关系影响了园林的特质，同时在这种关系互动里科举制度作为一种影响因素又发挥了怎样的作用，笔者以昆山徐氏家族与遂园相关的文化现象为例分析了上述问题。又因为离开社会记忆场评价系统的任何客体都不能成之为文化，于是笔者将养馀园作为分析江南园林与江南文人精神内涵的典型例子，以明代文学批评家王世贞所写的《养馀园记》为要素，举证了"园"中自含

---

[1] 高棅编：《唐诗品汇》卷二十五言古诗二十《苏州昆山惠聚寺僧房》，作"清磬无短韵，古灯含永光"。见清文渊阁四库全书本。

[2] 吴鼎桐、郭志昌编：《玉峰历代诗文集》，扬州：广陵书社，2017年，第13页。

[3] 参阅叶广度：《中国庭园概观》，南京：钟山书局，1933年，第47页。

着的中国庭园的历史、"养"与自然的辩证关系、"馀"揭示文人士大夫群体的社会生活的意义,在对文人评价园林的具体分析中解释了一次造园的思想,通过了解一个评论家与造园者对园林文化的影响,解释了江南文人精神的内涵。

园林与江南文人精神的关系——以遂园千年的"变化"为例

文学自宋元明至清,可说是极具变化的,在作品方面,有宋词、元曲、明清杂记小说种种的演变,而"美的庭园是诗的,因此庭园本身,即可说是文学的,换言之,庭园是文学已成的作品"[1],自然园林的形式以及相关的审美品位也随之变化。玉峰山北麓是亭林园美丽的园中园——遂园。园之佳者犹如诗之绝句,皆以少胜多,于动静虚实中揭示无限的韵味。[2]遂园之名始于昆山徐乾学,他从堂叔徐开任手中购得此园,正式取名为"遂园"。陈从周先生认为筑园须先修园史,时间的沉淀中绽放的是遂园的历史韵味,此为园林动静之美者一,追溯遂园从古至今的历史,可求得园林之真趣。遂园地块在宋代为华藏讲院普同塔基。从宋代到清代,作为私家园林,该地一共历经了七位主人。元代为王氏园。明代初为张寰的别墅,万历年间顾震寰在此建附巢山园,后被葛芝的外祖父叶氏所买,改称北园。在葛芝眼中北园是当时昆山景色最美的地方:"从园而望,山环抱焉。岩石峻孑,草树幽邃,至是有加。盖昆山之胜,于斯为最已。"[3]北园后售予李氏,再后来被葛芝的朋友徐开任所购。后来,徐开任将北园转给侄子徐乾学,改名为遂园。

据《马鞍山景物略》记载:"遂园在山北麓,徐乾学构,康熙甲戌上巳,召集四方冠盖为耆年会,有遂园修禊图卷行世,钱陆灿记。乾隆己未,废为普义园。"[4]遂园在历史上几易其主,园子的名称也几多变化。宋宣和年间(1119—1125)间信法师在此创建华藏教院(旧名般若教院),建后200年毁圮。这一时期江南庭园多以宗教功能为主,寺院多于私家园林,歌

---

[1] 叶广度:《中国庭园概观》,南京:钟山书局,1933年,第72页。
[2] 参见陈从周:《说园》,上海:同济大学出版社,2007年,第4页。
[3] 葛芝:《徐氏园亭记》,吴鼎桐、郭志昌编:《玉峰历代诗文集》,扬州:广陵书社,2017年,第223页。
[4] 周奕钫述,潘道根补:《马鞍山景物略·园亭》,苏州:文新印书馆,1935年,第5页。

咏玉峰山的诗歌也多以僧侣题材为主。这些诗歌勾勒出一座弥漫着宗教气息的玉峰山，此时寺庙庭园的设计也大多取景清幽，如诗歌中描绘的"独僧""寒松"等意象也成为寺庙庭院的重要象征。值唐宋之际，寺庙文化虽发达，中国古典庭院的功能却并未宗教化，王安石有《昆山慧聚寺次孟郊韵》诗："僧蹊蟠青苍，莓苔上秋床。露翰饥更清，风花远亦香。扫石出古色，洗松纳空光。久游不忍还，迫迮冠盖场。"[1] 从中我们可以看到的是文人独立于世俗生活，追求个人理想的超脱气质。寺观庭园对文人精神特质的影响在于文人在自然之中更加自在。当是时，在以"僧侣"为主题的不同诗歌中，组成寺庙庭院的建筑以及"僧侣"的形象不过是文人们自我独立人格的外化。

中国传统科举制度、中央集权统治制度在文人精神塑造中产生非常重要的影响。可以说正是与文人士大夫联系紧密的科举制度与统治社会的中央集权制度之间的张力，使得中国古典园林文化的品位呈现出"注重历史与文脉传承""以文化涵养功能为重""强调自然与人的互动"等特点，园林文化品位形成的过程，即是文人以文为体实现对园林相关审美评价法则的塑造，同时确认了文人在该评价体系中占据主导作用的地位。康熙三十三年（1694年）春，遂园建成，因山为屏，流泉为沼，精心构筑修建，遍植佳卉名树。华池曲径，修篁轩榭，廊桥堂馆，景色幽美，有名卉亭台之胜，无阛阓嚣尘之扰，成为江南名园之一，随着昆山徐氏家族的兴衰，遂园也在不断变化着，见证着文人墨客以及一代帝王笔下的盛世江南。春秋几度，自有先贤以心当墨，以行作笔，或恣意挥洒豪情壮志，或怀古忧今抒胸中大意，此为园林动静之美者二，历史的传承和人文的关怀成就观园之佳趣。

康熙四十四年（1705年），康熙皇帝第五次南巡，三月二十三日（4月16日）傍晚御舟到达昆山城西，停泊三里桥南拥翠庵河岸。次日乘步辇进城中，时徐乾学、徐元文均已去世十多年，由前礼部侍郎徐秉义率领幼弟徐亮采和子、侄接驾，陪同康熙帝游览马鞍山，登临文笔峰后，从北山巉岩直接下山，转入徐氏遂园游览。康熙帝遍询"三徐"家族情况，以作为对当年徐乾学、徐元文辞职放归失意之痛的安抚，并赐徐秉义书有《驻跸

---

[1] 王安石：《王安石全集》上，宁波等校点，长春：吉林人民出版社，1996年，第122页。

昆山》御制诗之扇。康熙皇帝所作诗曰:"无意虚中得劲节,非关强作有疏枝。晚风不待春将老,寸暑岂容年少时。落照昆山掩玉色,远分秦望系人思。初来更觉渔家乐,援笔题笺日暮诗。"有跋曰:"自苏州行至昏刻,未到昆山,河旁有竹林数亩,晚风可佳,故驻跸于此,赋得劲节疏枝带晚风之句,赐礼部侍郎徐秉义,传旨云:诗中第三联专为尔兄弟而发。"[1]昆山建县二千多年来从未有帝王莅临过,此次康熙帝驾临确是昆山前所未有之盛事。徐秉义之子徐树闳有《圣恩诗并序》记其盛况,诗曰:"欣逢行幄娄江驻,遂使偏陬玉趾亲。文笔峰高添秀丽,凤凰石崎倍嶙峋。山园岂意停銮辂,潭水应将比绛津。膏雨霈时生瑞霭,岩花开遍起芳尘。"[2]

不过盛事未能延续多久,徐家的荣耀也仅仅是在三兄弟皆以一甲进士登第并仕途畅达的近半个世纪的时间里。徐乾学的五个儿子爆了"五子登科"的冷门,是在徐乾学本人去世十九年之后。到雍正八年(1730年)十月,第五子徐树俊(又叫徐骏)撞上了文字狱的罗网而被砍头之后,徐家已经在下坡路上走了一段时间了。乾隆时期的昆山本地作家龚炜成年以后,每次到马鞍山游玩,总要进遂园里去看看。有人买园地葬枯骨,改为广仁园,龚炜"赋一律寄慨,有'诸君创此诚高义,不记当年拜至尊'句"[3]。遂园没落了,徐氏家族因科举而兴盛的命运画上了终点,但江南文人精神赋予遂园的空间却是无限的。龚自珍在《跋禹之鼎遂园修禊图》中写道:"二十二贤不可再,玉山峨峨自千载。东南文献嗣者谁?别之综之抑有待。"[4]作家对园林的歌颂使得园林在某种意义上被文人赋予了新的内涵。

江南古典私家园林作为文人社会交往空间,在明清时候的江南地区发挥着越来越重要的作用。康熙三十三年(1694年)正月初七为"人日",徐乾学邀请叶燮等三位朋友,在遂园宴饮赋诗。两个月之后的农历三月初三,徐乾学在这里邀请了11位宿老饮酒赋诗、作画写记,为后世留下了一幅画、一篇记和三十多首诗,被人称为昆山的"兰亭雅集"。与会者不以官

---

[1]《(光绪)昆新两县续修合志》卷首《临幸》,页一。
[2]《(光绪)昆新两县续修合志》卷首《临幸》,页二。
[3] 龚炜:《巢林笔谈》卷四"北园"条,北京:中华书局,1981年,第91页。
[4] 龚自珍著,刘逸生、周锡𩰚复校注:《龚自珍诗集编年校注》上,上海:上海古籍出版社,2013年,第308页。

职高低，而以年龄大小先后落座，用催花击鼓形式，以"兰、亭"二字作韵，每人各赋七言诗两首，仿佛兰亭修禊雅集重现。众人清樽雅奏，琴弈觞咏，极一时之盛。所作诗篇后编成三卷诗集，取名《遂园禊饮集》，共收录诗 52 首，吟咏主题大体为二，一是颂耆年禊饮，赞玉峰春色，叹昆邑文脉之不绝；二是叹韶光易逝，表忠君之心，歌太平盛世，咏国泰民安，他们虽告老归田，仍心忧天下。

后来随着昆山徐氏家族的迅速衰败，遂园也慢慢荒芜。康熙五十六年（1717）前后，也就是"三徐"之中的老二徐秉义去世五六年之后的一天，沈德潜的一位朋友来到昆山游览，特地到遂园去了一趟。此时园内已荒芜不堪，他从壁间抄得吴江诸生郁扬勋的五言诗《憩徐氏北园池上》，提供给了沈德潜。沈德潜喜欢这首诗的闲远含蕴，将其收录到自己 40 年后编成的《国朝诗别裁》中，并谓："司寇公北园，余及见其盛衰。"作者此诗应在初零落时，故有世事变凉燠之感，"今则废为义冢矣。曲池之平，华屋之倾，古今一辙，可胜慨然"[1]。这首诗也就成为人们描写遂园景象的绝唱。

遂园千年来的变化反映了江南文人与园林之间的关系是以诗歌作为纪念场域的，诗歌将园林"纸质化"，成为收藏园林的"纸上博物馆"，诗歌中表达着文人对园林的情感寄托，以及自身在与园林的互动中获得的哲理。园林也不再是继承陶渊明诗歌意象中的归隐田居生活，江南文人的园林更加注重交往空间的功能，通过聚会与创作诗歌的活动实现了对园林的评价。离开社会记忆场评价系统的任何客体都不能称之为文化，因此，可以说正是江南文人的活动构成了独具特色的江南园林文化。同时，江南园林文化的内涵又是在变化中时时刻刻反映着江南文人精神的内涵。

园林对江南文人精神内涵的影响——以养馀园中的"累积"为例

明清时期江南经济繁华，在市场经济对传统士大夫文化审美品位的影响下，一些学者认为江南文化也变得世俗化，正如钱谦益在《孙子长诗引》中所说："好随俗尚同，不能踔厉特出。"[2] 他认为发达的经济使得南方文人特别是江南吴中区域的文人，追逐俗物而失去文人特性。园林作为文人

---

[1] 沈德潜编：《清诗别裁集》下，长沙：岳麓书社，1998 年，第 776 页。
[2] 钱谦益：《牧斋初学集》第四卷，上海：上海古籍出版社，2009 年，第 1 086 页。

所崇尚的雅致审美文化，其形态自然也因受到社会群体审美变化而发生改变，但在此过程中江南文人精神的内涵是否发生变化，将是笔者接下来讨论的主题，笔者以王世贞《养馀园记》为例，分析园林的形态以及功能对江南文人精神内涵的影响。

中国的古代庭园，则为一般文人所构思、倡导、歌咏，在他们的文学作品，对于园林上所赞美、所鉴赏的，研究起来，他们的寄托，都是一些清、淡、幽、雅、静、逸、超、洁等抽象的名词。这些美的概念，一面是对当时社会所生的情趣，一面又是他们个人的人生观，因此就成了他们在园林设计的中心思想。王世贞（1526—1590），字元美，号凤洲，又号弇州山人，太仓人，作为明代文学家、史学家，曾为许多江南的园林作记。据王世贞《养馀园记》记载，许从龙在离官五年后，于马鞍山脚下大修宅第院落，耗时一年筑成"养馀园"。园子在昆山城南郊外的北面，右靠城墙，左可以观山，竹木森秀，窈窕靓深。园中有遂初堂、穆如阁、栖云楼、丛桂亭等建筑，错落有致，与山水相呼应。许从龙，明苏州府昆山县人，字伯云，号中峰。嘉靖三十二年（1553年）进士，授分宜知县，迁户科给事中，升吏科右给事中。严嵩败，以牵累归。年六十二卒。著有《吴中水灾书》《琐闱管见》，均佚。王世贞《徵仕郎吏科右给事中云峰许君墓志铭》曰："君归，颇拓傍亩，大起第宅，治园圃，益莳花木，召故人宾客，日酣饮啸歌其中，肴酒胪次，芗泽狼藉，穷昼夜无间。居恒谓'吾不能如柳柳州，以文章振颠陁，然何至尽取其牢骚侘傺无聊之状而寓之文，自雕琢其天，又示人以可怜之态，以冀收复，吾有所不屑也'。因名其园曰养馀，园之堂曰遂初，而属余为《养馀记》。"[1] 从中可以看出许从龙与养馀园的关系，表明文人之间的品位追求决定了园林的形式与内涵。

题名在中国古典文人园林中存在广泛，题名题额内容丰富，可写实、可写意、可创新、可用典，意境可浅、可深，在园林中起到提纲挈领的作用，是园林之"眼"。《养馀园记》中也说明了各亭台轩榭题名背后的故事、典故，那么"养馀"到底是什么意思呢？文人常以"归园田"代指园居，

---

[1] 王世贞：《养馀园记》，转引自衣学领主编：《苏州园林历代文钞》，上海：上海三联书店，2008年，第234页。

园字本意就与农耕有关,"将仲子兮,无逾我园"[1]出自《诗经·郑风》,"园"字本义即为种植花木蔬果的土地,之后才逐渐引申出游乐的含义。许从龙因仕途不得志而郁郁寡欢。辞官后,他寄情于田园生活,自给自足、朴素平凡、深感幸福,自谓:"而吾又幸有兹馀地,稍出吾之馀力以为园,园成而吾未尝不一日适也,则吾归乃始幸矣。"[2]这便是养馀园题名的由来。在明清时期的江南园林中,体现出种植蔬果治生的较少,而许从龙在自己的为官生涯遇挫,不被社会评价体系接受时,开始寻找自己人生的内在价值,就是学会将得失过错的衡量突破时间,而转向创造与内心二者的无限互动,而自己构筑的园子就是在不停地储藏着这种无限,突破了时间与空间的限制。于是在削官还乡,该颐养天年的日子里,许从龙获得了可以实现以一园储藏无尽人生的智慧,在一方庭园中创造并收获快乐,学会天地造万物而有余的包容,获得内心的自由与安宁。

王世贞评论许从龙名其园曰"养馀",因为歌曰:"园有畲,可稼可蔬,乐子之恒馀;园有养,可钓可网,乐子之能养。"[3]他认为"养馀园"中的田园生活与渔隐生活代表着许从龙追求的天人合一、万物各得其所的理想境界。"渔(鱼)"在士人文化中是自由的象征,一尾曳于浩淼江湖,一叶出没风波之间,代表着游离于政治漩涡之外的自在与潇洒,也代表着与天地万物同乐的自然与惬意。于是,许从龙也在自己的养馀园中实现"鱼我同乐",收获了无尽的自由与快乐——他认为自己回归田园生活,获得了创造一种恒有余的生活,拥有取之不竭、用之不尽的创造"快乐"与"自由"的能力,许从龙把收获幸福的主要原因归于自己心态的改变和实现回归园林生活的行动。王世贞在《养馀园记》中对他的行为与取名的相关评论,是从人类心灵世界与所面对的自然物质世界的二元对立角度批判了他的观点,认为只有天地才有创造的能力,但如果从中国文人自古累积的"归田园"思想与实现垂钓"鱼"的乐趣来看,许从龙的确实现了"鱼乐"与"濠濮"思想代表的文人追求的天人合一、万物各得其所的理想境界,因此

---

[1] 屈万里:《诗经诠释》,上海:上海辞书出版社,2016年,第92页。

[2] 王世贞:《养馀园记》,转引自衣学领主编:《苏州园林历代文钞》,上海:上海三联书店,2008年,第234页。

[3] 王世贞:《养馀园记》,转引自衣学领主编:《苏州园林历代文钞》,上海:上海三联书店,2008年,第234页。

可以说是"养馀园","养"是创造、心我和一以及诗意栖居的行为;"馀"是自由、快乐、天人合一与自然融合的思想得到实现;"园"则是田园生活、园林文化与自我精神融合的场地。

我们从题解养馀园中可以看出园的构造和设施,较过去的私家园林更加精细、丰富、统一。题名成为园林之"眼",与庭园设计契合,同时园中各处设计,都能表现出景物的个性,合起来又能联络相称,表现自然的风光。笔者认为养馀园的喻义是当我们觉得时间所剩无几,一日做不出什么的时候,就把生命放在更大的时间尺度来看,一年一年坚持做就自然年年有余了;当我们觉得自己想要做的事情没有得到社会价值的承认时,就把价值尺度回归自我,仍然不要放弃自己的职业,学会天地造万物而有余的包容,获得向内的创造力——而这也正是江南文人精神最为深刻的内涵。在与自然、社会的交往空间中,寻到自我立足的一方天地,可以是纸上的园林,也可以是江上的舟船或者是闹市中的小院子,重要的不是空间的形态,而是在空间中江南文人这个群体自我的思想、情感、审美情趣能否得到放置。虽然变化是万物时时刻刻重新展现自己的领域,虽然江南园林的形式也是多样、具有不同的特色与风格的,但是在这种与世界交往的文人精神的累积中,不变的与得到加强的始终是文人在园林中实现"安身立命"的联系。

总　结

江南文人精神的内涵即是无论以何事度过有涯之生,都要寻找到自我立足的空间,无论是精神上的,还是物质空间上的。文人与园林空间的互动承接了江南文人精神此种内涵的"变化"与"累积",对遂园千年历史的分析则是从社会的角度揭示文人精神的内涵与园林文化的关系,而对养馀园的分析则侧重从心理的内在方面找到园林与文人之间的真实互动——在许从龙的思想和王世贞的《养馀园记》中,我们通过分析了解到了一个"园"中包含着中国庭院的历史,即由田园生活、渔隐生活到文人空间的复合功能的转变;"养"与自然的辩证关系,即学会天地包容万物而有余的创造力;"馀"则揭示文人士大夫群体的社会生活的意义,即在社会之外,仍要构建自我评价的价值体系——而这也正是江南文人精神的深刻内涵。

(康梦　昆山城市建设投资发展集团有限公司职员)

虞山派藏书与藏书江南

曹培根

明末清初,随着中国文化中心不断向江南转移,出现了以常熟钱谦益为代表的虞山派(或称常熟派)藏书,为中国藏书文化注入新的文化元素,影响藏书江南。

一、虞山派藏书之说

明胡应麟最早借用宋人对画家分类的方法对私家藏书做分类研究,将藏书家分为好事家、鉴赏家二家。[1] 后来,清洪亮吉从藏书家的旨趣和成就特征角度,把藏书家分成考订家、校雠家、收藏家、赏鉴家、掠贩家五等。[2] 近人叶德辉在《书林清话》卷九"洪亮吉论藏书有数等"条提出:"吾谓考订、校雠,是一是二,而可统名之著述家。若专以刻书为事,则当云校勘家。"不少藏书家又"考订、校雠、收藏、鉴赏,皆兼之"。[3] 缪荃孙在《〈书林清话〉序》中列举姑苏之学术家,分为"考订家""校勘家""收藏家"。[4] 这些对于私家藏书的分类研究有助于判析收藏家的各种特点,但对具体收藏家的归类也不可能十分贴切,各类藏书家对于典籍的利用是多方面的,许多"兼类"的藏书家自不必说,就是对同一藏书家来说,由于实践经历的不同前后会属于不同的类型,同一藏书楼的主人也难以用

---

[1] 胡应麟:《少室山房笔丛》甲部卷四《经籍会通》四,上海:上海书店出版社,2001年,第46页。

[2] 洪亮吉:《北江诗话》卷三,《洪北江全集》,光绪三年(1877年)阳湖洪氏曾孙用懃授经堂刊本。

[3] 叶德辉著,李庆西标校:《叶德辉书话》,杭州:浙江人民出版社,1998年,第240-241页。

[4] 叶德辉著,李庆西标校:《叶德辉书话》,杭州:浙江人民出版社,1998年,第19-20页。

某种类型来概括。

在私家藏书的分类研究同时，一些学者注意到私家藏书的地方区域特色，以此来剖析藏书家的特点，如提出"虞山派""常熟派""苏州派""浙东派"之说。清顾广圻在为《清河书画舫》十二卷曹彬侯抄本所撰跋中早就提到"常熟派"："藏书有常熟派，钱遵王、毛子晋父子诸公为极盛，至席玉照而殿。一时嗜手抄者如陆敕先、冯定远为极盛，至曹彬侯亦殿之。"[1]顾广圻之说侧重于概括常熟派藏书家嗜手抄的特点。清潘祖荫将"常熟派"细分为"二派"，他辑刊的《滂喜斋丛书》载陈揆《稽瑞楼书目》撰序称："吾乡藏书家以常熟为最，常熟有二派，一专收宋椠，始于钱氏绛云楼、毛氏汲古阁，而席氏玉照殿之；一专收精抄，亦始于钱氏遵王、陆孟凫，而曹彬侯殿之。"周星诒说："藏书家首重常熟派，盖其考证板刻源流，校订古今同异，及夫写录图画，装潢藏庋。自五川杨氏以后，若脉望、绛云、汲古及冯氏一家兄弟叔侄，沿流溯源，踵华增盛，广购精求，博考详校。所谓读书者之藏书者，惟此诸家足以当之。故通人学士，于百数十年后得其遗籍，争相夸尚，良友以也。钱氏绛云，同时有幽古、述古、怀古诸家，一时称盛。而著录诸书，惟绛云、脉望、述古仅传书目。其余诸家庋藏之富，著述无闻，未由稽考，人以为恨。"[2] 1934年，赵万里在《重整范氏天一阁藏书记略》中谈到"苏州派藏书家"之说："当年范东明选书的标准，与同时苏州派藏书家，完全采用两个不同的方式，他是'取法乎下'的。"[3]王重民《论〈四库全书总目〉》说《总目提要》："汲取了清代《读书敏求记》和朱彝尊及常熟派校书家所写题跋记的方法和形式。"[4]黄裳《书林漫话——与刘绪源对谈录》文中谈道："藏书的确有流派，明清之际出现的虞山（常熟）派与浙东派的区别，就是一个值得注意而又恰恰为过去的研究者所忽略的问题。虞山派的代表是钱谦益，及他的族孙钱遵王，还有毛子晋和季沧苇，都是很有名的藏书家，他们讲究收

---

[1] 顾广圻著，王欣夫辑：《顾千里集》，北京：中华书局，2007年，第331页。

[2] 周星诒：《题记》，见钱曾著，管庭芬、章钰校证，佘彦焱标点：《读书敏求记校证》，上海：上海古籍出版社，2007年，第504页。

[3] 赵万里：《重整范氏天一阁藏书记略》，《国立北平图书馆馆刊》1934年第1期。

[4] 王重民：《论〈四库全书总目〉》，原载《北京大学学报》1964年第2期，辑入王重民：《中国目录学史论丛》，北京：中华书局，1984年，第225-254页。

藏宋元刻本、抄本、稿本。浙东派就完全不同了。宁波的天一阁是最有代表性的。要论宋元抄稿本，天一阁几乎没有；它所注重的是当代史料、地方志和登科录等。"[1] 黄裳在前人的基础上探讨私家藏书流派这一值得注意而又"恰恰为过去的研究者所忽略的问题"。1997年，曹培根在《常熟文献史在中华文献史上的地位论略》一文中论述了虞山派的收藏传统。[2] 2000年，谢灼华在《试论清代江南常熟派藏书家》一文详论了常熟派藏书家之形成与传统特点，指出："正如顾千里和周星贻等人所说的，常熟派藏书家的特色是非常明显的。大致说来，是重视钞录、考证版刻源流、注重藏书装帧和整理。"[3]

二、虞山派藏书特点

虞山派藏书，是文化源远流长的常熟虞山诗派、虞山画派、虞山书派、虞山印派、虞山琴派诸学术文化流派之一，又是在中国藏书史、学术文化史上最具深远影响力的流派之一。

虞山派崛起于明嘉靖后，以明诗坛领袖、虞山诗派宗师钱谦益为代表，是具有辐射和影响力、在中国私家藏书史上产生过重要影响的藏书流派。

虞山派的主要特点之一是读书者之藏书。脉望馆赵用贤、琦美父子喜藏书，精校勘，开虞山派藏书家藏书、校勘之风。钱谦益在《列朝诗集小传》中称赵用贤"强学好问，老而弥笃，午夜摊书，夹巨烛，窗户洞然，每至达旦"，其子琦美同样，"朱黄雠求，移日分夜，究老尽气，好之之笃挚，与读之专勤，盖近古所未有也"。钱谦益更是读书者之藏书的典型代表，曹溶《绛云楼书目题词》记钱谦益"每及一书，能言旧刻若何，新板若何，中间差别几何，验之纤悉不爽，盖于书无所不读"，"去他人徒好书束之高阁远甚"。钱曾在《读书敏求记》卷二引清常道人跋后称："清常言校雠之难如此，予尝论牧翁绛云楼读书者之藏书也，赵清常脉望馆藏书者之藏书也。"钱曾这里的"藏书者"主要也指校雠言。钱曾自己也重视对藏书的校理，终身苦读勤藏，《也是园书目》《述古堂书目》《读书敏求记》

---

[1] 黄裳：《春夜随笔》，成都：成都出版社，1994年，第78-81页。
[2] 曹培根：《常熟文献史在中华文献史上的地位论略》，《吴中学刊》1997年第1期。
[3] 谢灼华：《试论清代江南常熟派藏书家》，《江苏图书馆学报》2000年第1期。

载录其校勘成果。他在《述古堂藏书自述》中说"必知之真，而后好之始真"，认为嗜书必须真懂书，精于鉴别，这样才能藏到好书。钱谦益曾看到其述古堂藏书"缥青朱介，装潢精致"，"纵目流览，如见故物"。钱曾不仅继承了钱谦益绛云楼焚余之书，还将钱谦益的藏书传统发扬光大，是钱谦益虞山诗派的继承者，又是读书者之藏书的继承人。毛晋曾师从钱谦益，钱谦益称毛晋故于经史全史勘雠流布，务使学者穷其源流，审其津涉。毛晋友陈继儒赞扬其"胸中有全书，故本末具脉络，眼中有真鉴，故真赝不爽秋毫"，时人"无不侈其博而服其鉴"。毛晋子毛扆也精于校勘，魏禧在《汲古阁元人标点五经记》中称其"承其家学，为搜辑古椠本，考订讨论，正世本之失"。张金吾被黄丕烈称为"此真读书者之藏书也"，他强调："欲致力于学者必先读书，欲读书者必先藏书。藏书者，诵读之资，而学问之本也。""藏书而不知读书，犹弗藏之。读书而不精覃思，随性分所近，成专门绝业，犹弗读也。"张金吾的《爱日精庐藏书志》是他藏而读的成果，具辨章学术、考镜源流之功用。铁琴铜剑楼瞿氏也是读书者之藏书，季锡畴在《荫棠先生检书图》题词中称瞿氏"非徒藏之，而能读之，且义方有训"，"非徒一己读之，且欲令世世子孙读而守之，以迄于无穷"。瞿氏数代唯好藏书，经史子集手自校雠成为传统。在虞山派多读书者藏书这一点上，正如周星诒所说"藏书家首重"的"常熟派"是"所谓读书者之藏书者"。

　　虞山派的主要特点之二是好古者之藏书。以钱谦益为代表的虞山派首开好古收藏之风，所藏多宋元本、抄本及稿本。叶德辉在《书林清话》卷九"吴门书坊之盛衰"条中称："国朝藏书尚宋元板之风，始于虞山钱谦益绛云楼、毛晋汲古阁。"[1] 又在卷十"藏书偏好宋元刻之癖"条中说："自钱牧斋、毛子晋先后提倡宋元旧刻，季沧苇、钱述古、徐传是继之。流于乾嘉，古刻愈稀，嗜书者众，零篇断叶，宝若球琳。盖已成为一种汉石柴窑，虽残碑破器，有不惜重赀以购者矣。"[2] 叶氏还在"明以来之抄本"条里，论述明以来抄本书最为藏书家所秘宝者共23家，其中常熟藏书家占了12家。[3] 顾广圻在《思适斋书跋》中已经注意到常熟藏书家好抄本的

---

[1] 叶德辉：《书林清话》，北京：中华书局，1957年，第254-257页。
[2] 叶德辉：《书林清话》，北京：中华书局，1957年，第290-292页。
[3] 叶德辉：《书林清话》，北京：中华书局，1957年，第275-283页。

特点,甚至认为是"常熟派"的主要特色。[1] 而潘祖荫在序陈揆《稽瑞楼书目》中注意到虞山派藏家好收宋椠与精钞的特点。

虞山派的主要特点之三是开放者之藏书。虞山派藏家中藏书致用、流通古籍的思想占主导地位,他们通过编印家藏书目来传播藏书信息,或以刻书为己任来广传秘籍,或提供借用以共享私藏。脉望馆赵氏父子通过精校刊刻、编目撰跋、提供阅抄等途径交流私藏,为后人树立了榜样。钱谦益在绛云楼失火后,将焚余之书悉数赠予钱曾,并在《草莽私乘》跋文中颂扬李如一"天下好书,当天下人共之"[2] 的藏书开放思想。毛晋"缩衣节食,遑遑然以刊书为急务",《汲古阁歌》赞曰:"君获其书好示人,鸡林巨贾争摹印。"张海鹏以毛氏汲古阁为榜样,"以剞劂古书为己任",提出:"藏书不如读书,读书不如刻书,读书只以为己,刻书可以泽人。"张金吾抱着"乐与人共,有叩必应"的态度公开私藏,并说:"若不公诸同好,广为传布,则虽宝如球璧,什袭而藏,于是书何裨?于予又何裨?"瞿氏铁琴铜剑楼更是公开其藏书,供读书人前往浏览、校勘、转抄、参观,使藏书发挥作用,还编印《铁琴铜剑楼宋金元本书影》《铁琴铜剑楼藏书目录》《铁琴铜剑楼题跋集录》及撰跋以飨海内外人士,提供所藏善本影印入《四部丛刊》《续古逸丛书》,中华人民共和国成立后又将私家藏书捐献给国家。

虞山派的主要特点之四是有识者之藏书。一个成熟的藏书流派应该有自己的藏书理论,虞山派有自己的藏书理论,主要体现在虞山派藏书理论代表作孙从添的《藏书纪要》里,以及散见于虞山派藏书家的藏书目录、藏书题跋等中。

三、虞山派藏书思想

虞山派藏书的思想文化遗产是多方面的,对今天的文化建设多有启迪。

一是崇敬古籍的文化自信。中华民族文化凝聚力与对自身文化的自信由来已久,虞山派藏书家弘扬中华民族崇拜优秀文化典籍的好传统。孙从添撰《藏书纪要》旨在为同道传播虞山派藏书家在长期实践中积累的藏书经验和技术,其"购求"一则可视作虞山派藏书家之藏书宣言,论述"购

---

[1] 顾广圻著,王欣夫辑:《顾千里集》,北京:中华书局,2007年,第331页。
[2] 钱谦益:《牧斋集再补》,《钱牧斋全集》,上海:上海古籍出版社,2003年,第925页。

求书籍,是最难事亦最美事,最韵事亦最乐事"。因为"书籍者,天下之至宝也。人心之善恶,世道之得失,莫不辨于是焉。天下惟读书之人而后能修身,而后能治国也。是书者,又人身中之至宝也"。[1] 虞山派藏书家注重藏书以修身立德,强调读书的明理益能价值。张金吾强调:"人有愚、智、贤、不肖之异者,无他,学不学之所致也。然欲致力于学者,必先读书,欲读书者,必先藏书。藏书者,诵读之资,而学问之本也。"[2] 翁同龢为读书而藏书,他为自家祠堂撰联:"绵世泽莫如为善,振家声还靠读书。"又为铁琴铜剑楼题联:"入我室皆端人正士,升此堂多古画奇书。"强调藏书、读书与做端人正士的关系。虞山派藏书家把藏书、读书与修身、治国紧密联系起来,让人们从这样的高度来认识敬惜书籍、热爱读书。

二是传承文化的责任担当。成千上万的私家藏书海纳中华典籍,一代代传递下去。流传至今的中华典籍,大多是经过历代私人藏书家递藏的。虞山派藏书家以好古收藏与抄刻典籍千方百计广为传播中华典籍精华,为功尤巨。如今存有和入藏国库的宋元本典籍,多有虞山派藏家之物。仅瞿氏铁琴铜剑楼捐赠北京图书馆并载入《北京图书馆善本书目》的达 242 种 2 501 册。李致忠撰《宋版书叙录》著录北京图书馆宋版书 60 种,其中 31 种经虞山派藏书家递藏过。虞山派藏书家藏书、刻书传承文化的事迹感人。例如,汲古阁毛氏缩衣节食,以刊书为急务,甚至变卖田产刻书,毛氏《重镌十三经十七史缘起》所谓"鬻止十年之田而不偿也"。张海鹏志愿"以剞劂古书为己任",践行刻书泽人。[3] 铁琴铜剑楼瞿氏五代人精心藏书、护书,特别是第三代楼主瞿秉渊、秉清兄弟在咸丰十年(1860 年)至同治二年(1863 年)间,为避太平天国时期战乱,将铁琴铜剑楼藏书进行了惊心动魄的七次大迁移,终于保全藏书精品。瞿氏视家国为一体,护先人遗籍以体现仁孝,翁同龢谓之"仁孝之诚",瞿氏视献书于国家为先人遗籍的妥善归宿。瞿启甲创建常熟县图书馆,捐书充馆藏,还出私藏影印入

---

[1] 孙从添:《藏书纪要》,见祁承㸁等:《藏书记》,扬州:广陵书社,2010 年,第 39-40 页。

[2] 张金吾:《爱日精庐藏书志序》,《爱日精庐藏书志》卷首,光绪十三年(1887 年)吴县灵芬阁徐氏木活字合刊本。

[3] 黄廷鉴:《朝议大夫张君行状》,《第六弦溪文六钞》卷四,清光绪十年(1884 年)虞山鲍氏《后知不足斋丛书》本。

《四部丛刊》，临终遗命家人"书勿分散，不能守，则归之公"。

三是工匠作为的精致创新。中国古代私家藏书，属于综合性的学术文化活动。虞山派藏书家的大家多、成就大，归根到底是藏书家好书敬业，追求精致，讲究质量，创新藏书措理之术。虞山派藏书家盛行抄书之风，尤其是影抄，汲古阁毛氏首创，影写本保存宋元旧本原貌，以精工著称。虞山派藏书家的藏书目录多为创新之作，在中国私家藏书目录中创第一的很多。例如，赵琦美的《脉望馆书目》开近世著录残宋元本先例；钱曾的《读书敏本记》是我国第一部研究版本的专著；毛扆的《汲古阁珍藏秘本书目》最早详注宋元各种版本，是最早的完整意义的善本书目；张金吾的《爱日精庐藏书志》开创藏书志新体制；瞿镛的《铁琴铜剑楼藏书目录》体例创新，读此一书可得数书功用。虞山派藏书家的藏书目录精致多样，体系完备。例如，钱曾的《也是园书目》《述古堂书目》《述古堂宋元本目录》和《读书敏求记》，分别从体制上创立了普通书目、善本书目和题跋目录的格式。瞿氏铁琴铜剑楼目录既有《铁琴铜剑楼藏书目录》等集大成的私家藏书目录，又有《铁琴铜剑楼宋金元本书影》《铁琴铜剑楼藏书题跋集录》等丰富多样的专题特色书目，还有多种瞿氏藏书化私为公的专题书目，充分反映出瞿氏藏书目录的丰富多样性。孙从添在《藏书纪要》第六则"编目"一则中总结虞山派藏书家编制四种书目的具体方法，[1] 四种书目包括《大总目录》、《宋元刻本钞本目录》、《分类书柜目录》、书房架上书籍目录及未订之书，可谓精致细腻。

四是乐以传播的开放情怀。虞山派藏书家通过互抄藏书、编藏书目、刻印藏书等途径公开交流私藏之外，或直接捐赠藏书，或将私家藏书营造成文人交流处。例如，常熟陈揆于道光三年（1823年）五月，将乡邦文献160部461册捐于兴福寺，临终时又续送240部439册，一起贮救虎阁，以供众览。陈揆有《兴福寺书目》传世，瞿凤起撰《〈兴福寺书目〉跋》称："陈氏藏书于乡邦文献致力尤勤，积四百种。先后庋藏破山寺救虎阁，以供众览，早有今日公共图书馆之至意。"虞山派藏书家通常以其藏书楼会友，文人在一起雅集唱和，或讲学交流、编目著述、鉴赏藏品等。例如，赵氏

---

[1] 孙庆增：《藏书纪要·编目》，见徐雁、王燕均主编：《中国历史藏书论著读本》，成都：四川大学出版社，1990年，第524-525页。

旧山楼主人赵宗德、宗建兄弟十分好客,当时的旧山楼为文人雅集之所、区域学术文化中心。翁同龢等人在旧山楼论书,见诸《翁同龢日记》等文献记载。铁琴铜剑楼瞿氏以所藏珍本自刻或助人刻书,广为传播私藏。瞿氏在藏书开放的过程中,与当时众多的文人交往,许多学者到铁琴铜剑楼访书交流、登楼阅览、借阅抄录等,铁琴铜剑楼藏书提供社会利用,发挥了公藏的部分功能,起到了区域学术文化交流中心的作用。

四、虞山派影响藏书江南

自明后期以来,常熟成为中国私家藏书中心地。据范凤书统计,中国历代藏书家为4715人,其中,明代869人,清代1970人,最多的10个县市为:苏州268人,杭州198人,常熟146人,湖州94人,绍兴93人,宁波88人,福州77人,嘉兴75人,海宁67人,南京60人。[1] 可见,在环太湖、大运河区域集中了中国绝大多数的私藏家,而这一区域的藏书家收藏志趣、收藏内容、藏用原则等,包括尚宋元板之风、好抄稿本、藏书偏重正经正史、重视编目、乐于交流等,与虞山派藏书家趋同,区别于黄裳所谓浙东派。[2] 晚清四大藏书楼,即常熟瞿氏铁琴铜剑楼、浙江杭州丁氏八千卷楼、吴兴陆氏皕宋楼、山东聊城海源阁,他们无一不继承虞山派藏书传统,这表明充虞山派的吸引、辐射和影响力。王红蕾在《〈卷盦书目〉与叶景葵藏书思想》一文中谈道"叶景葵的藏书思想是乾嘉以来,江南正统藏书观的延续","深受嘉兴派藏书思想的影响","江南藏书以稿抄校本为主要特色"。[3] 江南正统藏书观,或者可以说江南藏书形成的主要特色正是深受虞山派影响。

(曹培根 常熟理工学院原宣传部部长,教授)

---

[1] 范凤书:《中国私家藏书概述》,见虞浩旭主编:《天一阁论丛》,宁波:宁波出版社,1996年,第259-282页。

[2] 黄裳:《春夜随笔》,成都:成都出版社,1994年,第78-81页。

[3] 王红蕾:《〈卷盦书目〉与叶景葵藏书思想》,《理论界》2009年第11期。

刻工穆大展本名、字号、籍贯及生卒年考
——兼议乾隆本《两汉策要》刊刻年代

王晋玲 李 峰

  穆大展，监生。少游沈德潜门下。精鉴藏，乾、嘉时以镌刻碑帖图籍精善称名家，所设近文斋穆氏局，名与汲古阁相埒。其人史志无传，自黄孝纾《刊书家穆大展行乐图》为作小传并简介其成就，瞿冕良编著《中国古籍版刻辞典》等从其说。周叔弢《古文辞类纂》题识，记其友黄孝纾为述穆大展生平及成就，并编成《清代雕版刻工穆大展略传及刻书资料》，亦为李国庆编著《弢翁藏书年谱》、程章灿《石刻考工录·石刻考工录补编》、陈先行主编《柏克莱加州大学东亚图书馆中文古籍善本书志》等所依从。但是，黄孝纾、周叔弢等先生所述穆大展本名、字号、籍里及生卒年等多有疑误，故据所知史料试予考订，请方家教正。

穆大展本名、字号、籍里考

  黄孝纾《刊书家穆大展行乐图》谓："穆近文字大展，一字孔成。金陵人。诸生。"[1]周叔弢《古文辞类纂》题识，记其友黄孝纾为述穆大展生平，称："穆近文，字大展，一字孔成，金陵人，元和籍，诸生。"[2]王澄编著《扬州刻书考》则称穆大展为晚清扬州刻字工人。[3]

  吴县洞庭王氏于嘉庆六年（1801年）续修《太原家谱》，实为《洞庭

---

[1] 劳人：《刊书家穆大展行乐图》，张伯驹：《春游琐谈》卷二，郑州：中州古籍出版社，1984年，第81-82页。按，黄孝纾，字公渚，劳人为笔名。人多误以为是文为张伯驹作。

[2] 周叔弢：《古文辞类纂》题识，见李国庆：《弢翁藏书年谱》，合肥：黄山书社，2000年，第230页。周叔弢编：《清代雕版刻工穆大展略传及刻书资料》，见李国庆：《弢翁藏书年谱》，第334-335页。

[3] 王澄：《扬州刻书考·穆近文堂》，扬州：广陵书社，2003年，第326页。

王氏家谱》，嘉庆七年吴门穆氏近文斋刊刻。卷首《续修家谱姓氏目录》末载"监刊：吴县籍穆孔成，字大展；郡城李枚，字卜臣。"[1] 可确证穆大展，名孔成，字大展，吴县籍。

穆孔成所刻多署穆大展，乃以其字行。彭元瑞《赠苏州刻工穆大展序》云："刻书昉于蜀，富于闽，工于吴。至今日而吴为极盛，而穆氏以其艺特闻。……穆氏其名大展，兼善刻石。为予摹刻《万福集成赞》，极有法，挟技多从士大夫游。"[2] 就所知考其诸刻，除署"吴郡穆大展镌""吴趋穆大展镌""吴门弟子穆大展薰沐敬刻"等外，乾隆三十七年（1772年）《陈宏谋墓志》，彭启丰撰文，梁国治篆额，王杰书，署"吴县国学生穆大展镌"。乾隆三十八年（1773年）上海《黄云师传碑》，彭启丰撰文，陆鸿绣书，署"吴县穆大展镌"。乾隆四十年（1775年）崇明城东《重修寿安寺记碑》，范国泰记，住持皓月立，署"吴县监生御用穆大展镌"。穆大展显然是吴县籍，监生。

乾隆三十八年（1773年）《国朝松江府知府题名碑记》，知府韩锡胙撰并书，署"长洲监生穆大展镌字"。笔者所知其刻自署"长洲"者仅此一例。当系穆大展补长洲诸生，援例为监生。例如徐元文系昆山人，即补长洲诸生。乾隆三十二年（1767年）吴县蒋重光刊自辑《昭代词选》三十八卷，卷末则署"金陵穆大展刻字"。当因其时曾游寓摄山即栖霞山。穆大展与袁枚等名公巨卿交往颇密。乾隆二十一年（1756年）至二十四年，二十七年（1772年）至二十九年李因培两任江南学政时撰《摄山赋》，穆大展曾为镌石立于栖霞大殿。乾隆三十三年（1768年）陆灿为绘《摄山玩松图》，画穆大展携一童子于摄山赏玩松石。沈德潜题尚称"大展学兄"，陈宏谋、刘墉、王文治、钱大昕、秦大士、袁枚、钱坫等80余人历有题跋。就笔者所知其刻自署"金陵"者亦仅此一例，难以作为金陵人之确证。乾隆三十二年（1767年）夏秉衡《秋水堂双翠园传奇》二卷，署"古吴王舜芳绘，吴趋穆大展镌"可予说明。

至于"近文"，非穆大展之名，实为穆氏斋号。袁枚为作《近文斋记》

---

[1]《续修太原家谱》，嘉庆七年（1802年）穆氏近文斋刻本，参见王仲鎏宣统三年（1911年）修《洞庭王氏家谱》，页三一。

[2] 彭元瑞：《恩余堂辑稿》卷一，道光七年（1827年）穆氏近文斋刻本，页三六。

云:"以近文名斋,谦词也。何谦乎尔?穆子司开雕,文事也。文则郁郁乎君子以懿文德矣,彬彬乎通识懿文矣。"[1]《近文斋记》中并记载了穆大展自叙其以近文名斋之缘由:

"近"之一字,岂易言哉?近兰者芳,近棘者伤;近愚者悖,近贤者良。我不能挥柔翰,掞天庭,自著其文,而徒揭揭然以攻木为文,以镌金石为文,以摩崖拓碑为文。是我与文一而二者也,不足以为文也。然而,居是斋也,已卅年矣。所往来者,商榷谈笑者,非方文缀学之士,即摩研编削之才。染之久,而不觉神移焉;相亲久,而不觉与梦通焉。其不得不与文相近者,势也。取以名斋,我子孙目击道存,从形下而悟形上,或勿叛于文也,其庶乎!

穆大展以近文名斋,因获称近文斋主人。袁枚称其有西汉扬雄(字子云)作《太玄经》之志,因技悟道,高出以文得志而得志弃文之士大夫万万。乾隆中梁同书、王杰、沈德潜、彭启丰、王鸣盛、钱大昕、王文治等名公巨卿多为题记,有《近文斋记册》一百零二开名迹传世,人以为荣。如梁同书《题穆氏近文斋册》即称:"今吴中穆氏父子世精其业,开设广肆,号召能手,以售伎于江左。凡梨枣珉石之役,鸿章雅制之流传,舍穆氏无以办。其所周旋大率皆名公巨卿,若古之杜陵、苏黄其人者,赠遗之作登诸简册,如云如椽,穆君其足以自豪矣哉。"[2]

穆大展以近文斋之名设局营业,署刻称"吴门近文斋穆氏局",亦有"吴门穆大展局"等名号。大展卒后,子士华[3]能承家学,经营有方,子孙能守世业,如嘉庆二十四年(1819年)仍以"吴门近文斋穆氏局"刻金

---

[1] 袁枚:《近文斋记》,《小仓山房诗文集·小仓山房续文集》卷三十五《四部备要》本,上海:上海古籍出版社,1988年,第587—588页。

[2] 梁同书:《频罗庵遗集》卷十一"题跋二",《清代诗文集汇编》第353册,上海:上海古籍出版社,2009年,第165页。

[3]《续修四库全书》本彭启丰《芝庭诗文稿》文稿卷八《赠近文斋主人说》谓:"大展幼子士华年髫髫即能世其业。尝刻《三希堂法帖》四箴,波磔纵横,摩勒有法,从此探讨典籍,当由艺而进于道,不徒与向所传朱伏之家争胜。是则善承大展之志,匪直以其业而已。因为之说以贻穆生,兼以勖其子焉。"吴郡朱克柔辑著《第一香笔记》四卷,嘉庆瘦竹山房刻本,前有嘉庆元年自序,卷四末有"榴舫穆士华校对"一行,当系穆大展子。黄孝纾《刊书家穆大展行乐图》称:"子廷梅字君度能世其业。"嘉庆七年,《关圣帝君圣迹图志全集》四卷,苏郡全晋会馆刻本,署"吴门穆大展局镌、吴门君度镌"。按,黄孝纾所言穆大展子廷梅,或系大展幼子士华,当名士华,字君度,号廷梅,斋名榴舫。

有容撰、陈格书《游林屋洞记》，[1] 道光二十八年（1848年）扬州穆近文斋刻《女科仙方》，道光二十九年（1849年）"府署东首穆大展刻字局程芝庭镌"《修建音乐台记事碑》，同治四年（1865年）扬州穆近文堂刻《枕中秘要》等。王澄编著《扬州刻书考》称穆大展为晚清扬州刻字工人显误。

穆大展生卒年考

穆大展生前活动，笔者所见史料最晚为包世臣道光二十三年（1843年）十月十二日《跋重刻王夫人墓志》，载其曾于嘉庆七年（1802年）至吴访大展。[2] 其生卒年至今说法不一。

程千帆认为穆大展活到八十多岁，[3] 未知所本，语焉不详。黄孝纾《刊书家穆大展行乐图》云："穆氏生于康熙六十年，卒于嘉庆十七年，享年九十一岁。"[4] 周叔弢《古文辞类纂》题识及所编《清代雕版刻工穆大展略传及刻书资料》等同，并为学界所从。但是，黄孝纾等述穆大展生卒年，未注资料出处，而其文自述亦有矛盾之处，不免生疑。黄孝纾《刊书家穆大展行乐图》谓："余藏有《摄山玩松图》，为娄东陆星山绘。星山名灿字幕云，善传神。……图作于乾隆三十三年戊子，大展时年五十六岁。"[5] 周叔弢《古文辞类纂》题识亦谓："吾友黄公渚藏穆大展五十六岁时娄东陆星山灿为穆氏所绘《摄山玩松图》。"[6] 据此而推，则大展当生于康熙五十二年（1713年）。按黄孝纾等言享年九十一岁，则当卒于嘉庆八年（1803年），显然与所言穆氏生于康熙六十年（1721年），卒于嘉庆十七年（1812年）相左。

乾隆末，穆大展"吴门近文斋穆氏局刻"宋陶叔献辑编《两汉策要》，

---

[1] 金有容：《游林屋洞记》，李根源：《洞庭山金石》卷一下，苏州：苏州蓟门曲石精庐，民国十八年（1929年）刊。参见王稼句：《苏州山水名胜历代文钞》，上海：上海三联书店，2010年，第368-369页。

[2] 包世臣：《艺林名著丛刊·艺舟双楫》，北京：北京市中国书店，1983年，第108页。

[3] 程千帆：《校雠广义·版本编》，《程千帆全集》第一卷，石家庄：河北教育出版社，2000年，第307页。

[4] 张伯驹：《春游琐谈》卷二，郑州：中州古籍出版社，1984年，第81页。

[5] 张伯驹：《春游琐谈》卷二，郑州：中州古籍出版社，1984年，第82页。

[6] 周叔弢：《古文辞类纂》题识，见李国庆：《弢翁藏书年谱》，合肥：黄山书社，2000年，第230页。周叔弢编：《清代雕版刻工穆大展略传及刻书资料》，见李国庆：《弢翁藏书年谱》，第335页。

系如皋张朝乐所得经毛晋父子递藏之元钞本，或云赵孟𫖯书，故多请名家鉴跋题识，经始摹刻。卷前景祐二年（1035年）阮逸《后序》末尾栏内有自署"玩松山人穆大展时年七十有三刻"一行篆字木记；书后姚棻《跋》末尾栏内有自署"玩松子穆大展时年七十有三钩刻"四行篆字木记。[1] 这是考订其生年的第一手证据，又涉及《两汉策要》刊刻年代，故需对诸家异说考订。

一说为乾隆五十三年（1788年）刻本，如《中国古籍善本总目》、王绍曾及崔国光等《订补海源阁书目五种》（下册）、邵懿辰撰及邵章续录《增订四库简明目录标注》等。据钱泰吉《曝书杂记》载："《两汉策要》十二卷，《汲古阁秘书目》谓为元人手钞者，即此也。丙申夏日，得此于杭州书肆。乃乾隆五十三年赣郡守竹轩张君钩摹之本。"[2]《两汉策要》卷前翁方纲之《序》谓："今观此书，固不敢确断为文敏书，而其原本篆势谨守六书之义，则与文敏真迹无二也。……竹轩郡伯将摹勒而传之，属予为识于卷端。"[3] 此序作于乾隆五十三年八月十二日，翁方纲时任江西学政。究其文意，是年始议钩摹，并未刊刻。

一说为乾隆五十六年（1791年）刻本，如张振铎编著《古籍刻工名录》、罗伟国及胡平编《古籍版本题记索引》、程章灿《石刻考工录·石刻考工录补编》及无锡市图书馆《两汉策要》著录等等。《两汉策要》卷十二后，有乾隆五十六年正月窦光鼐、梁同书、姚棻、朱钰、邵齐熊及四月周骏发诸跋。时任浙江学政窦光鼐跋称："赣郡守竹轩张君过浙，携《两汉策要》后函示余索跋。披阅数四，自八册至十四册一气挥洒，无意求工而结体遒逸，宛似吴兴。卷末不署姓名，当属元人手录读本耳。……而纸色精好，有虞山毛氏父子印，向为汲古阁宝藏。由古史阙文之义，不烦臆断，其为元名家书，可传可宝，决然无疑也。"[4] 梁同书跋称："竹轩太守见示

---

[1] 陶叔献：《两汉策要》，由张朝乐校阅。二篆字木记，分见《四库未收书辑刊》第三辑第16册，北京：北京出版社，2000年，第4页、297页。

[2] 钱泰吉：《曝书杂记》卷一"两汉策要"条，上海：商务印书馆，1939年，第20页。

[3]《两汉策要》卷前翁方纲《序》，见《四库未收书辑刊》第三辑第16册，北京：北京出版社，2000年，第4页。

[4] 窦光鼐：《两汉策要》后跋，见《四库未收书辑刊》第三辑第16册，北京：北京出版社，2000年，第294—295页。

家藏《两汉策要》钞本"[1]。姚棻跋称:"《两汉策要》十二卷旧为虞山毛氏汲古阁所藏,今归张竹轩太守。……竹轩既补其缺遗,并命良工双钩刻于吴下。是书鲜雕本。"[2] 周骏发跋称:"《两汉策要》十二卷,不署录者姓名,首页押缝有虞山毛氏父子印章,……张竹轩郡伯具鉴古之识,欣获装订,闻已钩摹上刻。辛亥四月望日雨中过谒出示元本于滕王阁下。"[3] 就各跋文所言,是年方钩摹上刻,并未刊成。

一说为乾隆五十八年(1793年)刻,未见著录所采。时人黄丕烈称:"至世传大定乙巳刻宋人编《两汉策要》,十二卷,毛扆《珍藏秘本书目》载之,谓为元人手钞,与元人手钞《古文苑》相次,云二书一笔赵字,或谓赵文敏手书而无款,不敢定之。乾隆五十八年,如皋张氏以毛本重刻,摹仿极工。前附有翁方纲题,后附梁同书、窦光鼐、周骏发、朱钰、姚棻、邵齐熊诸跋,但以为元名手书,不敢定为松雪亲笔。惟邵跋援陆学士、秦中丞及简斋先生,定为松雪手迹,谓非余子能办。吾亦信以为然。"[4] 推求文意重在鉴定,是年当在刊刻。

一说为乾隆六十年(1795年)刻本,周叔弢编《清代雕版刻工穆大展略传及刻书资料》称:"《两汉策要》乾隆六十年摹刻。"李国庆编《弢翁藏书年谱》[5]、瞿冕良编著《中国古籍版刻辞典》[6] 等亦采是说,未详所本。据前引钱泰吉《曝书杂记》,知其《两汉策要》十二卷系嘉庆元年(1796年)夏购于杭州书肆。以钱泰吉藏书之人搜求名本素勤,似可证此书刊行不久。考穆大展乾隆三十七年(1772年)为言如泗刻常熟《常少府破山寺诗碑》,系米芾手书唐常建诗《题破山寺后禅院》,原石今存常熟兴福寺,诗后镌刻:"余守襄郡日,得元章书,因勒石破山,或亦补斯寺之阙

---

[1] 梁同书:《两汉策要》后跋,见《四库未收书辑刊》第三辑第16册,北京:北京出版社,2000年,第295页。

[2] 姚棻:《两汉策要》后跋,见《四库未收书辑刊》第三辑第16册,北京:北京出版社,2000年,第296-297页。

[3] 周骏发:《两汉策要》后跋,见《四库未收书辑刊》第三辑第16册,北京:北京出版社,2000年,第299页。

[4] 黄丕烈:《荛圃藏书题识》,上海:上海远东出版社,1999年,第848页。亦见于叶德辉《元刻书多用赵松雪体字》,至有人误为叶德辉所言,参阅叶德辉:《书林清话》卷七,扬州:广陵书社,2007年,第124页。

[5] 李国庆:《弢翁藏书年谱》,合肥:黄山书社,2000年,第335页。

[6] 瞿冕良:《中国古籍版刻辞典》(增订本),苏州:苏州大学出版社,2009年,第951页。

也。乾隆三十七年中秋日，素园言如泗附识。半百玩松山人穆氏大展铁笔。"[1] 此为最确切之记载。如依黄孝纾所言，乾隆三十三年（1768年）穆大展时年五十六岁，则乾隆三十七年已六十岁，当署六旬，不可能自署半百玩松山人。由此上推其生年当为雍正元年（1723年）。《两汉策要》乾隆六十年刻成，穆大展时年七十三，则其生年亦正为雍正元年。若依黄孝纾所言年寿九十一岁，卒年当为嘉庆十八年（1813年）。

《两汉策要》如系乾隆六十年刻成，而张朝乐据说已卒于上年。[2]《两汉策要》卷十二末有"山阴萧氏藏板"木记一行。"山阴萧氏"其时究系何人，查考未详。推断张朝乐卒后，书板归其所有，当系助资刊成之家，此中究竟尚需资料方解疑窦。

附录：穆大展镌刻碑版图书简目

本简目曾参考潘景郑先生所编《苏州碑刻拓片目录》等，一为笔者考证提供参证，二为补充周叔弢先生编《清代雕版刻工穆大展略传及刻书资料》，自觉阙误难免。原刻自署加引号，余为转述大略，请读者辨察。

乾隆十一年（1746年）

上海《奉直大夫黄君（云章）传碑》，钱大昕撰，叶凤毛书，秦大成题跋，署"穆氏大展镌"。

乾隆十三年（1748年）

习寯等纂修《苏州府志》八十卷，穆大展刻。

乾隆十五年（1750年）

虎丘僧佛海、半白重辑《虎丘缀英志略》二卷，署"吴郡穆大展镌"。

乾隆十九年（1754年）

梦麟《梦喜堂诗》六卷，穆大展辑刻。

乾隆二十二年（1757年）

---

[1] 戈炳根：《常熟国家历史文化名城词典》，上海：上海辞书出版社，2003年，第217页。

[2] 姜亮夫：《历代名人年里碑传综表》，《姜亮夫全集》第十九卷，昆明：云南人民出版社，2003年，第740页。《淮海英烈集》戊集卷二第590页，《张朝乐小传》谓："乾隆五十九年，卒于官，年四十六。"据乾隆五十九年五月二十九日，江西巡抚陈淮《奏为（张朝乐闻讣丁忧）委任邵洪署理广信府知府并达本署理抚州府知府事》，朱批奏折，档号04-01-12-0248-021；缩微号4-01-12-043-1618。张朝乐系闻讣丁忧离任，生年无误，卒于何年未见档案。

苏州府学《御赐江苏巡抚陈宏谋诗碑》，穆大展镌。

乾隆二十四年（1759年）

常熟赵王槐等撰书《增置祀田碑记》，署"吴趋穆大展镌"。

《定慧寺苏文忠公书归去来辞碑记》，穆大展镌。

乾隆二十七年（1772年）

苏州府学《御赐江苏巡抚陈宏谋诗碑》，穆大展镌。

《猪行重建毗陵公墅碑》，穆大展镌。

乾隆二十九年（1764年）

明上海乔一琦《乔将军诗帖》一卷，乔一琦自书，侄孙乔光烈、叶凤毛跋，穆大展镌。

乾隆三十年（1765年）

陈宏谋《培远堂偶存稿》五十一卷，沈德潜序，穆大展刻。

李华国《双荫轩诗钞》六卷，穆大展刻。

乾隆三十二年（1767年）

华亭夏秉衡《秋水堂双翠园传奇》二卷，巾箱本。署"古吴王舜芳绘，吴趋穆大展镌"。

吴县蒋重光经鉏堂刊自辑《昭代词选》三十八卷，署"金陵穆大展刻字"。

乾隆三十四年（1769年）

《御制淳化轩记》一卷，王杰书白玉版，署"臣穆大展敬镌"。

乾隆三十五年（1770年）

昆山葛正笏辑《仁聚堂法帖》八卷，穆大展摹刻。嘉庆十一年（1806年）石归吴县刘恕。

乾隆三十六年（1771年）

御刻彭元瑞集《圣教序》王羲之书所撰《万福集成赞》，穆大展以内府所藏宋拓本摹勒于大内，并颁赐内外臣工。

陈宏谋《四书考辑要》二十卷，穆大展刻。

乾隆三十七年（1772年）

广西临桂《陈宏谋墓志》，彭启丰撰，王杰书，梁国治篆额，署"吴县国学生穆大展镌"。

常熟《常少府破山寺诗碑》，言如泗附识，署"半百玩松山人穆氏大展铁笔"。

乾隆三十八年（1773 年）

《黄云师传碑》，彭启丰撰，陆鸿书，署"吴县穆大展镌"。

《国朝松江府知府题名碑记》，知府韩锡胙撰并书，署"长洲监生穆大展镌字"。

《江苏按察司请立三贤祠碑》，署"吴趋穆大展镌"。

乾隆三十九年（1774 年）

夏秉衡《秋水堂诗中圣传奇》二卷，巾箱本，穆大展刻。

乾隆四十年（1775 年）

崇明县城东《重修寿安寺记碑》，范国泰记，住持皓月。署"吴县监生御用穆大展镌"。

乾隆四十一年（1776 年）

陆灿《摄山玩松图》，穆大展刻。

乾隆四十六年（1781 年）

《金刚般若波罗密经》二卷，署"吴门弟子穆大展薰沐敬刻"。

乾隆五十二年（1787 年）

《吴西峰墓志》，翁方纲撰并书，曹仁虎篆盖，穆大展刻。

乾隆五十三年（1788 年）

常熟赵王槐《兕觥归赵图诗册》，吴门玩松山人穆大展刻石。

乾隆五十四年（1789 年）

《重修苏州府学记碑》，闵鹗元撰，梁同书书，钱大昕篆额，署"吴郡国学生穆大展刻石"。

乾隆五十五年（1790 年）

《酣古堂法书》四卷，讷清额记，穆大展刻。

乾隆五十八年（1793 年）

《重修三贤祠碑记》，署"国学生穆大展镌"。

乾隆五十九年（1794 年）

《苏州建修福神祠乐输姓名捐助数目及动用各款碑》，署"国学生穆大展镌"。

乾隆六十年（1795 年）

张朝乐辑校《两汉策要》十二卷，署"玩松山人穆大展时年七十有三刻""玩松子穆大展时年七十有三钩刻"。

嘉庆二年（1797年）

《毕沅墓志》，钱大昕撰，王文治书，穆大展镌。

年份不详

李因培撰《摄山赋》，乾隆二十一年（1756年）至二十四年，二十七年（1772年）至二十九年李因培两任江南学政时刻，立于栖霞大殿，穆大展镌。

邵齐焘《玉芝堂文集》六卷、《玉芝堂诗集》三卷，乾隆中刻，吴门穆大展刻。按：邵齐焘生于清康熙五十七年（1718年），卒于乾隆三十四年（1769年）。

另有杭州《净慈禅寺双塔记》及瞿冕良《中国古籍版刻辞典》穆大展条所载《建立中州三贤祠记》《设立三贤祠祭田记》《三贤祠祀四纪》《晋右军将军王夫人墓志》，时间及自署不详。按：瞿冕良等称《晋右军将军王夫人墓志》，嘉庆间为穆大展影刻。据包世臣《艺舟双楫》之七道光二十三年（1843年）《跋重刻王夫人墓志》考求，[1] 穆大展生前似未影刻。

《关圣帝君圣迹图志全集》四卷，嘉庆七年（1802年）苏郡全晋会馆刻本，署"吴门穆大展局镌""吴门君度镌"。君度及穆大展儿子穆廷梅之字，瞿冕良定为穆大展刻，显误。

《上海蔡棠重修药皇庙碑记》，嘉庆二十四年（1819）刻，署"吴郡穆大展局"。瞿冕良定为穆大展刻，显误。

王澄编著《扬州刻书考》之《穆近文堂》称堂主穆近文，同治五年（1866年）刻许楣撰《真意斋诗存》一卷、《诗外》一卷，显误。

（王晋玲　苏州大学图书馆副研究馆员；李峰　苏州大学图书馆教授）

---

[1] 包世臣《跋重刻王夫人墓志》谓："嘉庆丁巳，吴人修短簿祠土名东山庙，……掘地丈余，得志石。首署王夫人，尾署子二人，长子询，次子缺其名之右半，其左斜王旁具在，群以为所缺者乃民字，遂指为东晋之石。召镌工穆大展拓之，数纸而石损。大展携碑去，遂为所匿。壬戌，予至吴访大展，许以重值，求一纸不可得。后在扬州，于修奉处见初拓本，……廉方得此，珍为正书鸿宝，仲伦曲徇其请。廉方以原石既亡，欲嘱予审定，重摹以广其传，未果而殁。仲远为终其志。予故具论之，然此志在唐亦自罕觏，足珍也。"见《艺林名著丛刊·艺舟双楫》，北京：北京市中国书店，1983年，第108页。

梁辰鱼家世新考

马一平

梁辰鱼，字伯龙，号少白，别署仇池外史、仇池道人。明代南直隶苏州府昆山县人，生于明武宗正德十五年（1520年），卒于明神宗万历二十年（1592年），我国著名戏剧家、诗人和散曲家。曾创作《浣纱记》等传奇、《红线女》等杂剧、以及《江东白苎》（散曲集）、《鹿城诗集》等其他文艺作品，其中以《浣纱记》最为著名，是昆剧开山之作，而《江东白苎》为最优秀的散曲集之一。从元末到明中叶魏良辅时期，昆山腔还只停留在清唱阶段，梁辰鱼创始用昆山腔来写作戏曲，把昆山腔搬上了戏曲舞台，对昆曲发展做出了重大贡献，在中国戏剧史上具有极其重要的里程碑意义。

对这位乡先贤的生平、家世与作品，笔者多年来通过对地方志、《梁氏家谱》、明清文人文集和其本人诗文集等文献资料进行深入的探讨和研究，取得了一些新的收获，介绍如下。

梁辰鱼生卒年新考

梁辰鱼的生卒年，历来众说纷纭，学术界大多数人认同其生于明武宗正德十四年（1519年），卒于明神宗万历十九年（1591年）。但中山大学文学博士黎国韬先生在《梁辰鱼研究》（国内第一部研究梁辰鱼的学术专著）中，根据梁辰鱼《鹿城诗集》卷二十的一首七律《丁卯冬日过周荡村别业与玉堂弟夜坐作》中"自笑明春同半百"诗句，结合其名、字，得出以下结论：因生于龙年，又是长子，故字伯龙；而古有鱼、龙互变之说，所以取名辰鱼。因此梁辰鱼应生于明正德十五年庚辰年（1520年），属龙。又根据明张大复《皇明昆山人物传·梁辰鱼传》"得岁七十有三"的记载，梁辰鱼应卒于明万历二十年（1592年），虚岁七十三岁，实岁七十二岁。[1] 笔者经认真细致考辨后，非常认同黎先生对梁辰鱼生卒年的考证结论。

梁辰鱼及梁氏家族居住地辨析

根据现存的梁氏家谱稿本与清代昆山县志记载，元代有位名叫梁仲德的河南开封人出任昆山州同知，乃定居于昆山，为迁昆始祖。他是梁辰鱼的九世祖，从他起直至梁辰鱼一代，具体居住地址均无记载。明《（嘉靖）昆山县志》卷之三《坊巷》中有为表彰梁昱、梁纨父子功绩而立的"世沐天恩坊"的记载，[2] 清《（康熙）昆山县志稿》卷二《坊巷》中注明"世沐天恩坊"在通德坊（即西寺巷），而西寺巷内另一座"世美坊"，也是为表彰举人梁昱而立。[3] 梁昱是梁辰鱼的高祖，中国古代在名贤的府第前或住宅附近路口建立牌坊，以颂扬其功德。由此可见，梁氏家族迁居昆山后是居住在西寺巷的。经查阅明《（万历）昆山县志》和清《（道光）昆新两县志》的县城图，得知西寺巷在景德寺（俗称西寺）前，今昆山市区西寺弄和西寺弄以东的一段西街当时均称通德坊（即西寺巷）。另外，从梁氏历代为官和死后葬在小潭浦（县城西南三里南北向河流）祖坟，以及清梁凤岐在《安定梁氏家乘》序中"追甲申鼎革，子姓渐以式微，散处城乡"[4] 的记载等情况综合分析，梁辰鱼一代及以前的梁氏家族主要居住在县城内是无疑的。

梁辰鱼高祖梁昱的弟弟梁昨，字文著，历任驸马府学录、浙江处州府学训导，出赘本邑龚氏，乃移居大潭浦（县城西南六里南北向河流，与小潭浦平行）龚氏别业。明代著名藏书家、乡贤叶盛曾为他撰《虞溪书屋记》。

从梁辰鱼《鹿城诗集》卷十六《过周荡村正性庵定空上人禅房作》（五律）中"旧业近莲社"[5] 和卷二十《丁卯冬日过周荡村别业与玉堂弟夜坐作》（七律）中"先人别业沧江畔"[6] 的诗句，可知梁氏还有一支迁居

---

[1] 黎国韬、周佩文：《梁辰鱼研究》，广州：中山大学出版社，2007年，第15—16页。
[2] 方鹏：《（嘉靖）昆山县志》卷三《坊巷》，扬州：广陵书社，2012年，第31页。
[3] 叶奕苞：《（康熙）昆山县志稿》卷二《坊巷》，南京：江苏科学技术出版社，1994年，第34页。
[4] 梁凤岐辑，梁海续：《澜漕梁氏续谱》，苏州：古吴轩出版社，2015年，第44页。
[5] 梁辰鱼：《梁辰鱼集·鹿城诗集》卷十六，上海：上海古籍出版社，1998年，第210页。
[6] 梁辰鱼：《梁辰鱼集·鹿城诗集》卷二十，上海：上海古籍出版社，1998年，第258页。

在昆南周荡村,其地属昆山县沥川乡七保九图,清代属井亭乡,1956年划归青浦县朱家角乡。

据《澜溪梁氏续谱》记载,梁辰鱼的生祖父梁鸣鹤的长房曾孙梁世纶(字绍和,例贡生,梁辰鱼堂侄)于明代后期始迁居梁家港,为梁氏家族迁梁家港一支的始祖。这在乾隆末年武进李瑞冈所撰《梧轩梁先生传》中有较翔实的描述:"……世纶乃卜居于昆山之北新塘,采其风俗淳茂,遂家焉,且耕且读,代有闻人,土人因名其地曰'梁家港'。"[1] 于是世纶一支后代就世居梁家港一带。梁家港既是昆山北部地区的一个地名,又是昆北的一条河流名。其地有东江、西江2个自然村,东江是东梁家港(古称薛家浦,南北向)的简称,西江是西梁家港(亦南北向)的简称,均是以所在河道名而命名的。该地域自明末以来隶属乡镇屡经变动,2003年起归属玉山镇东江村。现在西梁家港自然村梁姓人家仍非常多,据《陆杨镇志》记载,1999年东江村(含东、西梁家港)梁姓有110人。[2]

梁世纶的玄孙梁宗政(字德孚,1665—1717)于清康熙年间又从梁家港再次迁往港北三里澜漕关王庙西定居,这一支后代就世居澜漕了。[3] 澜漕与梁家港一样,既是昆山北部地区的一个地名,又是昆北的一条河流名,但它比梁家港要大而长。澜漕河(新编《昆山县志》和《陆杨镇志》上如此写)是昆北地区位于新塘河之北的一条东西流向的主要河流,从西起自茆沙塘,向东流入东新塘,全长19华里(1华里=500米)。昆山地方志上最早记载"澜漕浦"者为明《(嘉靖)昆山县志》,[4] 清《(乾隆)昆山新阳合志》起,以后历部县志均作"澜漕港"与"东、西澜漕"。1970年12月20日至1971年1月10日,昆山县人民政府调集民工15 000人,对澜漕河、温焦泾等河道进行拓浚后取直连通,西起阳澄湖,东接杨林塘,全长14.5公里,流经巴城、陆杨、周市三乡镇,是阳澄水系泄引主干河道之一,并将此河定名为西杨林塘。清《(乾隆)昆山新阳合志》在积善乡下辖

---

[1] 梁凤岐辑,梁海续:《澜漕梁氏续谱》,苏州:古吴轩出版社,2015年,第38页。

[2] 陆杨镇志编纂委员会:《陆杨镇志》第十七篇《人口》第四章《姓氏》,郑州:文心出版社,2001年,第405页。

[3] 梁凤岐辑,梁海续:《澜漕梁氏续谱》,苏州:古吴轩出版社,2015年,第80页。

[4] 方鹏:《(嘉靖)昆山县志》卷三《水》,扬州:广陵书社,2012年,第26页。

的村建置中出现了"澜漕村",[1] 以后历部县志均有"澜漕村"的记载。自明末以来该地区隶属乡镇屡经变动,2003年起,东澜漕自然村已改名为澜漕自然村,归属玉山镇新生村,西澜漕自然村归属玉山镇唐龙村。从《梁辰鱼集》的诗篇中可以看到的地名均在昆山县城内,并没有出现过梁家港、澜漕。

据上,梁辰鱼应是昆山县城人,而不是昆北梁家港人,或澜漕人,更不是巴城人。

梁氏家世概要

根据《澜溪梁氏续谱》《皇明昆山人物传》(张大复撰)和清代历部昆山县志等文献的记载,可知梁辰鱼的祖先是河南开封人。

元代有位任四川重庆府同知的河南开封人梁孔璋,是梁辰鱼的十世祖。孔璋之子梁仲德,为梁辰鱼九世祖,仕元昆山州同知,赠承德郎,迁居昆山,后为平阳府通判(一作桂阳府通判),为迁昆始祖。仲德子梁玉,字泽民,为梁辰鱼八世祖,任元婺州路经历,赠迪功郎。泽民子梁璨,字国用,为梁辰鱼七世祖,明初任山西太原府太谷县主簿,赠将仕郎。国用子梁孟镛,为梁辰鱼六世祖,明洪武中荐授山东东昌府馆陶县主簿,后调任四川夔州府万县主簿。孟镛子梁栋,为梁辰鱼五世祖,不仕,以孝友著称,名列县志。梁栋长子梁昱,字文辉,为梁辰鱼高祖,明正统十二年(1447年)举人,出任山西平定州知州,卒于官,诰赠奉直大夫,有文行,以孝称,崇祀乡贤祠。梁昱子梁纨(1443—1516),字尚素,号北庄,为梁辰鱼曾祖,明成化七年(1471年)举人,初授江西德兴县学训导,秩满晋升福建漳州府通判,诰封奉直大夫,因功绩显著,晋升福建泉州府同知,进阶朝列大夫。文章行谊,世济其美,邑志有载。生子七人:长子鸣凤、次子鸣鹤,正配周氏所生;三子鸣鸾、四子鸣鹏,继配陈氏所生;五子鸣鹍(早夭)、六子鸣鹄、幼子鸣鹓,侧室金氏所生。

梁鸣凤(1467—1526),字九成,号在竹,为梁辰鱼伯祖父。自幼聪颖,弱冠成邑庠生,明正德三年(1508年)援例入太学,正德十三年

---

[1] 顾登、顾悖量等:《(乾隆)昆山新阳合志》卷八《乡保 村庄附》,清乾隆十六年(1751年)刻本,页五。

（1518年）参加吏部选拔考试名列第三，授四川马湖府推官，后调任湖广德安府通判，任内均政绩卓著，封文德郎。可惜因暴疾卒于任上。子一，梁会，国学生。梁会生子四，之培、之材、之器、之用，与梁辰鱼同一辈。

梁鸣鹤（1470—1528），字九皋，号有松，为梁辰鱼生祖父。先游县庠，后应例入太学，以山东高唐州通判致仕。生子三：长子梁金，字乾伯，是梁辰鱼伯父，县庠生，任云南楚雄卫经历，生子四：懋先、懋昭、懋官、之隆（一作懋隆，字汝兹）。次子梁介，字石重，号石峰，是梁辰鱼父亲，岁贡生，后官浙江温州府平阳县学训导。因四叔梁鸣鹏卒后无子，出嗣为后。死于平阳任上，生子一，即梁辰鱼。幼子梁含，是梁辰鱼叔父。

梁鸣鸾，字九章，号遗石，为梁辰鱼三叔祖。廪贡生，嘉靖中荐为湖广黄州府黄冈县学教谕，才高文湛，名扬遐迩，一时学者争师尊之。以几十年心血著成《读史笺见》四十卷，同邑归有光作序，县志有传。生子二，梁愈、梁全。因梁鸣鹈无子，梁全出嗣七叔为后。

梁鸣鹏，字九万，嘉靖岁贡生，为梁辰鱼嗣祖父。梁鸣鹍，早殇。梁鸣鹄，为梁辰鱼六叔祖，生子一，梁金。梁鸣鹈，为梁辰鱼七叔祖。

梁辰鱼在科举考试上不顺，仅是个例贡生。他有一妻一妾，妻的姓名不详。妾名胥云房（梁氏四十四岁时纳），到梁家七年就去世了，梁辰鱼很悲伤，悼亡诗与散曲就有七八首。梁辰鱼生有二子：开林、开津；二女：开凰（嫁给许家）、开鸾（嫁给周家）。梁辰鱼的孙辈及后代失传，情况不明，非常遗憾。仅有其曾孙梁逸，在《（道光）昆新两县志》卷二十八的"人物·隐逸"中有一段小传。梁逸，字逸民，号春隐，曾徙居吴县红叶村，喜欢与文人唱和诗词和游历，刻有诗集，年八十六卒，无子。[1]

与梁氏家族联姻的昆山望族

古代社会婚姻非常讲求门当户对，名门望族和官宦之家之间容易互相联姻。昆山梁氏家族世代簪缨，明代中叶与梁氏联姻的昆山望族主要有龚、周、叶、顾、郑、方氏六大家族。

梁辰鱼的高叔祖梁晔（字文著），入赘本邑龚氏。龚氏其先为汴人，宋

---

[1] 王学浩等：《（道光）昆新两县志》卷二十八《人物·隐逸》，见《中国地方志集成·江苏府县志辑（15）》，南京：江苏古籍出版社，1991年，第429-430页。

代龚猗（殿中侍御史）随高宗南渡，定居昆山信义贞里（今属玉山镇燕桥浜村），为迁昆始祖。龚猗十二世孙龚理（1407—1457），字彦文，明正统元年（1436年）进士，授工部主事，晋郎中，以山东左布政使致仕。梁晔是其妹夫。

周氏家族是昆山著名望族，昆山历史上有记载的最高寿之寿星116岁的周寿谊（1264—1379），便出于该家族。梁辰鱼曾祖梁纮的元配夫人即是周氏之女，梁辰鱼伯祖梁鸣凤的长女和四女均嫁给了周家，梁辰鱼母亲也是周氏之女，而梁辰鱼的女儿开鸾，也嫁给了周后叔之子周廷栋。周后叔，字胤昌，是周寿谊的八世孙，明嘉靖二十九年（1550年）进士，曾任工部员外郎、浙江金华府知府，以节行著称，县志立传。梁氏和周氏家族世代联姻。

昆山石浦叶家素为书香门第，尤以明永乐、成化年间的叶盛最为著名。叶盛（1420—1474），明正统十年（1445年）进士。历官兵科给事中，后擢山西右参政，兴利除弊，政绩卓越，仕至吏部左侍郎，因中风卒于位，诏赐葬祭，谥"文庄"。叶盛性节俭，好藏书，是我国著名藏书家与学者，也是昆山名贤。他的女儿嫁给了梁鸣鹤，她是梁辰鱼的亲祖母。

昆山历史上最著名的世家大族首推顾家。顾鼎臣（1473—1540），是明朝弘治十八年（1505年）状元，累官至礼部尚书、武英殿大学士，加少保兼太子太保，曾在嘉靖皇帝出巡期间，受命辅太子监国三个月。他儿子顾履方娶的正室夫人是梁辰鱼伯祖父梁鸣凤之三女。梁鸣凤的次女（梁辰鱼堂姑）和梁鸣鹤的幼女（梁辰鱼小姑）也均嫁给了顾家。

梁辰鱼的一位堂姑梁氏（伯祖父梁鸣凤之五女）嫁与郑若皋为妻。郑若皋，字虞叔，号二阳，为明代昆山名贤郑文康（入祀苏州沧浪亭五百名贤祠）的玄孙。以庠生应名医选拔，出任太医院吏目，凡内廷宫眷染疾，投药辄效。他是一位很有正义感与骨气的太医，因弹劾奸相严嵩父子专权误国，被关入大理寺监狱迫害致死。昆山郑氏，祖籍河南开封，先代累世策名仕籍，是北宋时赫赫有名的皇亲国戚和王公贵族。南宋建炎初兵难时，郑亿年（宋政和八年进士、资政殿大学士）家族举宗南渡，定居昆山，在县城通德坊建第宅，遂占籍昆山，与梁氏家族为邻居。亿年五世孙郑公显，得其妻之外祖薛将仕所传医术，行医为生，专精女科，后裔遂世代业医，代代相传至今达二十九代，成为全国最著名的妇科世医之一。

梁辰鱼的伯母方氏（梁金之妻），乃昆山明代著名乡贤方鹏之女。方鹏（1470—1540），正德三年（1508年）与弟方凤考取同榜进士，官至南京太常寺正卿，著有《矫亭集》传世。晚年悉心编纂《（嘉靖）昆山县志》，成为一部体例完备、内容简赅的昆山良志。方鹏与梁辰鱼的祖父梁鸣鹤同岁，又是县学同学，相交相知垂四十年，因此结成了儿女亲家。

另外，明代名满天下的文坛领袖王世贞（字元美，太仓人）是梁辰鱼的表叔，但年龄却小七岁，而著名诗人和文学家俞允文（字仲蔚，昆山人）则是梁辰鱼的姑父。

昆山梁氏家谱

梁氏在元、明代是昆山望族，修有宗谱，但毁于明清更迭时的战火中。迨至昆山梁氏第十七世孙梁凤岐，颇有水源木本之思，极虑家谱失修多年，为免使子孙后代数典忘祖，在清乾隆年间奋起担当修谱重任。由于梁氏家族支脉繁多，又散处各地，困于精力财力，梁凤岐只能在耕读余暇就本支世系进行寻访搜集，甄别稽核，历经艰辛，终于纂辑成《安定梁氏家乘》一卷，仅为稿本。安定是梁氏的郡望（安定郡相当于今宁夏固原、甘肃平凉等地），取名如同昆山的《开封郑氏世谱》《迁昆安阳支王氏宗谱》等家谱名称一样，乃为不忘祖宗之义。

梁凤岐，字汉冲，号梧轩。生于清康熙四十九年正月初七日（1710.2.5），卒于乾隆五十五年正月初五日（1790.2.18），享年八十一岁。系梁辰鱼生祖父梁鸣鹤的长房八世孙，在《安定梁氏家乘》中为第十七世，其五世祖梁世纶从昆山县城迁居昆北梁家港，这一支后代就世居梁家港。凤岐为府学生员。平生热心公益，其父亲梁宗理（字德勋）曾在居住地附近捐建北新塘桥，康熙年间北新塘桥旁的沏沙塘桥坍塌，梁宗理也想修复，旋因去世而未果。梁凤岐继承父亲遗志，于雍正初年捐资重建沏沙塘桥，大大方便了乡民的往来交通，人颂积善之家。

一晃时间过去了50多年，梁凤岐大伯父梁宗政的五世孙梁海（昆山梁氏第二十一世孙）主动承担家族续谱重任。梁海，字梓溪，号媚川，生于清嘉庆二年九月二十七日（1797.11.15），卒年不详。县学武庠生。他在道光年间续修梁氏家谱，在族祖旧谱的基础上续补了各房后代的资料，还从县志、文人著作等文献资料中辑录了明代昆山著名乡贤叶盛、顾鼎臣、方鹏、张大复为梁氏族人撰写的传记、墓表、墓志铭,正旧谱之误,补旧谱之阙,于道光二十九年(1849年)夏六月修竣。虽然在内页仍署"安定梁氏家乘",保留旧谱面貌,但在封面上已改为《澜溪梁氏续谱》,并请新阳(今属昆山)名儒医潘道根作序。同样限于经费,未能刊刻,我们今天看到的梁氏家谱稿本,比较潦草,内容杂乱,且梁海之后又有多处修改的笔迹,是未定稿。

梁海之所以将家谱题为《澜溪梁氏续谱》,是因为他们这一支自五世祖梁宗政(字德孚)于清康熙年间从梁家港再次迁往港北三里澜漕定居,他所续的主要是他们这一支的后代,不是包含全部昆山梁氏(尤其是梁辰鱼一支)的族谱。澜溪,是澜漕的文雅称法。古时文人往往喜欢将地名称作某溪,犹如昆山巴城称巴溪,菉葭称菉溪,蓬阆称蓬溪,等等,他们的地方文献也叫《巴溪志》《菉溪志》《蓬溪风雅集》。《澜溪梁氏续谱》稿本现收藏于昆山市文物管理所。

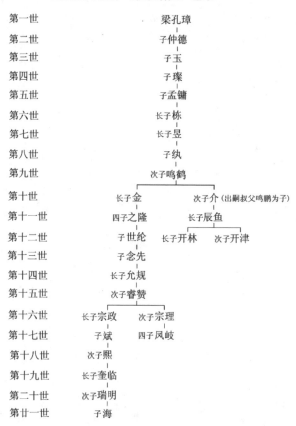

昆山梁氏长房(修家谱支)世系

2020 年为梁辰鱼先生诞辰 500 周年，谨以此文以志纪念。

2013 年 5 月 5 日初稿
2017 年 5 月 17 日修订
2020 年 2 月 8 日（元宵节）改定

（马一平　昆山市爱国卫生运动与健康促进委员会办公室原副主任科员）

运河望族
——苏州瓜泾徐氏考

施晓平

在苏州众多的徐氏分支中，瓜泾徐氏堪称最著名的一支，明代高官徐源，明末清初殉节官员徐汧、著名文人徐枋，清代状元徐陶璋等名人，均出自这一家族。正如清朝乾隆《吴县志》所说的那样："徐氏……今在吴者三族为著：一号瓜泾，一名跨塘，一曰后宅。瓜泾之徐，人物最多。"[1]

瓜泾（今作"花泾"）就在大运河苏州市吴中段与吴江段交叉口，是吴淞江的源头所在地，徐氏所居的村落名为"徐家浜"，明清历属苏州府长洲县、元和县尹山乡，今属吴江经济技术开发区清树湾村，但已经动迁，且动迁前当地已没有徐姓村民。然而，这支徐氏的历史痕迹，却是无法磨灭的。

耕读起家

根据清雍正四年（1726年）第十三世徐壎辑《瓜泾徐氏家乘》，瓜泾徐氏"先世自宋南渡，隐处长洲之瓜泾，世农业"。[2] 这句话的意思有两种可能：一种是，瓜泾徐氏祖上是中原人或北方人，南宋初期随中原官员、百姓南渡，然后隐居瓜泾，世代从事农业；另一种是，瓜泾徐氏先世不知是哪里人，在南宋初期中原官员、百姓南渡的时候，瓜泾徐氏祖先隐居在了瓜泾，世代从事农业。

《瓜泾徐氏家乘》尊徐华二（号东耕）为一世祖[3]，从第五世徐源生

---

[1] 乾隆《吴县志》卷二十八《氏族》，页十四。
[2] 《瓜泾徐氏家乘·义例》，页一。《瓜泾徐氏家乘》为清雍正四年（1726年）第十三世徐壎辑，卓荦精庐刻本。笔者所据为山西省社会科学院藏本，美国犹他家谱学会翻拍制作电子本。
[3] 《瓜泾徐氏家乘》卷三世系表上，页一。

于公元1440年推算，徐华二不可能是瓜泾徐氏南渡始祖。因为宋室南渡时间在公元1128年，比徐源出生之年早300多年，而南渡始祖一般应是成年人，所以如果徐华二是南渡始祖，跟徐源（隔空四代人）之间平均每代岁数间隔要达80岁以上，这是不现实的。

家乘说徐华二"襟度洒落"，"好蓄经史"，[1] 徐华二的孙子徐文质（号孝质）则"益修诗礼，务拓先业"[2]。结合上面提到的"世农业"记载可以判断，瓜泾徐氏早期以耕读传家。到了第五世徐源（1440—1515，字仲山，号瓜泾），徐氏开始因"书包翻身"而显贵。

科举之路

尽管《瓜泾徐氏家乘》记录的信息只到清朝雍正早期，但从中已经可以看出，这个家族人才辈出，其中进士五人，举人二人。按先进士、后举人以及考中的时间顺序考订如下。

第一位进士就是徐源。徐源于成化元年乙酉（1465年）中举，成化十一年乙未（1475年）中进士，官至湖广左布政使（从二品）、都察院右副都御史（正三品），还曾巡抚山东。[3] 他是个正直的官员，据明大学士王鏊所撰《明故通议大夫都察院右副都御史徐公墓志铭》记载，徐源任武选郎中时，凡权贵到他家请托，他吩咐看门人一律不予禀告，但要记下权贵姓名，吓得请托者不敢上门，行贿之事于是绝迹。[4]

徐源有三子：徐桼、徐棠、徐栊（瓜泾徐氏第六世）。长子徐桼（1467—1511），字可承，号力斋，官苏州卫指挥同知，居苏州城内和丰坊口，为瓜泾徐氏西衖支始祖；[5] 次子徐棠，字可思，号味斋，居苏州城内南宫坊口，为瓜泾徐氏东衖支始祖；[6] 三子徐栊，没有子孙（"无传"）。[7]

第二位进士是徐棠之子徐祯（瓜泾徐氏第七世）。徐祯初名熊，字世兆，号尧山，嘉靖十年辛卯（1531年）举人，十一年壬辰（1532年）进

---

[1]《瓜泾徐氏家乘》卷三世系表上，页一。
[2]《瓜泾徐氏家乘》卷三世系表上，页一。
[3]《瓜泾徐氏家乘》卷三世系表上，页二。
[4] 王鏊：《王鏊集》，吴建华点校，上海：上海古籍出版社，2013年，第419页。
[5]《瓜泾徐氏家乘》卷三世系表上，页二。
[6]《瓜泾徐氏家乘》卷三世系表上，页二。
[7]《瓜泾徐氏家乘》卷二宗支图，页一。

士，初任刑部云南清吏司主事，后官至广东布政使司右参政（从三品），葬于尧峰山芳桂坞。[1]

第三位进士是徐粲四世孙徐汧（1597—1645，瓜泾徐氏第十世），其世次关系为徐粲—次子徐烈—徐坦—次子徐铨—七子徐汧。徐汧，字九一，号勿斋，天启七年丁卯（1627年）举人，崇祯元年戊辰（1628年）进士，授翰林院检讨，升右春坊谕德、詹事府少詹协理府事、翰林院侍读学士，明亡后投虎丘新塘桥下殉节，[2] 鲁王朱以海监国，获赠太子太保、礼部尚书衔，谥"文靖"。[3]

第四位进士是徐祯的四世孙徐陶璋（1674—1738，瓜泾徐氏第十一世），其世次关系为徐祯—七子徐士仪—徐国光—徐允武—次子徐陶璋。徐陶璋，字端揆，号达夫，别署蘅圃，以昆山籍举康熙四十四年乙酉（1705年）举人，五十五年乙未（1715年）中状元。[4] 巧的是，徐陶璋和他的六世祖徐源都是乙酉年中举、乙未年中进士的。此后，徐陶璋被授予翰林院修撰，康熙六十年（1721年）任分校礼部会试官。他居心和厚，淡于荣利。乞假归，杜门谢客。乾隆元年（1736年）官复原职，参与纂修《世宗实录》，后在京城去世。[5]

第五位进士是徐陶璋的嫡亲哥哥徐模（1665—1718），字文表，号楷君，康熙五十三年甲午（1714年）顺天举人，五十七年戊戌（1718年）进士，可惜中进士当年八月就在京城去世，享年五十四岁。[6]

两名举人第一位是徐籍（瓜泾徐氏第十一世），他是徐汧的嫡堂兄徐之淳之子，字亦史，崇祯癸酉（1633年）举人，曾任靖江教谕、湖广黄冈县知县。[7]

第二位举人是徐汧之子徐枋（1622—1694，瓜泾徐氏第十一世）。徐枋字昭法，号俟斋，崇祯十五年壬午（1642年）中举，但很快明王朝就宣告

---

[1]《瓜泾徐氏家乘》卷五世系表下，页一。
[2]《木渎小志》卷二，页十七。
[3] 民国《吴县志》卷十二选举表四"徐汧"条，页十五。
[4]《瓜泾徐氏家乘》卷五世系表下，页十。
[5] 民国《吴县志》卷六十八上列传六，页十五。
[6]《瓜泾徐氏家乘》卷五世系表下，页十。
[7]《瓜泾徐氏家乘》卷四世系表中，页五。

灭亡了,徐枋从此为父亲庐墓,隐居不出。[1] 按他的去世年份算下来,隐居时间长达四十余年。其间他以卖画为生,与宣城沈寿民、嘉兴巢鸣盛同称"海内三遗民"。[2] 林则徐景慕徐枋品格,道光十五年(1835 年)曾写下《题徐俟斋先生遗像卷》诗以示纪念,其中有这样的诗句:"祗今图画瞻仪容,想见丹心一片苦。遗墨流传属纩时,零缣碎楮俱千古。"[3]

文采风流

除通过科举考试获得功名之外,瓜泾徐氏还吟诗作画,写字撰文,堪称文采风流。

其中,五世徐源诗文博雅,尤喜为诗,书法有米芾父子之风,[4] 著作有《瓜泾集》《山东泉志》。[5]

徐源的弟弟徐澄,字季止,号望洋,科贡出身,曾任江西南昌府经历。[6] 他年轻时就有文才,与王鏊等有交集。王鏊在《送徐季止还南雍》诗中说:"君家兄弟世所稀,文采风流仍孝友。"[7] 徐澄笃志藏书,在瓜泾建藏书楼"望洋书堂"(家乘作"望洋书屋"[8]),聚书数千卷。状元吴宽(1435—1504)为此专作《望洋书堂记》,收入他的《家藏集》中。[9]

八世徐垣,字维垣,号质庵,家乘称他"善古文辞,有名于时"。[10]

九世徐铨,字衡卿,号云碉(同"涧")[11],徐汧之父,太学生,娶状元朱希周幼孙女、生员朱景濂之女,[12] 通书经,著讲义,状元宰辅申时行在《书经讲义会编》序中称:"文学徐衡卿氏,家世受书。"[13]

---

[1] 《瓜泾徐氏家乘》卷四世系表中,页十三。
[2] 民国《吴县志》卷六十七列传五,页四十三。
[3] 林则徐:《林则徐诗集》,郑丽生校笺,福州:海峡文艺出版社,1987 年,第 329 页。原诗见林则徐:《云左山房诗钞》卷五。
[4] 王鏊:《王鏊集》,吴建华点校,上海:上海古籍出版社,2013 年,第 420 页。
[5] 《江苏艺文志·苏州卷》第一分册,南京:江苏人民出版社,1996 年,第 272 页。
[6] 《瓜泾徐氏家乘》卷三世系表上,页二。
[7] 王鏊:《王鏊集》,吴建华点校,上海:上海古籍出版社,2013 年,第 26 页。
[8] 《瓜泾徐氏家乘》卷六第宅,页二。
[9] 吴宽:《家藏集》卷三十二,钦定四库全书本,页十六。
[10] 《瓜泾徐氏家乘》卷四世系表中,页一。
[11] 《瓜泾徐氏家乘》卷四世系表中,页一;民国《吴县志》卷三十四坛庙祠宇二,页十一。
[12] 《瓜泾徐氏家乘》卷八祠宇 坊附,页七。
[13] 《瓜泾徐氏家乘》卷四世系表中,页二。

十世徐汧，著有《二株园集》等。[1]

十一世徐枋，编有《二十一史文汇》《通鉴纪事类聚》，著有《读史杂抄》《读史稗语》《居易堂集》等。[2]

十一世徐籀，著有诗文集《寓黄小草》等。[3]

十一世徐陶璋，学问笃实，精研经学，著有《介石轩文集》。[4] 他还以书法闻名于世，《皇清书史》称其"书法工秀，类汪杜林"（苏州状元汪应铨，字杜林）。[5]

宅第园林

瓜泾徐氏族大人众，且文人和为官者众多，追求风雅生活，由此兴建或购置了一批大型宅第、园林，遍布苏州城乡。其中见于《瓜泾徐氏家乘》及地方志记载的主要有：

瓜泾徐氏始祖徐华二宅，在夹浦桥瓜泾港徐家浜；[6]

第五世徐源，别业与夹浦桥相望，名夹浦书屋，有池馆林泉之胜。[7] 后来他又置两处新宅，一在鹤山书院之西和丰坊口，长子徐粲居此；一在南宫坊口，次子徐棠居此，中有岩桂堂、怀贤楼、九皋亭、南宫书库等，徐源作有"自赋所居二十题"诗。[8] 其中，和丰坊口即今苏州古城区道前街西美巷口，南宫坊口即今苏州古城区人民路书院巷口。[9]

第五世徐澄的瓜泾别业，有襟带江湖楼、望洋书屋、湖山真趣、水村竹屋等建筑。[10] 此外，还有沧浪别墅，位于沧浪亭东（今属苏州市姑苏区），徐澄曾在此读书。[11]

---

[1]《江苏艺文志·苏州卷》第一分册，南京：江苏人民出版社，1996 年，第 532 页。
[2]《江苏艺文志·苏州卷》第一分册，南京：江苏人民出版社，1996 年，第 655 页。
[3]《江苏艺文志·苏州卷》第一分册，南京：江苏人民出版社，1996 年，第 585 页。
[4]《江苏艺文志·苏州卷》第三分册，南京：江苏人民出版社，1996 年，第 2078 页。
[5] 金毓绂主编：《辽海丛书·皇清书史》卷三，沈阳：辽沈书社，1985 年，第 1424 页。
[6]《瓜泾徐氏家乘》卷六第宅，页一。
[7] 民国《吴县志》卷三十九下第宅园林，页五。
[8]《瓜泾徐氏家乘》卷六第宅，页一。
[9] 苏州市地方志编纂委员会编：《苏州市志》第 1 册"西美巷"条、"书院巷"条，南京：江苏人民出版社，1995 年，第 436 页。
[10]《瓜泾徐氏家乘》卷六第宅，页二。
[11]《瓜泾徐氏家乘》卷六第宅，页三。

光禄公山墅在一云山（今属吴中区木渎）[1]。光禄公当指七世徐勋，曾任南京光禄寺署丞。

左江公宅（七世徐烈，号左江）在吴趋坊（今属苏州市姑苏区），素庵公（八世徐垍，号素庵）暨翰简公（当指九世徐铨，因子徐汧贵获赠翰林院检讨，"检"为避崇祯帝朱由检讳改作"简"）都居住于此，曾经卖给别人，徐汧做官后买回来并扩大，里面有翼肯堂。[2]

二株园，民国《吴县志》记载："徐忠节公汧宅，在吴趋坊周五郎巷，宅后有二株园。"[3]《瓜泾徐氏家乘》称，此宅在大宅（即左江公宅）之南，是文靖公十世徐汧所建，园中有池，池上有柳树二株，故名，内有"尹树堂"和高台曲廊、名花奇石，饶有林泉之胜。徐汧两子徐枋、徐柯都在这里读书，徐枋还曾写过《园居诗》。明朝灭亡后，徐汧次子徐柯居住于此，自号"白眼居士"，极文酒、燕赏之盛。[4]

东朱草堂，十一世徐枋为父亲徐汧庐墓以后经常隐居于此。[5] 因徐汧墓在阳山东麓，东朱草堂有可能在阳山西面的东渚。徐枋于康熙二年（1663年）"癸卯秋寄迹东渚"[6]，《〈答瑞五〉又》谓："承问弟栖止之所，天池已不可复居，今暂栖东渚，依家表伯张德仲先生。德翁年七十矣，其抗节尝呼结袜而出奇，不愧居郯，诚古人也。即以弟今日孤踪，孰肯相延？而先生慨然假馆，故虽赁伯通之庑，直是分郇成之宅矣。"《答笻老》谓："弟向栖东渚，止屋二间半，时家口视今为多，而房闼厨灶以及读书之所、接见宾客无不于此，而居之充然有余。今居涧上草堂，其为屋二十余间，而家口反减于昔，而居之悠然甚适，亦不觉其闃寂。可见吾辈自有我在，殊不以境遇为广狭也。彼境广而广，境狭而狭，实贩夫贾竖耳，又足道乎！"[7]

---

[1]《瓜泾徐氏家乘》卷六第宅，页三。

[2]《瓜泾徐氏家乘》卷六第宅，页三。

[3] 民国《吴县志》卷三十九下第宅园林，页二十八。

[4]《瓜泾徐氏家乘》卷六第宅，页三。

[5]《瓜泾徐氏家乘》卷六第宅，页四。

[6] 徐枋：《居易堂集》卷十一《〈题画芝〉又》，上海：华东师范大学出版社，2009年，第257页。

[7] 徐枋：《居易堂集》卷四《〈答瑞五〉又》，上海：华东师范大学出版社，2009年，第90页；卷四《答笻老》，第93页。葛芝，字瑞五；笻老，即笻在禅师，曾为徐枋作《涧上草堂赋》。徐枋《居易堂集》卷三《答笻公书》自注："名大瓠，字笻在，灵岩嗣，即宣城沈麟生。"见前书第51页。

东渚今属苏州市虎丘区（高新区）。

涧上草堂，徐枋所居，[1] 原先位于今吴中区光福镇惊鱼涧，后徐枋迁至今吴中区木渎镇天平山下的上沙村，仍沿用涧上草堂之名。[2]

三千六百钓台，在临顿桥北（今属姑苏区），家乘作"圮下一老"晚年移居于此，自号"东海一老"。家乘记载，十一世徐柯号"白眼居士"，晚号"东海一老"，可见此宅是徐柯晚年的住所。[3] 民国《吴县志》作"徐柯隐居处"。[4]

天民公宅，在銮驾里（今姑苏区钮家巷），[5] 为十世徐秉淳（号天民）之宅，徐秉淳五个儿子一起住在这里，修家乘的徐壎也出生于此。[6]

娄江草堂，在娄门外胜感寺西，十二世徐煇（徐壎之父）用200千文买下，内有酱园、酒坊。[7]

大参公（七世徐祯，曾官广东布政使司右参政）宅在滚绣坊（今属姑苏区），他的第七子养庵公（徐士仪）也居住于此，由徐陶璋兄弟恢复其原来面貌。这一宅子后面有园池亭馆。家乘说，徐氏先世大宅全部废弃，只有这座宅子岿然屹立，徐陶璋作有"书斋四咏"诗，题目分别为《介石轩》《憩亭》《奕香书屋》《森爽阁》。[8]

一云山居，在一云山，榆溪公（七世徐勋）墓左（古代左东右西），《瓜泾徐氏家乘》称"族伯父瞻明先生避乱居此"，"瞻明"是十二世徐炯的字。徐枋作有《题一云山居诗》。[9]

西湾山居，在邓尉山之南（今属吴中区光福镇），忱季公（十一世徐枼）读书之地，天民公（十世徐秉淳）也曾避迹于此，有大园凤翔园（多梅）、林家山（多杨梅）、南山（多竹）之地，面积多达百余亩。[10]

---

[1] 《瓜泾徐氏家乘》卷六第宅，页四。
[2] 李嘉球：《清初高士徐枋与苏州光福》，《寻根》2020年第1期。
[3] 《瓜泾徐氏家乘》卷六第宅，页五。
[4] 民国《吴县志》卷三十九下第宅园林，页八。
[5] 民国《吴县志》卷二十四下坊巷下"銮驾巷"条，页十一。"巷""里"均为街巷命名形式，"銮驾里"即"銮驾巷"。
[6] 《瓜泾徐氏家乘》卷六第宅，页五。
[7] 《瓜泾徐氏家乘》卷六第宅，页五。
[8] 《瓜泾徐氏家乘》卷六第宅，页六。
[9] 《瓜泾徐氏家乘》卷六第宅，页七。
[10] 《瓜泾徐氏家乘》卷六第宅，页七。

若农山居,在阳山石羊头(今属苏州高新区浒墅关,在阳山东脚下,原称石羊村,现与山林村合并为石林村),离翰简公(九世徐铨)墓不到两百步。[1]

天池山居所,万石公(十一世徐簸)常居之。[2]

锦峰山房,在玉遮山(又名玉屏山,处吴中区光福与苏州科技城交界处)[3]锦屏之下,六房从祖始自天池山莲华峰下迁居于此。六房从祖,家乘未注明名字,当为十一世徐杓,其父徐应潮是九世徐铨第六子,故称六房,从祖相对修谱之人、十三世徐壎而言,故应为第十一世。他自号"莲花峰下迁民"(又作"锦峰迁民"),有田两顷,诸孙耕读,能世其业。[4]

金墅田庄,在金墅(今属苏州高新区通安),丽文(十二世徐大昕,徐柯之子)隐居之地,他有田百亩,生有四个儿子,躬耕而食,无求于世,有始祖徐华二遗风。[5]

雁宕村居,十三世徐壎(《瓜泾徐氏家乘》辑录者)居所,有临街小楼三间,榜曰"芸香阁"。[6] 按此房产名称前未冠以地名,则当属苏州,而苏州叫"雁宕"的古地名,只有阊门外雁宕村。"雁宕村"又作"雁荡村",具体位置在今姑苏区干将西路、广济南路交叉口一带。[7]

可惜,随着时间的推移,这些建筑大多已经不复存在,或已改换了主人。

总祠专祠

为祭祀祖先,瓜泾徐氏历史上还曾建有多处祠堂。

其中总祠在沧浪亭旁。民国《吴县志》记载:"瓜泾徐公祠(按,家乘作中丞公祠)在地一图沧浪亭南,祀明山东巡抚都御史徐源。嘉靖时建,崇祯中复以子广东参政祯、孙靖安知县烈袝,前有思敬堂,文震孟题

---

[1]《瓜泾徐氏家乘》卷六第宅,页八;《瓜泾徐氏家乘》卷七坟墓,页七。

[2]《瓜泾徐氏家乘》卷六第宅,页八。

[3] 民国《吴县志》卷十九舆地考山"玉遮山"条,页十七。

[4]《瓜泾徐氏家乘》卷六第宅,页八;《瓜泾徐氏家乘》卷四世系表中,页十二。

[5]《瓜泾徐氏家乘》卷六第宅,页八。

[6]《瓜泾徐氏家乘》卷六第宅,页八。

[7] 施晓平:《阊门之外雁荡村》,《苏州日报》2016年8月12日B02版。

额。"[1] 据《私立苏州美术专科学校校产校舍概况》一文记录，民国十九年（1930年），徐公祠菜地两亩二分三厘被卖给苏州美术专科学校建造校舍一所，共三层，计大小课室22间。民国二十二年（1933年），徐公祠房屋基地一亩零四厘又被出售给苏州美术专科学校，用于建造实用美术科制版印刷及照相室等。[2] 此后，瓜泾徐公祠遂不复存在。

第一座专祠叫徐文靖公祠（家乘作宫詹公专祠），祀徐汧，在苏州虎丘西隐山房，神堂三间，回廊、门道一带，斋厨两间。清康熙二十四年（1685年）巡抚汤斌建，不久废弃，四十六年（1707年）郡绅、翰林院侍讲彭定求移建于长洲县学文庙东，以明朝诸生许琰、顾所受祔祀。后屡有兴废，咸丰十年（1860年）毁，遂合祀于苏州文庙四公祠。[3]

第二座专祠叫徐先生祠，在吴中区木渎镇上沙村今木渎高级中学内，即涧上草堂，祀徐枋。清康熙三十九年（1700年），徐枋门人潘耒赎旧屋改建，嘉庆十四年（1809年）翰林待诏徐达源重建，后数次维修，约毁于太平天国战争期间，同治六年（1867年）再度重建，[4] 今已无存。

由于存世的家乘只记录到清朝雍正四年，之后瓜泾徐氏家族还出了哪些名人，参与过哪些大事，有哪些美谈，如今后人情况如何，现存的建筑有哪些，都有待进一步考证。但仅凭上述内容，瓜泾徐氏已经让人刮目相看，绝对算得上大运河苏州段的一大望族了。

（施晓平　吴中区文艺交流中心主任，苏州市政协特邀文史研究员）

---

［1］民国《吴县志》卷三十四坛庙祠宇二，页二十二；《瓜泾徐氏家乘》卷八祠宇，页一。
［2］施晓平存有《私立苏州美术专科学校校产校舍概况》图片。
［3］民国《吴县志》卷三十五坛庙祠宇三，页二十三；《瓜泾徐氏家乘》卷八祠宇，页二至六。
［4］民国《吴县志》卷三十三坛庙祠宇一，页十九。

沈德潜与地方志编修

——纪念沈德潜逝世250周年

李嘉球

封建社会的读书人一生最大的追求有两件事:第一件是科举功名。考取科举,获得功名,踏上仕途,光宗耀祖。第二件是编史修志。编史是"隔代编史",一般不大可能遇到,因而最大的希望是能编修一部地方志,亦可以算是清史留名。

清代沈德潜是个幸运者,一生曾8次参与编修地方志,有县志,有省志(通志),还有专业志;先后6次担任总裁(或称总纂),还为多部志书作序。地方志编修实践的时间跨度长达40年之久,沈德潜的身份由最初的诸生到翰林院庶吉士、礼部右侍郎,再到太子太傅、礼部尚书;93岁时还出任《长洲县志》总裁,成为历代地方志编修最长者。他的方志编修观点亦可圈可点,成为他全部学术成就不可或缺的一部分,可惜至今没有引起人们的注意。

一

沈德潜(1673—1769),字确士,号归愚,长洲(今苏州市)人。他勤奋好学,科举却屡屡落第,直至乾隆四年(1739年)才考中进士,时年已经67岁。乾隆皇帝爱其诗才,称为"江南老名士"[1],被时人誉为江浙两大老者之一[2]。历任翰林院编修、侍读、内阁学士、礼部侍郎。乾隆二

---

[1]《清史稿·沈德潜传》云:"(乾隆)七年,散馆,日晡,高宗莅视,问孰为德潜者,称以江南老名士,授编修。"见赵尔巽等:《清史稿》卷三〇五,《二十五史》第12册,上海:上海古籍出版社、上海书店,1992年,第1176页。

[2] 袁枚《刑部尚书加赠太傅钱文端公神道碑》云:"今天子优礼文臣,称为江浙两大老者,一为沈公德潜,一为钱公陈群。"袁枚:《小仓山房文集》卷二十五,见《清代诗文集汇编》第339册,上海:上海古籍出版社,2010年,第311页。

十二年，加礼部尚书衔，后又加封光禄大夫、太子太傅。97岁逝世，赠太子太师，祀贤良祠，谥文悫。后因卷入徐述夔案，被夺官罢祠。

现有资料显示，沈德潜编修地方志始于雍正四年（1726年）。是年二月，元和县令江之炜（福建晋江人）到任后，"因思宣上德意，备载土风，使后世有所遵守者，惟邑志为宜"[1]，决定编修自雍正二年（1724年）由长洲县析出后的首部《元和县志》，设立修志局，聘请施何牧等5人为总裁，分纂共有6人，沈德潜排列第4名，身份是长洲县学廪生。沈德潜分得学校、水利、人物、艺文4卷，他态度认真，矢公矢慎；与同仁"悉心蒐采，秉公商榷，三年而成书"[2]。可是没来得及付梓，江之炜调任疁城（今上海嘉定），出版之事于是被搁下。后来，有人将志稿随便"手删改窜，易人物、艺文二门，半归荒谬"，并且"私自镌刻将成矣"。[3] 正当此时，新知县张若瀛（安徽桐城人）于雍正十二年（1734年）七月到任。张若瀛发现志稿几成秽志，立即禁其成书，并重开修志馆，聘请在家服阕的宋邦绥（别号晓岩）重修，增补十年来所未备的资料。正要刊刻时，宋邦绥服阕拟赴都，只好临时委人监刻。此人根本不熟悉志书体例，却随意删改窜易，结果"大失始修之旧矣"。[4] 但是，志稿还是在乾隆五年（1740年）三月，张若瀛离任之前付梓了。全志共32卷（苏州图书馆现有藏本），卷首冠有江之炜、张若瀛两篇《序》。修志人员，总裁有施何牧等5人，沈德潜为总裁兼理分纂，身份是翰林院庶吉士。

乾隆二十四年（1759年）十一月，许治（湖北云梦人）接任元和县知

---

[1] 江之炜：《元和县志序》，《（乾隆）元和县志》卷首，清乾隆五年（1740年）刻本，第1页。沈德潜《重修元和县志序》云："世宗宪皇帝御极之二年，析长洲之半为元和。晋江江公来令斯邑，谓分邑之初，不可无志，以备考鉴。"见《（乾隆）重修元和县志》卷首，清乾隆二十六年（1761年）刻本，见《中国地方志集成·江苏府县志辑（14）》，南京：江苏古籍出版社，1991年影印本，第1页。

[2] 沈德潜《自订年谱》云："（雍正）四年二月，元和令江公之炜聘修志书，予分得学校、水利、人物、艺文，矢公矢慎。"见《清代诗文集汇编》第234册，上海：上海古籍出版社，2010年，第9页。

[3] 沈德潜：《重修元和县志序》，《（乾隆）重修元和县志》卷首，清乾隆二十六年（1761年）刻本，见《中国地方志集成·江苏府县志辑（14）》，南京：江苏古籍出版社，1991年影印本，第1页。

[4] 沈德潜：《重修元和县志序》，《（乾隆）重修元和县志》卷首，清乾隆二十六年（1761年）刻本，见《中国地方志集成·江苏府县志辑（14）》，南京：江苏古籍出版社，1991年影印本，第1页。

县。沈德潜与许治是"同年",他便向县令叙说前志"两番为白腹人私改,舛讹不堪……中间作令者,只重刀笔筐箧,何暇及此"[1]的经过。许治"念志乘为一邑掌故,风土人情,因革损益,与时递迁,不加修辑,何以彰圣朝文物之盛、涵煦之深"[2],重启编修,并先定章程条例。乾隆二十六年(1761年)四月正式聘请沈德潜、顾诒禄(1699—1768,字禄百,沈德潜高足弟子,以古文辞鸣时)修改县志。沈德潜时年89岁,以礼部尚书在籍食俸身份担任总裁,主其增删;顾诒禄负责具体修改,"悉心经画,举向之滥入者删之浚之,阙略者补之"[3],沈德潜则"略为检点,复还旧观"[4]。全志共36卷,为期10月而成。沈德潜对重新编修的县志比较满意,称:此志"虽不敢谓与《安阳》《北地》《富平》诸书颉颃,而疏略冒滥者无之矣"[5]。

二

长洲县始于唐武则天万岁通天元年(696年),析吴县东部而置,是苏州府的大县重邑,"古称剧治,财赋、政务之繁不下他省之一郡。山川清淑,人文荟萃,与夫民物商贾之往来辐辏,皆甲于江左"[6]。明朝,《长洲县志》曾编修过5次。清康熙二十三年(1684年),祝圣培等修成清朝第一

---

[1] 沈德潜:《重修元和县志序》,《(乾隆)重修元和县志》卷首,清乾隆二十六年(1761年)刻本,见《中国地方志集成·江苏府县志辑(14)》,南京:江苏古籍出版社,1991年影印本,第1页。

[2] 沈德潜:《重修元和县志序》,《(乾隆)重修元和县志》卷首,清乾隆二十六年(1761年)刻本,见《中国地方志集成·江苏府县志辑(14)》,南京:江苏古籍出版社,1991年影印本,第1页。

[3] 沈德潜:《重修元和县志序》,《(乾隆)重修元和县志》卷首,清乾隆二十六年(1761年)刻本,见《中国地方志集成·江苏府县志辑(14)》,南京:江苏古籍出版社,1991年影印本,第1页。

[4] 沈德潜:《重修元和县志序》,《(乾隆)重修元和县志》卷首,清乾隆二十六年(1761年)刻本,见《中国地方志集成·江苏府县志辑(14)》,南京:江苏古籍出版社,1991年影印本,第1页。

[5] 沈德潜:《重修元和县志序》,《(乾隆)重修元和县志》卷首,清乾隆二十六年(1761年)刻本,见《中国地方志集成·江苏府县志辑(14)》,南京:江苏古籍出版社,1991年影印本,第1页。

[6] 沈德潜:《重修元和县志序》,《(乾隆)重修元和县志》卷首,清乾隆二十六年(1761年)刻本,见《中国地方志集成·江苏府县志辑(14)》,南京:江苏古籍出版社,1991年影印本,第1页。

部《长洲县志》。

雍正二年（1724年），朝廷为了加强大县赋税等管理，将长洲县一分为二，析出其东北部，置元和县。清廷曾颁布规定，县志一般二三十年修一次。然而，长洲县自清朝康熙以后一直没有编修过县志，尤其是与"元和分县以来，疆域、土田、城郭、井里、财赋、贡纳，其犬牙相错，秩然不紊者，尤不可不条分缕析使之灿若列眉也"。[1]

乾隆十四年（1749年）九月，长洲县新县令李光祚"甫下车，亟取邑乘观之"，却发现"明志之仅有存者，既卷帙不伦，一切赋漕、风俗之纪亦多所缺略，惟艺文稍备。我朝自康熙甲子岁修订以来，赋役诸则颇悉，而艺文概置勿登，宦绩、科第之类又多与明志大异，殊可愕眙"。[2] 他认为"长邑为天下之邑之最著，其志应不与他邑等。昔之为长邑者，一迤析而二，今日长邑之志，又不与昔之长邑志等"。[3] 他慨然以修志为任，于乾隆十六年（1751年）仲夏设局修志，挑选顾诒禄、褚廷璋等6名诸生有学行者，搜罗校辑，"七阅月而稿已粗定，用缮写成帙，恭备采择"，"即欲付之剞劂"，然而又"恐探讨尚有未周，编摩尚有未至，逡巡者久之"，[4] 犹豫不决。他于是携志稿就正于时任紫阳书院山长的在籍食俸礼部右侍郎沈德潜、视学湖北回来的翰林院侍读宋邦绥，"丐以巨椽鸿裁"[5]，邀请两位担任总裁。沈德潜、宋邦绥毅然同意，再"博集群书，旁搜摭考今昔之异同、溯源之分合，字字皆手注心画"[6]。经过认真修改补充，于乾隆十八年（1753年）三月定稿付梓。全志共34卷，"卷分类析，井井有条，于时

---

[1] 李光祚：《长洲县志序》，《（乾隆）长洲县志》卷首，清乾隆十八年（1753年）刻本，见《中国地方志集成·江苏府县志辑（13）》，南京：江苏古籍出版社，1991年影印本，第8页。

[2] 李光祚：《长洲县志序》，《（乾隆）长洲县志》卷首，清乾隆十八年（1753年）刻本，见《中国地方志集成·江苏府县志辑（13）》，南京：江苏古籍出版社，1991年影印本，第8页。

[3] 李光祚：《长洲县志序》，《（乾隆）长洲县志》卷首，清乾隆十八年（1753年）刻本，见《中国地方志集成·江苏府县志辑（13）》，南京：江苏古籍出版社，1991年影印本，第8页。

[4] 李光祚：《长洲县志序》，《（乾隆）长洲县志》卷首，清乾隆十八年（1753年）刻本，见《中国地方志集成·江苏府县志辑（13）》，南京：江苏古籍出版社，1991年影印本，第9页。

[5] 李光祚：《长洲县志序》，《（乾隆）长洲县志》卷首，清乾隆十八年（1753年）刻本，见《中国地方志集成·江苏府县志辑（13）》，南京：江苏古籍出版社，1991年影印本，第9页。

[6] 李光祚：《长洲县志序》，《（乾隆）长洲县志》卷首，清乾隆十八年（1753年）刻本，见《中国地方志集成·江苏府县志辑（13）》，南京：江苏古籍出版社，1991年影印本，第9页。

残缺者补,失次者序,穿凿者汰之,谬误者正之"[1]。李光祚对志书十分满意,说道:"自唐通天至今有千余年,举凡山川疆域之分,建置沿革之自,学校师徒之设,丁役赋税之数,风俗物产之宜,与夫人物代兴、忠孝节义之士,理学名臣、道德性命、勋猷事业之灿著,以至匹夫匹妇之幽光潜德、一才一艺之崛门名家,莫不犁然具备于其中。展而读之,元元本本,玉贯珠联;丙丙麟麟,星陈云缦。今而后乃真叹:长邑为天下之邑之最著,长邑之邑志亦将为天下邑志之最著者也!"[2] 字里行间,充满着一种无比的自豪。

宋邦绥追忆当初共同制定并遵循的"四毋",从而确保了志书的质量,其云:"方修是书也,毋瞻徇,毋顾忌,毋舛讹,毋挂漏,州次部居,目张纲举,使夫疆域之离合,户口之增减,贡赋之盈缩,道里之修废,文章节义之彪炳,民情习尚之迁流,按今稽古,瞭然可考。"[3] 沈德潜评价此志:"兹则于前志,所载者补其漏略,薙其繁芜,正其讹舛。而七十余年中未经采择者,悉纲罗编次之,以画封圻,以审登耗,以准徭赋,以察民风,以发潜阐幽,而一以导扬圣朝百余年涵煦滋液之德可云,质有其文辞敷于事者矣。"[4] 然而十分可惜的是,这部县志板片不久毁于火灾,令人扼腕叹息,幸运的是这部县志还是有少量保存并流传了下来。

曾任元和知县的许治与苏州、沈德潜真有缘,乾隆二十九年(1764年)八月署吴县知县,次年四月改任长洲知县。到任后,许治"问及志乘,知不戒于火,板片毁销,心窃忧之"[5]。在他看来"邑之有志,为令者首务也"[6],于是再聘请沈德潜为总裁,沈德潜推荐自己弟子顾诒禄为编纂。

---

[1] 李光祚:《长洲县志序》,《(乾隆)长洲县志》卷首,清乾隆十八年(1753年)刻本,见《中国地方志集成·江苏府县志辑(13)》,南京:江苏古籍出版社,1991年影印本,第9页。

[2] 李光祚:《长洲县志序》,《(乾隆)长洲县志》卷首,清乾隆十八年(1753年)刻本,见《中国地方志集成·江苏府县志辑(13)》,南京:江苏古籍出版社,1991年影印本,第9页。

[3] 宋邦绥:《重修长洲县志序》,《(乾隆)长洲县志》卷首,清乾隆十八年(1753年)刻本,见《中国地方志集成·江苏府县志辑(13)》,南京:江苏古籍出版社,1991年影印本,第11页。

[4] 沈德潜:《重修长洲县志序》,《(乾隆)长洲县志》卷首,清乾隆十八年(1753年)刻本,见《中国地方志集成·江苏府县志辑(13)》,南京:江苏古籍出版社,1991年影印本,第6页。

[5] 许治:《重修长洲县志序》,《(乾隆)重修长洲县志》卷首,乾隆三十一年(1766年)刻本,第44页。

[6] 许治:《重修长洲县志序》,《(乾隆)重修长洲县志》卷首,乾隆三十一年(1766年)刻本,第44页。

两人以前志为基础，重新编纂。顾诒禄竭虑殚心，芟繁就简。沈德潜当时已经93岁，身份是在籍食俸的太子太傅、礼部尚书，但他还是逐一讨核。师徒俩配合默契，当年完稿，次年出版（苏州图书馆藏本署"乾隆叁拾年重镌"），全志凡34卷。

三

清雍正九年（1731年）三月，浙江总督李卫开局，聘请沈德潜与翰林侍读学士沈翼机、翰林院编修傅王露、翰林院检讨陆奎勋纂修《浙江通志》《西湖志》。李卫安排先修《西湖志》，沈德潜分得水利、名胜、祠墓、志余4卷。接受任务后，他遍览载籍，还时常携带松儿（名种松）往来湖上，到处寻访，回忆前游，又借助同人集会的机会，采集资料，其中"尤契合者方文辀、张存中、陈葆林、诸襄七、厉太鸿、周兰坡、王介眉诸公，不必出门求友矣"[1]。他勤奋努力，到十月完成所分的志稿。

接着转入《浙江通志》编纂，沈德潜的任务是负责通志中的《图说》。《沈归愚诗文全集》收录了《浙江通省志图说》全文，前有《图说叙》，图说依次是全浙、会城、杭州府、嘉兴府、湖州府、宁波府、绍兴府、台州府、金华府、衢州府、严州府、温州府、处州府、钱塘江、西湖、天目山、烟雨楼、太湖、海防、普陀山、禹陵南镇、天台山、雁荡山、玉环山、仙露岭，共计25篇，每篇300字左右，文字简洁、精确、生动、优美。雍正十年（1732年）三月，他完成所有的"图说"。匆匆回家参加科试，在四月份的科试中名列第一。

当初，浙江总督李卫修《西湖志》，延请原任翰林院编修傅王露总其事，沈德潜则以诸生分修，全志凡48卷。虽然叙次详明，而征引浩繁。乾隆十六年（1751年）皇帝南巡，此时的沈德潜是皇帝身边的红人，他与傅王露取其旧志，重加修纂，并简为10卷。乾隆皇帝南巡来到杭州，东阁大学士兼吏部尚书梁诗正（浙江钱塘人）奏请重辑《西湖志》，而此时沈德潜的志书初稿正好完成，于是呈进给乾隆皇帝御览。次年八月，《西湖志》10

---

[1] 沈德潜《自订年谱》云："（雍正九年）三月，浙督李公聘修《浙江通志》《西湖志》，赴馆。总裁学士沈公西园讳翼机、太史傅公阆陵讳王露、陆公聚猴奎勋，嘱先修湖志，分水利、名胜、祠墓、志余四门。遍览载籍。时率松儿往来湖上，到处寻访，回忆前游，相距二十三年，犹梦寐也。"见《清代诗文集汇编》第234册，上海：上海古籍出版社，2010年，第10页。

卷志稿先是付梓样本,由沈德潜"代奏上呈"。乾隆皇帝欣然题《沈德潜纂西湖志成呈览因题以句》"三绝句代序",其一云:"驿递缃编翰墨瓣,披寻即景忆春巡。诗人林下多清兴,还与湖山一写真。"[1] 后来,沈德潜、傅王露将乾隆特制诗篇与志稿参订为12卷,重新付梓,于乾隆十八年十二月奏进。乾隆二十年(1755年),重新增辑成《御览西湖志纂》15卷,由赐经堂代刻进呈,入藏内府(《清代内府刻书图录》有著录)。

四

沈德潜不仅重视县志、通志等大志的编修,而且亦在乎小志、专业志的编修。早年寓居苏州木渎时,他就想编一部《灵岩山志》,可惜愿望没能实现:"向予寓山麓,思辑成一书,备名山掌故,而有志未果。"[2] 后来,他侄子沈香祖(又名钊,字勗存)著成《灵岩新书》(分36门),沈德潜特为此作序。此书于乾隆十六年(1751年),皇帝巡幸灵岩山寺时进呈。

沈德潜虽然没有写下地方志编修的专论专著,但在《沈归愚诗文全集》里有《重修元和县志序》《重修长洲县志序》《昆山新阳合志序》《黄山志序》《灵岩新书序》《石公山志序》。另据《河北省地方志》报道,在乾隆十年(1745年)版的《宝坻县志》中发现有沈德潜的一篇《重修宝坻县志序》和一首《序宝坻志寄怀洪明府》诗。而《沈归愚诗文全集》没有收录这篇序与诗,属于佚文佚诗。由此推测,或许还有其他的序、诗散佚。

从现有的序中,我们可以看出沈德潜方志编修的学术观点,主要表现在以下几个方面。

一、强调方志具有"存史"功能。沈德潜认为县志是国史的基础:"凡修国史必征志于郡国,郡国征志于州县。是邑志者,国史所取资也。考核不详,是非失实,史家何由征信乎?"[3] 因此,编修地方志十分必要,"从来县必有志,《周礼》外史氏掌四方之志,上之于朝,俾天子周知都邑之盛

---

[1] 沈德潜《自订年谱》云:"乾隆十七年壬申,年八十……八月,傅太史阆陵删订《西湖志》十卷,系昔日同修者。乞予代奏上呈。九月,上题三绝名代序。"见《清代诗文集汇编》第234册,上海:上海古籍出版社,2010年,第10页。

[2] 沈德潜:《沈归愚诗文全集·归愚文钞余集》卷三,见《清代诗文集汇编》第235册,上海:上海古籍出版社,2010年,第136页。

[3] 沈德潜:《重修元和县志序》,《(乾隆)重修元和县志》,清乾隆二十六年(1761年)刻本,见《中国地方志集成·江苏府县志辑(14)》,南京:江苏古籍出版社,1991年影印本,第1页。

衰与民生之乐苦,典綦重也……且夫觇一邑可以知郡,觇一郡可以以知天下"。[1] 他在《灵岩新书序》亦强调这一点:"君推本原也,君子不忘于乡而后能及于天下。"[2] 地方志能以小见大,由一乡一邑而推及整个天下。

二、强调方志具有重要的"资政"的作用。他认为地方志乃为政者之圭臬,按照地方志"准而行之,可以为能吏,可以为廉吏,可以为日计不足、月计有余之循吏"[3]。在他看来,不了解地方志,不熟悉县情的官员,乃是"居官者之耻"。他严厉斥问那些热衷官场者,"每慨今日之为政者,惟知以吏为师,日汲汲于刀笔筐箧之末,问以一邑掌故,其风土人情、因革损益,有茫然不知为何物者。譬犹行暗室而无烛,欲济渡而不问舟楫,怅怅乎靡所适丛,将弊何自而除?利何自而兴?是亦居官者之耻也"[4]。

三、强调志书"敦人伦,美风俗"的教化作用。沈德潜极力提倡"温柔敦厚"传统诗教,主张诗歌要为政治服务。这种儒家传统理念,也影响了他的地方志编修。他在《灵岩新书序》说道:"读是编,叹香祖先得我心也。尤爱其采入孝义二门,孝则必友,为政家庭,义非任侠,惠周间党,可以敦人伦,美风俗,自兹力田者务稼穑,修学者勤诵弦,此乡成道德之乡,则志之所关匪小,而文章之繁简、工拙,其一一中度,又为第二义也。"[5] 在他看来,地方志"敦人伦,美风俗"的教化作用是第一位的。

四、提倡编修"良志",做到"无疏略、无冒滥"。沈德潜是最早提出"良志"观点的学者之一,他在《重修元和县志序》中提出判断"良志"的标准是"无疏略、无冒滥",并列出他心目中的三部"良志",分别是"崔铣之《安阳》,汪来之《北地》,孙立亭之《富平》,烛见称说"[6]。他

---

[1] 沈德潜:《昆山新阳合志序》,《沈归愚诗文全集·归愚文钞》卷十,见《清代诗文集汇编》第235册,上海:上海古籍出版社,2010年,第524、525页。

[2] 沈德潜:《沈归愚诗文全集·归愚文钞余集》卷三,见《清代诗文集汇编》第235册,上海:上海古籍出版社,2010年,第136页。

[3] 沈德潜:《重修长洲县志序》,《(乾隆)长洲县志》,清乾隆十八年(1753年)刻本,见《中国地方志集成·江苏府县志辑(13)》,南京:江苏古籍出版社,1991年影印本,第13页。

[4] 沈德潜:《重修长洲县志序》,《(乾隆)长洲县志》,清乾隆十八年(1753年)刻本,见《中国地方志集成·江苏府县志辑(13)》,南京:江苏古籍出版社,1991年影印本,第13页。

[5] 沈德潜:《沈归愚诗文全集·归愚文钞余集》卷三,见《清代诗文集汇编》第235册,上海:上海古籍出版社,2010年,第136页。

[6] 沈德潜:《重修元和县志序》,《(乾隆)重修元和志》,清乾隆二十六年(1761年)刻本,见《中国地方志集成·江苏府县志辑(14)》,南京:江苏古籍出版社,1991年影印本,第1-2页。

认真分析志良者寥寥无几的原因，或辑成于仓促，记载疏略；或增窜于妄庸，去取冒滥。关键要把好质量关，志书收录"人物"的标准是"则事功无可称者，贵显弗录；志行有可取者，微隐必登"[1]；收录"艺文志"的诗文，"则言关政治事、备劝惩，然后入之，一切务华失实、留连景光不收也"[2]。

五、强调方志要做到"简而不漏，详而能精"。地方志是重要的地方历史文化典籍，要做到简而不漏，详而能精，方能传世行远。沈德潜在《灵岩新书序》说道："山志所以补邑乘之阙，然必简而不漏，详而能精，斯足传世行远。"[3] 虽然说的是山志，其实是所有志书"标准"与要求。他批评先前有关灵岩山的《琴台志》《灵岩山志》《灵岩纪略》，"但载泉石、丘壑、缁流、梵宇，其他阙如"[4]。称赞沈香祖"毅然增修，逖稽史传，渔猎旧闻，断碣丰碑靡不搜访，高人列女咸为表章，下至方物工技，无不具焉"[5]。他对方武工、许玉载编纂的《黄山志》予以高度评价，称"后有游者按其书而求之，如逢故人，如归故乡，则黄山为众人之公，二子亦不得而私也"[6]。并寄希望于两人，"倘得青鞋、布袜，历览四方，俾尽探庐阜、武夷诸胜，归而杜门著书，会辑成志，不且为天下名山庆遭遇乎，志黄山特以为发轫也"[7]。

六、注重地方志语言，力求做到精练、准确、生动。地方志语言普遍存在呆板、苍白之不足，沈德潜编修志书时十分注重志书语言的精练、准确、生动。当年，他撰写《浙江通志图说》时很好地做到了这一点。时人周准（钦莱）曾做过专门评点，评点其《会城图说》云："中点衙署名一

---

[1] 沈德潜：《重修元和县志序》，《（乾隆）重修元和县志》，清乾隆二十六年（1761）刻本，见《中国地方志集成·江苏府县志辑(14)》，南京：江苏古籍出版社，1991年影印本，第1-2页。

[2] 沈德潜：《重修元和县志序》，《（乾隆）重修元和县志》，清乾隆二十六年（1761）刻本，见《中国地方志集成·江苏府县志辑(14)》，南京：江苏古籍出版社，1991年影印本，第1-2页。

[3] 沈德潜：《沈归愚诗文全集·归愚文钞余集》卷三，见《清代诗文集汇编》第235册，上海：上海古籍出版社，2010年，第135-136页。

[4] 沈德潜：《沈归愚诗文全集·归愚文钞余集》卷三，见《清代诗文集汇编》第235册，上海：上海古籍出版社，2010年，第135-136页。

[5] 沈德潜：《沈归愚诗文全集·归愚文钞余集》卷三，见《清代诗文集汇编》第235册，上海：上海古籍出版社，2010年，第135-136页。

[6] 沈德潜：《沈归愚诗文全集·归愚文钞余集》卷十一，见《清代诗文集汇编》第235册，上海：上海古籍出版社，2010年，第547页。

[7] 沈德潜：《沈归愚诗文全集·归愚文钞余集》卷十一，见《清代诗文集汇编》第235册，上海：上海古籍出版社，2010年，第547页。

段,错综有法。后写左右湖,万家烟火,令阅者如置其间。"[1] 评点《绍兴府图说》云:"中按图而考以下,与苏子瞻《超然台记》'东望着马耳,常山出没隐见'一段,神理暗合。"[2] 评点《西湖图说》云:"如披小李将军,金碧山水。"[3] 评点《天目山图说》云:"状出极高极寒,不必登陟,已觉毛骨俱耸。"[4] 评点《天台山图说》云:"造句得之《水经注》,一结意,言不尽。"[5] 评点《雁荡山图说》云:"写瀑布一段,疑有神助,觉'海风吹不断,江月照还空'犹是,凡误若一条界破青山,色真不免,恶诗之消也。"[6] 他的《黄山志序》就是一篇优美的散文,其中一段写道:"(黄)山之奇,一在石、一在松、一在云。石有昂者、欹者、骋者、踞者,中断者夹峙如剪独立,如剑者层叠侧生,数十里如涛浪者。松产石罅中,根不著土,突怒连蜷,每作蛟龙盘拏状,更千百年不长尺寸。云从一峰飞出,倏忽弥漫,六六尽没,弥望烟海,天风卷舒,峦岭隐见,神山恍惚,近在指顾。"[7] 寥寥107个字,就把黄山的特点传神地写了出来,用字精练,描述生动,既有特点的勾勒,又有形象的描绘。

(李嘉球 苏州日报社志编纂办公室原主任、编审)

---

[1] 沈德潜:《沈归愚诗文全集·浙江通志图说》,见《清代诗文集汇编》第235册,上海:上海古籍出版社,2010年,第252页。

[2] 沈德潜:《沈归愚诗文全集·浙江通志图说》,见《清代诗文集汇编》第235册,上海:上海古籍出版社,2010年,第255页。

[3] 沈德潜:《沈归愚诗文全集·浙江通志图说》,见《清代诗文集汇编》第235册,上海:上海古籍出版社,2010年,第260页。

[4] 沈德潜:《沈归愚诗文全集·浙江通志图说》,见《清代诗文集汇编》第235册,上海:上海古籍出版社,2010年,第261页。

[5] 沈德潜:《沈归愚诗文全集·浙江通志图说》,见《清代诗文集汇编》第235册,上海:上海古籍出版社,2010年,第265页。

[6] 沈德潜:《沈归愚诗文全集·浙江通志图说》,见《清代诗文集汇编》第235册,上海:上海古籍出版社,2010年,第266页。

[7] 沈德潜:《沈归愚诗文全集·归愚文钞》卷十一,见《清代诗文集汇编》第235册,上海:上海古籍出版社,2010年,第546页。

民国时期苏州评弹的新趋势

李寅君　张笑川

苏州评弹,作为流行于江南一带历史悠久的地方性曲艺,自清乾隆晚期开始,便开始了长足的发展与传播,时至今日仍然具有很强的生命力。目前学界对于苏州评弹的研究,无论是从史料档案的收集整理情况,抑或是从区域社会史这一切口的探讨,都取得了重大的进展。在史料整理方面,2018年推出的《中国苏州评弹社会史料集成》与2019年推出的《光前裕后:100个苏州评弹人的口述历史》,很好地将社会史料如报纸、杂志、文人笔记、回忆录、口述资料等内容进行汇总,并按照时间顺序分门别类加以排列。[1] 在专题研究方面,周巍考察了晚清以来的女性弹词艺人,以"记忆"与"性别"为互动线索,反观女弹词艺人社会性别身份的形成与江南社会变迁之间的关系;宋立中通过对晚清上海女弹词艺人空间分布、演出场所、服务方式、人生归属的研究,揭示出随着上海开埠,晚清女弹词艺人逐渐表现出媚俗化、色情化的倾向;解军将苏州评弹中的苏州评话单独抽出,既详细介绍了评话艺术与评话艺人的发展历程,更思考并尝试回答了在评话远不如弹词受众面广的今天,能否焕发艺术新机的问题;吴琛瑜以苏州评弹的演出活动空间书场为视角,将书场比作"小社会",体现出商业性、文化性、娱乐性的统一;申浩则更加关注苏州评弹中心市场在晚清嬗变的问题,指出在上海,评弹进一步向上发展,出现了艺人人数增加、彼此竞争激烈、广告繁杂、市场扩大等现象;此外,郝佩林通过研究苏州评弹与近代江南的乡镇生活关系问题,发现既有江南城乡休闲生活传统和

---

[1] 参见唐力行主编:《中国苏州评弹社会史料集成》,北京:商务印书馆,2018年;唐力行主编:《光前裕后:100个苏州评弹人的口述历史》,北京:商务印书馆,2019年。

现代差异的历时性审视,又具备评弹演艺与江南城乡沟通的共时性考察。[1]

据笔者浅见,在苏州评弹的发展过程中,曾出现过三个发展高潮。第一个高潮是18世纪末至19世纪中叶。这一阶段出现了对后世影响巨大的弹词艺人王周士,亦出现了苏州评弹的前四大名家(陈遇乾、俞秀山、毛菖佩、陆瑞庭)和后四大名家(马如飞、姚士章、赵湘洲、王石泉),奠定了苏州评弹的基本风格。评弹发展的第二个高潮是民国时期,具体说来是20世纪20年代至40年代末。这一时期堪称是苏州评弹发展最为鼎盛的阶段。中华人民共和国成立以后至"文革"以前是苏州评弹发展的第三个高潮期。这一时期评弹艺人组织化,纷纷加入集体或国营剧团,便于打破门户之见。艺人在团体之中交流书艺、共同进步,不断探索新的演出形式,开创了有别于传统长篇评话、弹词的中篇、短篇评弹。然而,这一高潮甚为短暂,在"文革"中评弹被定性为"靡靡之音"而受到压制,从此再未恢复到此前的盛况。

民国时期是苏州评弹发展承前启后的阶段,本文即探讨民国时期苏州评弹的新变化,以凸显其在苏州评弹发展史上的地位。简而言之,这一时期的苏州评弹除了中心市场从发源地苏州转变至了上海之外,还呈现以下特点:评弹艺人的队伍不断扩大,行业组织由一至多,行业内部竞争白热化;伴随现代化,评弹艺人所弹唱的书场较清末有了明显地改善,新式书场如游乐场书场、舞厅书场接连出现,又因为无线电的使用,新增了空中书场这一说书平台;评弹艺人弹唱的书目,既包含传统的苏州评弹书目,

---

[1] 关于以性别视角的艺人研究,可参见周巍:《弦边婴宛:晚清以来江南女弹词研究》,北京:商务印书馆,2014年;宋立中:《晚清上海弹词女艺人的职业生涯与历史命运》,《四川大学学报(哲学社会科学版)》2010年第1期。关于以评话、弹词区别的论著,可参见解军:《金戈铁马:晚清以来苏州评话研究》,商务印书馆,2019年;解军:《近代苏州评话艺人来源与学艺生涯考》,《苏州科技大学学报》2016年第5期。关于评弹书场的研究,可参见吴琛瑜:《书台上下:晚清以来评弹书场与苏州社会》,北京:商务印书馆,2015年;韩秀林:《苏州评弹"书码头"探析》,《山西高等学校社会科学学报》2016年第8期;周巍:《"音波江南":20世纪20—40年代苏州评弹与广播电台关系研究》,《苏州科技学院学报(社会科学版)》2016年第5期。关于苏州评弹城市与乡镇分野的研究,可参见申浩:《雅韵留痕:评弹与都市》,北京:商务印书馆,2014年;刘晓海:《改业从艺——近代评弹"外打进"艺人研究》,《都市文化研究》2013年第2期;郝佩林:《苏州评弹与近代江南乡镇生活》,苏州大学博士学位论文,2018年。因篇幅有限,此处仅罗列较为具有代表性的论著。

又紧跟社会发展潮流与听众审美情趣的变化,创作出了大量优秀的长篇、开篇;听众群体的新变化,呈现出男女平等、低龄化、都市人群占比提高的特点,且捧角文化与票房盛行,可以看作是评弹风靡的又一因素。以下分别述之。

一、艺人规模的扩大化与组织的多样化

苏州评弹自清中叶兴盛以来,门户之见极为严重,后评弹艺人马如飞创建评弹行业组织光裕公所(后称光裕社),将学说书必要拜师行礼这一项定为条规,使得所有加入光裕公所的艺人都要共同遵守。从1906年评弹艺人王绶卿所拟《光裕公所改良章程》的第十二条可以见得:"凡同业各系宗支,勿得越做他书。前事一概不究,殆后不准,犯者重罚。"[1] 而在《改良章程》的第一条中,也明确地提出了"凡同业与女档为伍,抑传授女徒,私行经手生意,察出议罚"[2] 的条款。虽然光裕公所有许多条款保护了评弹艺人的切身利益,使其在一种较为"政治化""组织化"的体制之内平稳、顺利地出道说书。但是从消极层面上看,光裕公所非常注重师承关系,如果艺人所拜的先生不说某书,那么这位艺人连去书场听某书的资格都没有,以防其窃书为己用。此外,公所规章制度还严格地限制女说书艺人的演出,使其在苏州地区毫无生存活动的空间。因此,在这种情况下,光裕公所内部也存在着诸多在目前看来"不近人情"的苛项,从而限制了评弹艺人数量的大幅增长与不同艺人弹唱书目间的互相交流与进步。

然而,这样的一种状况,在清末民初发生了松动,最主要的一个原因就是评弹在上海市场的开拓与发展,使部分艺人的表演渐渐脱离光裕社的管辖,从而形成了"海派"模式。产生这种现象的原因不仅是因为1842年《南京条约》的签订而使上海开埠,也因为在太平天国战争的影响下,苏州城惨遭兵火的洗劫,一大批富户、士人、商人逃入上海,上海从而逐渐成为了商业文化繁盛之地。评弹艺人不论是从获利程度,还是从演出机会、人身财产安全上考量,都愿意选择上海这一有租界庇护的大城市进行演出,

---

[1]《光裕公所改良章程》,周良:《苏州评弹旧闻钞》,南京:江苏人民出版社,1983年,第53页。

[2]《光裕公所改良章程》,周良:《苏州评弹旧闻钞》,南京:江苏人民出版社,1983年,第52页。

受行业组织光裕社的束缚因之也大大地减弱,女评弹艺人逐步增多,并出现男女拼档的情况。可以这么说,"近代上海都市旺盛的消费需求和消费空间,在拓展了评弹演出空间的同时,也从很多方面为评弹艺人群体的发展壮大提供了充分的时代前提"。[1]

受到了这样一种都市文化的冲击,光裕社势必会同"外道"[2]艺人产生摩擦与纠纷,而这些"外道"艺人不服从光裕社的管辖,纷纷自立门户,聚集了一大批评弹艺人,从而形成了几个有影响力的行业组织,主要有润余社、普余社、宽裕社等。润余社是除光裕社以外最早的评弹行业组织,成立于上海,成立的时间不确定,有多种说法,但可以确定其于民国初年便已经成立。润余社由两部分人组成,一部分是从光裕社退出来的艺人,如凌云祥、谢少泉、沈廉舫等;另一部分是"外道"艺人,如郭少梅、李文彬、程鸿飞、朱少卿等。有的是"票友下海",不合光裕社出道、师承的要求。他们长期在上海演出,吸收借鉴多,在激烈的竞争中,锐意图新,编演了一批新的长篇书目,如评话《张文祥刺马》、弹词《杨乃武与小白菜》,反映清代末期的生活。他们还编演过反映辛亥革命的长篇,演出过根据外国小说改编的书目。程鸿飞演出的评话《岳传》,人称"野《岳传》",可见有异于原来的长篇,惜乎不传。他们在艺术上、表演上都有革新色彩。润余社为了抗衡光裕社,内部比较团结,相互帮助,研究编书,切磋艺术。因此,它吸引了大批经常在上海演出的艺人,如评话艺人严焕祥、朱耀良、贾筱峰、潘伯英、刘春山等,弹词艺人李伯康、李仲康、朱兰庵、朱菊庵、何可人、黄异庵、夏荷生、张鉴庭、张鉴国、张鉴邦等,阵容强大。

润余社的成立,使得自命为正统的光裕社大为恼火,便因此引发了一系列的矛盾与纠纷,其中具有代表性的,便是"高台"与"平台"之争。"说书业有高台与平台之分,即光裕社与其他外道从业之区别也。按逊清中叶,王周士创光裕公所,已分高台平台,相沿不变,至今犹极重视。如昔者王周士曾为叫花头强搭高台取利,与丐格斗甚烈。俞秀山及陆瑞庭,被外道说书殴辱,亦为限制外道搭高台。马如飞于三皇会新厦落成之日,召集外道说书,宴于一堂时,谓敝社社员,与走外道者,仅有高台与平台之

---

[1] 申浩:《雅韵留痕:评弹与都市》,北京:商务印书馆,2014年,第291页。
[2] "外道",指光裕社以外的评弹艺人,含贬义。

格别,余者并无不同等演辞。是以高台素为光裕社无上之尊严也。"虽然王周士之故事有较多想象与传说的成分,但是不难看出,即便尊为"御前弹唱"的艺人王周士,会因为"外道"的乞丐搭高台说书而对其拳脚相加,可见光裕社内部对"高台"的使用具有严格的标准,只要是非光裕社艺人便严禁使用"高台"。马如飞进而将"高台"视为光裕社说书人区别于其他说书人的唯一标准。然则在润余社艺人演出时,不时有艺人用"高台"说书,光裕社艺人反应强烈,乃至告到苏州警察厅,"民四年因上海有润余社之设立,外道说书,私设高台,图鱼目混珠,后事淆乱,光裕社闻后,大兴问罪之师,社员王效松、杨月桂、杨星桂、朱耀笙、金耀孙等,联名呈请苏州警察厅,得厅方之准词,外道仍用平台。民十二年又有外道业说书之俞鹍扬袭用高台弹唱说部,复经张福田、钱幼卿、叶声扬三人呈文警察厅维护原判,除去高台,不过近几年来对高台平台之鸿沟,已无昔日之谨严,故在此点上之纠纷已无形减少"[1]。1915 年与 1923 年两次,都因为"高台""平台"之争,导致官方司法当局的介入,以行政形式禁止润余社员用"高台"说书。但是进入 20 世纪 30 年代以后,这种矛盾无形当中松弛并趋向消除,也反映了评弹行业组织的管理与规章,亦需要同社会现实、行业现状共同发展,这样才能起到正向推动艺术交流及发展的作用。

润余社之后,出现了能够容纳女评弹艺人演艺活动的普余社。1935 年普余社成立于苏州。其成员,一部分是因男女拼档或带了女徒而被光裕社开除出来的艺人,或自动离开光裕社的;一部分是男女拼档的男女艺人。其成立之初仅三十余人,后发展到七十余人,一说曾达近百人,而且其中包含颇有成就的艺人。社员有男有女,女艺人中评话演员有也是娥、陶帼英、贾彩云、王秀英等,女弹词艺人有王莺声、顾竹君、徐雪月、周雪艳、姚丽英,后来还有醉疑仙、范雪君[2]、朱雪琴、黄静芬、徐丽仙、侯莉君

---

[1]《弹词:高台与平台》,《上海生活》1938 年第 2 卷第 6 期。
[2] 范雪君(1925—1995),女弹词演员,苏州人。生父王少峰是说唱《三笑》的弹词艺人,书艺颇佳。自幼受到父亲的艺术熏陶,后螟蛉于张少泉学弹词《杨乃武与小白菜》,再认评话演员范玉山为义父。十五岁开始单档演出《杨乃武与小白菜》,先后说唱过陆澹庵改编的长篇弹词《啼笑因缘》和《秋海棠》。20 世纪 40 年代中期在苏州吴苑、隆昌等书场演出,受到听众赞扬。1946年在上海汇泉楼书场演出,声誉大振。40 年代后期,有"弹词皇后"之称。其台风雍容大度,说唱潇洒清丽,善各种方言,普通话尤佳。得寄父范玉山指点,凡起角色,均按年龄、身份和性格之不同,有特定的站法与步法,故同时起多个角色,绝不混淆。

等。普余社的创立,不仅引起了光裕社的强烈不满,也遭到了润余社的大肆攻击,最主要的原因就是关于女艺人并没有进入社团的先例,男艺人由于传统文化的禁锢,执拗地认为女艺人为不洁之物,带来晦气;且女弹词艺人较之男性在书场对于男听客更有吸引力,由此引发了男艺人担忧书场生意被女艺人抢走的集体危机感与焦虑感。

  清末至民国初的江南书码头,尤其是苏州依然控制在光裕社男评弹艺人的手中。职业女评弹艺人出现后,只能较多地依托评弹男艺人势力薄弱的"书码头",即使到苏州演出,也必须"在离苏州城十里外"[1]。宣统时,有"陈筱卿者,华亭之罗店人,以弹词游江浙间,每在茶馆奏技",另外还演出于上海"福州路之聘乐园"。与此同时,"无锡某茶居,某夕悬牌有弹词。……一名也是娥,年可三十。一名何处女,年不过十七八"[2]。随着职业女弹词艺人队伍的日益壮大,虽有光裕社、润余社的抵制,她们也能见缝插针,流转各地码头演出。1924 年,也是娥曾到吴江黎里群乐园演出,开讲《金台传》。[3] 1931 年,谢乐天曾于吴蠡镇同羽春茶楼献艺。[4]

  然而总的来说,这一阶段的女评弹艺人进入不了大码头、大书场,时时刻刻都会受到男艺人与其行业组织的抵制,由此还闹出过许多摩擦。等到普余社于 1935 年正式成立后,这一过去的摩擦产生了集中性爆发,可以视为评弹艺人关于演出场域的性别话语之争。"回忆民廿四年(1935 年)该社正式成立,曾一度遭当地光裕社之反对,借口男女双档攸关风化,为该社社章所不许,特联名呈请党政机关,予以取缔;当时普余社未甘示弱,即以际此训政时代提高女权,法令彰彰,一切封建观念,早不存在,彼此皆以艺糊口,不限男女,岂得犹以此资为口实,起而辩,幸告胜诉。光润二社只有一个消极办法,凡普余社所做之场子,该二社拒绝参加。"[5] 从

---

  [1] 胡觉民、单大声:《苏州评弹史话》,中国人民政治协商会议全国委员会文史资料研究委员会编:《文史资料选辑》1985 年第 3 辑,总第 103 辑,北京:文史资料出版社,1985 年,第 209 页。

  [2] 徐珂:《清稗类钞》第 10 册卷十《音乐类·女弹词》,北京:中华书局,1986 年,第 4951 页。

  [3] 广告《新开书场》,《新黎里》1924 年 7 月 16 日,第 3 版。

  [4] 程沙雁:《平沙落雁龛杂掇(33)》,《生报》1939 年 3 月 15 日。

  [5]《普余社流年不佳》,《上海生活》1939 年第 3 卷第 1 期。

上述引文中不难看出，即便女评弹艺人成立行会组织遭到了光裕社、润余社的攻评讨伐，不惜闹到"党政机关"，但是最后也没有取缔掉女艺人的正常书场演出，而光、润二社只能运用消极手段来避免与普余社艺人做同一副场子。结合当时之时代背景我们即可发现，自从19世纪末，康有为、梁启超、秋瑾等一大批具有进步思想人士，积极鼓吹戒缠足、兴女学的观念，以此来召唤妇女的自立精神，辛亥革命、五四运动的发生，更是大大推动了女性应该获取同男性平等的职业地位。陈德徵曾撰稿说："要取得女性的自主权，当先脱离对男子的依赖；要脱离对于男子的依赖，当自己先谋经济的独立。"[1] 在这样一种浪潮的直接影响下，女评弹艺人不满之前的偏僻地位，转而要求同男艺人相等的演出机会也就不难猜想到了。1927年，南京国民政府正式建立后，各个政治机关纷纷延用女公务员，宋美龄亦积极提倡男女平等，在女艺人受到打压被起诉的情况下，毅然决然为女艺人撑腰："南京最高法院开庭，双方都请了律师，辩论激烈。有人送给法官一张条子，法官当庭宣读：现在有蒋委员长夫人宋美龄要发言，大家欢迎。宋美龄立在座位前发言：'今朝我来参加旁听，觉得非常有意义，一方讲说书这个行当是男人的职业，还有一方讲，勿管男人女人是人才（倷）好说。'她指了指挂在法庭上的孙中山遗像，讲：'中山先生遗像上头有四个大字天下为公，这四个字，大家才（倷）晓得格。还有四个字，法庭上没有，但是每个中国人的心里都有格那四个字——男女平等。双档、单档、男档、女档，拿女档说成是妖档，拿女人说成是妖怪，是很不妥当的。请讲的人回去问一问倷家中的母亲、阿姐、妹子，伊拉同意吗？'后来，法庭宣布，光裕社败诉。"[2] 宋美龄作为当时的第一夫人出面直接干预光裕社诉讼女艺人之事，运用其政治地位与司法手段帮助女评弹艺人，最终使得光裕社败诉，男女相对平等的演出地位也就基本确立了。[3]

上述论述，既从行会组织上讨论了苏州评弹进入民国以后由光裕社独

---

[1] 陈德徵：《妇女运动的第一步——经济独立运动》，《妇女运动》1923年第9卷第1号。

[2] 沈东山口述、易木记录、整理：《评弹逸闻》，《评弹艺术》第43集，苏州：苏州恒久印务有限公司，第136页。

[3] 关于女性评弹演员进入主流书场演出而引发纠纷的研究，可参见许冠亭：《党治体制下的社团冲突与社团管理——以1934年苏州弹词男女拼档纠纷案为例》，《近代史研究》2013年第4期。

一家演化为多家，也从男性、女性评弹艺人的性别关系互动角度揭示了职业女评弹艺人在民国时期的积极活动，从而使得原先就竞争激烈的评弹演艺市场日趋激烈化，这种行业内部之竞争无疑从客观上增强了艺人水平，从而将苏州评弹的发展推向"黄金阶段"。竞争激烈最显著的一点体现为，评弹艺人更新换代极快，如果自己的唱腔或者所弹唱书目无法满足当时的都市听众，便会遭到淘汰。

魏钰卿[1]作为一代"塔王"，以自己的出棄书《珍珠塔》而闻名，他在马如飞"马调"的基础上，丰富了演唱内容的音乐性，一改马如飞几十句叠句连唱而近乎干念的枯燥感，创造了"魏调"，为民国以后所出现的"沈调""薛调""琴调""周云瑞调""尤调""小飞调"等奠定了坚实的基础。然而，就是成就如此之高的演员，在20世纪20年代以后尽显疲软之势，从而丢失了大部分听众，"弹唱《珍珠塔》的魏钰卿，前十年有赛过马如飞之称，大走红运，年来年纪大了，嗓音不及从前，再加收了一个徒弟薛小（筱）卿[2]，虽不能青出于蓝，而可称足传衣钵，自前年随魏来沪之后，不久离师自立，后又和朱兼庄的徒弟陈雪芳两拼双档，直到这回夏超独立那一天，才离沪他去，因此上魏钰卿今年生涯，大受影响，非但听众不多，并且为上台时间，或晏或早，大遭台下闲话，因此在六七月内，做得意楼楼上，不过三四十人"[3]。按照现在的标准推算，1926年的魏钰卿47岁，可谓处于一个演员的顶峰状态，然则就被讽刺为"年纪大了，嗓音不及从前"，无法满足高强度的《珍珠塔》篇子弹唱。除此之外，自己的学

---

[1] 魏钰卿（1879—1946），弹词演员，苏州人。十六岁（1895年）从姚文卿学《珍珠塔》，天资聪颖，学艺勤奋。姚文卿怕他超过自己幼子姚如卿，没有将《珍珠塔》的脚本全部传授给他。三年后，魏钰卿从师叔钟柏泉之弟钟伯亭处藏的《珍珠塔》演出本中补学了"二进花园"至"打三不孝"一段。说书清楚流畅，状物摹人，逼真生动，台风潇洒大度，发展"马调"，人称"魏调"或"魏派马调"。成为20世纪20年代的大响档，享誉苏州、上海、无锡、浙江等地。各地争相聘请，竟至日夜场奔走于苏沪之间，传为美谈，称其书艺为"书坛文状元"。传人中有养子魏含英，学生钟笑侬、薛筱卿等都是响档。

[2] 薛筱卿（1901—1980），少年时从魏钰卿学说《珍珠塔》，与沈俭安拼档合作后，成为当时沪上三大响档之一。"薛调"脱胎于"魏调"，但改变了"魏调"平直简单的旋律，增强了音乐性和节奏变化。"薛调"具有铿锵明快、爽利清脆的特点，叠句唱来更有起伏跌宕。薛筱卿在琵琶弹奏上也做了重大贡献，突破了以往双档演唱中只唱不伴的传统，由于他珠落玉盘似的琵琶伴奏，使"沈调"和"薛调"更具有魅力。他的代表作品有《义激陈琏》《痛责》等。

[3] 柳亭：《说书新语》，《金刚钻》1926年11月25日。

生薛筱卿亦脱离先生而自立门户,并有超过乃师的趋势,更加使得魏钰卿的追捧度大受打击。曲艺、戏曲界有一俗语叫"教会徒弟,饿死师傅",这在评弹的师承关系上体现得淋漓尽致,也从一个侧面反映了当时的评弹艺人好胜心极重,想要超越前辈的艺术水准,且不是个别现象。同样贵为大响档的徐云志也对弟子严雪亭做出防备,"现在严雪亭早成响档,且有出芫之誉。不料在满师时期,曾有细故,因此不获抄录乃师之《三笑》脚本,结果只得托擅说《隋唐》及《水浒》之张震伯辗转觅得,始往各埠献艺,新声初试居然一鸣惊人"[1]。魏钰卿因47岁的年龄无法满足高强度的演出,便另辟蹊径,弃说自己的拿手书目《珍珠塔》,改唱《二度梅》,但是结果依然不尽如人意:"得意楼的店主东,屡次讽魏剪书,魏始终恋栈,有人说珍珠塔,被那徒弟弹唱得太熟,所以听的人少,魏风闻此说即改唱二度梅,不料改了二度梅,听的人更少,唱到中秋节,其势不能再维持下去,只能让给黄兆麟,那么新书一定可以号召听众这句话,也不足为凭吧"。[2]

无独有偶,薛筱卿在20世纪20年代脱离其师魏钰卿放单档,不久后与同说《珍珠塔》的朱兼庄的弟子沈俭安拼档,二人在起角色、乐器伴奏方面大大革新。沈俭安[3]被誉为"小方卿",且手面、动作极为飘逸潇洒;薛筱卿一改以往弹词艺人在演唱时三弦、琵琶伴奏停止的惯例,开创"支声复调"的伴奏技巧,同一旋律分不同变体展开,产生一些分支形态的声部,这些分支声部与主干声部在音程关系上时而分开,时而合并;节奏上时而一致,时而加花装饰或删繁就简,从而大大加强了音乐性,使得"沈薛档"一炮而红:"说书一道,出自姑苏,娱乐之一也。海上日来各书场,竞相举行会书,不佞暇时辄往一听。名档说书,逐日轮流,颇饶兴趣。爰就各档名家略一评之。沈俭安、薛筱卿双档《珠塔》,颇受欢迎。沈之弹唱虽微有沙音,而善于用腔。说白表情,恰到好处。薛则善于弹唱,字音清晰耐听,堪称珠联璧合。"[4]"至于俭安的书艺,已经是有口皆碑,众望所

---

[1] 竖天馆主:《严雪亭的脚本》,《苏报》1948年6月10日。

[2] 柳亭:《说书新语》,《金刚钻》1926年11月25日。

[3] 沈俭安(1900—1964),先向朱兼庄学说《珍珠塔》,后又投师魏钰卿,与薛筱卿拼档后,成为大响档。他在"马调"的基础上创造了韵足情浓、委婉流畅、沉郁柔和的"沈调","沈调"由于薛筱卿琵琶伴奏衬托,更增添了艺术魅力。代表作有《打三不孝》《方太太寻子》《方卿哭诉》等唱段。

[4] 平水:《听书小志》,《申报》1931年2月15日。

归了。他所唱的调门,既是别创一格,他的三弦,也很够耐人寻味,在表说的时候,态度镇静,落落大方,很有书卷气。这一点,便是他的特点。而且弹唱《珍珠塔》很相配。因为《珍珠塔》这部书的骨子,是极清雅的!要是《珍珠塔》同样给一个夏荷生说了,就要吓得无人领教,前次俭安虽然喉音失润,但唱来仍不失以前的圆稳。"[1] 然而,他们也有使得听客不满意的时候,书场上座率亦十分惨淡,"沈俭安、薛筱卿在说小书地界,也可说名噪一时的人物了,可是他们俩不自爱,尽在'烟''色'两个字上出功夫,说书的技艺,一点不放在心上,所以,上海已没有立足的可能,这次由上海到常熟,常熟到苏州,名义上虽然由场东方面挽了许多人去请来的,其实是顺水推舟而已,因为住在上海衣食住行,什么都方便,尤其是搅字头和赏喷方面,更比内地便利,否则一样赚钱,又何必多受拘束。这次在苏州,日夜有六个场子,包车叮当,来去赶场子,一般人看来,似乎红得非凡,可是实不相瞒,已经在唱五台山了。他俩在苏州,同场有顾宏伯,沈薛居然唱送客,可是顾宏伯一下台,听客便一群抽签,等到沈上台,听客少得可怜,如果把台子和听客做比例,那便是五只台子坐三个人,清清爽爽的五台三"。[2] "沈薛档"遭遇"五台山"令人唏嘘不已,从主观层面上看,沈俭安吸食鸦片烟使得书艺下降,而薛筱卿"则风流自赏……薛筱卿一再以风流韵事,流传于社会之间"。[3] 客观上则因"道中"其他艺人不断精进打磨自己的艺术,沈、薛二人同评话艺人顾宏伯对比立马逊色许多,以至于听客白白流失,不复当时的盛况。

总结说来,民国时期的苏州评弹从表面上看,实处于发展的上升阶段,不仅名家辈出、流派纷呈,而且不同名家、不同书场之间的竞争十分激烈,让当时的听客能够一饱耳福,欣赏严加打磨过的评弹艺术。深入地看,造成这种现象的一大原因莫不与动荡不安、变化迅速的社会大环境息息相关,原先老先生传统的"书路"行得慢,听客亦慢慢悠悠听艺人弹唱。然而"抗战八年,听众起了变化,原来的破落户,在抗战时期成为暴发户出现了。这些人成了评弹的新听众,原来的'响档','堂会'做得多,慢慢地

---

[1] 厂庵:《沈俭安访问记》,《舞风》1938年革新号第8期。
[2] 知了:《沈薛唱五台山》,《力行日报》1946年12月13日。
[3] 云云:《沈俭安烟遁与薛筱卿》,《大光明》1932年9月19日。

说书的精气神少了,不能适应这些听众。蒋如庭这时说书已不适应了,连徐云志、周玉泉业务也退了下来"[1]。如果不紧跟观众审美情趣的变化,那么评弹艺人势必会跟不上时代潮流,而被后辈艺人赶超,这种现象在民国时期的评弹中心市场上海显得尤为突出:"……如蒋月泉、张鉴庭、张鸿声、顾宏伯等同志响出来了。三年解放战争,生活的节奏加快了,听众听书的节奏也要求快了,青年人适应这种要求,业务好,老先生说书还是老样子,节奏慢,业务不好。学生做的场子先生接下档,接不牢,原因是老先生跟不上时代。"[2]

二、演出空间的现代化与多元化

书场是艺人、听客、堂倌活动的公共空间,评弹艺人在书场中弹唱,听客欣赏,堂倌做杂务管理,从而构成了一个有机的微型社会场域,不同身份的个体在书场内进行活动。传统的苏州评弹活动场所,当属茶楼书场。拿评弹发源地苏州的传统茶馆书场来看,会发现其有以下几个特点。第一,"属茶馆兼营,保留了茶馆特色,一般房屋比较陈旧,场内设备简单。早上卖茶,下午、晚上辟为书场"。"书场大都设于各茶肆中,城内外皆有之。说书者均为光裕社社员,分大小书。大书为评话,如《三国》《水浒》《英烈》《济公传》等。小书为弹词,如《三笑》《珍珠塔》《双珠凤》《西厢记》等,平常听书,连茶二百文,会书倍之。"[3] 应该说,近代以来的传统评弹书场,一般都保留着这一服务,将茶馆喝茶与书场听书两项活动集合于一地。第二,"少数较大书场内设有女宾席。因为过去男女听客不可混坐在一起"。这种现象直到民国以后,上海的新型书场逐步允许男女混坐。如果传统书场之中并未设有女客席位,则不得入座或即使入座也会遭男听客的议论。第三,"一般艺人演出期较长,少则两三月,多达半年以上。不论评话,弹词均为单档"[4]。除此之外,一般书场一天只聘请一档评弹艺人

---

[1] 闻炎记录整理:《回顾三、四十年代苏州评弹历史》,《评弹艺术》第6集,北京:中国曲艺出版社,1986年,第251页。其中"抗战八年"为原图书出版时的说法,现应为"抗战十四年"。

[2] 闻炎记录整理:《回顾三、四十年代苏州评弹历史》,《评弹艺术》第6集,北京:中国曲艺出版社,1986年,第251页。

[3] 郑逸梅:《苏州游览指南·书场》,上海:大东书局,1930年,第89页。

[4] 曹凤渔:《百余年来苏州市区书场设置概况》,《评弹艺术》第9集,北京:中国曲艺出版社,1988年,第201-202页。

说书，这与民国后为适应上海快节奏都市生活而改花色档有着极大的不同。第四，堂倌为书场专职人员，起着管理、服务听客的作用，"茶馆侍役，俗呼'堂倌'，多则十余人，少亦二三人，各有其司职之界限。如台之上下，室之内外，各堀一方，绝不相混"。可见即便同为服务人员的堂倌也有着精细的分工，且堂倌的服务亦十分周到，"每一茶客莅临，除先绞面巾外，必高唤其所需之茶，或红或淡、或雨前寿眉等名，于是向一硕大无朋之大壶中，加以沸水而进，其应答之声颇堪动听。而对于每日必到之老茶客，侍奉尤周，故有'茶博士'之称。……岁暮年初，茶博士恒以橄榄橘子，冠以'发财''元宝'等吉祥辞令向老茶客'打抽丰'，亦堂倌一年来唯一之希冀也"。[1] 不难看出，听客是否到书场听书，不仅同我们观念中艺人的好坏有关，也同书场之中服务的优良程度关系极大，而堂倌也尽力讨好听客，以便能获得听客额外的赏赐。

进入民国，传统书场以后逐步出现了其他新的书场形式，作为评弹艺人的演出活动场所，但这是一个逐步发展之过程，并非一蹴而就，"民初书场，什九皆僻陋，纸窗竹屋，板凳沙壶油灯盏，人影幢幢，若与今日海上书场较之，实不啻天壤也"[2]。辛亥鼎革之后，为了适应上海不同市民阶层的社会需要，书场日渐有了时代性新发展，从各种方面拓展了评弹艺人的演出空间，老艺人倪萍倩曾回忆民初的上海书场："民国始，上海出现两类书场，即女子清唱书场和抢铺盖书场。清唱书场，在清末是非常盛行的。民国建立，上海出现了社会的变化，女子清唱的场子逐渐衰落，有部分场子改为书场演出评弹。广东路的天乐窝女子清唱场子，首邀光裕社陈子祥演出。而后陆续改设的书场，我们称之为'清唱书场'，当时有以下几家：(1) 天乐窝，蓬莱路；(2) 飞丹阁，福州路；(3) 小花园，西藏路；(4) 西阳楼，广西路；(5) 升园，画锦里；(6) 万云楼，广东路。"[3]

最先发展起来并为大众所追捧的新式书场，是伴随上海都市娱乐业发

---

[1] 皋仲：《苏州情调之茶馆（二六）：有闲阶级消遣所 下流社会行乐地》，《苏州新报》1941年1月5日。

[2] 《十年书场回忆录》，《上海书坛》1949年12月31日。"沙壶"现写作"砂壶"。

[3] 倪萍倩：《上海书场发展概况》，《评弹艺术》第5集，北京：中国曲艺出版社，1986年，第245页。

展而形成的游乐场书场。[1] 游乐场自从上海开埠以来，最先由西方外国人开设，可以视为现代意义上中西结合的娱乐场所。在游乐场之中，有着丰富多彩的表演活动以满足上海民众的消费、文化需求，苏州评弹作为最先进入游乐场的曲艺之一，也受到了听客的极大追捧："十五年前，上海说书盛行于游艺场中，大世界、新世界、小世界等，莫不特辟书场，聘苏沪两地书坛名家主持。听客时满，男女分坐，女客座中亦常拥挤，且听者多大家闺阁、富室少妇，因时有艳史发生。"[2] 游乐场书场一经兴起，便受到了听众的欢迎。而评弹艺人也十分愿意进游乐场演出，主要原因之一便是同过往茶楼书场所采取不同的包银制度。以往的书场艺人的收入，是按照每天到客人数与书场老板拆账，如艺人书艺一般，便老板拿六成，艺人拿四成；艺人若为响档，便五五分成。这样的拆账薪资制度表面看起来较为公平，实则是一把双刃剑：如艺人刚刚出道，听客很少，甚至于有可能被书场老板"漂"走的可能性，进而酬劳极少，无法维持生计；而若艺人已成为响档，则与老板拆账，自己所得甚多，老板也因之满意。可见，拆账的酬劳制度上限、下限极高。而游乐场的包银制度，事先与艺人商定一定的报酬，"唯时沪上各游艺场内说书者，勿论大世界、新世界、小世界以至先施之乐园等等，凡聘请一'光裕社'之名说书家，其包银数目，至少在月给二百金以上，而吴玉荪更且月得三百元之代价为各游戏场内说书人之包银最优者"[3]。稳定的酬劳、舒适的演出环境使得游乐场吸引了一大批评弹艺人前往，竞争因此趋于激烈，"前数年，说书人而能入上海之游戏场者以为殊荣，盖非前辈名家与响档先生，则不能滥竽充数。当大世界初创时，各游戏场内，所请'光裕社'员，若黄兆麟、吴小松、吴小石、吴玉荪、叶声扬、王绶卿、张福田、谢品泉、夏莲生、朱耀庭、朱耀笙、杨月槎、杨星槎，并石秀峰、钱幼卿等等均为一时之选，粹名家响档于一隅，沪人之听书者，幸福诚匪浅鲜矣"[4]。不难看出，引文所罗列的在游戏场演出的艺人，都为一时之名家，无怪发出"幸福诚匪浅鲜"的感叹。

苏州评弹游戏场的成功，带来了两个显著的变化。第一，原先传统茶

---

[1] 亦可称之为游戏场书场、游乐园书场，本文统一为游乐场书场。
[2] 南宫：《书场旧话》，《生报》1939年1月15日。
[3] 思湖：《说书小评（二十）》，《申报》（本埠增刊）1924年4月8日。
[4] 思湖：《说书小评（二十）》，《申报》（本埠增刊）1924年4月8日。

馆书场的一位艺人独做变为多位艺人越档同做，或者称之为"花色档"，从报纸的广告宣传中，我们就可以发现这一嬗变，如1917年在劝业场演出的公示："张步蟾《双珠球》一点三刻起二点三刻止；杨月槎、杨星槎《珍珠塔》二点三刻起三点三刻止；朱耀庭、朱耀笙《双珠凤》三点三刻起四点三刻止；吴玉荪《描金凤》四点三刻起五点三刻止；吴西庚《玉蜻蜓》七点三刻起八点三刻止；谢品泉《三笑》六点三刻起七点三刻止；王绶卿弹词八点三刻起九点三刻止。"[1] 又如1918年新世界扩张后重新开幕的预告："为弹唱说书，如谢品泉之《三笑》、《玉蜻蜓》，如张福田《绣香囊》与《文武香球》，如杨月槎、星槎之《珍珠塔》，如黄兆麟《三国》，如张步蟾《双珠球》与《双金锭》及大套琵琶，尽在自由厅上，聚精会神动人观听。"[2] 进入游乐场的游客，可以在一天的时间内听不同流派、不同书目的多档艺人说书，每一档艺人的演出时间也从原先的两小时缩短至四十五分钟到六十分钟，大大地加快了表演与欣赏的节奏。由此可以发现，当发源于苏州的评弹艺术在民国以后的上海，演出地点、演出方式都发生了不同程度的改变，不仅彰显了评弹作为一种曲艺的表演张力，也可以视为在现代化社会发展下的微观体现。

评弹艺人于游乐场演出时，能够听到许多其他曲艺、剧种，继而博采众长、为我所用，这一点成了评弹进入游乐场的又一变化。朱介生[3]对于"俞调"的发展起着极大作用，他曾经回忆自己在游乐场的演出经历："我有些唱腔都是在新世界大世界游戏场时学得来的，我与父亲做日场，夜场他们老弟兄演唱，我夜间闲着，便在各场子听听看看，那里是百戏杂陈，我却学到了不少东西，更有留声机唱片中有些唱腔。所以我的唱腔，吸收了昆剧、京剧、苏剧、锡剧、京韵大鼓、梨花大鼓、广东戏、江南民歌、扬州小调，甚至外国歌曲都有。"[4] 弹词音乐在发展过程中，非常注重向

---

［1］广告《劝业场》，《申报》1917年10月16日。
［2］广告《新世界大扩张，七月初一开幕露布》，《申报》1918年8月5日。
［3］朱介生（1903—1985），幼年随父朱耀庭学说《双珠凤》，后与蒋如庭拼档，绿叶牡丹，遂成响档。他善唱"俞调"，具有字正腔圆、清丽圆润的特点。一曲歌罢，往往绕梁不绝。他演唱时十分重视音韵和咬字，并从京剧、昆曲唱腔中吸收养料，极大地丰富了"俞调"的旋律，增强了"俞调"的音乐性和表现力。
［4］《朱介生谈艺录》，参见周良主编：《艺海聚珍》，苏州：古吴轩出版社，2003年，第74-75页。

其他艺术的借鉴吸收与为我所用,如杨振雄的"杨调"有鲜明的昆曲影子,徐丽仙的"丽调"过门吸收了京韵大鼓的伴奏方法,祁连芳的"祁调"借鉴京剧程(砚秋)派唱腔的唱法等。[1]

　　进入20世纪20年代,许多上海地区的饭店、旅馆、舞厅被改造成了书场,这些书场在硬件设施上完全超越了过去的传统茶馆书场,无论是在照明条件、扩音设备、电扇空调,还是场地面积、座椅舒适程度等方面都有了质的提升。这在服务于听客便利的同时,也使得评弹艺人更加倾心于进入大城市上海演出,因此慢慢有了在上海书场以外演出的艺人即便很有名,也只能被称为"码头老虎"的说法,而进入上海并成功立足才是真正的大响档。民国时期的新式书场,较原先的茶馆书场相比,最突出的一个特点便是座位的增多,且出现了男女混坐。过去的评弹艺人,如果能够做到在书场"出百"(即听客超过一百人),就代表生意已经十分红火;如能做到"双出百",则是毫无疑问的大响档。然而,评弹进入民国时期的上海,随着都市人口的增加与书场环境的改善,每场评弹演出的听客早已突破了两百人,"富春书场,它在成都路上,爱文义路的北首。这样的拗路里,里面装饰也不考究,式样有点老化,然而它的坐场宽大,可以容纳到三百人的地位。这样的一个大场子,配着好响档,听客当然也多,日场有一百八九十客,夜场更有二百六七十客,其中女性却占着十分之四的数目,热闹得很"[2]。位于成都路上的富春书场,整体而言不及当时上海规模最大的沧州、东方、仙乐等书场,但是依旧能够轻松地做到两百位以上的客人,不可谓不是书场规模的一个巨大提升。反过来看,如果当时的都市新式书场只有一百多位客人,会被评论为人数过少,"在南京路山西路南京饭店里附设着一个书场,这书场是属于新式书场,也是普余社女说书的惟一的大本营,仅有的地盘。票价日场一角陆分,夜场相同,票价较任何书场为贵,座位都还能过得过去。卖票子的那位赵先生,年少英俊,办事认真,说几

---

　　[1] 有关弹词流派唱腔形成与发展的研究,可参见张延莉:《评弹流派机制构成因素的历史与变迁》,《黄钟(武汉音乐学院学报)》2014年第2期;张延莉:《评弹流派的历史与变迁》,上海音乐学院博士学位论文,2012年;吴宗锡:《吴宗锡评弹文集》(上集),上海人民出版社,2019年,第83—95页;左弦:《弹词曲调的发展》,《上海戏剧》1961年3月2日,第27—30页。

　　[2] 龙公:《富春书场听书略记》,《生报》1939年3月12日。

句山东上海话,倒也好听。南京书场的场子实在太小了,客满亦只有一百多客"[1]。不难看出,书场听客从原先"出百"即代表生意好,再到容纳一百多位客人的书场被评为"实在太小了",不仅表现出书场的硬件设施逐渐现代化,也体现出评弹的中心市场从苏州迁移到上海以后,伴随着有闲阶层的壮大,享受娱乐文化消费的听客亦有了数量上的提高,听书也逐步成为了当时能够和跳舞、看电影等而视之的休闲活动。在消费的刺激之下,书场的装修程度、硬件设施也提高到一个新的台阶,当时上海最著名书场之一的东方书场便是一个很好的例证:"旅舍而附设书场,要以东方为嚆矢。继之有大中、中南、大中华、南京、新旅社等,亦相继仿效,竞设书场。时至今日,除了南京为独家普余男女档说书,情形稍有特殊外,余者或以营业不振,或已改营别种游艺,都将书场先后停止了,惟此东方则巍然而独存。虽则东方书场只有这短短十余年的历史,可是在租界上具有数十年悠久之第一块老牌子汇泉楼,也没有它的吃香。不信!试观一般的人们,提到'听书'两字,总是信口的说:'到东方书场去。'书场名望,雄视海上,听书人士既趋之若鹜,所以营业,不像其他书场的兴废靡定而始终不衰。考其由,东方书场的设备和布置,确是为其他书场所望尘莫及,场地宽广,座位舒适,久坐而不感疲乏。为了场址宽大,四周装置传音机,虽后至而座在后排,听来也清晰靡遗,茶役招待之周到,尤其余事,冬有热水汀,夏则满布电风扇,风生两腋,际兹夏日炎炎,置身其间,悠闲地静聆台上人现形说法,好似坐听白头宫女,闲说天宝遗事,乐在其中,十丈红尘中,无异避暑胜地也!何况东方又不惜重资,历年聘请的评话弹词,胥属书坛上第一二流物呢,凡此,都是东方营业发达的原因。"[2] 这则报道由于是东方书场的开幕致辞,不免有夸大嫌疑,但是确实能够看出此时的书场照明、扩音设备优良,夏有风扇,冬备电热油汀,使得赶赴书场听书的听客能够尽情享受,不啻为一种精神艺术熏陶,这与传统书场中的消闲取向有着极大的不同。除此以外,这些新式书场中的某一些书场营业时间令人大跌眼镜,同当今娱乐相比,有过之而无不及,"纳凉听书,最得静

---

[1] 人日:《书场形色之南京书场》,《生报》1939年3月20日。

[2] 沙雁、执中:《东方艺术剧场中场说书开幕巡礼》,《弹词画报》第48期,1941年6月16日。

趣。往岁每届夏令,上海除原有书场外,增辟花园夜书场,招徕乘凉书迷,生意极佳。所谓花园书场,最先创设的乃是大世界游艺场,把原有的屋内书场,移设在屋顶花园上。在凉风习习中听书,只是声浪不能集中,其乐弥永。战前,女弹词全盛时期,一部分弦边婴宛曾在南市蓬莱市场附近荒地上,设一夏令花园书场,人称露天书场,真是出足风头。往岁高乐歌场的屋顶上,也曾增设花园书场,却如昙花一现。最有趣的花园书场,要算数年前沧洲(州)书场利用场外空地,稍加布置移设座位,另辟半夜书场。在大热天,从午夜十二时开书至二时,邀聘名家三档登台献艺,吸收从舞场中散出来的舞客与舞女入座听书,兼售冷饮。这比远征西区的通宵舞厅,更显清趣。那时候兜得转的娱乐场所可以通宵营业,所以这半夜书场有宾至如归之乐"。[1] 同为书场巨擘的上海沧州书场在夏天时节,特开营业时间午夜十二时到凌晨二时的半夜书场,服务对象针对在舞场中跳好舞的舞客与舞女,不失为一种特定的营销手段,也可以看出此时的评弹,从原先较为单纯的针对市民阶层的曲艺艺术转变为一种拥有庞大消费人群和成熟经营模式的娱乐活动,带动了一大批书场的兴起与发展,规模不可同日而语。

  书场中的"堂倌",传统茶馆书场中业已出现,主要承担着书票售卖、端茶送水、秩序管理等作用。民国以后的新式书场,在"堂倌"的服务方面下了很多功夫,尽量能使听客满意。可以这么说,书场的生意好坏除了与艺人的水平相关之外,"堂倌"的服务亦十分重要。"书场营业,关系于'堂倌'者綦大。倘能唯唯听命,遵从客意,虽说书先生大拆烂污(意为水平没有达到要求,笔者注),而书场营业,决不蒙受丝毫损失,此固一定不移之理。反之,纵说者为第一流名家响档,恐五台山犹不若也。以茧翁经历所得,上海书场之正堂阿毛,人颇和蔼,无论新老听客,一例笑脸相迎,故上海书场夜场(最近已停)纵为镇江书,而其售座始终不衰,阿毛与有功焉。此外如湖园、南园、汇泉楼等,诸位茶博士均极客气。"[2] "说起要书场发达,果然说书先生要请得好。但茶博士也要用得好,茶博士是招待听客的主干,须要有经验,有礼貌,还要和颜悦色,有一视同仁的眼光。"[3]

---

  [1] 横云阁主:《花园书场》,《铁报》1947年7月27日。
  [2] 茧翁:《茧翁私记[七四]》,《生报》1939年3月16日。
  [3] 一听客:《书场茶博士小账问题》,《弹词画报》第50期,1941年6月22日。

从 20 世纪 20 年代中期开始,评弹的发展不仅受益于新式书场的发展,也得益无线电技术的产生与应用,使得听客足不出户就能享受到评弹艺术之美。中国最早使用无线电的地区,是大都市上海,"上海无线电话播音,始于民国十一年(1922 年),初有美国人亚司蓬创办中国无线电公司(中国资本),曾设播音台一座,电力五十瓦特,但音质并不佳良,三个月后即行停止。播音继其后者,有南京路五十二号美商新孚洋行,名台维史者创办该行,专售无线电材料及收音机,亦曾一度发音,电力亦为五十瓦特,惜营业不振,半载后即告停顿。民十三年夏开洛公司成立,专售有线电话及无线电收发机。此时为国人对于无线电话接近之端。当是时国人认无线电为高尚之娱乐,渐示欢迎"[1]。1922 年,美国人亚司蓬虽然将无线电技术带到上海,然而没有找到合适的播音方式,三个月便停止播音。等到了 1924 年,随着无线电话、无线播音技术的推广,市民才慢慢接受了这一全新的传媒形式,认为是高级的娱乐活动。弹词艺人蒋宾初抓住这一全新机遇,进入电台播音弹唱评弹,成为首位于电台开唱的评弹艺人,"蒋宾初虽在上海开了好多年的码头,可是其名不彰。自从进了开洛,也就响起来了"[2]。相较于空间意义上的实体书场,用电台无线电方式播音的空中书场更加便捷化地满足了听客的欣赏需求,使人足不出户便能收听艺人的弹唱,而实体书场的生意也因此受到了较大的影响,"无线电中说书之第一人,为弹唱《三笑》之蒋宾初,后播送者日增。无线电机,亦逐渐改良,可不出家门一步,安坐而听各种名家说书。于是书场营业,一落千丈"[3]。空中书场的诞生,对于评弹艺人而言又开辟了一片宏大的生存空间,使他们能够在名家繁多的上海取得一席之地,进而有了专门热衷于在电台播音的评弹艺人,"自从有了广播电台之后,的确替游艺界各色人等开辟了一条生路。除了场子堂会之外,又多了一笔电台的额外收入,甚至也有靠着电台为生活的"[4]。

进入 20 世纪 30 年代,随着无线电的普及与推广,越来越多的上海市民

---

[1] 金康侯:《中国播音协会之兴替》,《无线电问答汇刊》1932 年 10 月 10 日,转引自《旧中国的上海广播事业》,北京:中国广播电视出版社,1985 年,第 80-82 页。

[2] 潘心伊:《书坛与电台[一]》,《珊瑚》1933 年第 2 卷第 4 号。

[3] 潘心伊:《书坛话堕[五]》,《珊瑚》1932 年第 1 卷第 9 号。

[4] 汤笔花:《播音生活》,《申报》1939 年 2 月 3 日、5 日。

购置收音机，也有更多机会通过空中书场收听评弹，"这几年来，电台多如雨后春笋，家家户户差不多都置着收音机了，可以闭门家里坐，不费分文，听到各种九腔十八调的歌唱"[1]。我们可以明显地发现，科学技术的革新对于艺术演出的形式起到了良性的促进作用，不仅能够使得听众便捷地欣赏评弹，也使得电台商户通过播放市民喜闻乐见的内容而赚取利润，更能够让评弹艺人有了额外的演出空间，从而在不同方面促进了评弹的大范围传播。从1934年的一份电台节目统计来看："弹词90、四明文书7、评话17、播音剧、话剧等9、开篇7、教国语英语等13、歌唱19、其他教授65、其他娱乐10、苏滩7、讲演问答12、宣卷5、儿童节目1.5、南方歌剧道情4、申曲26、故事75、苏州文书9、新闻6。娱乐的，共217.5档；非娱乐的，共39档。"[2] 毫无疑问，评话、弹词、开篇的总量远超于其他电台节目播送档次，成为了最受大众欢迎的电台节目。何占春先生也认为："苏州评弹上广播电台，虽然在苏滩之后，但它一出场，就以压倒的优势，雄踞霸主地位。在商业电台的各类文艺节目中，苏州评弹的比例，始终名列前茅。"[3] 某些评弹艺人初至上海演出，找不到好的书场演出，便在电台播音，进而获得熟识度以至于被书场所延请，"曾在无线电中红极一时的'四个档'弹词开篇会串，为吕逸安、徐天翔、冯筱庆、顾玉笙四人组织而成。对于各调各派之开篇，可称包罗万象，着实拥有大量听众……先假亚洲电台播送，颇受弦索听众之欢迎，上周日于大同电台播送特别节目二个钟点，点唱电话达二百余只之多，打破历来纪录"[4]。评弹与电台，通过两者相互促进的形式得到了共同发展，乃至于有人这么评价："说书虽发源已久，而流行之盛无过今日。近来说书的所以会这样盛行，当归功于留声机与无线电，因为留声机的唱片和无线电的波音，实在替说书做了个广大的宣传！"[5] 一方面，电台帮助评弹艺人扩大了社会影响力，为评弹开辟了新的演出空间，进而又壮大了评弹艺人的队伍。从另一方面深层因素考量，

---

[1] 汤笔花：《播音生活》，《申报》1939年2月3日、5日。

[2] 俞子夷：《谈广播节目》，《中国无线电》第2卷第9期，1934年5月5日。

[3] 何占春：《广播中的评弹节目》，中国人民政治协商会议上海市委员会文史资料编辑部编：《上海文史资料选辑》第61辑戏曲专辑《戏曲菁英（上）》，上海人民出版社，1989年，第302-303页。

[4] 《四个档改组》，《大声无线电》1947年第1卷第1期。

[5] 半仙：《漫谈说书》，《苏州书坛》1949年3月28日。

电台播音的发展又极大地改变了传统评弹的演出内容,出现了许多响应社会现实的广告开篇或时事开篇,不可不谓是评弹紧跟时代的一大创新。

无论是辛亥鼎革民国始肇后的游戏场,还是通过旅馆、舞厅改造而成的新式书场,抑或是通过无线电传送的空中书场,在创造性地改变评弹过去在传统茶馆书场或是书寓中演艺的活动形式同时,无形之中扩大了苏州评弹的受众人群与影响,又使评弹艺人之间的流动性、竞争性大大加强。民国以前的书场,同质性较大,艺人在跑码头演出时,书场对于艺人生意影响不算很大。而这些新兴演艺空间的高度发展,渐渐使评弹艺人之间拉开了等级差距,有些优秀的艺人便脱颖而出,占据一方市场;水平一般的艺人可能无法在大市场立足,转而再去乡镇码头锻炼。这些合力因素聚集到一起,最后的结果不可置疑地推动了苏州评弹上升到了一个新的艺术高度。

三、捧角文化的盛行

以往对于苏州评弹的研究,多以评弹艺人为核心进行铺陈,或者从评弹与江南社会的关系出发,探索两者的互动关系。这些研究,虽然深刻地揭示了苏州评弹的发展脉络和嬗变方向,却往往忽视了构成评弹的重要因素之一——听客的研究。如果没有听客,就没有了评弹所面向的表演对象,评弹进而就无法完整成立。所以说,我们要完整地、动态地考量构成苏州评弹的每一要素,即便评弹艺人是当之无愧的主体,书场则为活动空间,但如果能从听客为切口出发,就会发现有许多内容可供深挖。

民国时期的听客,随着评弹演出空间、演出形式的变化,自身也出现了不同程度的演变。民国之前的听客,除了追捧书寓女弹词艺人而逐步同"嫖客"含义模糊化的人群之外,多数普通听众仅仅局限于每日的书场听书,很少能够看到除了欣赏艺人演出之外的其他活动。然而,随着评弹的不断演化、社会风气的开放时尚、娱乐形式的多样化,听客对于评弹的参与能力就不仅仅局限于艺人演出,而是有了其他的拓展。其中最显著的,莫过于捧角文化的风行与票房书迷自发活动的产生。

如果不仅限于评弹的捧角来说,其他的曲艺、戏曲艺术进入上海之后,捧角之风日盛,进而有过火的举动与言论产生。一份 1924 年的报纸评论,便记载了一位无赖的捧角者:"捧角是近年来一种最流行的名词,也就是一班顾曲家认为最赏心的事体，但是各人所捧的角，当然各有不同，正所谓见仁见智，不能强合的。新世界近来添了一个什么汪金兰的大鼓，他的艺事如何，不在话下，不欲置论，有一个操纵新世界报笔政的翟爱棠，捧他要算是不遗余力，既是捧他，替他拼命大做其鼓吹文字，这也还是捧角的自由……近来他曾做了四绝赠小黑姑娘的诗，曾经给我看过，后来他便随手写了一张，寄到新世界报社里去，不料登出来的，那标的"赠小黑姑娘"五个字，竟被擅改为'寄赠汪金兰'五个字了。端午的一天，有人替小黑姑娘出了一张特刊。"[1] 更有年轻富家弟子的捧角者，他们利用自己的财力与关系，竭力接近女艺人，甚至还为歌妓刊登特刊。"近来捧角之风，当以某游乐场为最盛，一般弱冠少年，成群结队，组社捧场，而所捧者皆歌妓，盖取其媚态之足以荡人也，有唐某者，如梦如痴，自命为花间蛱蝶，每以怪声叫好，日夜捧场，偶作似通非通之文字，大夸其捧花之本领，大有不可一世之概，此种举动，醉翁之意不在酒，想吃天鹅肉而已。今岁春唐某为某妓出特刊，大书'冠绝名花之方贝贝'八字，悉恶极不堪，见之令人作三日呕，彼犹以为大出风头也。"[2]

上述的过火乃至有伤社会风化的行为在民国时期虽然不在少数，但在总体上还是平和、理性的捧角更多。当时专为评弹而创办的小报比比皆是，如《上海书坛》《苏州书坛》《弹词画报》《每周书坛》《说书杂志》等。这些报纸刊物通常以评弹演员的个人私生活为主要内容，特别是女评弹艺人，经常性地刊发某位艺人的丑事、趣事、奇事为卖点吸引眼球。除此之外，报纸会经常推出为艺人投票评比的活动，一方面使听客能够为自己喜爱的评弹艺人投票，另一方面也是为报纸增势，增加销量。安徽人汪伟仁在20世纪30年代创刊《娓娓集》，举办过多次投票评选评弹艺人的活动，"西藏路东方电台播音由他包去，经理汪伟仁是安徽人，知道上海人喜爱弹词，故用弹词作广告。电台播音多，每月出版一本开篇书，名《娓娓集》。开篇集上登广告征求听众意见，爱听哪一档书，写信给《娓娓集》编辑部，出版后赠一本开篇书"。如在1934年的一期中投票结果显示："（1）朱耀祥、赵稼秋5065（2）陈瑞麟4109（3）徐云志3170（4）夏荷生1615（5）周

---

[1] 知者：《捧角之无赖》，《金刚钻》1924年7月15日。

[2] 痴珠：《捧角丑史》，《金刚钻》1925年7月27日。

玉泉1215（6）沈俭安，薛筱卿1085（7）利利电台961（8）未写明听何人报告者1 247。"[1] 朱耀祥、赵稼秋当时弹唱的书目为改编自鸳鸯蝴蝶派代表作家张恨水的《啼笑因缘》，颇受听客的追捧；而陈瑞麟[2]说表老练，弹唱《倭袍》和《九丝绦》，夺得第二；徐云志、夏荷生、周玉泉分别是30年代最火热的单档弹词艺人，各为弹词流派唱腔创始人；沈俭安、薛筱卿的沈薛档《珍珠塔》前述已有详细的介绍，也出现在这份榜单之中。不仅如此，当时小报、杂志投票评选活动频繁，还有人专门以此为题目，创作了开篇："弹词选举小春秋，欲觅真才仔细求。莫把滥竽充数选，遗珠沧海事难周。有几辈捧切远票盈千购，只讲细情把公理丢。有几辈白雪阳春遭白眼，名登蓝榜半生羞。有几辈品评月旦皆真理，苦只苦囊内无钱也罢休。待到那发榜尚能孚众望，居然是白头魏老踏鳌头。卢前王后君休怪，可晓得选票公开莫强求。论短论长都巷议，此中皂白总难剖。一朝腾达君休羡，都半是块垒登场似沐猴。自古功名皆有数，可记得当年猿臂尚不封侯。劝君莫使丰干舌，且听弹词态杞忧，要防李蓦把曲来偷。"[3] 这曲开篇以略微戏谑的语气描绘出听客为自己喜欢的艺人投票的景象，有些人投的艺人不是大众所热衷而遭到了白眼，有的听客苦于囊中羞涩而无法拉票，有的则是一掷千金投票，不顾其是否艺术水准高超。最后作者也提醒各位听众理性捧角，太过火就失去了投票原先的意味。

这种对于评弹艺人的追捧，丝毫不亚于如今的娱乐圈，其中最突出的一次体现莫过于1949年年初对"书坛皇后"的选举。这次选举不仅涉及当时两个评弹最大的市场——苏州、上海，且引起了大量的舆论讨论，选举事后又有盛大的典礼和激烈的流言蜚语乃至争执，不可谓不是一次盛况空前的捧角活动。书坛皇后的评选首先在《苏州书坛》1949年元旦新刊中大肆宣传："本刊为发扬书坛艺术，选拔书坛镇才，暨提高书迷兴趣起见，特在此年度开始之时，郑重举办公开选举'书坛皇后'。其办法如下（一）选

---

[1]《娓娓集》1934年春第3期，上海：老九和绸缎局出版，第40页。

[2] 陈瑞麟（1905—1986），弹词演员，苏州人，学名润生，字玉书。幼入裕才小学读书，七岁即随父陈士林学《倭袍》。九岁与父拼档至上海演出，颇受欢迎。十九岁后放单档，二十七岁再至上海演出，同时在华东、亚声、中西、友联、东方等十几家电台轮流播唱《倭袍》，达十年之久，由此成名。说表清晰，铿锵有力，弹唱清脆甜润，爽朗悦耳。1932年曾灌制《倭袍》中的"王文别刘""玉兰领王文""徐氏劝夫""探监"等唱片。

[3]《弹词选举开篇》，《播音潮》1933年第1期第3集，第15页。

举对象：光裕社的全体女弹词家、女评弹家，不论长幼，不分地区，都是被选举人。（二）选举办法：请在本报刊出之选举票内逐项填写后，剪下投寄苏州养育巷225'苏州书坛社编辑部选举股'汇收后，按收到次序编号在本刊陆续公布选票。（三）截止日期：选举结果在本刊第八期公开发表，并请光裕社负责人会同公正大律师予以证明。（四）庆贺仪式：俟'书坛皇后'正式选出后，由本刊筹备庆祝大会，举行加冕典礼，邀请各界参加。"[1] 需要特别指出，缘何此次选举将候选艺人性别限制在女性，而没有男性艺人的加入，这同晚清以来大众对女艺人兴趣更高有着直接的关系。受制于传统帝制社会中对于女性的偏见，民国开化以后，即便有对男女地位平等、关切职业妇女的深刻呼吁，大众对于女性从事评弹的固有看法却仍然没有改变，这在前文有关光裕社、润余社和普余社的纠纷中就能看出，此处不再提及。而经过了20世纪30年代到40年代的评弹发展之后，无论是听客还是男性评弹艺人都对女性艺人的看法有了改观。从男艺人来看，女性艺人如果能同自己拼档，充当下手，在开演之前弹唱开篇，势必会吸引占书场听客数量大多数的男性听客，因此出现了弹词艺人钱锦章所成立的专收女学生的"钱家班"，徐丽仙、蒋云仙、侯丽君、王月仙等日后的名家都曾经参加，以此成为自己的一大卖点，提升码头生意。从听客说来，尽管当时无论是杨星槎、杨月槎、沈俭安、薛筱卿，还是蒋月泉、王柏荫、周云瑞、陈希安，都是水平极高超的男性艺人，然则当女性艺人慢慢涌现登陆书坛之后，大众的审美情况迅速为之一变，去支持当时的如范雪君、谢小天、徐雪月、朱雪琴、顾竹君等女艺人。其中既有对于女艺人的新鲜感，也有不看艺术，专看"色"艺的癖好原因。

在这样一种社会取向之下，《苏州书坛》举办专为评选女评弹艺人的"书坛皇后"比赛也就不足为奇了。1949年的2月，评选结果揭晓，范雪君夺魁，成为"书坛皇后"，并举行隆重的颁奖典礼："范雪君当选'弹词皇后'，兹由若干新型书场主人联合某书坛刊物负责人组织之加冕典礼筹备委员会，择定本月十九日（星期六）下午，假座丽都花园举行加冕典礼，并有使人兴奋之游艺节目。欢迎书迷观礼，不售门票，另订索券办法。每晚可打电话至雪君

---

[1]《本刊郑重举办公选书坛皇后，请书迷投票!》，《苏州书坛》1949年1月1日。

所隶之大美电台询问,由女报告员周小姐详细答复。"[1] 令人意外的是,结果已然敲定,却有许多听客和其他艺人并不买账,进而认为其中有黑幕:"范雪君被称'弹词皇后'已久,此由捧场者笔底揄扬,未经书迷正式选举,致其男女同道虽于口头上亦尊雪君'皇后',背后议论并不承认。"位于上海的评弹小报《上海书坛》为了验证结果的可靠性,再一次发起了投票,"最近《上海书坛》周刊,广征听书读者,投票选举'书坛皇后',投票者颇显踊跃。兹已结束,'皇后'宝座仍归雪君。'亚后'徐雪月,再次为张丽君,并拟择期举行加冕典礼。或谓徐雪月甫丧所天,况有'小老太婆'外号,宣称'皇太后'"[2]。即便进行二次评选,认定范雪君为"书坛皇后",但是依旧有不支持她的同道进行造谣,认为朱雪琴应为得票最多,"范雪君被选'弹词皇后'后,颇使若干女同道不满,因妒造谣言,竟称票数最多者为朱雪琴。雪君闻讯,特于前日假新仙林舞厅,宴请主持监督者,始获名列前茅。惟据主持此事者宣称,票数最多者确是雪君,有选举票可查。某书坛刊物同人为筹备举行弹词皇后加冕典礼,商讨进行办法,则曾聚餐一次。造谣者或即根据此点,曲为渲染欤?"[3] 现在已经无法分清,在评选投票期间究竟是否出现过舞弊、造谣的情况,但是在一次普通的评选背后,我们不难发现这早已不单单是一次单纯的选拔活动。当时对于评弹艺人特别是女评弹艺人,捧角已经成为一种规模化、集体化的共同运作行为。人气高的女艺人坐拥自己的"粉丝团",如钱琴仙的"琴社",徐雪月的"雪社",和当今之"饭圈文化"如出一辙,这些团体成员无条件地支持自己的艺人,并且不惜花费大量劳力、财力通过报纸、杂志等途径攻击其他女艺人,以换取艺人的优势地位和社会影响力。因此,从这场"书坛皇后"的评选中,我们应该了解到,评弹在发展上升期,特别是在当时的十里洋场上海,早已经不是清中期萌芽阶段的民间说唱艺术,而是面向大众、拥有舆论造势、商业资本投入的综合性娱乐产业,产业中人员构成复杂,核心虽仍然以评弹演员为主,但不时地通过如报纸期刊撰稿人、企业商行老板、政治机要人物给予一定的社会影响力,这方面的细节有待以后的研究阐明论证。

---

[1] 茶博士:《弦边新语》,《铁报》1949年3月4日。
[2] 茶博士:《弦边新语》,《铁报》1949年2月20日。
[3] 茶博士:《弦边新语》,《铁报》1949年2月28日。

结　语

　　民国以后，苏州评弹达到了其发展历程上的第二个顶峰。从艺人队伍看，由原先的正统行会组织光裕社垄断的局面不复存在，出现了润余社、普余社等组织，最终在摩擦中并归一家；艺人之间的横向、纵向流动大大增强，且相互之间竞争极大，稍有落后即被淘汰出大书场、大码头；而激烈的竞争同时也激发艺人不断打磨其艺术，使得民国时期苏州评弹之优秀书目、开篇、唱腔大量涌现。从演出空间来看，传统的评弹演出场所为茶楼书场，既饮茶，又有评弹的演艺。进入民国以后，在上海首先出现了游乐园书场与新型专业书场或由旅店、舞厅改造而成的评弹书场，这些专业书场多为越档花色演出，且环境舒适、装饰美观、男女混坐，使得评弹欣赏的享受性逐渐盖过了艺术性本身；此外，书场中的堂倌服务也大为改善，由原先茶楼书场中卖书筹、倒茶水等基本服务，扩充为售卖零食、引领入座、预定位置、提供毛巾等，并接受听客小费；无线电技术发明引进后，电台又成为评弹艺人的演出场所之一，艺人们的演出渠道更加宽泛，且有不少从电台演出慢慢走向实体书场乃至最后成为大响档的成功例子。从听众层面来说，艺人的知名度一部分是受自己艺术水平影响，另一部分则是听众对其爱戴与宣传程度，这在大城市书场中体现得尤为明显。一方面，随着近代报业发展，不少笔者在报纸上充当品评艺人、揭露生活动态、赞赏或贬低的角色，使得艺人们颇受其控制。另一方面，听众自发地组成捧角团体，不仅在报纸刊物上追捧某一艺人，而且积极参与各种投票活动，选择心目中喜爱的艺人，乃至于出现某些浮夸、过火的举动，由此也反映出有闲阶级人数增多与现代化、城市化所带来的社会风气转变。

　　苏州评弹经过有清近两百年的发展，在民国时期迸发出强盛的生命力。由于城市环境变化和市民消费意识逐步浓厚，评弹成为一种产业化娱乐曲艺，评弹在抗战时期的上海更呈现出一种"畸形繁荣"，并为中华人民共和国成立之后以政治宣传为纲要的演艺形式提供了人才储备和听众基础。但在另一方面也应该看到，江南广大乡村地区的评弹演出形式变化不大，基本上维持了传统活动格局，这方面的研究有待以后继续深入探索。

　　（李寅君　苏州科技大学2020级中国史硕士研究生；张笑川　苏州科技大学社会发展与公共管理学院副院长、教授）

东吴大学音乐社团活动述评（1901—1952）

朱小屏　缪舒舒

清末民初，在新式学堂教习的学堂乐歌是中国音乐历史上真正自觉吸收西方音乐的开端，这也拉开了中国近现代音乐史发展的序幕。同时，西方音乐通过教会大学传播在中国音乐近代化过程中同样起着重要作用。然而既往对中国近现代音乐史的研究侧重于前者，对于教会大学在中国近代音乐发展中起到的推动作用关注相对欠缺，已有研究也是集中于教会学校在音乐教育方面的贡献，尤其是教会学校音乐系的贡献。[1] 但近代中国音乐的发展并非专业音乐教育所可涵盖，音乐团体和多种形式的音乐活动也是近代音乐史研究的重要内容，比如戴俊超从社团活动透视中国音乐现代化的过程及特点；李静以近代"乐歌文化"为研究对象，考察近代音乐文化对中国社会转型的推动，思考传统"乐教"理念在现代社会的意义；关心通过音乐会的兴起与发展、功能与作用，展现中西音乐文化的碰撞与博弈、交流与融会，折射近代中国城市文化生活的演进与变化。[2] 以上研究，都试图拓宽中国近代音乐史研究的路径。

本文聚焦东吴大学，通过对其音乐社团和音乐生活的梳理，展现未设立音乐系的教会大学在中国音乐近代化过程中的地位与影响，[3] 以期引起学界对这部分内容的关注与研究。

---

[1] 参见金世余：《我国近代教会学校音乐教育影响管窥》，《交响——西安音乐学院学报》2008年第1期；袁昱：《近代教会大学音乐教育管窥——以燕京大学音乐系为例》，《星海音乐学院学报》2013年第4期；陈晶：《基督教会学校女子音乐教育研究——以江南地区四所学校为例》，中央音乐学院博士学位论文，2011年。

[2] 参见戴俊超：《20世纪上半叶中国音乐社团概论》，中国音乐学院博士学位论文，2010年；李静：《乐歌中国——近代音乐文化与社会转型》，北京：北京大学出版社，2012年；关心：《民国音乐会与社会生活变迁：1912—1945》，南开大学博士学位论文，2014年。

[3] 张燕：《东吴大学学生社团研究1901—1952》，苏州大学博士学位论文，2015年。有专题涉及音乐社团，但未详尽。

一、东吴大学的音乐社团

东吴大学是中国近代最早创办的一所教会大学之一,由博习书院、上海中西书院和宫巷书院合并建成的。东吴大学成立之初,在新建教室、招聘教员、扩招学生等各项工作步入正轨的基础上,音乐社团的组建在校园行政中亦占有重要位置。在东吴大学成立后三十年时间里,军乐队、东吴剧社、景俚会、唱诗班、丽则会等音乐社团以及由多个音乐社团合组而成的东吴大学音乐团等先后成立,在演绎传统、借鉴西方音乐元素的同时,也在中国近代音乐史上书写了浓浓的一笔。

(一) 东吴大学军乐队(THE S.U. BAND)

东吴大学音乐社团中,最早成立的是东吴大学军乐队。军乐队成立具体时间无考,但从目前资料来看,东吴大学建校初期就有了东吴大学军乐队。冰台《中国军乐队谈》称:"1896年,上海英国谋得利乐器公司聘意大利简拿等人,教授了一班军乐队,……由其发展而来的军乐队中便有东吴大学军乐队。"[1] 据笔者推测,东吴大学军乐队很有可能源于上海中西书院的学生乐队。1909年,时任上海中西书院校长葛赉恩(John W. Cline)在《中西书院年度汇报》中提及:"在学生兵操练习和学生乐队方面,我们已经取得了实质性的进展。虽然这些工作并未作为学校的首要工作来考虑,但这在学校纪律和团队精神建设过程中是一个不可忽视的因素。"[2] 这里提及的"学生乐队"虽然没有明确到底是何类型乐队,但它与"学生兵操练习"一并被提及,并且认为其在"学校纪律和团队精神建设过程中是一个不可忽视的因素",故很有可能即是军乐队。1911年,上海中西书院并入东吴大学,葛赉恩带书院80余名学生加盟东吴大学,并主东吴校政,为东吴大学第二任校长。葛赉恩和上海中西书院师生的到来,将中西书院重视音乐训练的传统带到东吴大学。1912年,学校在经费并不充裕的情况下,毅然决定拿出600元至700元为"学生音乐俱乐部"购买乐器,1913年冬购买的乐器到位,学校还聘请了一位音乐老师来专门教授,"那些由于进步

---

[1] 冰台:《中国军乐队谈》,《东方杂志》第14卷第10号,1927年10月15日。

[2] 王国平:《东吴大学史料选辑(历程)》,苏州:苏州大学出版社,2010年,第47页。

而备受鼓舞的学生在乐队训练中更加努力"。[1] 这里提到的"学生音乐俱乐部"很有可能即有军乐队的雏形,而它的源头应该即是上海中西书院的"学生乐队"。

军乐队成立之初人数未知,但至 1918 年已有 56 人,并取得了相当大的成绩。1920 年,乐队骨干杨锡冶和鲍咸锵的离去对军乐队影响不小。[2] 所幸的是,乐队迅速召集人才,在戴逸青[3]的指导下不断恢复旧观,并于 1921 年和 1927 年代表中国出席远东运动会,声名渐著。1929 年,东吴大学军乐队并入东吴大学音乐团,为军乐部。它吸纳优秀学员,选举德才兼备者担任部长,扩大军乐队的感召力和影响力。1929 年任军乐部部长、东吴大学青年会会长的谢覃文即是其中著名的一位。据校史记载,1929 年毕业的谢覃文是东吴大学第一个被授予数学学位(理学士)的毕业生。《东吴年刊》介绍其人称:"谢君为本级之音乐家,每日课余,常闻弦歌之音出自谢君室中,以是被举为音乐会军乐部部长。谢君性情诚实忠厚,乐于助人,课业尤能出人头也,盖家学渊博也。对于公益事业,谢君亦极热心,尝任青年会会长等职,毕业后将从事教育。"[4]

(二) 东吴剧社 (THE DRAMATIC CLUB)

东吴剧社成立于 1908 年左右,一度因困难停办,1917 年重新设置。成立这个剧社,目的是学生们试图对传统戏剧进行改良与突破。"当时中西戏曲交杂,报纸一方面登着萧伯纳、易卜生、托尔斯基等作品,一方面又宣扬梅兰芳的天女散花、上元夫人等戏剧,故而学生们想通过自己对戏剧的研究,提倡有艺术价值的戏剧,遂成立东吴剧社。"[5]

成立之初,东吴剧社的目标是以可接受的方式向大众介绍中外戏剧,

---

[1] 王国平:《东吴大学史料选辑(历程)》,苏州:苏州大学出版社,2010 年,第 119-120 页。

[2] 老见春:《东吴大学军乐队》,《东吴年刊》1920 年,第 143 页。

[3] 戴逸青(1887—1968),生于江苏吴县,字雪崖,音乐家,著有《凯旋进行曲》《军乐三部》等。曾入上海沪北体育会音乐研究班,后去美国音乐专科学校。1920 年回国,先后任教于东吴大学、南洋大学及苏州美专。1932 年任中央陆军军官学校上校音乐主任教官,1949 年去台湾,1951 年任台湾政工干部学校音乐系主任。

[4] 《谢覃文》,《东吴大学年刊》1930 年,第 100 页。

[5] "THE DRAMATIC CLUB",《东吴年刊》1920 年,第 151 页。

但随着研究的深入,目标逐渐确定为:一学习戏曲,并让之适应现代社会,二揭露、纠正社会恶行,以改善社会。[1] 随着东吴剧社的发展,至1922年时已有近40位成员,其中以冒舒湮和姚莘农为翘楚。

冒舒湮(1914—1999),20世纪30年代上海著名影评家、现代剧作家。因家学渊源,她酷爱戏剧,曾就读东吴大学,参加并重建东吴剧社,与朱雯共同编写社刊《东吴戏剧》。在剧社演出活动中,她积极邀请女性登台表演,在强大阻碍之下取得成功;沦陷时期,她与剧社成员排演抗战剧,曾轰动一时。毕业后,她继续从事剧作工作,曾任《晨报》"每日电影"栏目编辑,写作《〈铁板红泪录〉评》一文,名扬影坛。30年代,她编写了《正气歌》《精忠报国》《梅花梦》等抗战话剧,同时撰写影评。她还出版了《战斗中的陕北》《万里风云》等报告文学集,记录陕北红军的事迹。晚年冒舒湮在《在舞台上的人生——我的剧作和演戏生活》一书中概括了自己的剧作生涯和演戏生活。

姚莘农,笔名姚克,著名翻译家、剧作家。中学毕业后,考入东吴大学文科。他喜爱中国文学和戏剧,尤其爱唱昆剧,遂与志同道合的同学组织了"东吴剧社",冒舒湮在其回忆文章中曾多次提及姚克为学校话剧所做的贡献。1940年,姚克在圣约翰大学、复旦大学任教,当时东吴大学迁到上海,他也参与东吴大学的社团活动,排演话剧,并参与上海剧艺社的活动。姚克于1941年主持演出了《浮尘若梦》《十字街头》《梅花梦》等戏剧,编写了历史剧《清宫怨》,是当时上海话剧界中的重要人物。

(三)景偲会(THE CHINESE MUSIC CLUB 或 CHINESE ORCHESTRA)

景偲会是一支成立于1911年的国乐队,1929年并入东吴大学音乐团,改名国乐部,后独立的京剧部也隶属该部。"该会分丝竹、胡索、古乐及锣鼓四部,每部设部长一人以管理日常事务。丝竹部研究箫、笛、弦子等;胡索部研究京胡及旧剧等;古乐部研究中国古乐;锣鼓部研究锣鼓。它经常在公众场合表演,并赢得了许多赞美。"[2]

---

[1] "THE DRAMATIC CLUB",《东吴年刊》1920年,第151页。

[2] 周赓唐:"THE CHINESE MUSIC CLUB",《东吴年刊》1920年,第155页。

景僼会的宗旨是研究音乐、陶冶性情，成立之初仅 7 人。1913 年年底，人数有所增加，并请了一位指挥。1918 年，人数增至 30 人。考虑到 1917 年至 1918 年正是学校经济比较拮据的时期，该会有如此发展实属不易。时至 1920 年，乐队人数已超过 30 人，乐器种类也有 30 种之多。[1]

（四）唱诗班（UNIVERSITY CHOIR AND GLEE CLUB）

东吴大学为教会大学，唱诗班尤受重视。1920 年《东吴年刊》中写道："对于西方大众来说，一种应用最广泛同时也是发展最成熟的音乐形式就是歌唱艺术，包括了教会合唱、社区合唱和个人独唱。不论场合和氛围，歌唱受用于团体，对于表达崇敬、赞美、爱国情怀、愉悦和忧伤等情绪，或是振奋人心、激发公德来说，都提供了无限的可能性。我校的一支小规模的欢乐合唱团，将合唱技艺打磨至精至纯，已经对中国人产生了很大吸引力。它的受欢迎程度将随着正规音乐教育在大众间的进一步普及而得到提高。"[2] 这支小规模的合唱团便是唱诗班。

唱诗班亦称唱诗社，成立于 1913 年，主要服务于主日学校（Sunday School）和教会的大型歌咏等公共场合。[3] 唱诗班成立之初由 20 个年轻人组成，但至 1920 年时仅有 15 人，1920 年《东吴年刊》解释其原因道："自从会里的明星戴君恩赐，梁君官榴和陆君鼎莹毕业以后，人才十分匮乏。"[4] 此后，唱诗社努力经营，先后承教于龚贤（E. V. Jones）博士、戴荪（Joseph W. Dyson）先生及慕亚夫人，歌咏能力大增，至 1922 年已是学校最活跃、最受欢迎的社团之一。其中，龚贤是美国人，1913 年来东吴大学任教，专注于理科研究教学，1922 年离开。戴荪是美国传教士，1919 年至 1946 年于东吴大学任教，曾任文学院副教务长，生物供应处主任。慕亚夫人是戴荪的夫人，与戴荪同来东吴大学任教。校长文乃史（W. B. Nance）自美国归来后，曾以唱诗班进步之大，在全校大会上大加赞赏。唱诗社开始由龚贤指导，后因龚贤博士忙碌，遂请戴荪为指导老师，每周都有集会，每次两个小时。

---

[1] 周赓唐："THE CHINESE MUSIC CLUB"，《东吴年刊》1920 年，第 155 页。
[2] "SONGS WE LOVE TO SING"，《东吴年刊》1920 年，第 119 页。
[3] "UNIVERSITY CHOIR AND GLEE CLUB"，《东吴大学年刊》1918 年，第 101 页。
[4] "VARSITY GLEE CLUB"，《东吴年刊》1920 年，第 118 页。

(五) 丽则会 (THE AESTHETIC CLUB)

1917 年,一位叫 Mr. S. Y. 的学生和几位同学在寒冬万象萧索时节感悟到美的重要性,他们认为,"夫美学者,或谓居教育之一部,或谓普遍其全部,活用以代宗教。然与不然,暂不深论,要之美学于生活之价值,或重大概可知矣",遂组建了以"创造艺术,提倡美学"的社团——丽则会,意图以诗歌、雕刻、写作、绘画来展示生活之美。[1]

设立之初,该会设书法、绘画、雕刻、诗与音乐三个部门,后分为书法、绘画、音乐、雕刻四部分。会员须选一到两个科目,每月交成绩,并将优秀作品展出,故而吸引力较大,短短五年时间,人数已有三十余人。会员杨左陶、潘履洁等在当时学校中颇具盛名。其中,杨左陶(1897—1967),名锡治,后成为中国第一位动画画家,曾参与著名动画片《白雪公主与七个小矮人》的创作。1923 年《申报》曾报道其动画创制活动,此为中国最早的动画新闻。[2] 其后杨氏成果不断,有《大闹天宫》《武松打虎》等作品,但均已遗失。杨左陶不仅是丽则会的骨干,也是军乐队的骨干成员,以至于杨氏离校后军乐队颇受影响。1920 年《东吴年刊》云:"杨君来校仅一载,队中咸器重之,尤以音乐一道艺精也……二君(杨与鲍咸锵)一去,军乐队大受打击。"[3]

(六) 东吴大学音乐团

1929 年,由施鼎莹发起,将全校音乐社团联合起来,组织了一个大规模的音乐团——东吴大学音乐团。该音乐团将原有的弦乐部、军乐队、歌咏队、国乐会(景侄会)合而为一,分设为弦乐、军乐、歌咏、国乐、京剧五部。设立之初,共五十余人,施鼎莹任团长,江振德为书记,俞新恩为司库,并邀请音乐方面有成就的人员到各部任职。[4] 东吴大学音乐团本着五部团结协作的精神,孜孜研究,常常在课下时分练习,成为学校中的一大亮点。但从东吴大学校刊和各种史料来看,音乐团虽然有统一的联合

---

[1] 苏德宏:"THE AESTHETIC CLUB",《东吴年刊》1922 年,第 176 页。
[2] 《杨左陶新制滑稽画片》,《申报》1924 年 1 月 28 日。
[3] 老见春:《东吴大学军乐队》,《东吴年刊》1920 年,第 143 页。
[4] 振德:《东吴大学音乐团小史》,《东吴年刊》1929 年,第 239 页。

组织,却并没有联合的演出,大多还是各音乐社团各自行动。

东吴大学音乐团发起人施鼎莹是东吴大学音乐生活中不可忽视的人物。施鼎莹(1903—?),管乐家,军队音乐工作者。据《东吴年刊》记载:"施君,名鼎莹,浙之绍兴人,居苏久,因家焉,性聪颖,酷爱美术,出自天性,音乐丹青,无一不能,且无一不精;虽爱画,然不多作,是以得者视为珍什;于音乐则反是,朝夕弄之不衰。吾校铜乐,前年曾一度消沉,君乃纠合同志,重振旗鼓,练不数日,竟能代表国家出席远东运动会矣;昨年复鼓其余勇,将各音乐团体联成一大同盟,以期合作,功尤不朽。君今任职励志社,为音乐师,吾知君必能出其所学为世劳焉。"[1] 施鼎莹就读于东吴大学经济系,擅长中提琴跟双簧管,曾担任管乐队长笛首席并任团长一职,带领军乐队走出低谷。1930年毕业后参与励志社的工作,曾任励志社会计科主任干事、三青团中央干校总务处长、副总干事等职。抗战胜利后,担任特勤学校音乐系少将主任,并于1940年赴莫斯科中国驻苏大使馆工作。1949年赴台湾,任教于政战学校、"国立"艺专、文化大学等学校,并重新整顿军中音乐。施鼎莹每年定期训练军中音乐基层干部,致力军中音乐。他虽然非音乐科班出身,但对音乐的爱好不输于音乐世家出身的谢覃文,其后取得的成就也不亚于正统音乐系毕业的音乐家。

担任音乐团书记的江振德也是校园中的活跃分子,据《东吴年刊》介绍:"'江郎亦侠亦温文,才调翩翩洵不群。独立河干一长啸,胸中豪气自凌云。'此余六年与江子出游诗也。君吴人,而有燕赵侠士风,善技击,而恭良谦让,彬彬君子,绝无赳赳武夫之概。治学勤而有恒,且不为书本所拘,习教育,尤留意于中国教育界之现状,亟谋所以改善之道,君故世之有心人也。君精于西乐,又能皮簧,嗓音嘹亮,绕梁三日,多才多艺,亦狂亦侠,江君洵人杰也哉。"[2]

(七) 歌咏团

中国著名声乐家黄友葵(1908—1990)于1927年入东吴大学读书,主修生物学。因成绩优,被选为公费留学生,1930年进入美国阿拉巴马州立

---

[1] 绍苏:《施鼎莹》,《东吴年刊》1930年,第91页。
[2] 敬言:《江振德》,《东吴年刊》1930年,第71页。

大学（现亨廷顿大学）攻读陶瓷图案设计，1931 年，转入该大学音乐系，主修声乐演唱专业。1933 年 9 月，黄友葵返回东吴大学，受校长杨永清嘱托，创办音乐系。《黄友葵年谱》记载，她"组建了一个四十多人的合唱团，亲任指挥。并开始招收声乐、钢琴学生。期间，组织公演音乐会，排练由吉尔伯特·苏利文编写的轻歌剧《杏眼》（*Almond Eyes*）演出成功"[1]。据东吴大学刊物《老少年》记载，该合唱团名为"歌咏团"，"在黄友葵女士指导下，团员歌唱日益孟晋"[2]。虽然黄友葵创办东吴大学音乐系的任务并未实现，但"歌咏团"的组建提高了东吴大学音乐社团的专业水平。

除了上文所述之有规模的音乐社团，从《东吴大学年刊》《老少年》《东吴通讯》等东吴大学报刊得知，东吴大学还有一些小规模的音乐团体，如戏剧协会[3]、音乐会[4]等。

二、东吴大学音乐社团的校内外活动

音乐社团是东吴大学音乐生活的主要载体，音乐社团丰富多彩的校内外活动不仅丰富了东吴大学的音乐生活，也为所在城市和周边城市带来了多彩的音乐生活。

（一）校园音乐活动

颇具盛名的东吴大学军乐队活跃在校园的各个领域。军乐队成员们经常下午聚会，室内常能飘扬出昂扬的乐章，给师生们身心的享受；军乐队曾于校中数开音乐大会，并经常出席校园各项大型活动，如博习书院安基典礼上居首位演奏、东吴游艺会上下午二时居第十一位演奏、东吴大学二十五周年庆上演奏[5]、东吴大学新体育馆剪彩礼时奏乐[6]。

---

[1] 荒原：《黄友葵年谱（1908—1990）》，《南京艺术学院学报（音乐与表演版）》1991 年第 2 期。

[2]《歌咏团音乐大会志盛》，《老少年》1934 年，第 4 页。

[3]《东吴戏剧会成立》，《东吴通讯》1939 年第 5 期，第 11 页。

[4]《音乐会》，《东吴大学实录》1919 年，第 15 页。

[5]《博习书院安基典礼》，《申报》1920 年 5 月 28 日；《东吴将开游艺会》，《申报》1921 年 12 月 27 日；《东吴大学二十五周纪念盛典纪》，《申报》1927 年 1 月 3 日。

[6] 王国平：《东吴大学史料选辑（历程）》，苏州：苏州大学出版社，2010 年，第 254 页。

东吴剧社秉持其一贯的原则，经常出演有启迪意义的戏剧。1918年，东吴剧社在主日学校（Sunday School）进行了为期两天的第一次表演，其中有两个悲剧和一个非常有趣的喜剧；1919年2月10日，它又进行了第二次为期六天的表演，成绩斐然。[1]

以研究中国传统器乐为主旨的景佴会亦在校园活动的各个场景中现身。其成员勤于练习，对音乐和乐器都颇有心得，所以每逢交谊会、圣诞节等盛举，一定有它的份，"所奏的乐，没有一种不受中西人士的欢迎"[2]。景佴会的成员还致力于建立新的课程，以此来满足同学们的兴趣爱好，如他们希望在1920年学期结束前开展一门中国戏剧的课程。

作为教会大学，唱诗班的活动不可或缺，它常于课下时分勤于练习，扩充人员，以宗教篇章感化众人，以赞美诗和合唱表演效力于学校的常规活动以及圣诞节、复活节和毕业典礼等特别活动。

丽则会更加活跃，除了以美的事物感化、吸引同学，还举行演讲、筹办展览等，为校园增添了许多浪漫情调。丽则会成员定期聚会，每学期举行展览会一次，名人演讲会数次，课间亦会至操场，与志同道合者谈论诗韵丹青之事。总之，在东吴大学各类音乐团体非常活跃，丰富了校园文化生活。

（二）社会音乐活动

在东吴大学"自由教育"理念的指导下，东吴大学的音乐社团积极走出校园，面向社会生活服务。

在大型社会活动方面，军乐队表现最为突出，据1929年和1930年《东吴年刊》记载，军乐队曾于1916年、1921年、1927年三次参加上海远东运动大会。《二十五年来之东吴》写道："东吴军乐队之享有盛名，已久且远……1921，远东运动大会会于黄埔江头，我队曾代表祖国与会奏乐。以故，益承海内外知音者之称详。"[3]《申报》云："东吴军乐队有悠久之历史，优良之成绩，大江南北，几人人皆知。1921年，远东运动大会在沪举

---

[1] "THE S. U. DRAMATIC CLUB",《东吴年刊》1919年，第139页。
[2] 绶基:《景佴会》,《东吴年刊》1922年，第184页。
[3] 王国平:《东吴大学史料选辑（历程）》，苏州：苏州大学出版社，2010年，第223页。"黄埔江"应为"黄浦江"。

行时，邀请该队在场演奏，所奏各项曲调，备受三国人士（中、日、菲）之欣赏。"关于军乐队在 1927 年远东运动大会中的表现，《申报》描写道："大会开幕时，乐队立于礼台左首"；"下午一时起，即至场参加游行，当中菲棒球、中日足球比赛时之前后，及休息时内，演奏音乐，鼓舞士气"；9月2日晚之宴会时，该队首先出场奏乐，后又奏乐多次，以致《申报》报道题为"忙煞东吴乐队"。[1] 此前，军乐队还曾参与 1919 年上海庆祝第一次世界大战胜利游行活动。游行中，军乐队在上海南京路上演奏了一曲"Over there"，呼应其队后的美国青年的欢呼。[2]

除了出席大型国际活动，军乐队还曾赴无锡、江宁等地，"数开音乐大会。每有所奏，抑扬顿挫，四座尽倾。余如赎路也，助赈也，为平校筹款也，靡不由我主其事，而得有良好之结果"[3]。在苏州本地，军乐队曾于青年会开幕式上演奏《卿云歌》，于民众举行的庆祝北伐胜利之提灯会时居首位演奏。[4]

东吴剧社经常面向苏州社会公众演出，包括 1918 年在约翰堂演出《荆花劫》《空谷兰》；1921 年春在苏州全浙会馆演出《什么是解放》《到底哪哼》《双解放》《人间地狱》《谁的妻》；1921 年秋在青年会上演《好买卖》《美人剑》《残余的照片》；1922 年在苏州学生联合会游艺会上演《新村正》；1924 年夏在健身房演出《间接结婚》《小姐失踪》，科学馆落成时演出《爱国贼》《可怜闺里月》，圣诞节时演出《大闹明伦堂》；1925 年春在健身房演出《好妹妹》《孔雀东南飞》《一对嘚喇苏》等剧目，"类皆动人深长思者"。[5] 当时参加东吴剧社的学生，如冒舒湮、姚莘农、蒋纬国等，皆有很大知名度。他们编排了许多现代戏，如《第 X 号病室》等。1931 年"九一八"事变后，反日救国的呼声日益高涨，在左翼"剧联"的影响下，东吴剧社在苏州城内北局开明大戏院正式对外公演，演出反响热烈，甚至

---

[1]《东吴军乐队到会奏乐》，《申报》1927 年 8 月 27 日；《开幕盛况》，《申报》1927 年 8 月 28 日；《东吴大学之军乐队》，《申报》1927 年 8 月 28 日；《忙煞东吴乐队》，《申报》1927 年 9 月 3 日。

[2] K. C. Law: "THE S. U. BAND"，《东吴大学英文年刊》1919 年，第 159 页。

[3] 王国平：《东吴大学史料选辑（历程）》，苏州：苏州大学出版社，2010 年，第 223 页。

[4]《青年会正式开幕》，《申报》1921 年 12 月 24 日；《庆祝北伐胜利之提灯会》，《申报》1927 年 6 月 20 日。

[5] 王国平：《东吴大学史料选辑（历程）》，苏州：苏州大学出版社，2010 年，第 223 页。

惊动了警察局。[1]

沦陷时期,东吴大学在上海办学,同学们对音乐的热情不减。1937年秋至1941年冬,东吴大学法学院学生课外活动依然丰富多彩,组织了很多社团活动。"爱好皮簧的学生,组成东吴剧社,每周吊嗓两次,会员众多。1939年秋曾在宁波同乡会彩排一次,剧目有'梁世华《浣沙溪》,潘可群之《打鱼杀家》,吴天荫、叶绍林之《空城计》,马式驹、王少襄之《宝莲灯》'。演出时师长亲友纷纷前来捧场,喝彩声不断。"[2]

其他音乐社团也不甘落后,纷纷走出校园,扩大自身影响。如景俫会经常受邀于中外团体的聚会,1922年景俫会成立十周年,成员们想开一个国乐大会,发扬景俫会的精神,扩充会务。[3] 唱诗班于1922年春假之时,有赴宁之举,"与秣陵之莺燕一较长短"[4]。学们组织了一支12人的志愿者义务乐队,每周在街头、教堂巡回演出,在圣诞节和复活节,还会到附近村庄为孩子们演出。[5]

东吴大学音乐社团的校外演出活动,扩大了东吴大学的影响,也为东吴大学音乐社团赢得了良好的声誉,故有"人之知东吴者,莫不知有东吴剧社"[6]、"军乐队声振上海,人所洞悉"[7] 等赞赏之词。

结语:大学音乐社团与近代音乐发展

东吴大学在其办学历史中创建了众多学生社团,涉及各个方面,据张燕的研究,大致分为文艺、体育、学术、联谊、宗教、自治等六类。[8] 繁荣时期的东吴大学学生社团(1928—1937)多达88个,而在众多社团中,音乐社团在文艺类社团甚至在全校社团中都举足轻重。

---

[1] 舒湮:《在舞台上的人生(上)——我的剧作和演戏生活》,《新文学史料》1996年第4期,北京:人民文学出版社,1996年,第53页。

[2] 张燕:《东吴大学学生社团1901—1952》,苏州大学博士学位论文,2015年,第26页。《打鱼杀家》应为《打渔杀家》。

[3] 绶基:《景俫会》,《东吴年刊》1922年,第185页。

[4] 富纲侯:《唱诗社》,《东吴年刊》1922年,第178页。

[5] 王国平:《东吴大学史料选辑(历程)》,苏州:苏州大学出版社,2010年,第126—129页。

[6] 《东吴剧社》,《回渊》(东吴大学二十五周纪念特刊),第12页。

[7] 振德:《东吴大学音乐团小史》,《东吴年刊》1929年,第239页。

[8] 张燕:《东吴大学学生社团1901—1952》,苏州大学博士学位论文,2015年,第4页。

东吴大学对于音乐社团和音乐生活的重视，首先与其教会学校的特点有关。教会学校一般承担传播基督福音的任务，在校内的宗教生活中唱赞美诗等音乐形式是必备的内容，在校外，为了宣传和社会服务，音乐活动往往也是重要形式。例如1916年《东吴大学报告》即提及"学生自愿乐队每周在街头、教堂巡回演出。在圣诞节和复活节，学生乐队更是到附近的村庄为孩子们演出"[1]。

东吴大学音乐社团的兴盛，亦与东吴大学第二任校长葛赉恩的治校理念有很大关系。葛赉恩1911年至1922年任东吴大学校长。葛氏就任之时，东吴大学经过十年建设，各方面已上正轨，葛氏任职期间，东吴大学迎来全盛之时，"东吴声势，于是大振"[2]。从现存《东吴大学年度报告》可以看出，葛氏重视校园文化建设，大力推动各种学生社团建设，音乐社团因此有了长足的发展。葛氏在其任职期间的《东吴大学年度报告》中总是会专门为学生活动留有专篇。如1917年《东吴大学报告》中称："为了满足学生的兴趣，学校有各种形式的日常活动可供选择。这些活动有：给惠寒学校的贫困生继续进行志愿教学，唱诗班，科学会，各种形式的体育运动，文学会，景俌会。在学校规定的如军训、学生管弦乐队、早操会等活动方面我们也做了大量出色工作。"他在《东吴大学1917—1918年度报告》中称："下列学生组织活动得以维持：初高级文学会、唱诗班、景俌会、柯达俱乐部、戏剧协会、哲学协会、科学协会、美术协会、各种班级组织、运动会。"1919年的《年度报告》中说："各种体育运动、文学会、唱诗班、科学会、景俌会以及其他各种组织，引起了学生们的广泛兴趣。所有学生都得参加体育训练。"[3] 正是在葛赉恩任职期间的大力推动下，东吴大学的学生社团活动蓬勃发展，成为东吴大学的一大亮点。

故此，东吴大学虽没有音乐系，但其音乐生活却生气蓬勃。通过众多的音乐社团和音乐活动，不但丰富了校园生活，而且培养出了施鼎莹、冒舒湮、姚莘农、杨左陶等艺术家，黄友葵、戴逸青等著名音乐家亦曾在该校任教。同时，东吴大学的音乐社团和音乐生活，也影响到了其所在地苏

---

[1] 王国平：《东吴大学史料选辑（历程）》，苏州：苏州大学出版社，2010年，第129页。

[2] 王国平：《东吴大学史料选辑（历程）》，苏州：苏州大学出版社，2010年，第220页。

[3] 王国平：《东吴大学史料选辑（历程）》，苏州：苏州大学出版社，2010年，第140-162页。

州的音乐发展。例如，创建于 1929 年的吴平音乐团（今名吴平国乐团），为民国时期苏州三大新型音乐社团之一，亦为苏州地区历史最长、影响最大的新型音乐社团。其发起人项学臣、姜守良、潘承英、潘仁希等十余人皆为国立东吴大学及苏州平江小学校友，遂摘取"东吴"之"吴"与"平江"之"平"二字而命名为"苏州吴平音乐团"。[1] 1983 年后在吴平音乐团任名誉团长的项祖英，亦曾就读于东吴大学，并在该校文学院毕业。

与东吴大学类似，在教会大学中具有重要地位的上海圣约翰大学也未设音乐专业，但学校生活中却处处可听到乐声，时时能见到音乐社团的身影，如演剧团、国乐团、戏剧研究会、音乐研究会、大家合唱团、军乐会等。[2] 这些音乐社团及其活动，彰显出其丰富多彩的音乐生活。

在近代中国音乐的发展历程中，大学，尤其是教会大学，起到了西乐传播桥头堡和中国近代音乐策源地的作用。论者多强调中国近代音乐教育在各级教会学校中首开其端，大学音乐系的设立为中国培养了首批音乐人才。但同时应注意到，那些没有设立音乐专业的大学，也通过其众多的音乐社团和丰富多彩的音乐活动，为近代中国音乐发展做出了贡献。

（朱小屏　苏州科技大学音乐学院副教授；缪舒舒　苏州科技大学天平学院教师、2015 级专门史硕士研究生）

---

[1] 朱小屏：《以音乐"为社会服务"：民国时期苏州吴平音乐团述论》，《音乐创作》2016 年第 2 期。

[2] 熊月之、周武：《圣约翰大学史》，上海：上海人民出版社，2007 年，第 292 页。

试论民国时期苏州电影市场

霍晓芝　袁成亮

电影自 20 世纪初传入中国后，便作为民众生活中娱乐消遣的重要组成部分而进入市场。民众在观看电影获得艺术享受的同时也获得了心灵的启发。随着电影技术的进步以及电影业的繁荣，与电影相关的电影院以及广告行业、电影技术也形成了一条产业链，电影制作人、电影观众、电影院经营者及广告商等电影市场各主体之间也由此产生了密切的联系。本文试从苏州电影人、观众及电影宣传等方面对民国时期苏州电影市场做一论述，不足之处，敬请指正。

一、苏州电影人与电影市场

作为一个产业来说，市场的繁荣直接关系到电影的兴衰。由于受当时外部条件所限，如交通不便、制作条件差等因素影响，作为中国电影的发源地，许多影片要在上海放映后才会被输送到其他地方放映。苏州因紧邻上海，交通便利，片子往返运送的周转时间短等因素的影响而成为沪外电影放映拓展的最佳市场。

苏州电影人对苏州电影市场的拓展最重要的当属电影院的开设。苏州第一家正规的电影院是公园电影院，1927 年秋，在上海电影市场风生水起的苏州人徐碧波回苏后，联手程小青、叶天魂等在五卅路公园内东斋对面，自建房屋，自备发电机创办了公园电影院，并由此开启了沪外电影市场拓展之路。公园电影院是苏州首家具有发电装备的电影院，还引入了德国最新机器并安装了电扇，设置了 500 个座位。有声电影《野草闲花》就是在公园电影院上映的。该影院不仅在硬件设备上过硬，也很注重服务，管理和运营方式也都以上海为榜样。影院还公开招聘了略通文理、口齿清晰的女职员数人,并承包院内一应茶点。[1] 公园电影院的运行在当时也是很先进的,它由股东出资筹建,专门聘有经理人,徐碧波、程小青是直接参与管理的股东。徐碧波利用与上海的紧密关系负责片源的供应,程小青主要处理与地方其他部门的协调工作,影院的具体经营与管理则由经理叶以寿负责。"影院一天两次放映(下午三时、五时半左右),并非每天都开,而是约隔三日放映一次,这可能与影片要从上海运来有关。"[2]

在票价方面,和上海的票价相比,苏州公园电影院的定价并不高,它设备优良,价格适中,适应了苏州人的消费水平。而且,由于来自上海的徐碧波能及时提供片源,一些新电影在苏州上映的时间远较其他地方为先,苏州也由此成为上海影片的沪外放映重镇。"上海的新影片,公演以后,总是先到苏州来开映"[3],甚至有些电影首映就选在公园电影院。例如由徐碧波担任解说的电影《双剑侠》就先于上海在苏州首映,并且接连放映三天,"日售满座"[4]。复旦影片公司摄制的《红楼梦》也在苏州首映。郑逸梅对此曾自豪地说:"吾苏州公园电影院开幕,拟将是片映诸银幕,以饱吾苏人士之眼福云。"[5] 苏州与上海的电影互通速度由此也可见一斑。公园电影院放映的影片大部分是国产电影,每场电影的上座率无论日场还是夜场,均在八成以上,可见市民观影气势之盛壮。公园电影院自1927年开幕至1932年息影,共计放映360余部电影,营业的盛况实在是苏州地区前所未有的景象。

苏州"东方大戏院"是苏州地区最早的有声电影院,1929年7月14日正式开业,首日放映的有声电影为美国派拉蒙公司出品的《美艳亲王》。有声电影的放映一改原来无声电影的沉闷,引起观众的极大兴趣。1931年4月11日,苏州公园电影院放映了由明星影片公司摄制的我国第一部有声片《歌女红牡丹》,也是苏州最早放映的一部蜡盘发音国产有声故事片。影片利用有声的优越条件,穿插了京剧《穆柯寨》《玉堂春》《四郎探母》《拿

---

[1] 温尚南:《苏州影剧史话》,《江苏文史资料》第199辑暨《苏州文史资料》第24辑,南京:江苏文史资料编辑部,1999年,第137-138页。
[2] 《上海风土杂记》,上海:上海信托股份有限公司,1932年,第60-61页。
[3] 范烟桥:《电影在苏州》,《电影月报》1928年第3期。
[4] 徐碧波:《双剑侠剧情之一斑》,《电影月报》1928年第2期。
[5] 郑逸梅:《观〈红楼梦〉试片记》,《红楼梦学刊》2003年第4期。

高登》四个节目的片段,这或许是观众在银幕上第一次听到戏曲艺术唱白。这部影片耗资12万元,费时6个月之久,1931年3月15日在上海新光大戏院首次公映,二十多天后便运来了苏州上映。因为是中国的第一部有声片,同全国其他各城市一样,在当时也轰动了苏州。自从电影进入苏州市民的生活,它为人们日常生活之余增添了诸多的乐趣,逐渐成为人们喜闻乐见的艺术形式。

除了创办电影院之外,苏州电影人对早期中国电影市场拓展贡献最为显著的要算以苏州人居多的鸳鸯蝴蝶派了。兴起于清末民初、盛行于"五四运动"前后的鸳鸯蝴蝶派以苏州人居多,如包天笑、周瘦鹃、范烟桥、程小青、徐卓呆、陆澹安、江红蕉、程瞻庐、顾明道、郑逸梅等均是苏州人。他们创作的电影剧本贴近民众生活,由他们的作品改编而成的电影受到了广大观众的热烈欢迎。包天笑是苏州艺术家中从事专职编剧的第一人。1925年,包天笑的小说《空谷兰》被改编为同名电影并大获成功。他的一系列小说也由此接连被改编成为电影,《梅花落》被改编成同名电影,小说《一缕麻》被改编成《挂名的夫妻》,小说《诱惑》被改编成电影《可怜的闺女》。继包笑天之后,由周瘦鹃的小说《真》改编而成的电影《真爱》也在市场大受欢迎。

二、苏州观众与电影市场

俗话说"顾客是上帝",观众是电影市场的主体,也是电影人在创作电影时考虑的最重要的因素之一。也正因此,"在三十年代的影评中经常会提到观众,以及他们在决定,有时是妥协电影制片人上所扮演的重要角色"[1]。被视为旧中国电影代表作的《渔光曲》(1934年出品)的导演蔡楚生,在《渔光曲》首映后撰文谈及电影与观众关系时这样写道:"在看了几部生产影片未能收到良好的效果以后,我更坚决地相信,一部好的影片的最主要的前提,是使观众发生兴趣,因为几部生产片,就其意识的倾向论都是正确或接近正确的,但是为什么不能收到完美的效果呢?那却在于都嫌太沉闷了一些,以致使观众得不到兴趣,所以,为了使观众容易接受

---

[1][美]李欧梵:《上海摩登:一种新都市文化在中国》,北京:北京大学出版社,2001年,第120页。

作者的意见起见，在正确的意识外面，不得不包上一层糖衣……很可惜的，现在的工人和农民能够有机会观电影的很少很少，而观众中最多数的，则还是都市的市民层分子。"[1] 蔡楚生对影片最后那美满巧合的结尾也做出了自我解释，称这是因为他关注"戏剧性"，而且也因为一般的观众都喜欢"多一些的情节"。在民国苏州电影观众中，女性与影迷是两个常常被人提及的特殊群体。

由于中国早期电影的编导大多来自苏州的"鸳鸯蝴蝶派"文人群体，这对大众特别是女性观众产生了很大吸引力。而民国女性观影群的兴起，与民国时期妇女解放与女性地位的提高也是密不可分的。历经辛亥革命的洗礼，当时女性已经可以较为普遍地参与社会活动和娱乐，甚至于引类呼朋，昼夜嬉游。而女性参与社会经济活动也为她们走向社会，享受更多的娱乐活动提供了便利。随着民国初年苏州经济的发展，女性的从业机会也逐渐增多，行业内雇用女性的比例逐年上涨，受自由思想的影响，不少女性也开始自己创办商店，与商业打交道。随着经济自主条件的改善，电影院女性观众日渐增多。范烟桥在《电影在苏州》一文称"往往有合家欢，扶老携幼一大群到来，就在电影场里会亲"[2]，甚至"花业姐妹，连翩而来"。民国这类女性观众不但有钱，而且有闲。她们赋予了影院更加多元、混杂与丰富的市民气息。[3]

在电影观众中，影迷也是一个特殊群体。电影催生电影产业的发展，也催生了众多的明星，并由此孕育出"影迷"这一特殊群体。关于明星与影迷的故事在中国早期电影中也是普遍存在的现象。曾主演《孤儿救母记》《玉梨魂》《弃妇》而闻名的苏州籍女明星王汉伦在赴南洋各地应邀登台表演前，影迷拥挤在她入住的旅馆前欲一睹其风采，"王汉伦办公室的办事员在门口挡驾，当场宣布：'小姐在正式登台之前，不接见任何人；但是可以买一张由王小姐亲笔签名的照片，每张五十元。'影迷们虽因见不到王汉伦而备感失落，但能得到一张由她签名的玉照也很高兴，便纷纷掏钱，一小

---

[1] 蔡楚生：《八十四日之后：给〈渔光曲〉的观众们》，广播电影电视部电影局党史资料征集工作领导小组、中国电影艺术研究中心编：《中国左翼电影运动》，北京：中国电影出版社，1993年，第364-365页。
[2] 范烟桥：《电影在苏州》，《电影月报》1928年第3期。
[3] 包天笑：《钏影楼回忆录》，北京：中国大百科全书出版社，2009年，第543页。

时之内就卖掉 200 多张"。[1]

出生于苏州黎里镇的殷明珠出演的《海誓》轰动了上海影坛,黎里的家乡父老赶赴上海找到她,希望《海誓》能至黎里放映,殷明珠一口应允,并亲自联系放映,连放一周,在小镇掀起电影放映热潮。她后来还安排上海滩新上映的片子到黎里镇放映,闭塞的古镇得以与上海这样的大都市保持了电影放映的同步,也扩大了上海电影放映的市场空间。

三、苏州电影宣传与电影市场

报刊是民国社会宣传的重要载体,报刊广告也因此成为电影宣传的重要手段,其中尤以报纸最为突出。苏州各大电影院也是毫不吝惜在报纸上做广告的。各种各样的电影宣传充斥版面,"东方大戏院""中央大戏院""青年会群育部""新舞台""公园电影院""南京影戏院""青年会电影部""民兴新戏院""大观园""蓬莱世界""乐群社电影部"等发布的电影、戏剧信息让人目不暇接。广告的数量体现出影院的实力,乐群社就是其中的佼佼者,它放映的影片广告版面大,字数多,字体大,创意技巧多样,在当时也是有目共睹的。当时报纸《大光明》对此刊文称,电影宣传广告有数家影院进行竞争,其中以乐群社的实力较为强劲,投放的广告富有创意且所占据的篇幅也十分大。如该社《万世流芳》广告就很吸引读者眼球:"巍峨古堡,国旗飘展,守兵密布,尽是张目而亲,不稍问答,于是冒险入城,一探究竟,却又一去不返,转瞬而全城火烧,这便是本片神秘的一幕了。"[2] 乐群社《卓别麟马戏》在开映后所作宣传也以"致歉"为名,别有韵味:"今日开映,请注意此地《卓别麟马戏》,来观诸君明日仍请定座为要,开映马戏连日拥挤,向隅诸君深表抱歉。"[3]

在苏州报刊中,电影广告宣传力度最大的当数《苏州明报》了。以 1935 年 2 月 7 日的《苏州明报》为例,该报纸共有 8 个版面,其中涉及电影的是第 2、3 版面。在第 2 版中有真光大戏院、开明大戏院、青年会电影部三个影院为上映的电影刊登广告,真光电影院宣传电影《新婚的前夜》,

---

[1] 沈寂:《影星悲欢录》,上海:上海书店出版社,2001 年,第 67—79 页。
[2] 《大光明》1929 年 9 月 4 日。
[3] 《〈卓别麟马戏〉广告》,《大光明》1929 年 10 月 14 日。

占用四分之一的版面，详细罗列了电影概况。该影片一天放映 4 场，分别在一点半、三点半、五点半及八点，票价分别为 2 角、3 角、4 角，开映以来场场爆满。宣传词也是令人心动："本片内容有挑动心弦细腻熨帖的刻画，有插科打诨令人狂笑的滑稽，有摄人魂魄令人狂放的热舞，惊心怵目惨酷残暴的战争，有慷慨激昂兴奋刺激的情调，有仗势压迫恃财欺凌的描绘。本片特点是表演轻快淋漓，摄影柔美和熙，对白流利清晰，歌唱动人心弦。"在第 3 版中，大光明电影院占用二分之一的版面对电影《再生花》《纫珠》《酒色财气》进行宣传造势。

除了在报刊做广告外，苏州电影人还十分注重利用影评来吸引观众。写影评也因此成为苏州文人的一项重要工作。特别是像周瘦鹃、包笑天这样握有报刊资源和互通声息的作者写作的影评，不仅抒发个人的电影感悟，而且解决了彼时中国电影人亟须解决的舆论宣传的问题，因而受到电影人的格外重视。电影公司与电影院有了新作也多会邀请他们观影，冀望借他们之笔扬电影之名。《苏州明报》1935 年 2 月 7 日第 7 版中，电影《酒色财气》的宣传预告的影评这样写道："《酒色财气》大光明定明日开映……此片则取材于日常习见之事物，演为极曲折的故事，而以玩世不恭的态度临之，故名□□滑稽片，实则为一讽刺剧，观众看时，自然得一种会心的微笑，过后则如嚼谏果，回味无穷，此种笑片与普通滑稽片相较，其差别不啻天壤也"。[1] 如此精到的介绍对于影迷和观众来说无疑起了很好的预热作用。总而言之，无论是苏州报刊上的电影广告，还是苏州人写的影评，都在一定程度上刺激了苏州电影市场的发展，为民众呈现出了一个丰富多彩的电影文化世界，对苏州电影事业的发展具有积极的促进作用。

（霍晓芝　苏州建设交通高等职业技术学校教师；袁成亮　苏州科技大学社会发展与公共管理学院教授）

---

[1]《酒色财气》，《苏州明报》1935 年 2 月 7 日。

大运河精神简论

戈春源

大运河已流淌千年。在河道的开浚、堤闸的修筑、桥梁的架设、旱涝的治理、河上的活动中，形成了一种运河精神。这种精神的核心，应该说是中华民族优秀传统文化的组成部分，闪耀着不可磨灭的光辉，值得继承与发扬。那么运河精神是什么呢？我们似乎可以用敬业献身、和谐融合、亲民廉洁、讲究科学等来概括。

一、敬业献身

大运河是中国人民长期辛勤劳动的产物，只有通过胼手胝足、挥汗如雨的集群劳动才能呈现沟通海河、黄河、淮河、长江、钱塘江五大流域，贯通南北数千里的运河美姿。在运河建设过程中，管理运河者勤劳负责、敢于担当的精神功不可没。明隆庆三年（1569年）翁大立被命"督河道"，他大行赈贷，经营鸿沟、境山等地水利，主动积极奔走四方，终使水利工程大功告成。稍后潘季驯任"总理河道""代河漕尚书"等职，任期前后二十七年间，亲临一线，实地考察，"习知地形险易"。[1] 何处要增筑设防，何处要建官置闸，何处要打桩筑埽，办多少木石材料，都能"综理纤悉"。最后在河道工地上积劳成疾而终。清乾隆前期高斌暂管两江总督时，乾隆十六年（1751年）三月，由于盱南、阳武等地河水漫溢，筑坝没能合龙，皇帝命令高斌前去视察处理。当命令还没正式下达之前，高斌立即自告奋勇奔赴工地，协同河官办事。[2] 遇事不推，敢赴重任，显出吏道本色。清乾隆后期，李奉翰任江南河道总督，五十年（1775年）河水大至，奉翰冒险上堤，亲自监督修堤，昼夜不息，直至漫口完全堵塞为止。朱之锡

---

[1] 张廷玉：《明史》卷二二三《潘季驯传》，北京：中华书局，1974年，第5 871页。
[2] 赵尔巽：《清史稿》卷三一〇《高斌传》，北京：中华书局，1997年，第10 633页。

(1622—1666)经营河堤工程数十年,一生小心谨慎,事必亲履亲至,方才决策施行。他说,治河之官应耐风雨之劳,察防护之堤,求协群之力,不能犹豫,要适应河情仓促的变化。他还说:"刑名钱谷皆可以文移办治,独河工非足到眼到不能。"[1] 可谓至理名言,是治河工作的总结,可作为公务人员的借鉴。

治河者要有忠于职守,不怕牺牲,敢于为民献身的精神。清初任河道总督的杨方兴不怕危险,深入现场,他"结茅庐于堤上,盛暑隆冬寝食其中",始终不离。清陈鹏年身兼河道与漕运总督之任,昼夜不息地工作在河岸之上,"往来盲风霾雨严霜积雪中,食饮俱废……五官并用,丙夜不休"。[2] 直至获病而不逾,可谓殚精竭虑,死而后已。乾隆时河道总督嵇璜,每逢灾情都能身先士卒,不畏艰险,勇赴治河工地。一夕闻报,虞城河堤上发生险情,他与属吏立即骑马"驰往,天甫晓,雨雹交下,下埽岌岌欲崩,从者失色,劝璜姑退。璜立堤上叱曰:'埽去我与俱去!'"[3] 表达了与大堤同存亡的决心。同样,吴嗣爵在乾隆二十六年(1761 年)任淮徐河道,当时与运河相连的黄河发生"秋涨",水势直逼徐家庄堤岸。当地居民,汹汹骚动,准备逃跑。为了安定民心,组织民工做好抢险工程,他"端坐堤上,以安众心。僚吏泣请退避,公不为动"[4]。乾隆中,张师载作为河官亦冒着风雪住宿于河岸之上,往往灯光荧荧达曙,经历冬春,待筑坝疏浚工程完工,方才作罢。黎世序在清嘉庆十七年(1813 年)署南河河道总督,次年秋,"睢南薛家楼、桃北丁家庄漫水坏地",他为抢险,亲自"跃入河者再"。[5] 奋不顾身决战在抗洪前线。上述几位官吏为了民众安全,全心全意投入救灾抗洪事业,这种敢于牺牲自己的大无畏精神十分宝贵,它为民族弘扬了正气,织成大运河文化的主旋律之一。

---

[1] 陆燿:《治河名臣小传·朱之锡》,钱仪吉:《碑传集》卷七六,北京:中华书局,1993年,第 2179 页。

[2] 张伯行:《故通议大夫总督河道兵部右侍郎谥恪勤陈公墓志铭》,钱仪吉:《碑传集》卷七五,北京:中华书局,1993年,第 2152 页。

[3] 赵尔巽:《清史稿》卷二七九《杨方兴传》,北京:中华书局,1997 年,第 10628 页。

[4] 钱大昕:《诰授光禄大夫予答吏部右侍郎前兵部尚书兼都察院右都御史江南河道总督吴公嗣爵合葬墓志铭》,钱仪吉:《碑传集》卷七六,北京:中华书局,1993年,第 2 173 页。

[5] 赵尔巽:《清史稿》卷三六〇《黎世序传》,北京:中华书局,1997 年,第 1137 页。

二、和谐融合

运河的建成非一日之功，是在原有自然、人工运河的基础上连接、开浚而成。通济渠前身是战国魏国的鸿沟，邗沟更是春秋末年吴王夫差所开，江南河是春秋吴时所开通江水道与秦始皇所开曲阿河，永济渠是为了连接沁水、卫河、漳河等建成。大运河是长时段内逐步所建，是各地区共同协作的产物，表现了中华民族的集体智慧。大运河的开通促进了政治的统一，经济文化的交流融合。河上船只接连不断，联结南北，沿线形成许多集市城镇，促进经济发展。

扬州是运河重要一段邗沟的出发地，是江淮赋税所在、繁华重镇。正如民谣所说："吴沟遥接汴河开，江上春潮日日回。夜半桨声听不住，南船才过北船来。"[1] 苏州枫桥在唐时已成有名的集镇，是运河上的重要节点之一，至明清更是繁荣的商品集散地，它以运河边的桥梁为中心，所谓"枫江之侧，侠桥为市"[2]，商情繁忙，其米市、豆市的涨落影响全国的物价。苏州还有夜市，多以此地特色产品作买卖，正如唐杜荀鹤诗所说："君到姑苏见，人家尽枕河"，"夜市卖菱藕，春船载绮罗"。[3] 所卖商品多为苏州特有的丝绸与水生作物。更有水市，是指在运河的船上直接做买卖。"船头累累鸡子白，船尾鲟鲟菱孙乌。五都尘客不曾识，江南水市天下无。"[4] 不仅南方如此，北方运河边亦多繁华的商业城镇，张家湾在通州运河边上，为南北水陆要冲，"官船客舫，漕运舟航，骈集于此。弦歌相闻，最称繁盛"。运河上的河西务，旅店丛集，百货堆积，十分繁忙，号称"京东第一镇"[5]。其水上买卖，亦很频繁。

运河中"漕"船商舟往来，沿岸街市商品种类繁多，其中人类生存的

---

[1] 李国宋：《广陵竹枝词》，赵明等：《江苏竹枝词集》，南京：江苏教育出版社，2001年，第119页。

[2] 叶昌炽：《寒山寺志》自序，南京：江苏古籍出版社，1990年，第1页。

[3] 杜荀鹤：《送人游吴》，曹寅：《全唐诗》第10函第8册，上海：上海古籍出版社，1986年，第1740页。

[4] 郭元釪：《吴船竹枝词》，赵明等：《江苏竹枝词集》，南京：江苏教育出版社，2001年，第734页。鸡子：一种水生作物，称鸡头米，又名芡实，其果实的包壳似鸡头，故名。五都：古时京城有五，此处喻指四面八方。

[5] 蒋一葵：《长安客话》卷六，北京：北京古籍出版社，1980年，第134页。

刚性物资大米交易最多,早在宋朝,苏州有名的品牌大米箭子米,就是通过运河运向开封的。南宋时临安(杭州)的粮食大多由苏州等浙西的州郡运来。[1] 扬州是贩盐重镇,"巨舰南来贩海盐,连樯齐泊画桥边"[2]。贩盐之船相连不断,盛况空前。而吴江盛泽自明以来,号称绸都,其所产绸缎、云锦、缂丝等运销世界各地。各地来贩丝的富商巨贾,数千里辇金至者,摩肩联袂。通过运河"梯航远输达遐方","绸绫之利,衣被乎国中,货殖之雄,赢兼夫域外"。[3] 也有众多的手工业品。明清时的苏州山塘街,各地商人汇聚,会馆林立,商店相连,是中国最为兴盛的街市之一。市上手工品除丝绸外,有琉璃灯等照明用具,竹藤篮等竹木用具,花露水、蝇拂、葵扇等暑期用品,荤素、水果等食品,还有绒花、泥人、自走洋人等艺术品、玩具等。

总之,商品是商人与顾客互利的产物,商品交流,促进了人间的和谐相处。

运河是救济物资的交通主脉,慈善事业的重地。一些堤岸塘圩是捐募、集资、共力修筑而成。苏州山塘,在明朝万历年间已堤岸剥落,水溢为害,由僧人木铃衲子(达贤)在大树下磕头膜拜、募集修堤款项,"如燕营巢,如蜂酿蜜,聚沙成塔,积篑为山"[4] 而建成。运河上众多的桥梁,很多是由个人出资建筑。苏州盘门的吴门桥(也叫新桥),宋元丰间(1078—1085),由石氏个人出钱而建,使木渎等地乡人"每过运河,须舟以济"[5] 的局面彻底改观,行人往来便之。万年桥,在太平天国战争后遭到破坏,由安徽某人出钱几万缗重修,由于怕出名,所以连自己的姓都隐瞒不言,其义举令人钦敬。也有众人集资建成,吴江同里谢家桥的桥联对此桥做了很好的说明:"共解囊金成利济,好留柱石待标题。"[6] 一些桥梁多由善堂、义庄出面,实为集资集力而建。运河也是施茶施米衣的地方。每当夏

---

[1] 吴自牧:《梦梁录》卷十二,北京:中华书局,1962年,第237页。

[2] 黄兆麟:《扬州竹枝词》,赵明等:《江苏竹枝词集》,南京:江苏教育出版社,2001年,第146页。

[3] 沈云:《盛湖竹枝词·自叙》,赵明等:《江苏竹枝词集》,南京:江苏教育出版社,2001年,第813-814页。

[4] 王穉登:《重修白公堤碑》,现存苏州"五人之墓"园。

[5] 朱长文:《吴郡图经续记》卷中,南京:江苏古籍出版社,1986年,第25页。

[6] 金实秋:《中国名桥楹联大观》,北京:中国旅游出版社,1994年,第61页。

日骄阳高照，人们口渴之时，饮一杯河道驿亭上的茶水，如获甘露，"暑月施茶古驿亭，行行且止旅踪停"[1]。一些被施者往往停下与施主结交，而增进了友谊。

运河是语言的交流场所，由于船只的往来，运河上的人很容易受各地方言的影响，而形成语言的混杂。《儒林外史》中的杨执中自称南腔北调人，他就住于运河边上的浙江德清。大文豪鲁迅称自己讲话不会讲软绵的苏白，也不会讲京腔，而是南腔北调。他正来自于浙东运河边上的绍兴。文艺作品中所描写的南腔北调的人物，很多存在于运河边上，大运河促进了语言的融合。

运河便于文学艺术、体育的交流、切磋。运河开发的伟大壮举与灵动的流水，引发文艺家的灵感而创造出许多优秀的文艺作品。唐时张继《枫桥夜泊》诗，那"月落乌啼霜满天，江枫渔火对愁眠"的名句，不仅感染国人，而且流传东瀛。宋贺铸写《青玉案》词，表现了在江南运河边上梅雨季节的景色与诗人的愁苦，该词最后三句"一川烟草，满城风絮，梅子黄时雨"，结合运河风光，表达了浓郁的断肠愁绪，贺铸因此被人称作"贺梅子"。

在运河的节点上，往往是文人互相切磋交流的场所。著名的有北宋苏轼吴江垂虹亭之会，熙宁八年（1075年），他与张子野、陈令举、杨元素、李公择、刘孝叔共六人在运河边上的垂虹亭中，饮酒赋诗，"坐客欢甚，有醉倒者，此乐未尝忘也"[2]。明清时有虎丘曲会，每逢八月中秋名角汇聚，各展歌喉，"人人献技，南北杂之"[3]，观众如堵，布满虎丘上下。曲会，是南北曲艺的交流，增进了参与者的友谊。近代有南社山塘之会。1909年11月，柳亚子、陈去病等十九位文人，乘画舫，沿运河到虎丘山塘张公祠成立南社。其志以诗反映社会新声，凝聚先进力量，反抗腐朽的清王朝。他们作为社会豪俊，"登高能赋寻常事，要挽银河注酒杯"[4]，要结束专

---

[1] 宋云：《盛湖竹枝词》，赵明等：《江苏竹枝词集》，南京：江苏教育出版社，2001年，第825页。
[2] 苏轼：《东坡志林》卷一，北京：中华书局，1981年，第3页。
[3] 张岱：《陶庵梦忆》，北京：中华书局，2008年，第95页。
[4] 杨天石：《革命诗人柳亚子》，见《苏州近现代人物》，苏州：古吴轩出版社，2002年，第214页。

制,建立共和,建立民主政体,达到社会和谐。

艺人在运河上的流动,比比皆是,这种流动促进了民间曲艺的交流,例如扬州以苏腔为雅,"扬帮难得得苏帮,水色原来下路强。发挽乌云元宝样,声声唱的是吴腔"[1]。

桥联,是中国桥梁的特有装饰,其内容或介绍桥梁鬼斧神工的技艺、如月如虹之雄姿;或介绍桥边之美景、往来之便捷;或提出安全的愿望,铺陈仁孝之大义;或赞颂捐资建桥者义举,地方官员的政绩。特别是靠近寺庙、学宫的桥梁,多有劝人为善、谈仁议德的警句。苏州枫桥靠近寒山寺,其联为:"吉人语善、视善、行善,三年必降之福;恶人语恶、视恶、行恶,三年必降之祸。"[2] 充满佛教劝人为善的哲理,也是进入寒山寺的导语。运河沿岸、佛寺道观林立,是宗教交融的所在。

河上的体育活动,有泳术、拔河、竞渡等,其中当以龙舟竞渡为最。龙舟竞渡是个集体项目,必须行动划一,才能占先。照竞渡成例,船两边划手应相等,以便划动。龙舟一般有划手十六,两边各八,有人猜测,可能取"发发"之义。《旧唐书》称:"江南风俗,春中有竞渡之戏,方舟并进,以急趋疾进者为胜。"[3] 可见它是由南方传向北方的。而运河应是传播的主要通道之一。运河沿线城市,尤其是江苏、河南等地几乎都有这类活动。竞渡,是一种和平的竞赛,它突出的是集体性质。龙舟奋力齐进,"篙师执长钩立船头者,曰'挡头篙'。头亭之上,选端好小儿,装扮台阁故事,俗呼'龙头太子'"[4]。船尾高一丈许,牵上彩绳,叫小儿扮演戏文,称"绉梢"。岸上观众如山,划手至终点争夺锦标,呈现了一幅和谐欢乐的气氛。总之,运河在经济、文化的交流中起着和谐联结的重要作用。

三、亲民廉洁

封建时代,一些治理运河的官吏士绅,本着儒家亲民思想,修己而爱众,他们以民为本,反对杂科重敛。治河,首先要保护好水利事业最基本

---

[1] 佚名:《邗江竹枝词》,赵明等:《江苏竹枝词集》,南京:江苏教育出版社,2001年,第222页。

[2] 金实秋:《中国名桥楹联大观》,北京:中国旅游出版社,1994年,第44页。

[3] 刘昫:《旧唐书》卷一四六《杜亚传》,北京:中华书局,1975年,第3 963页。

[4] 顾禄:《清嘉录》,上海:上海古籍出版社,1986年,第90页。

的力量,即广大民工的安全与生息。明刘天和要求免除运河边上服役民工的全部赋税,给予离运河较远地区半税优惠,获朝廷允准。陈瑄"董漕运",负责漕粮运输,他对运粮专业船户深表同情。这些船工每年运粮至北方很是辛苦,回来后还要负责修船,有一点空隙时间,还要应付各种杂役。他上任后便免除船户的杂差,纾解船户"重困",达到船民休养生息以利再运的目的。朱衡"总理河漕"时坚决精简机构,淘汰管闸机关五个,解除河工六千余人,把省下的钱作修河之用,替国家节省了不必要的开支。清嘉庆年间任河东河道总督的王秉韬"治河主节费,埽堤单薄者择要修筑,不以不急之工扰民"。[1] 不搞不必要的面子工程、政绩工程,减轻人民负担。

对于运河灾民,他们主张主动积极地抚恤救济。清代第一清官张伯行(1651—1725)为康熙二十四年(1685年)进士,三十八年(1699年)他丁忧在家时就自己出钱,招募民工,堵塞家乡仪封的溃决之堤,保障了家乡人民生命财产的安全。四十二年(1703年)正月,张伯行任山东济宁道,时值荒寒岁饥,已现饿莩,如层层向上申报要耽误时机,他便化私为公,及时从自己家中运来钱米及数船棉衣,"拯民饥寒"。他巡视运河沿线汶上三县的灾情,未经请示有关部门,打开国家粮库,将 26 600 余石救济灾民,山东布政司责备他"专擅",即论劾,张伯行曰:"有旨治赈,不得为专擅。上视民如伤,仓谷重乎,人命重乎?"[2] 事乃得寝。又如,康基田于嘉庆元年(1796年)回山东主管水利,他往来奔忙,"疏消漫水,抚恤灾民"[3],不暇私顾,获得好评。黎世序治河时,能减少漕关例价,降低人民的负担。这种关心民瘼,亲近民众的作风,至今仍有一定的现实意义。

运河是国家主要动脉,运河工程属国家重点工程,经费充足,又可浑水摸鱼,因而运河官职历来是个"肥缺"。但在一大批封建官吏中,仍出现了相当数量的清廉之臣。明代河臣宋礼一介不取,更无贪墨赃行,"卒之日,家无余财"[4],清白盖世。宋礼的部下工部主事蔺芳发明用木石的筑

---

[1] 赵尔巽:《清史稿》卷三六〇《王秉韬传》,北京:中华书局,1997年,第 11 368 页。
[2] 赵尔巽:《清史稿》卷二六五《张伯行传》,北京:中华书局,1997年,第 9 937 页。
[3] 赵尔巽:《清史稿》卷三六〇《康基田传》,北京:中华书局,1997年,第 11 370 页。
[4] 张廷玉:《明史》卷一五三《宋礼传》,北京:中华书局,1974年,第 4 205 页。

堤法，在治理吴桥、东光运河时，开黄河故道，导水分流，取得成功。他一生廉洁，"自奉简约，布衣蔬食"[1]，终生不奢，卒于任上。明后期工部尚书刘东星治理山东运河时精打细算，节省不少浮费；他本性俭约，"敝衣蔬食如一日"[2]，十分廉洁。与蔺芳一样，也死于自己的水利岗位。

清初杨方兴任满回京师，一无余财，"所居仅蔽风雨，布衣蔬食，四壁萧然"。[3] 同为河道总督的陈鹏年，连年负责运河工程，由于积劳成疾，殁于公所。他家中有八旬老母需要供养，而一无所有，"室如悬磬"[4]。康熙初年，淮黄泛滥，阻断运河漕运，朝廷任命张鹏翮任"总河"之职，疏通运河重开漕运。张鹏翮塞六坝，导运河之水出海，终于使漕运重开。"是役凡耗帑数百万有奇，公不以一钱利己，故下亦感激输忱，乐为之用。"时人称颂张鹏翮廉洁曰："昔之帑肥于人，今之帑肥于地。"[5] 说他是把钱完全用到水利工程，而达到了人安地肥的境地。乾隆五十一年（1786年）南河缺口漫溢，任江南河库道的司马骗奉朝廷命令前去督工修坝。他抚恤灾民，救治疾疠，活人众多。嘉庆三年（1798年）奉命堵塞睢宁的漫口，他连续五个月在风雪中度过，"寝食俱废"。由于他与同事和衷共济，团结群众，因而"工员踊跃，一举成功"[6]。他一生"内不顾私，赇赠不纳"，两袖清风，成为榜样。官吏的廉洁，团结了人心，保证了工程的资金，提高了工程质量，达到了浚河固堤、顺利航行灌溉的目的；也发挥了政治上的正能量，净纯了社会的政治空气。

四、讲究科学

运河的开发包括对地形的审察、大地的测量、河道的定向、河形的预设、土方的计算，工时及佣值的多寡等科学技术问题。因而历代的河道主官中不乏具有科学头脑的人物，并配"精数者"作辅助，以成其功。大运

---

[1] 张廷玉：《明史》卷一五三《蔺芳传》，北京：中华书局，1974年，第4 206页。

[2] 张廷玉：《明史》卷一一一《刘东星传》，北京：中华书局，1974年，第5 880页。

[3] 赵尔巽：《清史稿》卷二七九《杨方兴传》，北京：中华书局，1997年，第10 011页。

[4] 赵尔巽：《清史稿》卷二七九《张鹏翮传》，北京：中华书局，1997年，第10 096页。

[5] 彭端淑：《张文端公鹏翮传》，钱仪吉：《碑传集》卷二二，北京：中华书局，1993年，第728页。

[6] 孙星衍：《故河南山东河道总督提督军务资改大夫兼都察院右副都御史司马公骗墓志铭》，钱仪吉：《碑传集》卷七六，北京：中华书局，1993年，第2 170页。

河的开凿、疏浚、固堤、建闸中充满着科学的精神。

运河开挖,应找寻水源。元郭守敬经多次考察比较后,确定昌平白浮泉水作元大运河之源,它从昌平西折而南,经瓮山泊自西水门入城,环汇于积水潭。复东而折南,出南水门,合入旧运粮河,直下通州,原因是"白浮之水澄清"[1]而源泉充足。运河每次疏河筑坝,要征发哪些州县的多少人夫,都进行一定的计算,征集过多过少,或造成浪费,或完不成任务,运河史上这种计算较为精确,失误者较少。为了掌握水情,治河者多立水志、水则,以便通航、灌田。这些水志、水则是经多次试验后得出的科学结论,不能轻易改变。高斌在徐州立水志,规定运河水至"七尺方开","后人不用其法,遂致黄弱沙淤,隐贻河患"[2]。李宏在清乾隆中期任江南河道总督,在河上各立水志,"自桃汛迄霜降,涨落尺寸,逐日登记具报"[3]。以便掌握水情,做出相应措施。他还规定,"高堰五坝,水志高一尺,清口坝要拆展十丈",才能顺利通航,保证安全。这是经反复试验测算后得出的科学结论。

科学,是实践规律性的总结提高。历来治运者懂得真知从实践中来的道理,因此事必躬亲。明潘季驯治河二十七年,他到处勘踏,了解地形的险易,逐步掌握水利工程的规律,对河堤工程做出妥善的安排处理。张伯行任济宁运河道,能亲自"相高下,度深浅",因而做到水势平稳,"蓄泄得宜"。李清时在乾隆二十二年(1757年)任运河道,以后也历任河官,他参用少年时亲历的"捍海为田"之法,修筑运河大堤。他还不怕劳苦,经常乘舴艋小舟进入"荒陂丛泽,支流断港"中,昼夜不间。有时舟车不通,则步行前往,一定要询问当地人士,搞清具体情况才罢休。

治河不仅要直接体验,也要吸取他人的经验教训。正如清顺治时河臣靳辅所言,作为水务官员,不仅要亲自"周度形势"[4],更要博采舆论,才能搞好水利事业。这种间接经验,可以少走弯路,取得事半功倍的成效。明宋礼采用汶上老人白英的建议,筑堽城与戴村坝,"使水由南入洸

---

[1] 宋濂:《元史》卷六六《金口河》,北京:中华书局,1976年,第1 660页。
[2] 赵尔巽:《清史稿》卷三百十《高斌传》,北京:中华书局,1997年,第10 633页。
[3] 赵尔巽:《清史稿》卷三二五《李宏传》,北京:中华书局,1997年,第10 857页。
[4] 赵尔巽:《清史稿》卷二七九《靳辅传》,北京:中华书局,1997年,第10 115页。

而北归海[1]，疏会通河，使运道以通。白英作为重要建策者而受到尊重，被后人纪念。其时陈瑄亦是采用"故老"所说的办法，在淮安城西"管家湖，凿渠二十里为清江浦，导湖水入淮，筑四闸以时宣泄"，[2] 调节好水量，又沿湖筑堤为纤道，由是漕运可直达黄河，节省了不少运输费用。陈宏谋作为政府要员，而能"拜"下层的"河兵"为师，常乘小舟沿河上下，求访水利经验，而从中获得放淤法。这个方法是，水涨时水挟沙行，导之堤内，使堤左入，堤右出，"如是者数四，沙沉土高，沧景州悉成沃壤"[3]。其他如靳辅"杜患于流，不若杜患于源"的治水原则，以及他的排桩法、种草法，都与他吸取群众经验不能分开。完颜伟治河"应于运河内增闸坝以分其势，疏下河以畅其流"[4]。顾琮注意"束水济运与借水灌田"的办法，都是从实践中获得的科学结论。科学的精神应系运河建设的灵魂。

从上述运河精神中，有几点体会。

1. 优秀传统运河精神的形成，非一朝一夕，也非一人一时之功，而是经过长期日积月累、多重考验而逐步形成的。它集中体现了中华民族的品性与智慧，其内涵也极其丰富。运河精神从规划测算、河道建设，特别是堤上抢险中表现出来，它在长期的实践中形成，也在长期实践中传承，至今仍有其内在价值。它在实质上反映了运河当前与长远利益的一致，上层与基层人民利益的一致。因此，我们应多做双赢共利的好事，真正做到为人民服务。

2. 在运河史的研究中，既要总结运河物质成就，也要研究其人文精神。河道、堤岸、桥梁、水闸、码头、津渡、船只、犀具，甚至河边税关、老厂、老窑、市场、园圃、名墓、古塔等这些固然要着力研究，但运河的文艺体育、治河思想、精神成果也应做重点探求。这两者不可偏废，现时，似更需要重视后者。它是运河研究的重轨，缺则不可，研究运河人文精神可以为运河文化的传承、利用、开发增添精、气、神，更好地发挥传统文化的作用！

---

[1] 张廷玉：《明史》卷一五三《宋礼传》，北京：中华书局，1974年，第4 204页。
[2] 张廷玉：《明史》卷一五三《陈瑄传》，北京：中华书局，1974年，第4 207页。
[3] 赵尔巽：《清史稿》卷三〇七《陈宏谋传》，北京：中华书局，1997年，第10 561页。
[4] 赵尔巽：《清史稿》卷三一〇《完颜伟传》，北京：中华书局，1997年，第10 637页。

3. 运河优秀精神的形成，与运河官员的素质分不开，他们几乎都接受了儒家的教育熏陶。大学之道在于亲民，也就是要亲近、爱护民众。作为官吏要"泛爱众人"，"修己以安百姓"，"博施于民而能济众"，这就要求官吏加强道德品德的修养，并加以发扬光大，使传统美德成为国人的重要基因。

（戈春源　苏州科技大学社会发展与公共管理学院教授）

大运河苏州段文化带的基本内涵及建设举措研究

陈 璇

大运河苏州段，位于长江中下游的太湖流域，是京杭大运河十分重要的一个组成部分。京杭大运河苏州段基本可分为西、中、南三段。自望亭的五七桥至白洋湾为西段，亦称为苏锡段；中段原自白洋湾经绕苏州古城阊、胥、盘三门外的闹市区，穿觅渡桥南下宝带桥，为古城段；南段原自宝带桥，经吴江境内，原从王江泾到嘉兴，称"苏嘉段"。后来为了缩短河道，从平望新开运河，至鸭子坝，之后，主航线便不再经过嘉兴，也就没了"苏嘉段"之名。在三段运河中，苏州古城段水道情况较复杂，与苏州城的联系最密切。历史上该段运河由北向南通过山塘河、上塘河、胥江，与护城河相连。1986年，大运河苏州段改道后，山塘河、上塘河、胥江已经不再通航，为运河故道，但与大运河水系仍然相通。大运河苏州段穿越相城区、高新区、姑苏区、吴中区和吴江区，全长96公里（其中苏州境内81.58公里，江浙两省交界段约15公里），占江南运河（208公里）的40%，也占了京杭大运河总长度的4.5%，整体轮廓秀美，蜿蜒接连着苏州城。[1]

一、大运河苏州段的历史地位与文化特质

（一）历史沿革及现状

《左传》："吴城邗沟，通江、淮。"[2] 这是中外有文献记载的有确切

---

[1] 关于大运河苏州段的分段表述不尽相同，本文引用数据具体参见苏州文物局：《大运河苏州古城段遗产研究报告》，北京：文物出版社，2016。

[2] 左丘明：《左传》，上海：上海古籍出版社，2015年，第1014页。

纪年的第一条人工大运河，也是中国大运河雏形。隋代开始，大运河苏州段成为中国大运河中比较重要的河道，至唐定型。之后，大运河苏州段历经修筑、巩固、疏浚，迄今为止基本走向没有发生变化，仍是交通运输、文化交流方面的重要组成部分。

1949年以后，随着社会经济的发展，尤其是改革开放以来，苏州市政府多次组织人力物力，对运河航道全线进行整治。经过多年的努力，大运河苏州段已是全国第一条国家级标准化航道，航道等级为四级，船舶通航容量为500吨级。全线跨河桥梁有35座，码头145个，泊位377个。沿线还有相城、浒墅关、白洋湾、龙桥、运东、平望和坛丘7个内河港口作业区，有年吞吐量超过100万吨的码头9个。[1]

（二）特质与地位

大运河苏州段完整的水系网络，串联起苏州古城中所有重要的遗产体系，其意义非凡。

首先，大运河苏州段是如今运河中最繁忙的河段之一。据不完全统计，目前大运河苏州段每天约有六千艘以上的船只通过，大约占整个运河五分之一的通航量。同时，它也是目前中国大运河货流强度最大的航段，最具有活力，为经济社会的发展不断做着贡献。

其次，大运河苏州段工程浩大、技术复杂，是我国古代先进水利工程的杰出代表。大运河苏州段穿城而过，城内河道纵横密布，根据此特点，苏州城垣的古城门大多设计成水陆两门并行，这也是运河沿线独具的特色。与苏州古城水系融为一体的大运河，使得水城苏州构成了大运河沿线独特的城市景观。

最后，大运河苏州段拥有大量历史文化遗存，类型丰富、地位重要，在中外文化交流中具有十分重要的作用。尤其需要指出的是，由于千百年来，大运河苏州段一直是人们抵达、路经苏州的交通运输水路干道，具有不同身份、抱着不同旅行目的的各地、各国人士在沿线留下了串联各个年代、未曾中断的历史记录和社会描绘，这同样也是难能可贵的人文资源。

---

[1] 苏州市文物局：《大运河苏州古城段遗产研究报告》，北京：文物出版社，2016年，第17页。

如果说，水城苏州充分诠释了古代筑城与水利技术完美融合的全过程，大运河苏州段则很好地孕育了苏州的城市文化品格。如果说南京是石城、重庆是山城，那么苏州水城则多是因为大运河苏州段的存在。苏州城，应"运"而生、因"运"而兴。运河水滋养着一代代的苏州人，孕育着钟灵毓秀的苏州文化，也使得苏州城的兴衰荣辱与之息息相关。苏州古城自宋代以来形成的"三横四直"的主干河道系统也存留至今。正如《姑苏晚报》2012年9月23日李婷的《大运河：与苏州城结缘2 500年》一文所云："苏州水系造就了古城水陆并行、河街相邻的城市布局，并直接促成了享誉世界的苏州园林。这种水上园林城市景观，在大运河沿线城市中独一无二。"[1]

二、大运河苏州段文化带的形成及概念

（一）大运河文化的定义

顾名思义，大运河文化是指根据大运河的历史、文化、发展、流传而留存下来的物质财富和精神财富的总和，即运河沿线的地理、历史、建筑、传统习俗、生活方式、思维方式、价值观念和文学艺术等。王永波在《运河文化的运动规律及其启示》一文中提出："运河文化乃是人类在特定的社会历史条件下，通过跨自然水系的通航、漕运，促进运河流域不同文化区在思想意识、价值形态、社会理念、生产方式、文化艺术、风俗民情等领域的广角度、深层次交流融合，推动沿运河流域的社会、政治、经济、科技、文化的全面发展而形成的一种跨水系、跨领域的网带状区域文化集合体。"[2] 而《京杭大运河历史文化及发展》一书中也提出："运河文化是指随着运河经济的繁荣所带来的运河城市的兴起、文学艺术的融合、不同文化背景的参与所形成的多元一体的物质和非物质文化遗产及思想领域的合成。"[3]

---

[1] 李婷：《大运河：与苏州城结缘2 500年》，《姑苏晚报》2012年9月23日B2版。
[2] 王永波：《运河文化的运动规律及其启示》，《东南文化》2002年第3期。
[3] 姜师立等：《京杭大运河历史文化及发展》，北京：电子工业出版社，2014年，第2页。

(二) 运河文化的形成和特点

运河文化是一种区域文化,它指的是运河流经及其覆盖地区的特有的文化现象。一般认为,区域文化的发生需要两个动因,其一,要有相对稳定的自然地理环境和人文地理环境;其二,区域文化的形成,需要有一个逐步沉淀和积累的过程。当一个地区具备了形成区域文化的地理空间要素,又经过长时间的历史空间的文化的积累,使得该区域的成员有了文化的认同感和归属感的时候,区域文化才在一定程度上生成。

隋唐以来,随着京杭大运河的开挖,运河南北贯通,使得中国的经济中心逐渐向东南地区转移。同时,南北交流更为通畅,运河沿岸的很多城市商业繁荣、文化兴盛。商业繁荣使社会的经济结构发生变化,人口的流动加剧,从而使得人们的生活观念及价值理念产生变化。同时,交通的便利使得南北文化交流通畅,全国范围内的士农工商各个群体都往来于运河上。他们将各地的文化,如生产技术、生活方式、风俗习惯、学术思想、宗教信仰及文学作品等传播于运河区域,因此,这一时期,在大运河沿线流域的运河文化基本形成,随着时间的推移,文化的积淀,逐渐在后世发扬光大。如明清时期的小说戏曲,尤其是白话小说和评书评话的发展兴盛,就和大运河的运河码头文化以及人员物资流通有很大关联。

运河文化的特点,是基于中国的水文化的。水是流动的,但水又包容万物,运河文化亦是如此。流动与稳定、开放与包容、多样与一体、创新与发展,是中国运河文化最大的特点。

(三) 大运河苏州段文化带的概念及内涵

习近平总书记于 2017 年 2 月 24 日考察通州区北京城市副中心建设,在参观大运河森林公园时,提出:"要古为今用,深入挖掘以大运河为核心的历史文化资源。保护大运河是运河沿线所有地区的共同责任,北京要积极发挥示范作用。"[1] 同年 6 月 4 日,习近平总书记就中共中央办公厅调研室《调研要报》第 48 期《打造展示中华文明的金名片——关于大运河文化

---

[1] 刘士林:《成功申遗后,中央为什么专门印发〈纲要〉提出建设"大运河文化带"》,《上观新闻》,2019 年 5 月 28 日。https://www.shobserver.com/news/detail?id=153697。

带的若干思考》一文做了批示:"大运河是祖先留给我们的宝贵遗产,是流动的文化,要统筹保护好、传承好、利用好。"[1]这是习近平总书记站在传承中华文明、增强文化自信、提升中国文化影响力的高度,做出的重要批示。2019年3月,中共中央办公厅、国务院办公厅发布了《大运河文化保护传承利用规划纲要》,强调大运河文化带建设的重要性。

为了响应党中央的号召,2017年5月,苏州市人民政府办公室发布了《市政府办公室关于京杭大运河苏州段堤防加固工程实施意见的通知》,同时出台了《京杭大运河苏州段堤防加固工程进展情况介绍》。这是苏州市深入贯彻习近平总书记重要批示精神的重要举措,也是苏州进行大运河文化带建设的"基石"。通过"提升运河防汛标准、保护运河文化遗产、挖掘运河综合价值、整理运河发展空间"四个手段,将大运河打造成为一条滨水风情人文带、旅游休闲观光带、防洪排涝安全带、海绵城市建设示范带。文中就工程基本情况的总体布局是这样阐述的:"形成'一带、两心、四镇、八园、多点'的线状布局。一带:运河文化遗产风光带;两心:姑苏核心(姑苏区、高新区、吴中区)、松陵核心(吴江城区);四镇:望亭镇、浒关镇、平望镇、盛泽镇;八园:浒墅古风(浒关老镇)、文昌阁、枫桥夜泊(枫桥、铁岭关景区)、体育公园、驿亭待月(三里桥、横塘驿站)、宝带串月(宝带桥)、三里古桥、纤夫古道;多点:望亭休闲公园、苏城门户、枫桥新天地、运河商务圈、运河老水厂创意园、运河都会走廊、姑苏古城门户、滨水活动公园、艺术公园、教育公园、运河雕塑公园、五龙桥公园、法国公园、三里桥爱情文化园、吴江运河公园、平望湿地公园、盛泽丝绸公园、潜龙渠公园。"[2]

"一带、两心、四镇、八园、多点"的布局标志着苏州市大运河文化带从政府顶层设计层面正式形成。这是苏州市人民政府在统筹考虑运河工程与文化建设过程中的全方面拉网,是响应习总书记"保护好、传承好、利用好"运河资源的有效方略。

---

[1] 刘士林:《成功申遗后,中央为什么专门印发〈纲要〉提出建设"大运河文化带"》,《上观新闻》,2019年5月28日。https://www.shobserver.com/news/detail?id=153697。

[2] 见2017年苏州市人民政府办公室颁布的《京杭大运河苏州段堤防加固工程进展情况介绍》。下文简称《情况介绍》,共三个部分:《工程实施的必要性》《工程基本情况》《工程的组织实施》。上文的内容在第二部分中,是对苏州市运河工程的一个总体布局。

综上所述，苏州大运河文化带可以定义为：以大运河苏州段为内核，以保护、传承、利用为主线，以苏州大运河流经的"一带"（即运河风光带）的地理空间为载体，以苏州城市区域"两心"（即姑苏核心与吴江核心）交通束为基础，以苏州周边"四镇"（即望亭镇、浒关镇、平望镇、盛泽镇）为发展主体，集"八园""多点"遗产与生态保护、经济与社会发展、文化与休闲游憩等多种功能于一体的具有苏州水城特色的综合型文化功能区域。[1]

三、大运河苏州段文化带建设的推展策略

（一）具有"苏式味道"的整体城市设计——实施大运河苏州段世遗品牌战略

德国历史学家斯宾格勒曾说过："世界历史，即是城市的历史。"[2] 而运河城市的历史与大运河发展历史息息相关。古代苏州的城市规模，大致从两张图可以窥见一斑。宋《平江图》准确地表达了南宋苏州城的平面布局，由图可以看出苏州是一座典型的大运河水网城市。同时，苏州也是名副其实的"千桥之城"，居民枕河而居，京杭大运河绕城而过，城内以河为道，唐诗中所咏唱的"君到姑苏见，人家尽枕河。古宫闲地少，水巷小桥多"[3] 的诗句，即为鲜活生动的水城生活写照。

而清人徐扬的《姑苏繁华图》则更形象生动地将古代苏州的繁华渲染于笔端。徐扬在他的长卷中绘录"自灵岩山起，由木渎镇东行，过横山，渡石湖，历上方山，从太湖北岸，介狮、和（何）两山间，入姑苏郡城。自封、盘、胥门出阊门外，转山塘桥，至虎丘山止"[4] 的姑苏古城盛况，涉及城区的部分主要反映的就是大运河水域社会生活场景。李斗的《扬州

---

[1] 关于苏州大运河文化带的定义，之前一直未有明确的界定。本文根据熊海峰《推进大运河文化带建设的对策探析》（《中国国情国力》2017年第10期）关于中国大运河文化带的定义，结合苏州市人民政府办公室下发的相关文件整理归纳得出如上定义。

[2] [德] 斯宾格勒：《西方的没落》，陈晓林译，哈尔滨：黑龙江教育出版社，1988年，第353页。

[3] 傅璇琮、许逸民等主编：《中国诗学大辞典》，杭州：浙江教育出版社，1999年，第1093页。

[4] 江洪等主编：《苏州词典》，苏州：苏州大学出版社，1999年，第903页。

画舫录》则更为直接地概括和比较了运河南段三座名城的风貌："杭州以湖山胜，苏州以市肆胜，扬州以园亭胜。三者鼎峙，不可轩轾。"[1] 大致是说古代苏州，尤其是在清代时，为全国知名的商贸中心，市肆繁盛。

从以上两张图可知，在文化空间上，大运河苏州段的相关水系和点段是江南地形地貌、地域文化的构建者之一，同时，其遗产点也见证了苏州城几千年来的变化与发展。大运河苏州段，谱写了中国大运河的开篇；同时，在这样一座古城中，"城—河—人"和谐共处的生态环境绵延了二千五百多年。大运河水由城外流入苏州城，给水城苏州注入新的水源，将城区水系沟通、盘活，形成了有机完整的水网系统。城内、城外之水通过环古城河水融为一体，使得苏州作为水城而构建出一幅风貌完整的水乡泽国图。由运河构建的这样一种城市有机整体，至今仍在城市发展的各个领域，如交通运输、文化传承等方面发挥举足轻重的作用。古城区"水陆并行、河街相邻"的双棋盘格局，在宋代《平江图》中可有印证，这也充分显示了城市规划水平的超前性与典型水网城市独具的特色。

因此，大运河苏州段文化带建设战略，应当有符合这座古城气质的"苏州设计"。应充分挖掘苏州运河文化的"世遗效应"，建立具有"苏式味道"的大运河世遗品牌。这就需要从全局角度出发，以大运河为纽带，进行具有"苏式味道"的城市设计工程，打造"运河·苏州"的城市名片，使运河文化带的建设真正做到"不负运河不负城"。作为"缘水而生，得水而美，因水而盛"的典型城市，临河枕水是苏式生活的典范。大运河苏州段的这七个遗产点代表了水城苏州的文化气质，是古城苏州的代表，却并不再是现代苏州"苏式生活"的样本。随着社会发展速度的加快，城市建设规模的扩大，苏州低山平湖、鱼米之乡和"海绵型"的整体环境格局被改变。在城市设计方面，运河文化带的规划和建设尚处于相对独立的状态，未完全体现出一以贯之的符合苏州整体运河水城气质的建设方案，全局性与统筹性尚不够充分。有鉴于此，世界各地其实有不少相关维护、开发和建设的优秀经验值得借鉴。比方说，在欧美地区，英国旁特斯沃泰水道桥、法国米迪运河、荷兰阿姆斯特丹运河、加拿大丽都运河和比利时中央运河五个运河项目入选世界文化遗产，这就可以用来充分借鉴。再如法国巴黎

---

[1] 李斗：《扬州画舫录》，北京：中华书局，1960年，第151页。

的塞纳河，设计者充分考虑了其悠久的历史文化，他们以"历史文化资源的保护和再生"为开发理念，进行整体设计，最终，将塞纳河畔建设成了一处集教育、文体、商务、居住、休闲等多功能融合的综合片区。再如日本东京湾的建设，亦是十分值得借鉴的，其设计者将博览、展示、休闲等综合功能集中在一起，强化该区域文化、科技、商业、安居、教育等功能，充分展示了现代城市设计对于复合人居环境的要求。对已有水域利用和开发的人类文明成果的审视和借鉴，有可能转化为我们进行大运河文化带建设后来居上的后发优势。

当今的苏州，除了文化之外，经济发展在全国也是有目共睹，作为非物质文化遗产的苏作手工技艺更是让世人折服，吴韵、吴风、吴声、苏工、苏作，这些都是能够充分代表苏州韵味的元素，因此，在苏州大运河文化带的建设中，既要回头看，也要左右看，但最根本的还是向前看。重视时空维度上横向和纵向的借鉴，以经济开发为中心，以历史文化遗产保护为内核，以具有"苏式味道"的城市整体设计为愿景，重新绘制新时代的盛世"姑苏繁华图"。

（二）加快文旅融合发展——研究确立大运河苏州段文化传承模式

苏州是一座2 530多年的历史文化名城，是一座经济发展与人文精神并重的城市，文化始终是苏州的重要优势、优质品牌。苏州同时也是拥有"世界文化遗产"和"世界非物质文化遗产"的双遗产城市，大运河苏州段沿岸的文化空间显示出作为历史文化名城的苏州独特的地域性和多样的地理风貌。据统计，继北京和西安之后，苏州各级文物保护单位数量占全国第三。

柔性的"水"文化丰富了苏州的城市文化内涵。智者乐水，先民们因势利导，治水、用水，苏州是全国最早出现水利管理机构的，这种自觉治水的理念使得苏州的居民可以与"水"和谐相处，并与之相匹配，形成了丰富多彩的民俗时令和温润敦厚的民风传统。同时，在每一次治水的过程中，苏州人都创造性地发明一些重要的器具、手艺，日积月累，这也是现代苏州独具艺术特质的重要原因。纵观苏州的文化艺术，无论是以吴侬软语为介质的昆曲、评弹、吴歌，还是品类繁多的苏州手工技艺，都充分展示了水文化的特质,钟灵毓秀、灵动精致。目前,苏州已有联合国教科文组织"人类非物质文化遗产代表作"6项,居全国城市之首;国家级"非遗"项目和省级"非遗"项目的拥有量也居于全国同类城市前列,为江苏之冠。

同时,苏州又是旅游的天堂。在全球知名旅游评论网站"猫途鹰"评选出的"十佳国际旅游目的地"中国榜单上,苏州跻身前十;[1] 在北京第二外国语学院中国文化和旅游大数据研究院基于海量旅游数据分析发布的"2018中国最佳旅游目的地城市排名"总榜单上,苏州位列第三。[2] 2018年,全市接待国内外游客1.3亿人次,实现旅游总收入2 601亿元。

因此,如何把这些丰富的世界文化遗产资源利用起来,将其开发成产品,让文化遗产"活起来",这是大运河苏州段文化传承模式很重要的方面,而文旅真正融合是必由之路。只有将文化遗产进行"活态保护开发",利用苏州独特的旅游资源和平台,开发大运河苏州段文旅融合特有的IP,文化才不会变成故纸堆中的历史,才能富有生命力,代代相传,文化和旅游发展才能真正做到共生共荣。

一方面,要重点保护大运河苏州段的生态环境,充分开展运河两岸遗址现状的调查与保护工作,展示考古现场并建立相应的博物馆陈列展示,运用现代3D、4D及VR技术展示运河生活场景模拟,在运河遗址综合利用的过程中,注意全局观念,从而带给市民及游客运河旅游的全域场景,调动全民参与热情,这些措施都能给游客带来强烈的代入感,使游客的情景现场体验更为丰富。

对于运河文化带的非遗技艺,要加强保护开发利用。各职能部门要有全局思维和总体意识,在进行规划设计时,各部门应互通信息,使得运河文化带建设有鲜明的特色和整体的把控,做到点、线、面三位一体,开发、管理系统一致。要做好苏州运河文化旅游项目的高起点规划与编制,认清运河作为活态、线性文化遗产的特征,重点打造一大批具有亮点的、主题突出的、特色鲜明的大运河文化旅游产品,如可以在目前通航的运河吴江

---

[1] 参见《猫途鹰:公布2019全球最佳目的地榜单》,http://www.pinchain.com/article/187339.shtml。

[2] 参见《值得一听!破题文旅融合,"苏式生活"是个不二切口》,http://www.360kuai.com/pc/9f6a40cfa483f56b2?cota=4&tj_url=so_rec&sign=360_57c3bbd1&refer_scene=so_1。

段"活运河"以及吴江古纤道大做文章,以运河文化带动吴江丝绸经济的复兴与旅游发展的繁荣,进而使得与吴江相关的历史文化遗产有效传承下去。

另一方面,以运河产品融合为基础,有效延长运河文化文旅产业链。其主要体现在:第一,与运河相关的文化产品要与苏州的旅游市场相融合,以文化创意为依托,推出一批充分体现大运河苏州段文化内涵的旅游商品。如"带着成语游运河""走运河、品佳肴""运河寻踪"等,让文化产品满足和引导旅游市场消费需求,进一步提升运河文化和旅游互动效应,推动差异化发展,不断拓展衍生产品链,增强产业支撑。第二,大运河苏州段文化产品的开发要与旅游要素相融合。传统意义上的旅游经典六要素为吃、住、行、游、购、娱。在运河文化传承过程中,产品的开发要紧扣这六要素,将苏州运河之旅与之紧密相连。第三,推动更多与苏州大运河文化相关的文化资源转化为旅游产品,如苏作、苏样、苏意,大运河苏州段沿线的各种物质、非物质文化遗产,在旅客体验过赏心悦目的文化产品后,还能带回经典、实用、利于传播的文创产品。第四,利用文化点亮运河旅游产品。苏州的旅游不缺热度,但是大运河苏州段的旅游在全国各地游客心中却地位不高,甚至苏州本地的居民对大运河苏州段也同样知之甚少。因此,利用流量影视剧带动大运河旅游是一个有效途径。这就需要苏州文化广电和旅游局统筹协调,组织专家撰写高质量、吸引市场的大运河文化影视作品,前不久播放的《都挺好》带动"同德里"的宣传是一个有效例证。

总之,文旅融合发展是大运河苏州段文化带建设十分重要的一个环节。在探索运河文化文旅融合发展过程中,要充分记住中央关于运河文化带建设"保护好、传承好、利用好"的重要指示,严格保护运河文化遗迹、重点加强对非物质文化遗产传承人的扶持,对重要的非物质文化遗产技艺做抢救性的保护,利用苏州的旅游资源与平台充分开发和大运河苏州段文化相匹配的IP,打造一批精致典雅、利于传播的文创产品和文化旅游产品。

(三)用"吴侬软语"讲好"运河·苏州"故事——文化复兴大运河苏州段人文故事地标

中国的文化地理学对文化景观论述十分详尽。京杭大运河的物质文化遗产和非物质文化遗产,蕴含着中华民族特有的物质价值、精神价值、思维方式、价值取向和艺术品质，充分体现了中华民族的生生不息的强大生命力和天马行空的创造力，是勤劳、勇敢的中华儿女智慧的结晶。[1] 很多地标性的遗产是人们了解运河，了解运河沿线生活、习俗等十分重要的手段，同时，也能够更加直观地增强人们对该地区的文化认同感与归属感。

同时，与运河相关的文学、戏曲、绘画、匠作技艺等文化样式等均会随着运河的流淌而传播、演变。京杭大运河的开凿也使得运河沿岸的生态环境发生改变，它对于运河沿线的居民来说，是承载了家族传统和先辈故事的重要载体，这些记忆和故事易于唤起人们的记忆、渲染乡愁、深化乡情。

因此，"运河记忆"也是大运河文化带建设的一个重要的方面。在苏州大运河文化带建设的过程中，人文故事地标的建设应是一大亮点。

第一，苏州大运河人文故事地标的建设，一定要全局把控，又要个性鲜明。如七个点段，山塘历史文化街区体现的是古代苏州人家临水而居的生活，"水阁楼"是这一点段重要的建筑样式，虎丘塔则是该区域内的重要地标建筑，而山塘街区农历四月十四"轧神仙"的民间习俗则可与之相呼应。平江历史街区和全晋会馆，是大运河南北经济文化交流的实物见证，全晋会馆"吴风晋韵"的建筑形式，体现的是山西商贾在苏的重要商业经营活动，1986年，全晋会馆作为苏州戏曲博物馆馆舍正式开放，此处的人文故事地标的设立即可与晋商、与戏曲相结合。平江路上有大量的名人故居，是古代文人墨客、达官贵人居住的地方，周边有拙政园、狮子林、苏州博物馆、忠王府等园林建筑，而苏州古典园林作为中国文化的后花园、城市山林，人文故事地标的设立可着重宣扬"精致淡雅""现代圆融""古今交相辉映"的苏州精神。盘门由水陆城门及两侧城墙构成，是古代重要的城防设施，是现存同类建筑唯一遗存的个案，是古代军事城防技术的一大创举。另外，盘门路则保留了苏州近现代以来的工业遗产，这条路是苏州民族工业的发源地，太和面粉厂、苏纶纺织厂、苏州一丝厂都始建于此。因而此段运河文化带人文故事的开发如果定位在"实业兴国""实业救国"

---

[1] 中国的文化地理学对文化景观的研究著述丰厚，其观点认为文化景观研究包含三个方面的内容，即文化景观理论研究、物质文化景观（建筑、居住、聚落等）研究及非物质文化景观（语言、地名、各种艺术等）研究。

的主题上是十分适合的。总之，在人文故事地标设立的时候，要"保护为先"，不过度开发。同时，要在符合苏州运河之城总体气质的前提下，显现各个地段的个性特征。

第二，苏州大运河文化带人文故事地标的建设要与运河遗产阐释体系同步。建议在确立的人文故事地标建筑旁附带与之相关的说明文字，告诉游览者这里曾经发生的事情、有何历史典故。文物遗迹是过去的，但如果想让它们与现代人的生活建立起联系来，就需要有故事的讲述与文化的传承，而这一点很容易被忽略。很多时候大家认为地标建筑建好，说明文字到位，就可以了，其实并不尽然，如果没有刻意、系统地安排阐述体系，在建筑的热度过后，很多地标就会渐渐淡出人们的视线。因此，突出恢复苏州大运河人文故事地标，一定要深入挖掘运河遗产中的文学作品、纪实口述等资源，定期举办相关节庆仪式，在一些十分重要的文物节点，还可以进行公共艺术或者场景的设计。而这些艺术与场景，可以与苏州传统的戏曲样式，如评弹、昆曲、吴歌等相结合，让"吴侬软语"委婉动听地讲好苏州运河故事。

（四）让现代与自然无缝连接——规划建设苏州大运河生态景观长廊

大运河文化带是承载了千年文脉的"活态"文化遗产，大运河生态景观长廊的建设是确保江苏可持续发展的重要选择。苏州是具有2 530多年历史的文化名城，同时，其国民生产总值在全国同类城市荣居榜首，苏州又是具有雄厚竞争力的现代产业名城。因此，苏州大运河的生态景观长廊建设，要在"绿水青山就是金山银山"的基本思路下，将"经济""文化""生态""人民生活"作为关键词，力求高质量地打造符合城乡建设总体要求、适应经济快速发展模式、提升运河沿线文化品位、满足人民闲适生活理念的苏州大运河生态景观长廊。"要以建成集环境整治、遗产保护、健康休闲、文化旅游功能'五位一体'生态绿廊为目标，加快推进京杭大运河苏州段堤防加固工程。努力把大运河苏州段打造成一条滨水风情人文带、旅游休闲观光带、防洪排涝安全带、海绵城市建设示范带。要持续推进'263'专项行动，大力开展沿线环境整治和修复，打造特色景观，推动早日实现'一河尽显姑苏之美'。"[1] "五位一体"的生态绿廊建设，是苏州市委、市政府在运河生态长廊建设中颇有创造性的概括与总结。

作为古代经济通道和世界文化遗产，大运河苏州段是苏州的文化长廊，也是生态绿廊，更是南北发展的纵轴，是苏州市政府塑造苏州软实力，宣传苏州"样板"的绝佳窗口。当然，苏州市政府从2012年开始就启动了"两河一江"工程，并在2014年、2015年、2017年分别开展了运河文化建设的工程。目前，高新区浒通段、狮山段以及吴中区段三段规划也已基本实施。

那么，要进一步加强苏州大运河生态景观长廊建设，首先，要将生态治水和绿色航运相结合，努力改善运河水环境、清净运河水。同时，要加强运河沿岸水域的科学管理与动态监测，建议增加运河生态监测点，分段实现与强化一直以来的"河长制度"，将运河水域管理纳入相关职能部门的人才评估和考核体系中。要加快推进绿色航运发展。淘汰高耗能、高污染的运河运输船舶，加快绿色生态港口的建设，同时，确保运河污染物得到有效的控制与管理。

其次，建立多元化的生态驳岸。通过生态驳岸的建设，与片区主题匹配、吻合，运河两岸的驳岸更为生动、有趣。其材质可以多种多样。

最后，打造符合苏州气质的运河两岸建筑与艺术景观。可通过结合建筑阳台、平台、观景台、亲水平台等多种方式，创造立体化的观景方式，打造与苏州水、河道运输相关的运河主题景观艺术。打造一批与主题相匹配的与苏州历史文化相关的景观艺术。烘托片区主题，打造养老休闲、儿童娱乐、健身三大功能相结合的趣味性场景。

总之，"要深入学习贯彻习近平总书记关于大运河文化带建设的重要指示批示精神，坚定文化自信、强化文化自觉，在推进大运河文化带建设中担负'苏州责任'，打造'苏州样板'，夯实'苏州基石'，凝聚'苏州合力'，建设大运河文化带'最精彩一段'"[2]。苏州大运河文化带的建设，

---

[1] 摘自2018年7月4日在中共苏州市委、市政府召开的京杭大运河文化带和堤防加固工程建设推进会上省委常委、苏州市委书记周乃翔的讲话。
[2] 摘自2018年7月4日在中共苏州市委、市政府召开的京杭大运河文化带和堤防加固工程建设推进会上省委常委、苏州市委书记周乃翔书记的讲话。

一定要符合古城苏州的整体气质，同时，更要突显具有国际竞争力的现代产业名城的社会地位；在增强苏州大运河文化带建设责任感、使命感的理念感召下，努力保护好源远流长的运河文脉；要以"青山绿水"为发展目标，建设满眼绿意的运河生态长廊，同时，努力提升苏州大运河黄金水道的含金量，从而将"人间天堂"的美誉根植于经济发展的沃土中。

（陈璇　苏州市职业大学石湖智库副秘书长，苏州大运河文化带建设研究院副院长，教授）

试论太浦河工程建设的历史启示和精神价值

王林弟

太浦河是太湖向东排泄洪涝的主要通道,全长 57.14 公里,其中江苏段 40.37 公里,浙江段 1.53 公里,上海段 15.24 公里。它穿越苏州吴江、浙江嘉善和上海青浦,而这三地正是长三角生态绿色一体化发展示范区所在地。结合太浦河工程的建设历程,梳理太浦河建设过程中带给我们的启示,对于解决行政壁垒、地理阻碍、政策各异等问题,实现"共商共建共管共享"不无裨益。而开挖太浦河所展示的精神价值,在建设长三角生态绿色一体化发展示范区,推动经济社会高质量发展的进程中对我们同样也有启迪作用。

一、太浦河开挖的缘由

太浦河是太湖治理的骨干工程。太湖治理一直是历代政府十分关注的水利工程。太湖流域的自然灾害以洪涝、台风灾害为主,强降水和上游来水导致太湖水位急剧上涨,而天然的泄水河道不能顺畅地排出太湖涝水。1957 年 4 月,水利部在南京召开太湖流域规划会议,部署太湖流域规划工作。同年下半年,江苏省水利厅组成规划班子,提出建设太浦河、望虞河和太湖控制线的"两河一线"工程,实行洪涝分治、高低分开的治理方案,建议从太湖边开一条排洪专道——太浦河,连接黄浦江泄洪入海。1958 年,以"两河一线"为框架的太湖流域治理规划得到中共中央上海局的同意。[1]

太浦河的集中建设大致分为三期工程。第一期开挖工程从 1958 年 10 月至 1960 年 7 月,第二期续办拓浚工程从 1978 年 10 月至 1979 年 3 月,第三

---

[1]《吴江市水利志》编纂委员会:《吴江市水利志》,扬州:广陵书社,2014 年,第 131 页。

期续建工程从1991年10月至1998年6月。2006年4月,太浦河工程正式通过水利部竣工验收。

经过数十年的建设和沿线三地的协作治理,太浦河成为集防汛水运、水体保护、生态休闲于一体的复合型清水廊道。

太浦河从通起来、用起来到治起来、美起来,带给人们的启示无疑是巨大的。

二、太浦河工程的启示:流域工程必须统筹兼顾、区域协同

太浦河从1958年动工,历经三期工程才完工,一方面是工程巨大,不能一蹴而就,另一方面是沿线苏浙沪三地之间没有很好统筹协同。

前两期工程,太浦闸下游至江苏段38公里河段基本成形,可以通水通航,上海段开挖10公里,河身初具雏形,但河底高低宽窄不一。浙江段2公里没有开挖,仅放样清基。

其间,中共中央上海局、中共中央华东局、国家水利电力部、太湖流域水利委员会、上海经济协作区规划办公室和太湖流域管理局分别牵头召开多次会议,相关部门和苏浙沪两省一市负责人参加,一起讨论协商太湖治理的办法,同意包括开挖太浦河在内的工程方案。

前两期工程太浦河没有按规划要求完工,原因是多方面的。但是地方水利建设互不通气,上下左右不能配合,各地站在自身角度建设水利工程,这些现象也是确实存在的。

事情的转机出现在1991年。这年夏天,太湖流域发生特大洪水,惊动了党中央、国务院。中共中央总书记江泽民等党和国家领导人来到江苏吴江、上海青浦和浙江嘉善等灾情严重地区,视察灾情,慰问受灾群众,指导抗洪抢险。根据国务院和国家防总命令,太浦河节制闸开闸泄洪,这是太浦闸1959年建成后首次正式开闸泄洪。[1] 为了让洪水通过太浦河顺利排出,7月4日,国务院副总理、国家防汛总指挥部总指挥田纪云下令打开红旗塘拦河坝,打通太湖至黄浦江的泄洪通道。[2] 太湖洪水第一次通过太

---

[1] 苏州市水利史志编纂委员会:《苏州水利志》,上海:上海社会科学院出版社,1997年,第42页。

[2] 《青浦水利志》编纂委员会:《青浦水利志》,北京:方志出版社,2006年,第435页。

浦河直接流入黄浦江汇入东海，有效缓解了太湖流域的灾情。而被炸开的，不只是两处拦河坝，更是省际联合治水的藩篱。

同年10月，国务院把太浦河工程列入太湖流域综合治理骨干工程，随后，太浦河上海段、浙江段建设工程相继启动，40多天就完成了开挖任务。1992年11月开始，太浦河江苏段建设工程全面展开，1998年6月工程竣工。

竣工后的太浦河工程发挥了巨大作用。实践证明，太浦河工程能成为流域性工程，靠的就是统筹兼顾，区域协同。只有强化顶层设计，统一规划，打破省际界限，由各自为战到协同作战，才能让原本因行政区划不同而孤立的系统工程早日完成，早日发挥效益。

在长三角生态绿色一体化发展示范区建设背景下，青浦、吴江和嘉善三地建立协作治水机制，团结治水、联合巡河，创新提出"联合河长制"，共同护卫太浦河清水廊道，形成共治共管的良好氛围。如今，统筹兼顾、区域协同已经成为三地共谋区域一体化治水新蓝图的指导思想，以此探索示范区水资源保护、水污染防治和水安全保障。

不只是联合治水，长三角一体化发展内涵丰富，涉及面广。但是由于行政区划限制所形成的"一亩三分地"思维定式在一些政府部门依然普遍存在，眼睛只盯着自己所管辖的那一片区域，只顾盘算自己的"小九九"。一体化所需要的全局意识、统筹决策仍未得以真正树立。长三角一体化发展必须打破体制机制壁垒和制度瓶颈，既要有大格局，又要有大胸怀，牢固树立全局思维和长远意识。淡化区域观念，既要干好"自己的事"，也要做好"我们的事"，还要帮好"邻居的事"。这样才能在融入一体化、服务一体化、推动一体化发展中展现更大作为。同时，正确处理局部和整体的关系，努力要从区域整体来考量安排各类规划的研究制定、重大项目的谋划储备、体制机制的改革创新。长三角三省一市要增强大局意识、全局观念，抓好《长江三角洲区域一体化发展规划纲要》的贯彻落实，聚焦重点领域、重点区域、重大项目、重大平台，把一体化发展的文章做好。

三、太浦河工程的精神价值

(一) 统一思想,组织有力是保证

太浦河工程启动后,每期工程、每个地方都成立指挥部,开工后都召开誓师大会和动员大会,明确工程任务和目标要求。前两期工程对于民工实行军事化管理。施工组织以县为单位,民工按团、营、连、排、班军事建制,实行军事化管理,划段包干。1958年10月太浦河一期工程开工,苏州专署成立苏州专区太浦河分洪工程指挥部,由苏州专员公署副专员周公辅负责,实行统一领导,统一指挥。[1] 为明确太浦河工程质量标准、施工步骤和方法,在施工前,指挥部向参加施工的民工颁发《施工须知》。1959年3月5日,吴江县召开太浦河工程决战誓师大会,有近千人参加。青浦段工程由上海市农委直接领导,并在县练塘设立总指挥部。二期工程实施前,苏州地区成立太浦河工程总指挥部,中共苏州地委常委范育民任指挥。调集吴江、江阴、无锡、沙洲、常熟、太仓、吴县、昆山8县民工13万人,编成79个营、3 800个连排进行施工。[2] 在施工最紧张的关键时刻,地、县、社主要负责同志亲临工地慰问,关心民工生活情况,解决实际问题。

三期续建工程开始,1991年10月,上海市成立了由市长黄菊为组长的上海市太湖治理领导小组,并召开了上海太浦河水利工程动员大会。11月20日,国务院总理李鹏、国务委员李贵鲜在上海市委书记吴邦国、市长黄菊陪同下,亲临太浦河慰问奋战在工地的军民,并参加劳动。[3]

1991年11月24日,太浦河工程浙江段举行开工誓师大会,大会提出"奋战四十天,拿下太浦河"的响亮口号。

1991年10月28日,江苏省政府成立以省长陈焕友为组长的江苏省治理淮河、太湖领导小组,12月成立江苏省治理淮河、太湖指挥部。1992年

---

[1] 苏州市水利史志编纂委员会:《苏州水利志》,上海:上海社会科学院出版社,1997年,第129页。

[2] 苏州市水利史志编纂委员会:《苏州水利志》,上海:上海社会科学院出版社,1997年,第131页。

[3] 《上海水利志》编纂委员会:《上海水利志》,上海:上海社会科学院出版社,1997年,第27页。

开始,江苏省实施太浦河第三期工程。由于太浦河江苏段全在吴江境内,吴江承担了大部分的施工任务。8月,吴江市太湖治理工程指挥部成立,11月太浦河工程吴江段开工。[1]

正是有了各级党委政府的高度重视,有了强有力的组织保证,太浦河各阶段的工程才能顺利实施。

长三角生态绿色一体化发展示范区建设是一项"前无古人"的探索性、开创性工作,没有任何经验可以借鉴。长三角生态绿色一体化发展示范区理事会、长三角生态绿色一体化发展示范区执行委员会的成立,为一体化示范区建设有序推进提供组织保障。这将有利于推动两省一市在更高层面实现高效沟通和协调,为跨区域合作探索新机制。而《长三角生态绿色一体化发展示范区总体方案》的公布,则明确了示范区建设的初心使命、战略定位、空间布局、制度创新和组织保障。要进一步健全体制机制,为区域一体化发展提供组织支撑。实行三地联合、业界共治,三地轮值、统一决策,授权充分、精简高效的组织架构,全力打造生态优势转化新标杆、绿色创新发展新高地、一体化制度创新试验田、人与自然和谐宜居新典范。

(二)攻关创新,自力更生是前提

太浦河前两期工程,机械化程度不高,都是人工开挖。参加施工的民工自力更生,靠自己的双手一锹一锹挖泥取土,用自己的双肩一筐一筐挑运土方。少数工地上,铺上木轨道,用小木车运土,算当时最高水平的机械化了。民工们白天干了还不算,夜里还要挑灯夜战。每天施工10多个小时,中午在工地吃饭。随着河道的挖深、两岸堆土场的延伸和升高,推车拉泥更费力。手掌水泡,肩膀红肿,腰酸背疼,超负荷的劳动让这些症状成为民工的标配。

施工期间正是冬季,滴水成冰,寒风刺骨,雨雪交加。在这样恶劣的环境下,广大民工发扬一不怕苦二不怕累的大无畏精神,战天斗地,栉风沐雨,他们喊出"头顶星、脚踏冰,不完成任务不收兵"的豪迈响亮的口

---

[1] 吴江市地方志编纂委员会:《吴江市志 1986~2005》,上海:上海社会科学院出版社,2013年,第200页。

号,完成了一段又一段河堤。[1]

江苏段第一期工程,因串湖接荡,地形复杂,湖荡清基时,面临大量淤泥,施工困难,各级指挥员、技术人员和广大民工群策群力,献计献策,通过技术创新,终于攻克淤泥深的难关。[2]

1979年春,太浦河蚂蚁漾穿湖大堤工程动工。此前,该段因淤泥含水量大、泥土活动性强、塌方严重而被停工。针对该工段土质特点,指挥部修改了河道设计标准,及时总结湖滨营施工经验,创造性提出"开好龙沟榨干水,增加台阶稳住坡,创造条件搞突击,分期分批筑好堤"的施工方案。各民工营经常召开工地座谈会、诸葛亮会,及时发现问题、解决问题。3月20日,穿堤工程顺利竣工。[3]

攻坚克难、创新创造、自力更生、艰苦奋斗,这是太浦河精神的写照,同样适合长三角生态绿色一体化发展示范区建设。虽然现在我们的生产工作条件比起60年前不知要好多少倍,但是一体化进程中的思想阻力仍然巨大,必须突破行政区划和局部利益的掣肘,摒弃"肥水不流外人田"的狭隘利益观,抛掉"我的地盘我做主"的任性权力观。要跳出小圈子、面向大世界,敢于想他人不敢想、做他人不能做,勇闯"无人区",干出气势、干出水平、干出成效,矢志不渝把美好蓝图变成现实成果。对照新时代新要求,建设一体化示范区的任务艰巨、使命光荣。要一如既往地发扬自力更生、艰苦奋斗的精神,靠自己的打拼开辟新的天地,率先探索将生态优势转化为经济社会发展优势、从项目协同走向区域一体化制度创新,奋力走出一条跨行政区域共建共享、生态文明与经济社会发展相得益彰的创新驱动之路。

(三) 比学赶超,挑战自我是关键

太浦河前两期工程开始后,工程指挥部组织各县民工团开展比工效进

---

[1]《芦墟镇志》编纂委员会:《芦墟镇志》,上海:上海社会科学院出版社,2004年,第126页。

[2] 苏州市水利史志编纂委员会:《苏州水利志》,上海:上海社会科学院出版社,1997年,第130页。

[3] 苏州市水利史志编纂委员会:《苏州水利志》,上海:上海社会科学院出版社,1997年,第131-132页。

度、比工程质量、比团结纪律、比安全生产、比勤俭节约、比共产主义风格"六比"劳动竞赛。[1]指挥部还刊印宣传资料，公布比武结果。整个工地出现鼓干劲、争上游、夺红旗、虎跃龙腾的局面。

1960年，江阴团摆下英雄擂台，提出："赛常熟，胜吴县，超吴江，冠军红旗江阴飘！"开展社会主义劳动竞赛。吴江二团所属的7个营和吴县二团所属的4个营分别开展比武竞赛，以每个营的平均工效论英雄。吴江平望营和吴县光福营开展结对竞赛，结果平望营男子组以平均工效5.71取胜，光福营女子组以3.41领先。

三期工程开工后，金山团县委向全县青年发出动员，并组织青年突击队，赶赴太浦河工程第一线，同时命名了19支青年突击队，开展了"青春在太浦河工地闪光"青年突击队劳动竞赛。[2]

大比武大竞赛，对标先进，比学赶超。建设工地上这种浓厚的氛围激发了广大民工的工作热情，形成了推进工程建设大干、快干、真干、实干的强大合力。

长三角一体化发展战略是百年未有之大机遇，但这个机遇并非一家独有，区域内周边地区你追我赶的竞争态势十分强烈。各地一定要拿出追赶者的勇气、跨越者的气势、超越者的耐力，勇当先遣队、争做领头羊，改革再出发、目标再攀高，再掀比学赶超、争先进位的热潮，在群雄逐鹿的竞争中更好抢占先机。青浦、吴江和嘉善三地更须铆足干劲，以只争朝夕、奋发作为、真抓实干的精神状态，逢山开路，遇水架桥，全力以赴推进示范区建设，加快打造发展强劲活跃增长极。

（四）顾全大局，牺牲小我显风格

大凡重大工程建设，免不了征用土地和拆迁房屋，也会影响个人和局部利益，太浦河工程也不例外。但是太浦河工程沿线的居民以大局为重，"一切为了太浦河，一切服从太浦河"。吴江的征地和拆迁任务是最重的。仅一期工程，全县挖废土地7 042亩，压占耕地13 954亩，拆迁房屋8 048

---

[1] 苏州市水利史志编纂委员会：《苏州水利志》，上海：上海社会科学院出版社，1997年，第131页。

[2] http://www.shtong.gov.cn/dfz_web/DFZ/Info? id = 158104&idnode = 108861&tableName = userobject1a。

间，农户 1 188 户。芦墟公社孙家浜、平望公社郭家港两个自然村落整村被拆迁。当时政府未付挖压土地和拆迁房屋赔偿费，后于 1962 年按政策退赔。[1]三期工程上海段涉及青浦金泽、莲盛和练塘 3 个乡镇，村民们识大体顾大局，在动迁问题上坚决服从"土地先用后征，农作物先损毁后折算，构筑物先动迁后补偿"的安排，做出了不小的牺牲。[2]嘉善丁栅镇银水庙村征用了 650 亩农田，74 亩桑园和 30 多亩鱼塘，迁走了 800 多个坟墓。[3]

征地拆迁需要认真的排查摸底、合理的补偿机制和细致的思想工作，更需要征地拆迁对象顾全大局。在长三角一体化国家战略的背景下，征地拆迁事关经济发展、民生改善和环境整治。通过征地拆迁，保障国家战略的落地空间，实现示范区经济社会的高质量发展。要坚持依法征拆，坚持把"公平、公正、公开"的基本原则贯穿于征地拆迁的全过程，广泛宣传征地拆迁的政策。广大群众要认可、支持和配合征地拆迁工作，顾全大局，服从示范区工程建设需要，确保示范区建设顺利推进。

（五）立足本职，支援前线成自觉

一期工程中，苏州专区动员各县及各行各业大力支援，组织有关工厂日夜赶制胶轮车、四平车、铁木斗车、拖拉机、水泥船、轻便铁轨、机械绞关、履带输送机、水枪、高压泵和泥浆泵等，并派技术干部和工人到工地指导，终于解决了施工困难。二期工程中，各行各业大力支援和配合，做好粮草后勤供应和运输工作，使工程进度快、工效高、质量好，受到水电部和省水利厅的表扬。[4]三期工程开工后，金山县后方团组织也积极组织开展了"星期日奉献"活动，以实际行动支援前线。[5]嘉善县丁栅镇人民在得知将有 2 万民工入驻工地的消息后，无论是机关、商店、学校还是农民家庭，都纷纷腾出地方，让出灶间，有的还帮忙建造起食堂，以备民工

---

[1] 吴江市地方志编纂委员会：《吴江县志》，南京：江苏科学技术出版社，1994 年，第 215 页。

[2] 《青浦水利志》编纂委员会：《青浦水利志》，北京：方志出版社，2006 年，第 130 页。

[3] 陈建新：《太浦河不曾忘记》，《嘉兴日报》嘉善版，2011 年 12 月 23 日 B5 版。

[4] 苏州市水利史志编纂委员会：《苏州水利志》，上海：上海社会科学院出版社，1997 年，第 131 页。

[5] http://www.shtong.gov.cn/dfz_ web/DFZ/Info? id = 158104&idnode = 108861&tableName = userobject1a。

进驻后使用。丁栅食品公司、供销社优先供应各类生鲜蔬菜,解决了民工的吃饭问题。[1]

每个人不可能都是工程直接参与者,但这并不意味着自己不能为太浦河建设出力。立足本职岗位争创一流业绩,支援前线服务前方,同样也是工程建设者。

在长三角一体化发展的火热实践中,每一个人都不是局外人、旁观者。要确立人人都是主角、不是配角,都是参与者、不是旁观者的姿态,立足本职工作奋勇担当,积极主动服务长三角一体化发展,为首位战略贡献个人最大的力量。

太浦河工程是一部气吞山河、波澜壮阔的奋斗史诗,是一座感召当代、流芳百世的精神丰碑。中国特色社会主义进入新时代,我们更需借鉴利用太浦河工程的启迪作用,大力弘扬太浦河建设中的精神价值,为建设长三角生态绿色一体化发展示范区,推动经济社会高质量发展做贡献。

(王林弟　苏州市吴江区档案馆副主任科员)

---

[1] 王静皎:《开挖太浦河:"大禹治水"的当代实践》,《嘉兴日报》嘉善版,2018年12月29日B3版。

草鞋山良渚文化遗址的活化利用

林锡旦

2019年7月6日,良渚古城遗址被正式列入《世界遗产名录》,这使寂寞已久的良渚文明得到世界公认。这对于杭州余杭区境内的良渚古城遗址,对于散布于江浙地区的良渚文化遗址,都是一个极大的鼓励和肯定。其中苏州工业园区草鞋山文化遗址,亦属良渚文明,可惜由于多种原因,至今尚未得到重视和利用,本文就此做一简要论述。

一、草鞋山良渚文化遗址的历史定位

草鞋山位于原吴县唯亭镇东北二公里处,是离阳澄湖南岸650米的一个土墩,东西长120米、南北宽100米,面积12 000平方米,海拔15米,高出地面约10.5米。隔路相望的夷陵山,东西长65米、南北宽45米,面积3 000平方米。经钻探查明,遗址东西长约260米,南北宽约170米,面积为44 000平方米,说明这两个土墩实际上是一个遗址,两处合起来共56 000平方米。草鞋山遗址的文化堆积厚达11米,是保存得比较好的文化叠压关系。根据土色和土质的不同可分为十层。简要说来,在遗址最低层,是马家浜文化早期类型,在上面依次叠压的文化层中,发现了早、中、晚三期的墓葬,早期属马家浜文化类型,中期主要属于崧泽文化类型,晚期属于良渚文化类型。这三期大体上还可以分早晚,例如良渚文化墓葬,在第四层是属于早期良渚文化的,在第二层是属于典型良渚文化的。

南京博物院曾在1956年、1972年至1973年,先后对草鞋山做了多次发掘和调查。如在"第二层,黄褐土,厚约1米。发现墓葬一座,出土玉琮、玉璧和具有良渚文化特点的陶器","第十层,厚1-2米。发现居住遗迹,十一个灰坑,出土稻谷、菱、动物遗骨、纺织物残片等,陶片大多为夹砂褐陶，也有一些夹砂红陶"。[1]

"当时种的农作物主要是水稻，在崧泽和草鞋山发现的炭化谷粒，分别鉴定为籼稻和粳稻。我国农学家认为，籼稻是由野生稻栽培而来，粳稻则是长期的栽培过程中逐渐从籼稻派生出来的。可见，长江流域水稻的栽培已有悠久的历史。稻谷常发现去壳成为糙米，加工粮食的陶杵发现不少。说明农业生产已在经济生活中起重要作用。"[2]

"纺织是重要的家庭手工业。除陶、石纺轮和骨针外，在草鞋山发现三块已炭化的纺织物残片。经鉴定得知，纤维原料为野生葛，其中一块为罗纹织物，织造技术相当进步，可能已发明原始织机。"[3]

在 T203 第二层中发现的 M198 是一座属于典型良渚文化的墓葬。其中"玉琮为外方内圆的长筒形，两面对钻穿孔，其中一件高 18.4、宽 7.7、孔径 5 厘米，筒身分为七节。小玉琮高 1.8、宽 1.2、孔径 0.45 厘米，筒身分两节。大小玉琮的每节以四边为中线，刻有象征兽面的纹饰"。在 T303M1 中出土的"玉琮，高 5.1、宽 3.2、孔径 1.2 厘米，筒身分两大节，以四边为中线，精刻八组兽面纹"[4]。

草鞋山良渚文化墓葬的玉器，经华东地质研究所鉴定：玉琮、玉璧为透闪石，玉管为纤维蛇纹石，即岫岩玉，又名火烧玉。据有关地质资料记载，在太湖附近的丘陵地，蕴藏有上述玉材。因此，这些玉器应是当地生产的。

在史载当时金属工具产生之前，先人们是如何进行这样精细雕琢？《诗经·小雅·鹤鸣》中说"它山之石，可以攻玉"，《诗经·卫风·淇奥》则有"如切如磋，如琢如磨"。吴地先民以解玉砂和水作为加工工具和玉料之间的介质，反复不断地成千上万次地磋磨、碾琢，以柔克刚，经过切锯、作坯、钻孔、刻纹等工序制成玉器，这就是早期玉器制作技术的本质和奥

---

[1] 南京博物院：《江苏吴县草鞋山遗址》，苏州地区文化局、苏州市文物管理委员会、苏州博物馆编：《苏州文物资料选编》，1980 年，第 10-11 页。

[2] 南京博物院：《太湖地区的原始文化》，苏州地区文化局、苏州市文物管理委员会、苏州博物馆编：《苏州文物资料选编》，1980 年，第 5 页。

[3] 南京博物院：《太湖地区的原始文化》，苏州地区文化局、苏州市文物管理委员会、苏州博物馆编：《苏州文物资料选编》，1980 年，第 5 页。

[4] 南京博物院：《江苏吴县草鞋山遗址》，苏州地区文化局、苏州市文物管理委员会、苏州博物馆编：《苏州文物资料选编》，1980 年，第 15 页。

秘所在。而人们在琢玉过程中，奉着崇敬的情感，在雕琢着玉器的同时，雕琢着自身的内心世界，这就使玉器的雕琢成为人们内在涵养的修炼，由此形成了人的性情、性格的琢磨，或者是心灵的一种追求，同时也是吴地工匠精神的早期形成。这样，吴地先民与玉器相互为用，构成了吴地玉文化的源头。良渚玉文化用途功能，则是早期创作了含有精神层面的祭祀礼器，是早期精神文明的发端之一。

吴地先民的玉器，既是手工艺的文化创作，其四边精刻的兽面纹，后来在商周的青铜器上也得到广泛应用，而且玉琮、玉璧被后来的《周礼·春官·大宗伯》记载为："以玉作六器，以礼天地四方，以苍璧礼天，以黄琮礼地，以青圭礼东方，以赤璋礼南方，以白琥礼西方，以玄璜礼北方。"是先民们用来祭祀天地四方的礼器。这就是精神层面玉文化的体现。所以说，吴地玉文化是华夏文明的源头之一，尤其是其玉器之精美，早就独树一帜，遥遥领先于全国各地。

有人将中国史前玉器分为以良渚文化玉器为主和以红山文化玉器为主的南、北两大区，为什么南方的良渚文化会戛然而止？故宫博物院前副院长、玉器研究会会长杨伯达认为："传播主体应为良渚文化人群，很可能是在公元前 4300 年—4200 年由于洪水泛滥、海水倒灌、水平线提高，良渚文化区域遭到不可抗拒的严重洪灾，而仓惶（皇）出逃奔向四方，其中一支带着玉神器辗转流离，终于到达西北黄土高原，落脚之后他们将琮璧玉神器及其巫术文化一起传给了齐家文化地区。"[1] 太湖流域玉文化随之流传，无形中推进着各处的文明进程。玉器在文化中的交会，总态势不是传统所谓的由中原向四周的扩散，而是由四周向中原的汇聚。在玉器造型、组合的规范化程度和墓葬的等级分化程度及礼的发达程度上，良渚文化似又较红山文化更胜一筹。

二、建设草鞋山良渚文化陈列馆刍议

这是良渚古城遗址申遗成功对苏州的启示和助推。2006 年 12 月 8 日，笔者作为政协苏州市第十一届委员向市政协会议提案办提交了一份建议案，原名《草鞋山六千年水稻遗址陈列馆》，现增补了良渚文化中重要的玉文

---

[1] 杨伯达：《泛论中国和田玉玉文化》上，中国美术家网，2009 年 10 月 26 日。

化,调整该案如下。

案由:关于建设草鞋山良渚文化陈列馆的建议

苏州工业园区草鞋山曾出土距今约 6 000 年的水稻,被中日专家鉴定为目前世界上发现最早的水稻,当然随着文物的陆续出土,还会有更早期的水稻。苏州是历史上水稻之乡和著名的良渚玉器、丝绸织物的重要产地,因此,以此为基础,充分利用这一宝贵资源,借着良渚古城遗址申遗成功的东风,建设草鞋山良渚文化陈列馆就得天独厚,很有必要。

(一) 理由

1. 从近几年在草鞋山遗址考古发现距今约 6 000 年的水田遗迹看,原始人群不但能够充分利用湖滨低洼地来种植水稻,而且在水田附近还开挖了蓄水井和水沟进行灌溉,这是他们对水稻生长过程长期观察而形成的生产技术。古吴先民依靠水稻得到生存和进步。现有的稻作农业资料给人们的启示之一,农业的发明是人类自身进步的结果,反过来又促进人类智力向更高级阶段发展。

2. 草鞋山遗址发现的水稻经鉴定并被确认是人工栽培水稻。这个结论还从大量出土的生产和加工工具——骨耜以及骨镰、木杵、石磨盘上得到印证。更为有力的证据是少数出土的陶釜底部还残留着锅巴,证明这里的先民是经常煮食米饭的,因此考古学家、农史学家认为遗址发现的水稻已不是稻作农业的起始阶段,在它以前应该还有一个相当长的发展时期,而现有的材料已经足够证明中国的栽培稻是中国本土起源的。草鞋山遗址乃是研究中国稻作农业起源的一个重要遗址。

3. 从遗址发现有压叠着的各个不同时期的文化层,出土大量的农业生产工具,同时随着农业的出现,建筑、制陶、纺织、髹漆及良渚玉器原始艺术、宗教都得到发展。草鞋山遗址是苏州行将消失的远古文明,理应成为苏州古代人类活动的一个纪念地。

4. 苏州正在进行的现代化城市化建设,已使鱼米之乡苏州的稻作文化阵地压缩、减少至不相称的地步,稻作文化在苏州已濒临消亡,所以更有必要在苏州建馆,以宣传这一独特珍贵的文化遗产,而这里的良渚玉文化也是一大特色,都可成为新的旅游景观。

（二）建议

一是建设草鞋山良渚文化陈列馆。其中"草鞋山"，是特定的地理、方位名称；"良渚文化"是其特色内容；"陈列馆"是作为一种历史陈列展示，是该馆的性质和形式。陈列馆对外免费开放。

二是陈列馆的建设，应为苏州香山帮特色建筑，千万不能建高大洋的现代化建筑，既发扬苏色传统建筑特色，又使其与6 000年水稻农耕文化、古玉文化相适应。

具体规划草拟如下（当然这是主题指导，实质性的还须请专业单位来规划，苏州世界遗产与古建筑保护研究会来组织实施）。

1. 围绕草鞋山自然形态，周围筑呈自然形态（不是正方形、长方形、圆形、直线条）的围墙，当然也可使围墙构成草鞋形，更显地理原貌。粉墙黛瓦，围墙并开设园林式漏窗，使内部自然景观能透过漏窗向外交融。仿沧浪亭水廊围墙。

2. 利用围墙向内筑一大圈较宽的沿墙回廊，有的部位向内可用吴王靠，供人们稍做休息，坐观景色。回廊中间开出若干可自由出入的口子，铺设鹅卵石曲径通向各陈列室。在围墙向内不设漏窗的部位，设置玉雕工作室，由玉雕艺人现场操作表演，陈设精美玉器。布置展板，介绍苏州良渚玉文化传播演变的发展史。

3. 中间偏里，建一较大的主体陈列室，粉墙黛瓦，或部分偏室屋顶加铺稻草，形成草屋状。有条件的话，里面最好能建成当年考古发掘的几个历史地层，如兵马俑那样，以如实地展示当地的历史文化遗存。周围可陈列历次考古发掘出来的文物复制件，并应用展板陈列历次考古发掘报告、照片等。还可陈列苏州地区历史上用过的各式农具，各种稻谷，生产、生活场景等，充分展现农耕社会的历史风貌。当然还可利用多媒体进行现代手段的展陈。

4. 主陈列室由长廊连接各次要陈列室，陈列苏州农耕社会栽桑养蚕丝织的民间生活习俗；陈列园区历史上的"水八仙"，包括历史和图片、实物，同时还可现场供应"水八仙"特产，特别能吸引中外来宾。

5. 陈列室前面可以开挖大水池，中央遍植荷藕（不加喷水类现代装置），在周边培植"水八仙"，铺设贴水曲桥，其余空地进行包括桑树在内的花木绿化；既呈自然状态，又稍做人工安排；或可开辟一小块农田，依时令栽培苏州特色的其他农作物，展现苏州农耕生产的实例实景。

6. 在陈列馆门口竖起石碑，标题为"草鞋山六千年水稻遗址"，碑阴刻该处水稻遗址的发现及其价值。

7. 陈列中可结合现代传媒手段，制作一些视听作品供人们深入了解良渚文化的内涵及外延。培训几位讲解员熟悉了解良渚文化及陈列，向参观者进行讲解宣传，普及知识；组成陈列馆的管理班子，保持馆内的环境安全和日常运作。

2006年12月8日，笔者作为政协苏州市第十一届委员向市政协会议提案办提交了一份建议案，原名《草鞋山六千年水稻遗址陈列馆》，现增补了良渚文化中重要的玉文化，以及吴地蚕桑丝绸文化，调整为以上活化利用建议。当年提案返回的意见说，该处是要保护建设，有可能与重元寺一起建成旅游风景区。遗憾的是至今已过20多年，尚未见到该方面的规划和实施。现再次提出呼吁，我们每个人都有责任将身边的国宝整理保护，展示出来。

在中国良渚文化被列为世界文化遗产的今天，正是行动的时候！

（林锡旦　苏州市地方志编纂委员会办公室研究员）

建设孙策运河公园
打造具有吴文化特色的大运河精彩景点

陈来生　王国平

申遗成功以来，苏州大运河的保护、传承和利用取得很大成绩，可是对标大运河建设的国家战略，对比把大运河苏州段打造为苏州的形象新标识的要求，依然存在一定差距。这其中最突出的就是缺乏标杆项目，除了盘门，可供直接保护和开发利用的不多；其次是沿河文化的原真性不够，沿线古建筑数量较多，但保护完好的不多，相关民俗风情、名人古迹等日趋消亡，更缺乏具有独特风貌、具有品牌影响力的资源和产品，包括旅游纪念品。大运河文化带建设是全面助力苏州社会经济持续发展的重大契机，迫切需要卓越的路径和有效的抓手，扭转大众对大运河及其文化、旅游的认知日益无感的现状，推动地方文化旅游业发展。建设孙策运河公园，打造具有吴文化特色的大运河精彩景点，就是一个很好抓手。

一、孙策对苏州历史文化的重要性

挖掘并彰显孙策文化，有助于突出孙策文化资源特色优势，突出东吴文化比较优势，打造吴文化和大运河高地。孙策，字伯符，吴郡富春（今浙江富阳）人，孙坚长子，孙权长兄，长相俊美，多谋而善用兵。童稚之年即能结交名士，奋志功名，善于用人，"智略超世，用兵如神"，"勇锐无前，真一时豪杰之士"，在《三国演义》中绰号"小霸王"，死后被追谥为长沙桓王。

（一）孙策对东吴文化的重大影响

东吴是苏州的别称。孙策被封为吴侯，是东吴的主要奠基者。同时代的曹操评价说"难与争锋"，袁术感叹如果自己"有子如孙郎，死复何恨？"

古往今来有无数诗文感佩、咏叹孙策奠定东吴基业的丰功伟绩。孙策是很有影响的历史人物。网上有个"孙策吧",有着大量的粉丝,"东吴吧"里也有大量对孙策及孙策墓的网络舆情互动;很多三国爱好者、吴文化爱好者乃至玩三国类游戏的人都喜欢、仰慕孙策,自称"策粉",逢时过节去孙策墓故址祭祀。甚至在《王者荣耀》里,孙策的骁勇善战、英姿俊朗得到正视,从以前的冷门英雄变成了上单一哥的热门英雄,拥有众多的粉丝。

三国时期吴国基业起初奠定于吴郡(今江苏苏州),孙策死后葬于苏州盘门外(原苏州染丝厂),当地人俗称"孙王坟""孙将军坟"。可惜孙策墓在20世纪80年代被夷为平地,人们前往吊唁时无处寻踪。因而很多"策粉"都呼吁为孙策建立相关场所,立碑纪念。众多网友在微博上发起了"请愿为三国名人孙策在苏州地区立碑纪念"的投票,有千余人参与,几乎所有人都表示赞同。孙策墓是苏州三国文化重要的一部分,希望可以保留一份独特的文化底蕴。

(二)国内对孙策文化的保护和开发利用

目前国内比较重视孙策文化遗存传承与利用的有浙江富阳与江苏镇江。

1. 孙策故里吴郡富春(今浙江富阳)。今杭州西南52公里富春江南岸的富阳区龙门古镇是孙策、孙权的出生地,古镇的孙氏宗祠挂着长沙桓王孙策版画,祠堂背后供奉着孙氏家族的牌位。龙门古镇现在是"富春江—新安江—千岛湖"旅游线上的国家级景点,传承着不少有关孙氏的传闻、习俗和国太豆腐等美食传说,还有专门的东吴文化公园。

2. 孙策遇刺地吴郡丹徒(今江苏镇江)。孙策遇刺受伤致死的地方在镇江。2005年京口区政府在孙策遇刺的江苏大学附近建桓王亭,纪念这位历史上的杰出人物,作为镇江城建重点工程经十二路的配套工程。该工程占地约10亩,主体工程为一座石亭,两侧辅以石制长廊,周边衬以参天大树,对完善经十二路的功能,展现京口深厚的历史文化底蕴,加快文化京口建设,改善周边群众的生活环境都有重要意义,成为京口区十大文化项目之一。

(三)苏州的孙策墓

除了富阳(出生地)和镇江(遇刺地)外,人们最关心的孙策的遗存点就是苏州的孙策墓。古往今来关注孙策墓者众多，时至今天，不少市民与外地网民（多为大学生）不断前来曾经的墓地、现在的小区门口凭吊，探寻孙策墓与有关遗址遗物承载的东吴文化。

孙策墓直至20世纪70年代还占地面积很广、封土很高，东西约50米，南北约60米，椭圆形簸箕状的巨大土墩高约5米。80年代初，苏州博物馆考古部对墓址进行考古发掘与清理，出土一批文物，现存苏州博物馆。到1982年，因毁坏严重，孙策墓不再被列为文物保护单位，原墓区划入当时的染织厂厂区，并被夷为平地。2002年，原墓址上建了职工食堂。当时要求修复孙策墓的提议很多，规划局一度把该处纳入旅游景点考虑的范畴（《江南时报》报道）。可惜的是，随着居民小区的建设，孙策墓现已不复存在，只在小区门口还留有一棵墓园以前的大树，承载着一些故园情思，接受着人们的敬献和凭吊。

东吴地域较广，在丹阳孙坚墓、南京孙权墓、庐江周瑜墓、岳阳小乔墓、富阳龙门古镇等地，每年都有不少"三国粉"前往吊唁怀古，并成为独特的旅游目的地。孙策墓在苏州为历史典籍与考古挖掘所确证，没有疑义，当为苏州的东吴中心地位增添厚重一笔。可以说，孙策墓以及孙策文化是苏州历史文化的一个重要元素、运河一个重要景点、一处优良的旅游文化资源。从网民们的留言可以感受到孙策的巨大感召力："除了苏州的孙策墓，苏州还有什么纪念'我策'的地方呢？想去缅怀一下'我策'，就像去见一位故人一样"，"一直想为他写一首歌……但孙策墓就此消失"，"这是大家最关心的问题，让人痛心！"……

网友呼吁为孙策建个纪念馆或者纪念碑，哪怕众筹也可以。市文物管理部门曾回复，国家对已损毁的文物遗迹不提倡重建、恢复，严格限制历史名人纪念馆和其他纪念设施建设；而且，经批准的纪念馆建设需要经过项目立项、用地许可、建设审批等环节，涉及多个政府部门，这些都已超出该部门的职能范畴，无法解决。

有人曾提议结合南门路改造和环古城健身步道提升工程，对孙策墓及孙策文化加以梳理和开发利用，现在连孙策墓的文化遗迹标识牌都没有。知道孙策墓故址的人看到小区门口的一棵树，其他什么都没有，实在称不上什么文化遗迹。孙策墓能引起那样的关注，是因为三国文化尤其是东吴文化的影响力，这代表了对传统文化的一种尊重，对历史人物的一种尊敬与情怀。因此，对于孙策墓以及孙策文化的保护利用，有必要认真研究其必要性和可行性。为打造大运河最精彩的一段，有必要让大运河畔的孙策墓及其代表的孙策文化发挥作用。

二、孙策文化保护与开发利用的建议

孙策不论是对苏州还是从更广阔的视角来看，无疑都是一个非常重要的人物，孙策文化也是非常值得开发利用的独特历史资源。但是，孙策、孙策文化与孙策墓一样，没有受到政府应有的重视。如今，网络舆情早已成为政府决策的一项重要参考依据。事实表明，网民对文物保护项目的关注、调研和建言，不少是很有见地的，也具有一定的参考价值。

事实上，对保护历史文物，借助民间资本和力量已是一种很好的经验。古城保护，重点就是要进一步挖掘和保护历史文化资源，在这方面，不会嫌多，只会嫌少。由于各种原因，被毁的历史文物确有不少，它们被重新发现或规划重建，都是值得珍惜的机会。

对孙策文化及孙策墓遗址的保护与利用，我们有以下建议。

1. 孙策墓暂不重建，在孙策墓遗址附近运河边建遗址公园。解放后，苏州市长王东年（1949.8—1952.12 在任）曾在孙策墓立碑题字，将其列为文保单位加以保护。20 世纪 80 年代后孙策墓被夷为平地，出土文物入藏苏州博物馆，墓葬原址已规划用作小区建设，也不适宜恢复景观性的墓葬，所以重建孙策墓的意义不大。但是，作为东吴的奠基人，孙策无论如何应该在吴郡苏州留下鲜明的痕迹，因而可以在孙策墓遗址北侧的环城河边（大运河的一段）建孙策运河公园。从孙策墓遗址到运河边几十米，就是环城河绿化带，有数十米纵深，足以兴建孙策雕像、纪念碑、纪念亭等。从开发建设的可行性上来说，该绿化带一边是运河，一边是南门路，不但无须拆迁，而且已经具备建设公园的基本环境，只要政府批准立项即可实施。该景点投入不多，却可以为打造大运河最精彩一段添上浓墨重彩的一笔。对众多网友的热情，虽不一定需要其资金上的"众筹"，却可以用以推波助澜、扩大影响。

2. 保持周边运河风貌的原真性，有序修复苏州段运河应有风貌。建筑及空间格局要与传统的设计、材料、工艺、风貌相吻合，把苏州大运河特有的河道、码头、桥梁、堤坝以及沿岸的建筑，以及文化艺术等文化景观和非遗产品恢复和展示出来。民俗文化、商业和生产方式要体现吴地地域特色，保护正在流失的大运河独有文化和风情，形成运河沿岸应有的景观效果。要注重水陆联动，两岸互动，注重人气的引导和集聚，实现水上游船与孙策运河公园的衔接；优化步行通道，搭建亲水平台、栈道，以便游客观览。

3. 做好形象策划和宣传营销。一是强化和优化孙策运河公园形象标识，做好相关文创产品。建立和完善引导、阐释、标识、系统；开发APP游玩、购物、餐饮平台，做好与三国文化、孙策文化相关的文创产品；建立微信公众号、专题网站等各类数字终端服务；设计特色遗产研学游线路，组织相关活动；编制孙策文化遗产相关校本教材、市民读本和手绘本，提升影响力。二是拍摄以孙策为主角的电视剧，将孙策文化资源开发为苏州特有的文化IP。孙策的一生虽不长，但"爆点"不少，他生逢乱世并经历大起大落，极富传奇色彩，作为江东第一智勇双全的猛将、俊美而又豪迈的英雄、能屈能伸胸有大志的王者，其身世和事迹符合电视剧的诸多要素，只要角度新颖，拍出的电视剧定受欢迎。三是结合盘门夜花园，打造《东吴印象》旅游演艺，重点推出围绕孙策的三国故事，展示和提升古城古运河魅力。

4. 解决长效管理和综合协调问题。孙策运河公园建成后，如何做好长效管理，如何与水上旅游公司配套运营，都是面临的现实问题。建议由东方水城公司统一运营管理，并给予一定的政策扶持。

（陈来生　苏州科技大学教授，苏州专家咨询团成员，石湖智库专家；王国平　苏州大学江南文化研究院院长、教授，大运河文化带建设研究院苏州分院、苏州大运河文化带建设研究院学术委员会主任）

基于文化价值挖掘与利用的苏州老字号品牌振兴路径研究

邢 璐 马婉婷 王 芹

2017年1月,中共中央办公厅、国务院办公厅印发的《关于实施中华优秀传统文化传承工程的意见》中指出,要实施中华老字号保护工程、发展工程,支持一批文化特色浓、品牌信誉高的中华老字号做精做强。此举将老字号品牌的振兴提到了战略高度。老字号品牌历经时间淬炼,是数百年商业和手工业竞争的结晶,它们是高品质代名词,更是中华文化的传承者,联结着华夏儿女的家国情怀。然而,结合历史发展进程来看,兼具经济与文化双重价值属性的老字号品牌并未能充分发挥自身的核心优势,反而因安于现状、故步自封而慢慢与市场脱节。据《中华老字号品牌发展指数》研究报告显示,截至2018年9月,全国范围内被认定为"中华老字号"的1 128家企业中,勉强维持现状的占70%;长期亏损、面临倒闭破产的占20%;仅有10%蓬勃发展。因此,推动老字号品牌的振兴已成为当务之急。

苏州作为历史文化名城,孕育了众多的老字号品牌。本文即以苏州老字号品牌为研究对象,主要采用文献研究法、非参与式观察法、访谈法和问卷法展开调研分析。通过搜集政府关于苏州老字号的公开信息,查阅近年来《老字号绿皮书》《老字号企业案例及发展报告》以及检索知网中有关苏州老字号的期刊文献,初步了解目前苏州老字号品牌的发展现状。通过走进苏州老字号品牌的线下门店,对其店内布局、柜台布局、食品展示、产品说明等方面,对其文化氛围进行初步探访。通过发放网络问卷以及对"采芝斋""得月楼""乾泰祥""馀昌""陆稿荐""朱鸿兴"等6家苏州老字号品牌的负责人进行深度访谈,详细了解老字号的发展历史、经营理念、现状及问题等信息。此外,还对老字号门店内的顾客以及路人进行随机街访，了解大众对苏州老字号品牌的认识情况及情感态度。

在调研基础上，文章对苏州老字号品牌的文化内涵进行梳理与挖掘，并分析其发展面临的主要问题，进而以"传承"与"开发利用"为落脚点，探究以文化价值为主导的老字号振兴路径。

一、苏州老字号概述

（一）整体规模及行业分布情况

根据苏州市商务局统计数据，截至目前，78家"苏州老字号"企业中，进入"江苏老字号"名录的共有54家，居全省首位。进入商务部"保护与促进的中华老字号名录"的共30家，占江苏省"中华老字号"总数的31%。

在行业分布上，苏州老字号品牌以餐饮、食品类为主，还包括医药、丝绸服饰、茶叶、酿酒、珠宝首饰以及手工艺制品等多个行业领域。

（二）苏州老字号的认定要求

苏州商务局2018年最新颁布的《"苏州老字号"认定办法（试行）》界定："苏州老字号"，即为历史悠久，拥有世代传承的产品、技艺或服务，具有鲜明的中华民族传统文化背景和深厚的苏州地域特色文化底蕴，获得社会广泛认同，形成良好信誉的品牌。

"苏州老字号"的认定范围为苏州市行政区域内依法登记注册的有关企业。认定条件包括以下七个方面：（1）拥有商标所有权或使用权，相关手续齐全且无争议；（2）品牌创立于50年（含）以前；（3）传承独特的产品、技艺或服务；（4）具有鲜明的中华民族传统文化背景和深厚的苏州地域特色文化底蕴，具有鲜明的历史价值和文化价值；（5）具有良好信誉，得到广泛的社会认同和赞誉；（6）内地资本及港澳台资本相对控股，经营状况良好，且具有较强的可持续发展能力。（7）已经被商务部和省商务厅认定的"中华老字号""江苏老字号"提出申请后，自然获评"苏州老字号"。

二、苏州老字号品牌的文化内涵

（一）悠久的历史传说

无数坎坷沧桑铸成千年姑苏城的老字号品牌，也为它们写下了许多美丽的故事。这些故事有的讲述品牌字号的由来，有的暗含经商秘诀，有的传递为人处世的哲理……它们道尽了苏州老字号品牌几十年甚至数百年艰苦创业、苦心经营的光辉历程。

苏州百年老店"陆稿荐"名字的由来就是一个颇为神奇的传说。"陆稿荐"前身是一家陆姓店主开设的生熟兼营肉铺，曾有一瘸足老乞丐前来求宿，店主出于恻隐之心收留了他，后主人将乞丐留下的破草荐投入灶内，不料锅中竟有异香传出，人们循着香味纷纷前来购买品尝，生意日隆。店主人为纪念吕洞宾化身乞丐借宿留草荐一事，遂改店名为"陆稿荐"。类似"陆稿荐"这样的传说故事还有很多，如百年糖果老字号"采芝斋"的"半爿药材店"之说，以及糕点类老字号"稻香村"名称的由来与《红楼梦》之间的渊源等。

（二）优良的品牌价值观

苏州老字号品牌历经岁月沧桑依旧基业长青，其根源就在于这些老字号始终秉承中华民族优良的传统价值理念。这些价值理念主要源自儒家传统，应用在经商中则重点表现为"注重质量""诚信为本""周到服务""坚守初心"。这些都是当前市场经济背景下非常值得企业推崇的优良价值观，也正是这些价值观支撑着老字号百年的生存、延续和发展，成为其不可估量的无形文化资产。

1. 诚实守信，口碑至上。苏州的老字号品牌，无论是经营酱肉、糕点，还是钟表、服饰，一直都将口碑视为品牌发展的根本，并始终坚守着"诚信经营、童叟无欺"的原则。"陆稿荐"售卖的熟食皆是在相城区的总公司生产加工的。每天凌晨三点员工便开始上班，使用传统大锅烧制；在选料上，日复一日坚持使用"湖猪"肉为原料；晚上六点店铺打烊，便将卖剩的东西全部运回处理，绝不隔夜再卖。

此外，苏州许多食品类老字号采用透明化生产流程的方式，充分展现品牌自信，展现诚信经营。"采芝斋"将制作粽子糖的工作间设在销售区旁，顾客可以在观看现场制作后采购最新鲜出炉的糖果；"朱鸿兴"采用开放式厨房，顾客在排队点餐时就能通过监控看到厨房的全部生产流程。

2. 精益求精，追求品质。老字号品牌向来以制作工艺精良闻名遐迩，而苏州老字号更是将"精"发挥到了极致。据苏州百年餐饮老字号"得月楼"的负责人介绍，苏帮菜要保持原汁原味，对食材品质和烹饪技艺都有极高要求。在制作过程中追求绝对精准，每一个加工步骤都有统一标准。例如制作松鼠鳜鱼，选购的鳜鱼必须新鲜且符合一定规格，并且要头翘尾翘；烧制过程采用流水线模式，开花刀、油炸、调配卤汁等每一道工序都由不同的人专门负责，力求出炉的每一道菜肴都口感稳定。

3. 科学运营，优化管理。苏州老字号品牌能发展壮大至今，必然有自身独到的经营管理模式。随着时代的发展，老字号企业也在原有基础上积极吸收借鉴现代企业管理办法。"朱鸿兴"面馆始终严格遵循市场监督管理局的规章制度，并在近些年引入西方"五常法"（常整理、常整顿、常清扫、常清洁、常自律），主动聘请第三方公司对厨房监管，一有不合规范便立即通知主管进行整改，充分保证了食品的安全卫生。

（三）浓厚的吴地风俗民情

老字号的历史不仅是一家店铺、一个家族的兴衰历史，更是苏州这座古城的变迁之史。地理位置、生活习俗和人文风情都是滋养苏州老字号的沃土，为品牌烙上深刻的地域印迹。

1. 苏式糕点细腻精致，苏帮菜品独具特色。苏式糕点式样多变而精致，颜色丰富而淡雅，口感细腻而有异，苏州精巧细腻的特点就在这方寸中充分展现，给顾客带来别致的消费体验。苏帮菜不仅凸显"不时不食"的民俗，还贴合老苏州人嗜好甜口的习惯。以"陆稿荐"的樱桃肉为例，人们吃的便是它的甜，"不甜"便是"不正"的产品。

2. 店面布局古色古香，于细节处见大讲究。苏州老字号的门店，大多以秀丽典雅的江南水乡建筑为依托，柜台布局、食品展示、产品说明等方面都弥漫着江南水乡特有的气息。"朱鸿兴"面馆外部青砖墨瓦，正门挂着牌匾，店内墙面绘有民俗水粉，古朴大方而不失活泼灵动。"得月楼"一进门便是壮丽气派的走马回廊，漆雕、红木、大理石屏风皆凸显了苏州传统工艺。顾客无论是在店外驻足观赏,还是在店内信步游逛,都会在不知不觉中接受吴地传统文化的熏陶。

老字号品牌于细节处也十分用心。以"采芝斋"为例,售货员一律扎蓝色花布头巾,穿水乡特色服饰;包装根据不同食品的特色,印有不同的吉祥话语以示祝福,如松子喜糖礼盒上印着"松子万年代代传,芝麻开花节节高,花生落地常生果,核桃和合百年好",既简明介绍了苏式糖果,又寓意吉祥,深得顾客喜爱。

3. 吉祥寓意蕴于产品,古老风俗寄托情怀。苏州有句俗语,"食在松鹤楼,穿在乾泰祥"。对老苏州人来说,一生当中的重大节点几乎都与丝绸老字号"乾泰祥"有着紧密联结。用"乾泰祥"制的被褥包住刚出生的婴孩;满月酒上为孩子穿上全红的"乾泰祥"制套衣;出嫁时准备两箱"乾泰祥"制的丝绸;七十大寿时在"乾泰祥"为定制一套华服……"乾泰祥"与其说是一家丝绸商铺,不如说是吴地传统的符号载体。走进"乾泰祥",就是走进苏州的民俗文化。

三、苏州老字号品牌发展面临的主要问题

(一)消费群体较为局限

首先,表现为年龄层面的局限。通过对路人进行随机街访,我们发现影响年轻群体选择老字号品牌进行消费的主要因素有:门店氛围、产品种类、产品包装、商家宣传等。老一辈人会在老字号产品中寻找儿时记忆,而年轻一代则缺乏这样的情感共鸣。许多老字号忽略将产品与年轻消费者内在需求进行对接,从而导致与年轻群体脱节。

表1 听说过的老字号个数与被调查者年龄的卡方检验

	值	df	渐进 Sig.(双侧)
Pearson 卡方	130.552a	65	.000
似然比	137.891	65	.000
线性和线性组合	50.846	1	.000
有效案例中的 N	455		

$P=0.000<0.05$，拒绝原假设。得出结论，听说的老字号个数与被调查者的年龄有关。根据相关图表可分析出，60后、70后群体对老字号品牌了解得较多，而00后、90后的了解较少。

表2　是否购买过老字号产品与被调查者年龄的列联表

				2 您属于哪个年代						Total
				00后	90后	80后	70后	60后	其他	
5. 您是否购买过老字号产品	是	Count% with 2 您属于哪个年代 Residual		36 62.1% -5.8	121 64.7% -13.8	50 76.9% 3.1	82 84.5% 12.1	33 84.6% 4.9	6 66.7% -5	328 72.1%
	否	Count% with 2 您属于哪个年代 Residual		22 37.9% 5.8	66 35.3% 13.8	15 23.1% -3.1	15 15.5% -12.1	6 15.4% -4.9	3 33.3% 5	127 27.9%
Total		Count% with 2 您属于哪个年代 Residual		58 100.0%	187 100.0%	65 100.0%	97 100.0%	39 100.0%	9 100.0%	455 100.0%

表3　是否购买过老字号产品与被调查者年龄的卡方检验

	Value	df	Asymp. Sig. (2-sided)
Pearson Chi-Square	19.357[a]	5	.002
Likelihood Ratio	20.298	5	.001
Linear-by-Linear Association	14.244	1	.000
N of Valid Cases	455		

a. 1 cells (8.3%) have expected count less than 5. The minimum expected count is 2.51.

$P=0.002<0.05$，拒绝原假设。即有关。是否购买过老字号产品与被调查者的年龄有关。

由表2可知，80后、70后、60后甚至更年长的消费群体中购买过老字号产品的人数过半，而在00后、90后群体中，仅有37.9%和35.3%的人买过。可见，目前苏州老字号品牌的产品对年轻一代的吸引力较为有限。

其次，表现为地域层面的局限。通过分析访谈结果，我们发现，地域也是影响苏州老字号品牌消费群体的重要因素之一。许多苏州老字号品牌，尤其是餐饮行业的老字号品牌，它们的经营半径狭窄，只有本土化，而缺少全国化甚至国际化。因而造成消费群体仅局限于外来游客和苏州本地市民。究其原因有二：其一，苏式风味独具特色，在满足游客的"尝鲜"心理外，更符合当地人的喜好。其二，原材料和最终产品运输不便。以著名苏帮菜老字号"得月楼"为例，其菜品的原材料均取材于当地，现取现用，讲究时令与新鲜度，因而给其外扩增添了障碍。

（二）经营理念守旧单一

企业的经营理念往往能决定企业的发展方向。对于目前大多数苏州老字号来说，经营理念守旧单一，是其与市场脱节的重要原因。

而经营理念守旧单一主要表现在品牌的宣传手段与力度上。通过访谈我们发现，苏州市许多老字号品牌至今依然秉承"酒香不怕巷子深"的经营理念，认为品质是最好的宣传，自家宣传不如顾客的口碑。即使有些老字号尝试了品牌推广，依旧主要使用平面广告进行宣传，形式较为单一，宣传效果也可想而知。

（三）商标产权陷入纷争

对于老字号来说，商标产权至关重要。然而有些老字号由于早年缺乏产权意识，商标早已被其他企业抢先注册。例如苏州传统糖果老字号"采芝斋"，由于其原有的"采芝斋"商标已被其他企业注册，只能被迫使用"采芝图"，这极大地影响了品牌后续的宣传与推广。

此外，苏州老字号企业商标转制不彻底也是亟待解决的问题。老字号商标目前属于国有资产，政府尚未对其进行市场价值评估，因而"转让"事项一直被搁置。年代越久，老字号商标的市场价值越高；品牌越大，无形资产升值越快。这对日后想要进一步发展（如上市）的老字号企业相当不利。

（四）技艺传承面临困境

技艺传承是老字号持续发展的根基，然而就目前情况看来，苏州老字号的传统技艺面临着"后继无人"的困境。一方面由于老字号企业以及政府有关部门在技艺传承方面的宣传工作不到位，导致大众对传统技艺缺乏了解与认同；另一方面，政府对于技艺传承人的培养和激励机制仍有待完善，仅有的措施只停留在名誉层面，尚未落实到物质补贴层面。

从钟表老字号"馀昌"负责人口中我们得知，修表制表既是精细活也是体力活。对于店内的钟表匠师来说，有时候修理一块钟表常常需要静坐好几个小时，这对耐心和体力都是极大的考验。而如今"馀昌"修表制表这样的传统手艺却鲜有人愿意继承，一是很多年轻人对钟表文化毫无兴趣，更谈不上主动了解；二是在同样的待遇条件之下，很少有年轻人能够胜任这样考验耐性的工作。

四、推动苏州老字号品牌振兴的对策建议

（一）迎合不同群体需求，加强品牌个性服务

不同的顾客群体有不同的消费偏好，为了改善苏州老字号品牌消费群体较为局限的问题，老字号可以以大数据为驱动，了解不同类型群体的消费趋向，丰富产品类型，更好地迎合不同顾客的需求。

针对本地中老年群体，老字号品牌应当力保商品的品质与服务质量，同时重点抓住其怀旧情结，深挖品牌的历史记忆，主打"怀旧风"，将产品外形、包装等方面与历史元素相结合，加强老顾客的情感体验。

针对本地年轻群体和外地游客，老字号品牌则应在宣传手段上下足功夫，让"酒香"传遍深巷；在传递特有历史文化的同时，将当下流行的生活理念、时尚元素等融入产品的外形、包装、宣传语等，激发新顾客的情感共鸣，提供传统与现代相交融的文化新体验。

（二）结合行业特点，精准定位发展路径

老字号品牌发展需要把握自身核心优势，结合行业特点，精准定位，理性发展。在狂飙突进的电商经济热潮下，网络销售逐渐成为主流。但丝绸老字号"乾泰祥"没有随波逐流，而是在充分考虑自身情况的前提下，坚持线下销售，避免不良商家冒用"乾泰祥"名号销售仿制丝绸的局面，稳固口碑。而且由于丝绸产品本身的特性，比起大肆开辟线上市场，"乾泰祥"则选择专注于将实体店做好，为每一位来到店里的顾客提供优质的定制服务和消费体验。

可见，老字号企业要着眼于所处行业的客观条件，根据自身的定位，

选择合适的发展模式,一步一个脚印,将品牌做大做强。

(三)选择适当载体,活化老字号文化资源

老字号的文化资源需要依赖载体,才能充分展现其价值,更好地辅助品牌宣传。小到产品包装、外形设计,大到门店装潢、店员的服装穿着等,都是对消费者来说最直观的文化承载物。"采芝斋"作为苏州传统糖果店,可以在糖纸上做文章,设计系列样式的糖纸,让顾客在品尝糖果的同时,享受收集糖纸的乐趣,促使消费日常化。

老字号还可以积极开展跨界合作,借鉴故宫的文创经验,开发品牌文创产品。以最具品牌特色的文化要素为核心,通过嫁接丰富的形式载体,赋予老字号文化资源无穷的生命力。

(四)转变经营理念,尝试多种宣传渠道

随着消费升级,顾客不再仅仅追求产品的品质,而是越来越关注品牌的知名度与文化内涵。老字号品牌既可以沿用传统宣传途径,如广告视频、书刊等形式;也可以尝试利用新媒体平台和网上展馆等,在及时传递品牌资讯的同时,提供方便快捷的文化体验,将无形文化资产与时代风尚紧密结合。

此外,老字号品牌也可以采取线下宣传的方式,与学校、单位、社区联结,加强互动,拉近品牌与消费者之间的距离。

(五)树立商标意识,加强知识产权保护

首先,对于老字号企业自身而言,商标意识至关重要。在进行商标注册时,尽可能将相近商标以及各个行业中该商标的所有权都注册完全。同时,在面对商标侵权问题时,要积极维权,不可轻慢。其次,在立法层面,政府部门需要完善商标权等方面的规定,以法律手段制裁涉及老字号的侵权行为。在行政层面,亟待政府建立老字号的商标数据库,加强对老字号商标的统一管理,并在老字号的商标注册过程提供指导。最后,政府相关部门理应履行职责,将对有关老字号的商标价值评估工作提上日程,尽快解决老字号商标转制不彻底的问题。

（六）坚守价值精髓，继承传统工艺

老字号要持续健康发展，必须讲究敬畏与传承。但这并不意味着因循守旧，而是要注重坚守并传承老字号的文化精髓——优良的品牌价值观与精湛的传统制作工艺。

企业要想坚守老字号的文化精髓，需要树立良好的品牌档案意识。档案是老字号品牌发展的原始记录，通过对老字号历史沿革的记载与对其兴衰历程的考量，企业可以从中获得宝贵的经验与教训。因此，老字号应当建立与完善自身的档案管理制度，加强对档案资源的开发利用，为基于品牌文化的创新提供有力支撑。

而继承老字号的传统工艺，就必须重视传承人的培养。一方面，相关部门、行业协会，要在老字号技艺传承人的职称评定、退休返聘、收徒传艺等方面制定出具有可行的政策规定，提高传承人的生活待遇和社会地位，为推动老字号技艺的保护和传承提供良好人才保障；另一方面，还需要在社会舆论方面加强对老字号品牌的宣传，提高年轻人主动接触老字号传统工艺的意愿，以传承"工匠精神"为荣。

结　语

老字号品牌文化的挖掘与开发利用对企业自身具有重要意义，任重而道远。以老字号文化价值为核心的传承与利用，归根结底还是为品牌的可持续发展服务。因此，在强调老字号品牌关注自身文化价值的同时，应当始终将良好品质与优质服务置于首位，精准定位发展方向，理清发展思路，为谋求发展做好长期规划。"路虽远，行则将至；事虽难，做则必成。"我们相信，在大力倡导"老字号振兴"的环境下，苏州老字号品牌必会迎来一个更好的时代！

（邢璐　苏州大学社会学院 2017 级档案学专业学生；马婉婷　苏州大学社会学院 2017 级社会工作专业学生；王芹　苏州大学社会学院教授）

苏州葑门横街历史文化街区保护与文化传承研究

房艳茹　魏丽红　王　芹

历史文化街区经过漫长的时间发展，是城市中精神文化记忆与传承的重要载体。近年来，我国愈加重视历史文化街区的保护，制定了一系列历史文化街区保护的规章制度，并对核定历史文化街区保护做出规划。截至目前，国务院公布了134座国家历史文化名城，全国划定历史文化街区875片。[1] 然而，随着城镇化进程的加快，历史文化街区所面临的问题日益凸显，这将在一定程度上导致文化遗产的破坏、街区文脉的断裂和历史氛围的消失。葑门横街是苏州多条名为横街的街巷中唯一保存较为完整的一条，也是为数不多的保留苏州原真市井文化的老街区，被苏州市文物局颁发"苏州古街巷标志牌"，具有重要的保护和研究价值。

一、苏州葑门横街历史文化街区概况

（一）葑门横街与市井文化

苏州葑门横街位于葑门塘北岸，西起徐公桥，东至敌楼口，与石炮头相接。因其东西走向呈横向，故称横街，是自然形成的葑门附郭集镇式商业中心。葑门横街自清末开始沿用至今，是苏州至今保存较为完整的原真市井文化老街区，街上绝大部分建筑仍保留着清末民初枕河人家的风格，前街后河，河街并行。

如果说，东关街是扬州市井文化的"镜子"[2]，那么葑门横街就是苏州市井文化的缩影。"市井文化"本质上是一种商业文化，却在酒楼茶肆、

---

［1］赵展慧：《让城市文脉融入现代生活——国务院公布134座历史文化名城、875片历史文化街区、2.47万处历史建筑》，《就业与保障》2019年第14期。

［2］邱正峰、高永青：《东关街：扬州市井文化的镜子》，《中国地名》2018年第1期。

书场戏园中贴近市民的真实生活,活跃且极具生命力。[1] 广州市城市规划协会会长潘安曾说过:"……市井文化代表着一种很包容的,很务实的文化……它是自下而上的,这就是包容、根子里的包容。这种包容是属于全社会的。"[2] 此外,葑门横街的居住市井空间与外部商业空间形成鲜明的对比,鼎沸的表层商业市井内部呈现出静谧的居住市井,给人以别有洞天的感受。[3] 面对历史文化名城"千城一面"、历史街区大量改造成商业街的现状,越来越多的学者开始认识到历史文化街区的保护与发展须以延续文脉为终极目标。[4] 从另一方面来说,保护并传承市井文化对于展现城市风貌、促进城市发展、弘扬历史文化具有重要意义。

(二)葑门横街保护与文化传承的意义

在苏州,葑门横街不仅是具有深厚文化内涵的街巷之一,还是彰显市井风情又雅俗共赏的特色街区,最主要的是这种原真市井文化在当今繁华的城市里并不多见,具有重要的保护价值。这不仅是对横街市井文化的传承与弘扬,也是对历史文化街区复兴的有益探索。

首先,葑门横街历史街区保护有力地保护和传承了市井文化,是打造城市名片的重要底牌,同时也能够带动横街商业的发展。其次,葑门横街的传统建筑修复和历史遗迹发掘,是对明末清初建筑风格的保存和对历史文化的传承。再次,横街文化的成功开发能够起到示范作用,使政府意识到保护特色文化的重要性,从而加大历史文化街区的保护力度。[5] 更重要的是,葑门横街是历史的、民俗的、百姓的,留下这条具有市井风情特色的百年老街是民心所向。珍视、发掘和抢救横街的历史文化遗存,有助于这条街区与区域内其他特色老街一起,成为古今传承、助推区域经济文化持续发展的原动力。

---

[1] 朱维吉:《市井文化下的中国传统街区》,《山西建筑》2010年第36(06)期。

[2] 潘敏怡:《潘安市井,是广州的城市性格》,《同舟共进》2019年第6期。

[3] 参阅汪霞,石昊岭:《市井文化再生视角下的开封市特色商业街区空间优化研究》,《江西建材》2016年第20期。

[4] 严国泰、朱夕冰:《历史街区"文脉"保护规划研究——解读苏州平江历史街区文化遗产》,《中国园林》2014年第30(11)期。

[5] 参阅吴扬:《公共管理视角下历史文化街区保护开发对策研究——以晋江五店市传统街区为例》,《重庆科技学院学报(社会科学版)》2018年第1期。

二、葑门横街的现状分析

为了保护葑门横街在岁月变迁中沉淀的历史记忆与市井情怀，2018 年 4 月，横街进行了改造升级，历时 6 个月。经过改造后的横街，面貌焕然一新，笔者通过实地走访考察发现，作为历史文化街区的现状可从如下三个方面概括。

（一）横街之物

说起横街的商品，可谓是应有尽有，如时令果蔬、鲜肉水产、特色糕团、日用百货等，"百物兼陈，琳琅郭外无双市；八乡来会，络绎葑东第一街"说的就是葑门横街。除了种类齐全，横街的商品价格便宜，食材新鲜，更是众所周知。在实地走访时，笔者对 356 名横街消费者进行了问卷调查，据调查结果显示，对横街的特色小吃、时令果蔬、水产肉类感兴趣的消费者分别占比 70.22%、58.43%、42.13%，由此可见，横街的商品受欢迎程度较高。

此外，葑门横街的建筑秉承了一贯的江南水乡特色，改造后仍然保留了原来的建筑格局和街巷肌理，如：主街道依旧呈东西走向，并对路宽做出了调整，更加便于行走；街道放置了供游客休息的座椅，并进行了适当的绿化；路面也重新进行了修整，采用了一些天然石材，通过石块的大小和颜色的变化不仅丰富了道路空间，也满足了游客的行走需求，在一定程度上还原了历史街区的样貌。[1] 但是，横街在历经多次改造后也逐渐丧失了一些特有的文化元素，商铺的招牌趋向统一，失去了多元性，整个街区的文化氛围不够浓厚。

在调研过程中，笔者还发现一些体现横街人文特征的历史遗迹，如：红板桥、天宁寺、基督教教堂等均遭到了不同程度的破坏，原本的文化遗迹没有得到很好的保护，逐渐沦为街道的陪衬。这些问题集中反映出街道管理者和经营者对街区历史文化价值的重视程度不够高，对于街区的保护只停留在静态保护层面，而忽视了历史文化的挖掘，导致横街独特的市井

---

[1] 参阅庞劲松、吴冬蕾：《南京老城南历史街区风貌的复兴与传承——以南京门东、门西为例》，《美术教育研究》2019 年第 9 期。

文化失去了活力。[1]

对于街区的不合理整改以及历史文化的漠视，造成了历史文化街区给人视觉上的混乱，因此，探索其保护与开发方案是当务之急。

（二）横街之人

市井生活离不开人烟，正是因为居民、商户、消费者的来来往往，横街才有了烟火气息。目前，横街上的居民以老人为主，日复一日，年复一年，他们亲眼见证了横街的沧桑变化，迫切希望能够留住这种亲切感。据调查结果显示，横街消费者的年龄段较为分散，有青年、中年还有老年，50岁以上的消费者占比25.29%，50岁以下的占比74.71%。从年龄结构进行分析，可以看出横街的物质与文化，吸引着广大群众去感受、去探寻。此外，横街（现包括石炮头段）300多户商铺中，经营者既有年逾古稀的老人，也有不过而立的年轻人，在利益至上的商业常态中，他们仍然脚踏实地、诚信经营，为人所称赞，吴家豆腐、昆艺糕团和葑门油坊就是典范。

（三）横街文化

横街商户来自五湖四海，构成了横街的多元文化。这里不仅有源自安徽酱行的酱菜和产自浙江的鸡头米，也有传承自昆山老手艺人的木桶糕、东山西山的水果、阳澄湖太湖的水产……不同地域的文化在此交流、融合，更加丰富了横街文化。值得一提的是横街的文化，不仅隐于百姓的日常生活，也曾和仁医许伯安、"诗坛耆硕"沈德潜、军事家韩雍有着密切的联系。多元交融，古今汇集，给这条老街增添了无限魅力。

三、葑门横街发展面临的问题与困境

目前，葑门横街虽经改造，在环境与秩序等方面有很大改善。然而，在基础设施建设与历史文化保护方面仍然面临诸多困境。

---

[1] 参阅陈莉：《历史文化街区文化保护与活力复兴的探索与研究——以长沙太平街历史文化街区为例》，《艺海》2017年第9期。

（一）基础设施建设尚需完善

目前葑门横街在基础设施方面存在的问题主要有：卫生状况整治不彻底，尤其是石炮头路段的垃圾回收处，经常有垃圾散落在垃圾桶周围，影响街道整洁；车辆乱停乱放不仅影响着交通，也存在安全隐患；危房没有得到及时修缮，存在潜在危险；葑溪河水质受到严重污染，河水生态不断恶化；菜场规划不合理，空间较小；店铺没有明确的地址或门牌号混乱，缺乏统一管理。

（二）整改不当，传统风貌受到破坏

经过统一规划后，店铺的招牌千篇一律，没有自己的特色。过于强调改造的商业效益，致使历史街区原有的生活特征与人文精神逐渐丧失，传统风貌沦为一种外在的形式，从而失去了原有的历史韵味。历史的真实性、风貌的完整性和生活的延续性是历史街区保护的基本原则，[1] 对原有生活和社会网络的保护是历史街区保护的重要组成，具有前瞻性的保护工作必须把保护的层次提到保护生活方式与内涵文化的高度上来。

（三）历史文化重视程度不够，文脉难以延续

虽然葑门横街具有百年历史，但由于葑门横街原本处于城乡交界地带，曾经的历史古迹及建筑被当时的政府所忽视，没有得到很好的保护，以至于今天无迹可寻，只能从老人的记忆或书中的只言片语中想象。其次是关于横街的历史记录不够完整，人们缺乏档案意识，对于横街重要的历史记录，没有形成系统的档案，可查的资料也比较零散。尽管在后人的弥补下对横街历史文化记录进行了系统整理与编纂，例如苏州市沧浪区政协文史委编写的《葑溪横街：光景与流年》和横街社区居民卢根元编写的回忆录《葑水晚照》，[2] 但这些记录尚不完全，不能全面展现出横街的历史风貌。除此之外，横街的文化宣传力度不够，大多数人只知道横街的物美价廉，

---

[1] 曹坤梓、薛姣、王正：《基于生活传承的历史街区保护——以登封老城历史街区保护规划为例》，《华中建筑》2014 年第 32（10）期。

[2] 苏州市沧浪区政协文史委编：《葑溪横街：光影与流年》，上海：上海文艺出版社，2010 年；卢根元编注：《葑水晚照》，香港：天马出版社有限公司，2017 年。

却不知道横街深厚的历史文化。若无人问津，这些历史文化只能成为没有灵魂的文字记录，难以延续下去。

（四）文化传承出现断层，年轻人对本地文化感到陌生[1]

现代化导致上百年的传统生活方式（如传统食品制作、制鞋、修鞋、缝纫、磨剪刀、制秤、节庆等）逐步消失，茶楼、书场、酱园、糖果店……满载老苏州人记忆的场所难觅踪迹，老年人逐渐失去熟悉的生活场景而感到孤独。而在信息技术熏陶下的年轻一代，对于历史文化街区的认知只停留在美景美食，对于其中所蕴含的历史故事与人文情怀也只会感到陌生。

四、莳门横街保护与文化传承的对策及建议

莳门横街保护与文化传承可以时间为脉络，既基于历史，又立足现实，更面向未来，进行科学而又合理的保护传承。

（一）基于历史：原汁原味，修旧如旧

"历史建筑等文化遗产是不可再生的资源，一旦破坏，其损失是不可逆的，即使可以重建，历史信息也荡然无存。"中国城市规划设计研究院副总规划师张广汉这样解释原汁原味地保护历史文化名城的重要性。保护历史文化要活化利用而不是呆板死守，"原汁原味"不是将古迹封存放在玻璃橱窗里。横街的古建筑不多，天宁寺、基督教教堂早已拆除，难以恢复，只能进行"抢救性"保护。一方面，立即为古建筑建立档案，通过多方搜集资料，进行详尽的描述，并在古迹原有地址上设立地标牌，广而告之，让大众有所了解；另一方面，可以采用数字技术，如三维动画漫游、基于三维建模的 VR 技术、720 全景摄影等技术[2]进行古迹的画面重现，再现空间意象。

（二）立足现实：提升街区功能，营造宜人的空间环境

首先，整治风貌，优化环境。街道卫生、河道防污、车辆停放、基础

---

[1] 朱宁宁：《基于市井文化的苏州莳门横街保护开发模式研究》，《徐州工程学院学报（社会科学版）》2018 年第 33（06）期。

[2] 郭熙：《历史文化街区三维数字化保护与传承研究》，《辽宁丝绸》2019 年第 1 期。

设施建设等都需要进一步提升，政府可以适当拨款集资对本地建筑的内外环境进行历史风貌改造，有效系统地展开保护和开发工作。

其次，围绕街区定位，规划采用以主题文化活动为特色，以民俗文化活动为主线，以传统居住为支撑的生活传承策略，塑造多元的街区生活，恢复街区功能多样性和街区活力。同时进行多元开发，比如开设网上销售平台，打造品牌文化，恢复茶楼书场，建造横街文化展览室、民宿等，丰富横街的特色项目。对于历史街区保护规划，公众参与是重要环节，[1] 因此在改善民生、满足居民现代生活需求之外，让横街居民成为自觉保护历史文化街区的主体。

最重要的是以市井文化为依托。现有的历史街区多以商业街为主，依靠外来资本和流量发展，导致原居民文化逐渐消失，而现代化的生活方式，也使城市文化日趋雷同。但是横街历经变迁后依然保留了原始的历史文化和生活气息，具有独特的文化优势，使其在苏州古街中脱颖而出。因此，保护重点应以市井文化为主，使横街成为以特色市井文化为主的文化区与商业区。横街商会的王会长提出"老字号是横街的灵魂"，他呼吁恢复一批有代表性的老字号商铺，传承横街的历史文化。的确，促进辖区老字号企业向主题化、多元化、体验化方向发展，[2] 更有助于提升居民在本地生活的文化认同和归属感。

（三）面向未来：挖掘文化要素，建立横街档案

第一，系统地收集、整理、展示历史文化，加大宣传力度

调查结果显示大部分人认为横街资料不全，难以查阅。因此，相关部门应重视对横街文化要素进行挖掘，包括对历史文化要素的提炼和市井文化要素的识别，[3] 对横街历史文化记录进行系统归纳，便于市民查阅。对于横街宣传度不够的问题，横街商会可以助力老字号的回归和定期开展节

---

[1] 孙月：《因人而在：基于集体记忆载体的城市历史保护与更新规划——以汉口为例》，《华中建筑》2016年第34（07）期。

[2] 孙良菊：《擦亮老城保护的"金名片"——大栅栏琉璃厂历史文化街区的保护与传承》，《北京党史》2019年第3期。

[3] 李强、潘磊、陈蕾蕾：《文化复兴视角下的城市中心区更新研究——以上海真如地区为例》，《现代城市研究》2019年第3期。

庆活动吸引游客，展示苏州特色市井文化，不仅能创收还能促进当地文化的进一步发展。

第二，长期的、多维度、全视角地传承历史文化

数字技术为历史文化街区的保护提供了全新的理念和技术。可将所搜集到的资料进行数字化，通过信息资源库的建设，分类、系统地整理史料，人们通过网络平台快速、全面、系统地了解历史，又可以为史料研究工作者提供更大便利。同时，可以借助网络平台，广泛征集横街旧照与往事，通过公众提供的信息，丰富横街信息资源，不断更新横街档案。

寓教于乐，促进传承。结合历史文化街区的名人轶事、历史古迹，开发一些互动小游戏：如把街区的几十个巷道名字与名人故居都在地图上打乱，让人们复原等等，更能吸引人们的参与，特别对未成年人有很好的传播作用。

结　语

总体来看，横街经过岁月的洗礼，已经积淀了其独特的文化，未来对于横街的保护和发展，不仅要结合现代发展模式，更要从横街的历史背景出发，在注重横街历史文化的保护与传承的同时，促进横街的现代化发展。具体来说，不仅要尊重和维护横街原有的历史文化，还要依托现代新兴媒体，加大宣传力度，提高横街的文化影响力。同时，也要注重横街自身的保护与开发，不仅要加大整治力度，优化生活环境、完善基础设施建设，还要对其进行多元开发，打造城市文化品牌，提升横街整体的文化品位。更重要的是，要健全和完善横街档案，丰富横街的历史记忆，便于横街历史文化的保护和传承。

笔者认为，历史街区的保护规划必须循序渐进，以可持续性发展的观念，更自由、更有创造性的眼光看待旧建筑。将保护方式从静态、僵硬、单一的模式转变为整体综合、柔软保护、利用和更新的模式，实现历史与现代、社会与自然的"共生秩序"。[1]

（房艳茹　魏丽红　苏州大学社会学院2017级档案学专业学生；王芹　苏州大学社会学院教授）

---

[1] 陈圣泓、汤朝辉、徐可颖：《共生与秩序——常州市青果巷历史文化街区保护与更新》，《中国园林》2014年第30（11）期。

附　录

1. 苏州，从"史纲"到"通史"的路程

《现代苏州》记者 刘 微

跨越上下 4 000 年，洋洋 500 万字，集几代苏州人的梦想，16 卷本的鸿篇巨制《苏州通史》在众多目光的聚焦中，正越来越清晰地进入我们的视野。

2 500 多年的"白发苏州"，终于将有了自己的第一部"史记"。

为这座东方水城修史，曾经是几代人的心愿，在经济社会高速发展的今天，终于如愿以偿。

编撰通史，能体现一个城市的经济实力、文化底蕴，已经成为一个城市进一步承前启后、继往开来的强力支持与亮丽的城市名片。目前中国已有北京、上海、重庆等二十多个省市编撰自己的城市通史，其中，已划归为哲学社会科学"九五"规划重点项目的《上海通史》，更是拥有 15 卷，600 万字，插图 1 000 余幅的浩瀚体例。

而日益成为国内外瞩目的热点城市的苏州，历史奇特多姿，内蕴丰富。从商末泰伯奔吴，春秋吴国建都称霸，中经三国至宋元的发展，明清时期达于巅峰，在历史发展的长河中创造了灿烂的文明与辉煌。特别是改革开放以来，苏州再度强势崛起，成为当今中国发展最快、率先实现现代化的中心城市之一，地位迅速提升，创造了新的奇迹。

苏州从历史走来，苏州的发展离不开特定的历史文化的积淀。苏州历史文化的研究有助于总结历史经验，树立城市精神，承载苏州人民对家乡的自豪和热爱。在苏州人殷切期盼下，2007 年，《苏州通史》的"前身"——纲要性介绍与系统梳理苏州通史的地方历史文献《苏州史纲》正式出版，作为苏州市哲学社会科学重大研究项目立项。这个由苏州市委宣传部、市社科联牵头编撰的，拥有 60 余万字、400 余幅插图、近 800 页的纲要性历史文献的出版，也为《苏州通史》多卷本的启动拉开了序幕。

2010年，在苏州市委、市政府相关领导的关心和支持下，苏州市相关专家学者通过多次调研、召开学术座谈会等形式，确定了编撰大纲、编撰体例和技术处理原则等规范性文件，为通史正式编撰作了许多相关的准备工作。

据《苏州通史》主编、苏州大学历史系教授王国平介绍，《苏州通史》共约500万字，1 600幅图，目前已经基本上达成框架结构的共识；在苏州政区空间方面，兼顾现状与历史，以现行行政区域为基准详写，历史行政区域超越现行行政区域部分略写。2011年至2013年年底将完成初稿，2014年完成修改和审定，2015年前后将正式出版，与读者见面。预计总投资在500万元左右。"在城市史的编修方面，苏州是启动得较早的；16卷本的体量，在全国城市中也是属于多卷数的。苏州完全有条件出好自己的城市史。"对此，王国平充满信心。

Q：《现代苏州》　A：王国平：苏州大学历史系教授，《苏州通史》主编

Q：可以将《苏州通史》看作是一种集体的记忆和反思吗？

A：在今天的世界上，许多国家都在鼓励史家研究当代历史，不少民间的基金会也在热烈赞助倡导公共史学，这对于国家与社会的健康发展无疑有着极为重要的意义。

历史书写是大众汲取知识一个重要管道，也是人文研究的一个主要内容，更是社科理论提出的重要经验来源。历史既是人们对往事的记忆，更是一种集体反省。我们需要历史研究来增长智慧，丰富认知，更需要历史研究来培植集体认同与公共意识，甚至塑造社会道德体系。

我研究历史已经一辈子了，编撰《苏州通史》仍然让我觉得任重道远，因为做好这项工作不仅要全面了解掌握苏州的经济社会发展状况，还要注意加强对地方历史文化的调查研究。但反过来，这项工作如果完成了，做好了，那么不仅对苏州地区形成珍惜和保护历史遗产、传承和发展中华文化的风气，具有十分重要的意义，而且对正确认识和处理苏州地区目前的许多社会经济发展的问题，也会起到一定的作用。

Q：我们知道《苏州通史》体例浩瀚，这么庞大的文字工程是怎样整合的呢？

A：《苏州通史》在体例上参照中国传统史书编撰体例，借鉴目前正在

进行中的"国家清史纂修工程"的《清史》主体设计;《苏州通史》主体部分为导论以及从先秦至中华人民共和国时期,由分为若干阶段的断代史组成的通史。另设人物传、志、表、图等四部分;人物传、志、表、图录中的内容是对通史部分相关内容的补白与补强。

《苏州通史》分16卷,第1卷导论,第2卷先秦时期,第3卷秦汉至隋唐时期,第4卷五代宋元时期,第5卷明代,第6卷清代,第7卷民国时期,第8卷中华人民共和国时期(1949—1978),第9卷中华人民共和国时期(1978—2009),第10卷至第12卷是人物传,第13卷志,第14卷表,第15卷图录(先秦至明清),第16卷图录(民国、中华人民共和国)。

Q:相比苏州以往的许多地方志和文化研究丛书,《苏州通史》有哪些异同?

A:简单地来说,城市史是一门研究城市兴衰变化规律和原因的科学,包容历史、城市、社会等多种学科;地方志则不包括兴衰变化规律、文化、政治这些内容,志只是单纯的记录;而文化丛书是单纯地研究某一文化的,比如昆曲,比如刺绣。

苏州是吴地的核心地区,苏州历史文化体现着吴文化的核心内容与价值。长期以来,苏州史研究是中国地方史、城市史、吴文化研究的一个热门课题。史学工作者编写、整理、出版了一批有关苏州史的专著和资料,目前苏州也有许多断代史,就是研究某一段历史的成果,但是没有任何一部将所有断代史连成通史的著作,《苏州通史》在时间跨度、翔实程度上都达到了高峰,可以说是苏州目前跨越时间最长、记录最完整的一部城市史作品。

Q:与《苏州史纲》比,《苏州通史》补充了哪些方面的内容?

A:《苏州通史》不是《苏州史纲》的简单放大和扩充,在决定编撰《苏州通史》始初我就说过,如果《苏州通史》只是《苏州史纲》沾水拉长的橡皮筋,那这个工作我们就不用做了;编撰《苏州通史》我们必须力求在全书体系、新史料应用、史实考证方面以及观点提炼与论述方面都进行创新。

与我们既有成果相比,《苏州通史》应该基于史纲而又高于史纲,与其他城市相比,《苏州通史》应该有自己的特色,达到同类通史的最高水平。

Q:怎么来保证《苏州通史》的学术水平?

Ａ：首先我们要通过公告招标形式确定编撰作者。编撰大系确定后，由编撰工作领导小组发布公告，征集各卷编撰作者。我们已于 2010 年 10 月 29 日公告招标，通史作者以苏州专家为主体，亦可体现苏州学者在苏州史研究方面的学术水平。

同时，我们会利用多种学术活动形式，大力邀请全国各地苏州史研究专家参与、支持《苏州通史》编撰工作。目前我们已经聘请全国历史学权威学者戴逸、李文海、张海鹏等担任学术顾问，聘请全国相关著名学者担任编委会委员，并且每卷都由在苏州史研究领域有专长的学者撰写。

很多专家各自在某些研究领域有独到的研究与见解，我们应请他们对苏州通史做贡献。如张晓旭、张橙华、陆允昌、张英霖等，我们会组织相关专家学者就书稿举办若干研讨会，研究解决疑难问题、争议问题、敏感问题。此外，我们会严格把握学术研讨、审定等各环节，开题研讨、作者报告、专题研讨、结项研讨，书稿外审、主编审定、编委会审定，每一个环节我们都会严格执行。

（《现代苏州》2011 年第 4 期）

2.《苏州通史》诞生记：
50余人历时10年撰写811万字

名城苏州网记者 王子琦

16卷，811万字，参与撰写作者超50人，耗时近10年。今天（6月27日），第一部完全意义上的苏州通史研究巨作《苏州通史》正式面世，它给大家呈现出一个历史的苏州、变化的苏州、发展的苏州。

众所周知，苏州建城于公元前514年，迄今已有2500多年。《苏州通史》提到，一万多年前，苏州所辖吴中区的太湖三山岛出现了旧石器文化，这也成了苏州通史的起点。

《苏州通史》共16卷，811.4万字，2 000余幅图片。第一卷为导论卷，第二卷为先秦卷，第三卷为秦汉至隋唐卷，第四卷为五代宋元卷，第五卷为明代卷，第六卷为清代卷，第七卷为中华民国卷，第八卷为中华人民共和国卷（1949—1978），第九卷为中华人民共和国卷（1978—2000），第十卷为人物卷（上），第十一卷为人物卷（中），第十二卷为人物卷（下），第十三卷为志表卷（上），第十四卷为志表卷（下），第十五卷为图录卷（上），第十六卷为图录卷（下）。

整套书系统完整地厘清苏州历史发展的脉络，全方位展现了苏州政治、军事、经济、社会、文化各方面的历史风貌。

"这本书是实打实的'十年磨一剑'，是一项大工程。"《苏州通史》学术总主编、苏州大学王国平教授告诉记者，2007年市委宣传部、市社科联提出了编写史书的想法。当时他们联合了一群专家学者，花费2年时间写出了60万字的《苏州史纲》，这也是第一本苏州简史。有了这个基础，他们一群人心里也有了底，于是从2010年开始正式编写《苏州通史》。

盛世修史，是中华民族的优良传统。编纂苏州通史，也是苏州各界人士的多年夙愿。但直到2010年才开始着手编写，也是因为这本身就是一件难事。王国平提到，前期准备的时候，他们最担心的就是缺少史料，尤其是秦汉到隋唐这一段时间，正史中很少提及，因此他们花费了大量时间在搜集史料上。

搜集史料，没有什么捷径，只能老老实实下苦功。据了解，通史里面展现了很多新的史料。这些新的东西都是由专家学者在查阅了大量偏门的、冷门的史书，或者去做田野调查，实地探访后才获得的。

撰写先秦卷的吴恩培教授，就将田野调查做到了极致，他秉持着"写到哪里就跑到哪里"的原则，几年时间足迹遍布了苏州城的大小角落。"没办法，因为根本没有文字资料，他只能通过实地调查，才能填补上这一段历史的空白。"王国平说。

以苏州建城问题为例，一直以来，伍子胥建的阖闾古城究竟在哪里，究竟是不是姑苏城，一直饱受争论。无锡有阖闾古城遗址，但史书有记载古城即苏州城。而在《苏州通史》中，专家学者通过查阅大量史料，实地走访，终于使这个问题有了明确的解答——阖闾古城就是苏州城。

还有民间一直所说的"姑苏自古繁华，但清代以后就衰落了"，这个说法在《苏州通史》里也被否定了，而是代替性地提出了"清代以后苏州迎来的是传统社会的衰落，和现代苏州的开始和转型"这样的新观点。

由此可见，《苏州通史》创造了城市通史体系、史料应用及史实考证和论点提炼与论述三个方面的学术创新，展现了苏州历史文化的丰厚积淀、当今苏州发展的辉煌成就、苏州社会科学界在本土历史文化研究方面的学术水平等多方面的价值，为苏州历史文化资源的传承、保护和利用打下更为坚实的基础，也为苏州打造了一张靓丽的城市名片。

"我相信每个苏州人都很关心苏州的历史，都想对这片熟悉的土地有着深入的了解。这本书面世，在满足市民求知欲的同时，也是能进一步深化他们对自己身份的认同。"王国平提到，除此之外，《苏州通史》对于一些特殊的群体，比如说文玩爱好者、教师等，也有助于他们更好地拓展兴趣爱好和开展教学工作。

（名城苏州网 2019 年 6 月 27 日）

3. 首部完全意义上的苏州通史研究巨作亮相

《苏州日报》记者 朱 琦

苏报讯 昨天上午,在第九届江苏书展开幕式上,《苏州通史》正式面世。副市长王飏出席活动。

《苏州通史》是苏州文化建设的一项重大工程,从 2007 年开始,市委宣传部、市社科联组织专家学者着手启动前期研究,编撰出版了《苏州史纲》,之后于 2010 年正式聘请苏州大学王国平教授担任《苏州通史》学术总主编,全面推进编纂工作。

日前,《苏州通史》已由苏州大学出版社正式出版。作为第一部完全意义上的苏州通史,《苏州通史》系统完整地厘清苏州历史发展的脉络,全方位地展现苏州政治、军事、经济、社会、文化各方面的历史风貌,将一个历史的苏州、变化的苏州、发展的苏州呈现在世人面前。

市社科联主席刘伯高表示:"《苏州通史》是苏州社科理论界献礼新中国成立 70 周年的重大成果,在苏州地方史研究上具有里程碑意义。总结历史经验,传承优秀历史文化,对增强历史自豪感,坚定文化自信,更好地在学习历史中汲取智慧、走向未来具有重大意义。"

据了解,《苏州通史》共分 16 卷,约 811.4 万字,图 2 000 余幅。全书分为导论卷、先秦卷、秦汉至隋唐卷、五代宋元卷、明代卷、清代卷、中华民国卷、中华人民共和国卷(1949—1978)、中华人民共和国卷(1978—2000)及人物卷、志表卷、图录卷。《苏州通史》入选国家"十三五"重点图书出版规划、国家出版基金项目。

首发式上举行了赠书仪式,市档案馆、市方志馆、苏州图书馆和苏州大学图书馆等单位获赠《苏州通史》。

(《苏州日报》2019 年 6 月 28 日第 A02 版)

4. 811万字《苏州通史》记录吴地灿烂文明

《姑苏晚报》记者 姜 锋

盛世修史,是中华民族的优良传统。苏州是我国历史文化名城,深入挖掘苏州的历史文化内涵,是历史赋予当代苏州人的光荣使命。

昨天,长达16卷811.4万字的《苏州通史》在第九届江苏书展开幕式上首发。这套向中华人民共和国成立70周年献礼的重要史学著作,系统完整地厘清了苏州历史发展的脉络,全方位展现了苏州政治、军事、经济、社会、文化各方面的历史风貌,将一个历史的苏州、变化的苏州、发展的苏州呈现在世人面前。

溯源万年坚定文化自信

早在一万多年前,太湖三山岛就已出现了光辉灿烂的旧石器文化,成为中华文明的摇篮之一。商代末年,泰伯奔吴,带来了先进的中原文化。此后,吴国在此立国。吴王阖闾时期,兴建了吴大城,吴国也渐臻强盛,最终北上称霸。秦汉时期,今苏州地区纳入统一王朝的治理,经过孙吴政权的经营和东晋南朝的发展,到唐代中叶,苏州已经成为中国的经济中心之一。宋元时期,苏州的经济文化得到长足发展。到明清时期,苏州的发展水平臻于巅峰,成为全国著名的经济和文化中心,影响直至今日。晚清至民国时期,苏州逐渐从传统走向现代。中华人民共和国成立后,特别是改革开放以来,苏州再度强势崛起,在经济、社会和文化诸方面都取得了令人瞩目的成就,综合实力位居全国前列,成为当今中国发展最快、率先基本实现现代化的城市之一,创造了新的奇迹。这是苏州历史进程的主要脉络,构成了《苏州通史》的主线。

作为第一部完全意义上的苏州通史,《苏州通史》共分16卷,811.4万字,图2 000余幅。第1卷为导论卷,第2卷为先秦卷,第3卷为秦汉至隋唐卷，第 4 卷为五代宋元卷，第 5 卷为明代卷，第 6 卷为清代卷，第 7 卷为中华民国卷，第 8 卷为中华人民共和国卷（1949—1978），第 9 卷为中华人民共和国卷（1978—2000），第 10 卷为人物卷（上），第 11 卷为人物卷（中），第 12 卷为人物卷（下），第 13 卷为志表卷（上），第 14 卷为志表卷（下），第 15 卷为图录卷（上），第 16 卷为图录卷（下）。

《苏州通史》学术总主编、苏州大学教授王国平表示，系统梳理苏州发展的历程，总结历史经验，传承好优秀的历史文化，对于增强民族、历史自豪感，进一步坚定文化自信，更好地在学习历史中走向未来具有重大意义。

三个创新体现独特历史文化

《苏州通史》的编纂出版，是苏州文化建设的一项重大工程，在苏州地方史研究上具有里程碑意义。在市委、市政府的高度重视和直接领导下，从 2007 年开始，市委宣传部、市社科联组织专家学者着手启动前期研究，并于 2010 年聘请王国平担任《苏州通史》学术总主编，具体主持编纂工作。整整 12 年，经编纂团队持续不懈努力，《苏州通史》顺利出版，并入选国家"十三五"重点图书出版规划、国家出版基金项目。若谓"十年磨一剑"，绝非虚语。

苏州通史，所以能区别于其他地区的通史，在于展现了苏州悠久的历史发展过程中形成的历史文化特色，这些特色又是通过其独特的元素来体现的。为此，《苏州通史》编纂者力求城市通史体系创新，力求新史料应用及史实考证的创新，力求观点提炼与论述创新，力求《苏州通史》能够达到同类通史的最高水平。在此过程中，编纂团队多方寻找史料，辅以田野调查，还原了众多此前不为人知的历史真相。

同时，《苏州通史》编纂团队对历史进程中的苏州元素予以重点关注与剖析。诸如三山旧石器文化、太湖与苏州水系、伍子胥建城、三国东吴、范仲淹与"先天下之忧而忧，后天下之乐而乐"、苏州府学、"苏湖熟天下足"、"上有天堂，下有苏杭"、吴门画派、吴门医派、昆曲评弹、园林、丝绸、顾炎武与"天下兴亡，匹夫有责"、明清苏州状元、苏福省、冯桂芬与"中学为体、西学为用"、苏州洋炮局、东吴大学、社队企业、"苏南模式"、苏州工业园区等，都在相关各卷进行重点论述。

王国平表示,希望这部《苏州通史》能够成为一张苏州城市的靓丽新名片,展现苏州历史文化的丰厚积淀,展现当今苏州发展的辉煌成就,并在一定程度上展现苏州社会科学界在本土历史文化研究方面的学术成就,也希望它能够成为苏州历史文化资源开发利用的一个坚实基础。

(《姑苏晚报》2019年6月28日第A03版)

5. 苏州第一部"史记"《苏州通史》出版

《中华读书报》

本报讯　6月27日，第九届江苏书展开幕式在苏州国际博览中心举行，开幕式上，苏州大学出版社出版的国家"十三五"重点图书出版规划项目、国家出版基金资助项目《苏州通史》亮相江苏书展首发，苏州市副市长王飏等出席活动。

《苏州通史》是苏州文化建设一项重大工程，从2007年开始，苏州市委宣传部、苏州市社科联组织专家学者着手启动前期研究，并聘请苏州大学王国平教授担任《苏州通史》总主编，著名清史学家、中国人民大学戴逸教授作序，全面推进编纂工作。

《苏州通史》从苏州史前史开始至今，上下跨越一万年，堪称苏州的第一部"史记"。全书共分十六卷，八百多万字，图两千余幅，是第一部对苏州历史进行全面系统总结的吴地史书。分为导论卷、先秦卷、秦汉至隋唐卷、五代宋元卷、明代卷、清代卷、中华民国卷、中华人民共和国卷（1949—1978）、中华人民共和国卷（1978—2000）、人物卷（上）、人物卷（中）、人物卷（下）、志表卷（上）、志表卷（下）、图录卷（上）、图录卷（下）。系统完整地厘清了苏州历史发展脉络，全方位展现苏州政治、军事、经济、社会、文化各方面的历史风貌，不仅呈现苏州历史文化的丰厚积淀和当今苏州发展成就，也展现了苏州社会科学界在本土历史文化研究方面的学术成就。

首发式上举行了赠书仪式，苏州市档案馆、苏州市方志馆、苏州图书馆和苏州大学图书馆等单位获赠《苏州通史》。首发式结束后，丛书总主编王国平教授、苏州大学出版社总编辑陈兴昌接受了媒体采访，详细介绍了丛书的编纂、出版过程。

(《中华读书报》2019年7月3日第2版)

6.《苏州通史》填补历史研究空白

《苏州日报》记者 朱 琦

苏报讯 昨天,《苏州通史》编纂出版工作总结座谈会举行。市委常委、宣传部部长金洁出席。

参会专家认为,《苏州通史》填补了苏州历史研究中的空白,意义重大。它的研究体系新颖,主体部分从先秦开始分为若干阶段断代史研究,另设人物、志表、图录等三部分作为补充。断代史研究各卷采用纵横结合的结构,涵盖政治、军事、经济以及社会、文化,脉络清晰,整体贯通。它体量巨大,共有16卷,811万余字,为目前各同类城市所仅见。它第一次贯通历史和现实,系统完整厘清了苏州历史发展的脉络;第一次全方位展现了苏州的历史风貌、文化积淀和辉煌成就,开创了苏州地方史研究的新纪元。《苏州通史》的编纂出版,标志着苏州历史文化研究达到一个新高度。

对于如何用好《苏州通史》的研究成果,进一步推动苏州文化大发展、大繁荣,专家们认为,要大力拓展研究领域和研究重点,着力提高"已知"研究的深度、厚度、系统性,不断推进对苏州历史研究中其他薄弱环节和"未知"领域的探索;要深化成果转化运用,积极利用学术研究成果助推苏州历史文化资源保护和开发利用;要大力宣传、展示苏州历史文化中独特的品格特质、思想内涵和时代价值,策划开展系列普及宣传活动,更好地发挥优秀传统文化春风化雨、滋润心田、培育新人的作用。

金洁要求,要自觉坚持用习近平新时代中国特色社会主义思想武装头脑、指导实践、推动工作,积极发挥哲学社会科学认识世界、传承文明、创新理论、咨政育人、服务社会的功能,用展现历史智慧、勇立时代潮头的苏州实践、苏州探索,扎实推动苏州高质量发展走在时代最前列。

(《苏州日报》2019年9月21日第A02版)

7. 苏州最能体现江南文化特质

《苏州日报》记者 朱 琦

作为首届中国苏州江南文化艺术·国际旅游节主体活动之一,苏州历史与江南文化学术研讨会邀请了国内历史学界知名专家学者,围绕"苏州在江南发展进程中的历史地位与作用""吴文化研究与江南文化"等议题进行研讨,旨在进一步从苏州悠久的历史与灿烂的文化中汲取奋进新时代、走在最前列的智慧和力量。

"苏州文化发展得益于分工细密、精益求精"

上海社会科学院研究员,复旦大学特聘教授、博士生导师熊月之

在明清江南文化发展过程中,苏州多数时候作为江南文化中心,起着至关重要的作用。

苏州文化的发展得益于两个方面,一是分工细密,二是精益求精。无论是经济还是文化领域,分工细密都是创新的重要因素。江南读书人多,科举仕途窄,致使大量读书人去从事学术研究、艺术创造。某一领域从业人员多,分工细密,会促使学术趋于系统、精细、实在。

例如,苏州人王锡阐与李锐从事天文数学研究,走的都是专精道路。西洋历法传入以后,王锡阐对其进行深入研究,仔细验证,在对中西方法都深入研究的基础上,吸收两者长处,有所发明和创造。李锐整理、疏解大量中国传统天文学、数学典籍,吸收西方传入的数学知识,会通中西数学,协助阮元编撰《畴人传》,系统地总结了中国传统的天文数学知识,成就极高。

学术如此,技术、艺术也如此。

康熙雍正年间,苏州加工布匹、丝绸的踹坊就有450多家,大家相互竞争、学习，布匹、丝绸质量非同寻常。苏作工艺种类多达五十余种，且分工专业，加工精细，制作讲究，水平高超。同行众多必然带来竞争，人有我好，人好我优，人优我精，优胜劣汰。苏绣、苏玉、苏雕、竹刻，"四王"的绘画，顾炎武、钱大昕的考据，各种顶尖的学术、艺术，都是沿着精益求精的道路获得了成功。

"弘扬江南文化将为长三角腾飞插上翅膀"
中国社会史学会副会长，上海师范大学人文学院教授、博士生导师唐力行

文化的江南有着强大的张力，首先就在于开放开拓的精神，如清朝末年苏州的市民公社、民国初年上海商会的自治，开创了由商人来管理城市的公共秩序。敢为天下先的开拓精神是江南文化的一大特点，海派文化、红色文化皆源于此。

其次是江南拥有的厚重、包容、精致的特质。江南文化以传承两千多年的吴越文化为根基，唯其厚重，故能包容。

江南的精致，不仅在人民的日常生活上，还表现在传统时代的手工艺、园林和戏曲。中国戏曲、曲艺最为经典的昆曲和评弹都诞生于苏州。徽州与苏州的互动，在文化上促成了京剧的诞生。徽商到江南后，办了很多徽剧家班，作为他们交际的工具。这个过程中，他们邀请昆剧艺人加盟，徽剧唱腔与昆曲相融合。徽班进京，形成了京剧。京剧号称国剧，这是江南地区对中国文化的重大贡献。

今天的长三角分属于上海、浙江、安徽、江苏不同的行政区域，虽然已呈现长三角经济社会一体化发展趋向，但经济、文化整合是一个漫长进程，还需要我们去培植和推进，研究、传承、弘扬江南文化，必将为长三角的腾飞插上翅膀。

"苏州文化表现了灵秀，同时补充了儒雅"
华东师范大学图书馆馆长、终身教授、博士生导师胡晓明

江南文化特质可以用八个字概括，分别是刚健、深厚、温馨、灵秀。苏州文化最充分表现了灵秀，同时又补充了儒雅。苏州文化不仅是精致的典范，而且体现了江南文化将学问消融于美的精神。

刚健精神最深厚的功底就是对文化的自信。170年前，在中国文化最艰难的时候，俞樾写下"花落春仍在"，只有对中国文化的生命力有着充分了解和自信，才能写出这样的诗句来，这就是一种文化自觉和自信。世界上唯一没有中断的文明就是中华文明。今天，江南的教育优先、科技创新、偃武修文，都复现了当时俞樾先生的预言。

刚健与深厚联系在一起。深厚就是江南文化和苏州文化深深地接着地气。当年的汴京、长安大体上都是消费型城市，但苏州不一样，苏州是跟生产消费筋骨相连的，源源不断向北方输送大量物资。直到今天，大运河依旧这么繁忙，充满活力，生机勃勃。

苏州既有文化的深厚，又与生产、经济、民生紧密联系，可以说苏州最能表现江南文化的特质。

(《苏州日报》2019年9月21日第A04版)

8. 历史文化名城不可缺少的"文化名片"

《苏州日报》记者 马玉林 王嘉言 方乔杉

《苏州通史》的出版,是苏州文化工程建设史上的一件大事。在今年的第九届江苏书展上,这套16卷的皇皇巨作一经面世,就赢得了社会各界的关注。近日,在"苏州历史与江南文化学术研讨会"和《苏州通史》编纂出版工作总结座谈会上,《苏州通史》同样得到相关专家的高度肯定,认为这是一部"填补历史研究空白"的苏州"史记"。

《苏州通史》的出版,经历了从2007年开始的《苏州史纲》的前期研究,到2010年《苏州通史》正式立项并全面推进,经过十多年努力,其成果非常突出,影响深远。近日,本报记者专访了学术总主编王国平教授,他就一些编纂出版的问题回答了记者的提问。

记者:从《苏州史纲》到《苏州通史》,经历了怎样的编纂过程?各卷作者付出了怎样的努力?编撰过程中遇到了哪些困难?又是如何解决的?

王国平:《苏州史纲》是在2009年出版的。当时,出版这部"简史",也是花了专家们不少功夫。有了这个基础,市领导提出,能否再编纂一部"通史",按照"16卷本"来做。我们根据已有的条件和专家们的一些调研成果,感觉到有能力推动这项"编史"工作。

《苏州通史》编纂过程中,各卷负责人付出了很多,为了编纂好自己负责的那一部分,呕心沥血,有的部分史料特别少,就要去做"田野调查",补充急需的资料;有的部分史料太多,就要做大量的阅读和精心的筛选,有的遇到身体健康问题,还是克服困难,很好地完成了编纂任务。我们的专家团队付出了很多,也收获了很多,最终形成了大家感到满意的这部16卷的《苏州通史》。

记者:《苏州通史》有何特点和创新?

王国平:《苏州通史》是一部"通史",在"三个维度"上做到"全覆盖",这是以前有关苏州的著作所不完全具备的。这"三个维度"包括贯通古今的时间维度,覆盖全域的空间维度,全方位的内容维度。研究体系新颖,主体部分从先秦开始分为 8 个历史时期的断代史,另设人物、志表、图录等三部分作为补充。断代史各卷采用纵横结合的结构,涵盖政治、军事、经济以及社会、文化,脉络清晰,整体贯通。

作为一个"合作团队",要考虑全书的统一性和协调性。我们在编纂体系上以 X+2 的模式构架来贯通 8 卷断代史,所谓"X",就是各卷所涉历史时期政治经济内在的客观的若干演进阶段,并据此设定相应的若干章。所谓"2",即另设社会 1 章和文化 1 章。这样就使各卷保持一定的独立性,全书保持完整和系统性,"藕断丝连",体现了这部通史的鲜明特点。

记者:《苏州通史》如何区别于其他地区的通史,如何展现苏州悠久的历史发展过程中形成的历史文化特色?

王国平:专家们在编纂过程中,对历史进程中的苏州元素予以重点关注与剖析。诸如三山旧石器文化、太湖与苏州水系、伍子胥建城、三国东吴、范仲淹与"先天下之忧而忧,后天下之乐而乐"、苏州府学、"苏湖熟天下足"、"上有天堂,下有苏杭"、吴门画派、吴门医派、昆曲评弹、园林、丝绸、顾炎武与"天下兴亡,匹夫有责"、姑苏繁华、明清苏州状元、苏福省、冯桂芬与"中学为体、西学为用"、苏州洋炮局、东吴大学、社队企业、"苏南模式"、苏州工业园区等,都会在相关各卷进行重点论述,这些研究都力争体现最新的学术成果。

记者:《苏州通史》作为苏州一项重要的文化工程,对苏州在新时代发展具有怎样的现实意义?

王国平:《苏州通史》作为"国家十三五重点出版图书"和"国家出版基金"资助项目,它的出版顺应了苏州文化建设需要。苏州作为著名的历史文化名城,需要一部这样的"文化名片"。

作为第一部完全意义上的苏州通史,《苏州通史》展现了苏州历史文化的丰厚积淀,展现了当今苏州发展的辉煌成就,也展现了苏州社会科学界在本土历史文化研究方面的学术水平,在一定程度上体现苏州的文化软实力,为坚定苏州文化自信提供更有力的理论支撑。

记者:《苏州通史》作为第一部完全意义上的苏州通史,对苏州的文化建设、学术研究等方面能发挥怎样的作用?

王国平:《苏州通史》全书 16 卷共 811.4 万字、图近 2 000 幅。它系统完整地厘清了苏州历史发展的脉络,全方位地展现了苏州政治、军事、经济、社会、文化各方面的历史风貌,应该能够在更大程度上满足社会各界对于了解苏州历史文化的渴求,并为相关的苏州历史文化研究提供更多的学术参考,也为苏州历史文化资源的进一步开发利用打下更坚实的基础。

(《苏州日报》2019 年 10 月 15 第 A14 版)

后 记

　　苏州是享誉世界的中国历史文化名城，文脉悠长，底蕴深厚，具有江南文化代表性的特质。2019年，由苏州历史文化研究会各位理事担纲，历时十年编纂的16卷本《苏州通史》由苏州大学出版社出版，并在第九届江苏书展开幕式上首发，为庆祝苏州解放70周年和中华人民共和国70周年华诞，献上了一份厚礼。中共苏州市委宣传部、苏州市社会科学联合会举办了《苏州通史》编纂出版工作总结座谈会，《苏州通史》总主编、时任苏州历史文化研究会会长王国平教授获荣誉表彰。作为首届中国苏州江南文化艺术·国际旅游节主体活动之一，由中共苏州市委宣传部、苏州市哲学社会科学联合会主办，苏州历史文化研究会和苏州大学出版社承办，以"展示苏州历史文化研究成果，助力江南文化高质量发展"为主题的苏州历史与江南文化学术研讨会也成功举行。

　　本书即以上述学术活动为基础。"苏州通史编纂与出版"凡18篇，以中国史学会前会长戴逸先生《苏州通史·序》开篇，收录总主编王国平以及各卷主编和苏州大学出版社项目组有关编纂出版诸文，以及刘爽、姜涛研究员和王日根、李良玉教授书评。"江南文化与苏州研究"凡20篇，以中国史学会副会长熊月之先生论文开篇，收录唐力行、王永平教授以及苏州专家学者有关论文。各位专家学者从不同的角度与层面，探讨了第一部完全意义上的苏州通史研究与编纂出版的特点，对于苏州政治、军事、经济、社会、文化诸方面的历史风貌与演变发展，以及以苏州为中心的江南文化的发展脉络、特质特征和精神内涵等加以深度解读。在长三角区域一体化发展、打造高质量发展经济带的战略背景下，这项工作有助于研究者进一步开阔视野和扩大选题范围，深入探讨，提高学术水平；有助于读者了解苏州在江南发展进程中的历史地位与作用，了解苏州历史与江南文化的互生互促，从而进一步从苏州悠久的历史与灿烂的文化中汲取奋进新时代、走在最前列的智慧和力量。

本书选编是一项重要的会务工作。本会副会长兼秘书长徐静女士、副秘书长陈璇女士承担了初期的论文征集和选目工作。本会名誉会长王国平与会长李峰商定了文集框架，由李峰负责对拟目综合调整，修改统稿，工作得到了有关作者的理解和支持。由于2020年年初新冠病毒肺炎疫情突发，论文修订编辑工作延后，其中部分文章曾在有关报刊先期发表，此次对错讹之处有所修订。书后附录为有关《苏州通史》编纂出版和学术活动的主要媒体采访报道，以存新闻实录。

苏州通史编纂与出版和有关学术活动，得到了苏州大学出版社社长盛惠良、总编辑陈兴昌、副总编辑朱坤泉等领导以及有关编辑和工作人员的大力支持。谨此并致谢忱。《苏州通史》本年先后被评为苏州市第十五次哲学社会科学优秀成果一等奖、江苏省第十六届哲学社会科学优秀成果一等奖，俱有荣焉。

苏州历史文化研究会